W. Martin Lüdke (Hrsg.)

Literatur und Studentenbewegung

LESEN

Herausgegeben von Erhard Schütz und Jochen Vogt

Westdeutscher Verlag

LESEN 6

W. Martin Lüdke (Hrsg.)

Literatur und Studentenbewegung

Eine Zwischenbilanz

Westdeutscher Verlag

316101

© 1977 Westdeutscher Verlag GmbH, Opladen
Satz: Vieweg, Wiesbaden
Druck und Buchbinderei: Lengericher Handelsdruckerei, Lengerich /Westf.
Alle Rechte vorbehalten. Auch die fotomechanische Vervielfältigung des
Werkes (Fotokopie, Mikrokopie) oder von Teilen daraus bedarf der vorherigen
Zustimmung des Verlages.
Printed in Germany

ISBN 3-531-11409-3

Inhalt

5

W. Martin Lüdke

Vorwort
oder vier vergebliche Anläufe und zwei Korrekturen

Literatur und Studentenbewegung. Der Titel mobilisiert Erwartungen, impliziert einen Anspruch, der gegenwärtig kaum zu erfüllen ist. Der Titel setzt mehr miteinander in Beziehung als ‚Studentenbewegung' und ‚Literatur'.

Erster Anlauf

Die Studentenbewegung markiert eine Zäsur in der Entwicklungsgeschichte der BRD. Nach Abschluß der Rekonstruktionsperiode des westdeutschen Kapitalismus, sich zunehmend verschärfenden Krisentendenzen in einer Reihe von gesellschaftlichen Sektoren, wurde die Brüchigkeit der Legitimationsbasis spätkapitalistischer Gesellschaftssysteme nach allen Seiten hin offenbar. Vietnamkrieg, Dritte Welt, die evidente Dysfunktionalität einer Vielzahl gesellschaftlicher Institutionen, die Große Koalition als Abgesang der Vorstellung einer liberalen parlamentarischen Demokratie, die außerparlamentarische Opposition — die sich steigernde Repression (Notstandsgesetzgebung): an diesem Punkt setzte die Studentenbewegung historisch ein; in diesem Kontext wäre sie systematisch zu rekonstruieren. Wäre — das ist Konjunktiv.

Genau das liegt nämlich nicht in der Absicht des vorliegenden Bandes. Selbst eine historistisch motivierte Aufarbeitung, über deren Sinn sich erst noch streiten ließe, scheint mir derzeit (noch) nicht möglich.

Gefordert scheint mir vielmehr eine Aktualisierung in einem strikten, damit aber begrenzten Sinne.

Die Militanz der ausgehenden Studentenbewegung, die wohl auch als Resultat des Scheiterns ihrer ideologiekritischen Phase gedeutet werden kann, dabei die Folgenlosigkeit bloßer Ideologiekritik sichtbar werden ließ, hat Immunisierungsstrategien gegen jede Art von Demokratisierungstendenzen befördert. Angesichts von Berufsverbot von Numerus clausus, einer technokratisch versandeten Hochschulreform, angesichts von linker Lethargie und dem Vormarsch politischer Reaktion, von Arbeitslosigkeit und einem Klima verschärfter

Repression — könnte die Studentenbewegung als eine bloße Episode erscheinen.

Zweiter Anlauf

Literatur und Studentenbewegung. Die Beziehung der beiden Momente aufeinander impliziert auch eine Einschränkung; die Konjunktion benennt ein Verhältnis. Der Begriff des Widerspruchs, durch zu häufigen Gebrauch verbraucht, hat hier seinen Ort. Literatur und Studentenbewegung markiert einen Widerspruch.

Ein, wie man da sagt, namhafter deutscher Literaturkritiker, also einer von denen, die während der Studentenbewegung den Titel „Großkritiker" zugesprochen bekamen, beschrieb aus seiner Sicht im Feuilleton einer namhaften deutschen Tageszeitung das Verhältnis von Literatur und Studentenbewegung. „Die große Krise, aus der wir schrittweise herauskommen", so meint er, „begann Mitte der sechziger Jahre und erreichte ihren Höhepunkt nicht etwa mit den Ereignissen von 1968, sondern etwas später, also 1970/71. Damals zeigte sich deutlich, daß der kühn angekündigte Versuch einer raschen und radikalen Umfunktionierung der Literatur gänzlich mißlungen war. Zwar wurden Selbstvertrauen und Selbstverständnis vieler Schriftsteller, die ohnehin mehr oder weniger verzweifelt nach neuen Wegen und Möglichkeiten Ausschau hielten, gelähmt oder gar zerstört. Aber auf die erhoffte neue Literatur wartete man vergeblich." Der, zu einem Teil ideologiekritisch begründete, denunziatorische Gestus einer Sprache, die sich der Aufklärung verschrieben hatte, ist heute sicher nicht mehr das geeignete Verfahren ‚zur Entlarvung der Position unseres bürgerlichen (Groß-)Kritikers'. Eher und auch mehr scheint es mir gegenwärtig angebracht, die offenbaren Mißverständnisse, die dem Zitat zugrundeliegen, selbstkritisch rückzubeziehen auf die eigene, eben widersprüchliche Position. Gewiß, die große Krise, von der da wohlgefällig die Rede ist, deren schrittweise Überwindung recht hämisch konstatiert wird, war anders begründet als es da beschrieben ist. Nicht eine neue Literatur wurde gefordert (und gleich gar nicht von den „alten" Autoren, denen unser Kritiker die Überwindung der Krise gutschreibt), sondern die Realisierung des emanzipatorischen Gehalts der bürgerlichen Literatur wurde reklamiert. Und wenn von neuen Wegen und Möglichkeiten die Rede war, dann fraglos weniger auf die Literatur bezogen — als vielmehr auf die Veränderung der Bedingungen, welche die damalige Kritik an der Literatur auch selber erst motivierten.

Die These vom Tod der bürgerlichen Literatur, sie war durchaus im Umlauf, wird bemerkenswerterweise Autoren zugeschrieben, die sie gar nicht vertreten haben. „Für literarische Kunstwerke läßt sich eine wesentliche gesellschaftliche Funktion in unserer Lage nicht angeben" — schrieb H. M. Enzensberger im Kursbuch 15. Und er schloß daraus: „Wer Literatur als Kunst macht, ist damit nicht widerlegt, er kann aber auch nicht mehr gerechtfertigt werden." In unserer Lage?

Dritter Anlauf

Die Studentenbewegung hat eine utopische Dimension erschlossen: grundlegende, mithin radikale gesellschaftliche Veränderung nicht allein als notwendig sondern als mögliche begriffen. Die Herstellung humaner Lebensbedingungen, menschlicher Verkehrsformen wurde mit revolutionärer Emphase an den Horizont geschrieben. Was in der Kritischen Theorie, vor allem bei Adorno und Marcuse als Bruch definiert und in der, qua Bilderverbot notwendig abstrakten, Vorstellung des ‚Ganz Anderen' zusammengezogen war, schien durch den Rückgriff auf die Marxsche Theorie und die Tradition der Arbeiterbewegung die Konturen einer konkreten Utopie anzunehmen. In der ideologiekritischen Destruktion der Legitimationsbasis bürgerlicher Gesellschaft überhaupt deutete sich die Konzeptualisierung einer revolutionären Gesellschaftstheorie an, deren methodologischer Kern in der Kategorie der Totalität zu sehen ist. Rückbezogen auf das Ganze der Gesellschaft blieb nicht nur die Kritik des arbeitsteilig organisierten Wissenschaftsbetriebes, die Methodendiskussion (auch) der Literaturwissenschaft legt hiervon Zeugnis ab, bezogen auf ‚Totalität' waren auch die Versuche, keimhaft, in der ‚bestehenden Gesellschaft' Formen einer künftigen zu entwickeln. Die Rezeption und Kritik der Psychoanalyse, die Aufarbeitung und (partielle) Fortschreibung der Marxschen Theorie, die Kritik der ‚bürgerlichen' Wissenschaften und nicht zuletzt die Destruktion der bürgerlichen Ordinarienuniversität — immer war, dem Anspruch nach, die Theorie bezogen auf Praxis.

Die als Zwangszusammenhang durchschaute Beziehung von privat/vereinzelten Individuen wurde, zumal in der antiautoritären Phase der Studentenbewegung, zum praktischen Motor auch theoretischer Anstrengung.

Vierter und letzter Anlauf

Der Zusammenhang von Literatur und Studentenbewegung ist nicht nur auf den utopischen Horizont bezogen, den ich andeutend erwähnte; er ist, auf je spezifische Weise, auch lebensgeschichtlich eingebunden. Von den politischen Aktivitäten, die — ungeachtet des unterschiedlichen Grades organisatorischer Verankerung — einen wesentlichen Teil der damaligen Jugend, Studenten sowieso, doch ebenfalls Schüler, Lehrlinge, Jungarbeiter, erfaßt hatten, von diesen Aktivitäten läßt sich nicht absehen. Funktion von Literatur — die stand in Frage. Außer Frage stand die Dominanz von Theorie: der aufklärerische Impuls von Literatur war einer Theorie übertragen worden, die ihre eigenen Konstitutionsbedingungen reflektieren sollte, sich damit vom Ideologieverdacht freisprach.

Im Rekurs auf revolutionäre Phasen der (Kunst-)Geschichte sind veränderte Funktionsbestimmungen von Kunst und Literatur konzipiert worden.

Die erste Korrektur

„Nun schreiben sie wieder", die „Rückkehr zur schönen Literatur", so und ähnlich lauten die feuilletonistischen Formeln der belletristischen Renaissance, die mancherorts übereifrig, auf jeden Fall vorschnell konstatiert wird. Der angeblich und tatsächlich prophezeite Tod der Literatur ist nicht eingetreten. Aber, ich meine: hier liegt heute der entscheidende Punkt, die Veränderung von Literatur, die Veränderung, die der Begriff von Literatur erfahren hat — das ist weder zu übersehen noch zu unterschlagen. Die Erfahrungen, die durch die und dank der Studentenbewegung freigesetzt wurden, vorrangig politische Erfahrungen, sind — auf diese oder jene Weise verstümmelt, zurückgedrängt, von anderen, nämlich gegenwärtigen Bedingungen überlagert — keineswegs völlig eliminiert. An diese Erfahrungen, die eben nicht nur Restriktionen ausgesetzt sind, sondern die sich halt auch unter veränderten Bedingungen bewähren (müssen), gilt es anzuknüpfen.

Die zweite Korrektur

Der Titel „Literatur und Studentenbewegung" meldet einen Anspruch an, dem der vorliegende Band, weder hinsichtlich der ,Literatur' und noch weniger hinsichtlich der ‚Studentenbewegung' genügen könnte, selbst wenn er es intendierte. Es geht um das Verhältnis von Literatur und Studentenbewegung, mal enger und mal weiter definiert, immer aber unter bestimmten und äußerst beschränkten Aspekten beschrieben. Allein die Aufzählung der folgenreichen Auslassung von Themen, Gegenständen, Motiven könnte — vom Umfang her — mehr als das Vorwort ersetzen.

Die Vorläufigkeit der hier präsentierten Bemühung ist darum nicht nur eingestanden sondern ausdrücklich betont.

Der reduzierte Anspruch mag die Frage nach der Legitimität des Unternehmens provozieren.

Zumindest diese Frage läßt sich so lapidar wie klar beantworten: der vorliegende Band begründet sich in dem Versuch, den gegenwärtigen restaurativen Tendenzen in unserer Gesellschaft entgegenzuwirken, indem er, sicher nur partiell und unzulänglich, Erfahrungen re-aktualisiert, ein zunehmend verdrängtes und unterdrücktes Widerstandspotential tradiert.

Prosperität des Bestattungswesens?

Anmerkungen zur „Tendenzwende" in der Literaturwissenschaft

> *„Ich habe große Furcht vor dem Greul einer Proletarierherrschaft,*
> *und ich gestehe Ihnen aus Furcht bin ich ein Konservativer gewor-*
> *den. Sie werden in diesem Jahr an meinen Artikeln wenig zu strei-*
> *chen haben."*
>
> Heine, 1841

Vorbemerkung: Die Bedeutung der Studentenrevolte für die Entwicklung der letzten zehn Jahre scheint vergessen und verdrängt[1] als gelte es, ihr erleichtert oder arrogant das Scheitern noch einmal zu bestätigen: Am geschichtlichen Verlauf nur das Beweismaterial für den eingenommenen Standpunkt wahrzunehmen, ist leichter, als die ungedeckte Aufarbeitung historischer Erfahrung.[2] Die folgenden Überlegungen, beschränkt auf die Situation der Literaturwissenschaft, können solchen Anspruch der Aufarbeitung nicht einlösen, vielleicht aber deren Notwendigkeit plausibler machen. Sie gehen auf Abschnitte einer Vorlesung zurück, die Grundstudiumstudenten zeigen sollte, daß neuere Kontroversen in der Germanistik mit historischen und gesellschaftlichen Veränderungen zusammenhängen.

1.

Nicht bloß ökonomisch hat die Literatur (und die korrespondierenden Wissenschaften) wieder Konjunktur: Curricula, Literaturfilme, Podiumsdiskussionen, Funkkolleg und Buchmesse signalisieren kulturelle Prosperität. Ein gutes Gewissen scheint eingekehrt, nachdem einmal, im Kontext der Studentenrevolte, radikale Zweifel angemeldet und Todeserklärungen verfaßt worden waren: für die Literatur, für die Literaturkritik, für die Literaturwissenschaft. Was sich damals änderte, glossiert die folgende Episode: „Ende der fünfziger Jahre hörte ich einen Professor der deutschen Literaturgeschichte in einem Kreis von Studenten sich über seinen Beruf freuen: er beschäftige sich nur mit Sachen, die ihm Spaß machten, und dafür bekomme er auch noch vom Staate Geld. Die Studenten sagen dazu nichts. Anfang der siebziger Jahre trat der Professor dem Bund Freiheit der Wissenschaft bei. Er hat keine Freude mehr an seinem Beruf, und er sieht den Untergang der deutschen Universität drohen: die Studenten haben ihm gesagt, die Sachen, mit denen er sich beschäftigte, machten ihnen keinen Spaß. Das einzige, woran er sich noch halten kann, ist der Staat (von dem er auch nun noch Geld dafür bekommt, daß er sich mit Sachen beschäftigt, die andern keinen Spaß machen).“[3]

Heute dürfte die Furcht dieses Mannes nachgelassen haben. Verknüpften sich einmal unterschiedliche politische und kulturelle Krisenerfahrungen in der Perspektive einer bevorstehenden Umgestaltung der Gesellschaft, so ist diese Erwartung inzwischen geschwunden, obgleich die Krisensymptome geblieben sind; Numerus Clausus, geschrumpfte Finanzdecke, Akademikerüberschuß und Extremistenabwehr gelten heute als die Sorgen des Hausvaters „Staat“, vor denen sich die Rede von der Utopie bestenfalls wie ein nutzloser „Odradek“ ausnimmt. Das ‚ideologische Klima‘ scheint umgeschlagen und die Formel von der Tendenzwende bestätigt die resignative Allerweltserfahrung, daß für Übertreibungen allemal gebüßt werden müsse. Die suggestive Formel bindet zudem den Rückgang kritischen Bewußtseins an den Fetisch des konjunkturellen Aufschwungs: richtig ist, was expandiert.

Erinnern wir uns kurz an die Ansatzpunkte der studentischen Germanistikkritik:

Kritik hatte dieses Fach besonders hart betroffen, weil es in seinem Selbstverständnis wie in seiner schulischen Vermittlung bedeutenden Anteil an der Wiederherstellung eines konservativen Gesellschaftsbildes nach dem Kriege hatte. Mit der Reflexion auf die Ideologiegeschichte der Germanistik und des Deutschunterrichts, mit der Wiederentdeckung gesellschaftskritischer und marxistischer Theorie, mit der Analyse bildungssoziologischer und -ökonomischer Zusammenhänge rührte die Studentenbewegung an Tabus, denen sich die neue Gewißheit der Nachkriegsgermanistik verdankte.[4] Die unfeine Frage nach dem Zweck des schulischen und hochschulischen Auslesesystems irritierte den Fachgelehrten, der gerade wieder Vertrauen in die Ewigkeit seiner Gegenstände gefaßt hatte. Und man kann die Betroffenheit nicht überschätzen, die das Thema Nationalsozialismus und Universität in den sechziger Jahren auslöste. Unter dem Druck studentischer Forderungen und Aktivitäten gelangte es auf die Tagesordnung ehrwürdiger akademischer Institutionen, zweideutig noch darin, daß gerade Trennung von Wissenschaft und Politik als Heilung von der nationalistischen Infektion behauptet wurde.[5] Die Analyse der Germanistikgeschichte und der Vietnamkonflikt ließen indessen von dem feinen Unterschied zwischen offenem Engagement für den starken Staat und dem Rückzug in den Elfenbeinturm nichts übrig.

14

Vermeintlicher Ideologiefreiheit entsprach das Desinteresse an Methoden- und Theoriefragen. Die Werkimmanenz der subtilen Einzelinterpretation, zelebriert von den kundigen Meistern des Fachs, war sich selbst Methode genug. Schon Benjamin, einer der großen Exilautoren, den die Studenten neu entdeckten, hatte das Ideal dieser Forschungsrichtung vorausgesehen: eine „Aufteilung des ganzen deutschen Schrifttums in heilige Haine mit Tempeln zeitloser Dichter im Innern."[6] Das rational Lernbare beschränkte sich aufs Handwerkliche und Wissensmäßige, das für sich nicht ausreichte, um den Türhüter vor dem Reich der Kunstwerke zu überwinden. Zur Kunst der Interpretation waren nur wenige berufen; die künftigen Lehrer konnten froh sein, einen Abglanz davon aus dem Studium in die Schule hinüberzunehmen.

Politisches Denkverbot und Feier des Einzelwerks lieferten also dem Desinteresse an der Didaktik das gute Gewissen und der Deutschdidaktik das unglückliche Bewußtsein, nur eine Anwendungs- und Zubereitungswissenschaft zu sein. Dafür durfte sie unbefangene moralische Vorbilder aufrichten und den Sinn der gesellschaftlichen Hierarchie verdeutlichen: So erwartete die gymnasiale Deutschdidaktik, „daß ein Schüler einer höheren Schule sich nicht in erster Linie durch seine Fachkenntnisse auszeichnet, sondern durch gesellschaftliche Sitten, eine freie, natürliche Zurückhaltung dem anderen Geschlecht gegenüber . . ." usw., während die Hauptschuldidaktik sich mehr an die Realien der Jahreszeiten und Landschaft und des Volkes zu halten hatte: „Da treten auf der Bauer, der Siedler und der Kolonist, der Winzer und Gärtner, der Fischer und Schiffer, der Bergmann, der Handwerker, der Industriearbeiter, der Heimarbeiter, der Kaufmann, der Beamte . . ." usw.[7]

Deutschunterricht als Gesinnungsfach, Germanistik als Schulung im „Desinteresse an der Gesellschaft"[8] — was wir hier kurz als Ansatzpunkte der studentischen Kritik resümierten (damit absehend von der radikalen Vorantreibung dieser Kritik), erscheint heute obsolet. An die damalige Kritik zu erinnern, heißt offene Türen einrennen: Ist nicht die Bedeutung der Lehrerausbildung und der didaktischen Verantwortung von Wissenschaft längst anerkannt? Haben nicht Methoden- und Theoriediskussionen die alte Werkimmanenz längst hinweggefegt und den Literaturbegriff so ‚weit' gemacht, daß kein neuer Kanon der Meisterwerke ihn mehr verengen kann? Steht nicht in den diversen Curriculumprojekten die politische Legitimation der Lernziele aus dem Demokratiegebot des Grundgesetzes an oberster Stelle? Begriffe, die im Zusammenhang der Studentenrevolte erstmals öffentlich wurden — Emanzipation, Mündigkeit, Kommunikation, Gesellschaftliche Relevanz, Kritisches Bewußtsein –, mag sie jemand mehr missen?

Indessen zeigt die Bereitwilligkeit, mit der die Reformbestrebungen der letzten Jahre sich die Impulse der studentischen Kritik zu eigen machten, deren Tendenz, inhaltlich bestimmte Auseinandersetzungen durch konsensuelle Leerformeln zum Schweigen zu bringen.[9] Konzessionen in der Auswechslung des Vokabulars erlaubten, die Kontinuität jener Interessen zu verwischen, die der ursprünglichen Kritik diametral entgegenstehen. Denn daß Reform dringend geboten sei, war die herrschende Parole, mit der man vieles verkaufen konnte.

Nehmen wir die *Curriculumentwicklung*[10]: die Forderung, Fachgegenstände in Universität und Schule nicht länger bloß der Autorität des Lehrenden zu überlassen, sondern deren Legitimation und Bearbeitung rational zu klären, wurde auffallend schnell von staatlicher Verwaltung (und privatwirtschaftlichen Instituten) aufgegriffen. Was als Bildungsplanung, Praxisorientierung, Legitimation der Lerninhalte durch Bezug zu Lebenssituationen und als Methodenbewußtsein eine Durchlüftung des germanistischen Musentempels versprach, führte zugleich den Behaviorismus der amerikanischen Lerntheorie im Gepäck: Tests als empirische Erfolgsmessung, Operationalisierung der Lernziele in beobachtbare Lerneffekte, Hierarchisierung und Dimensionierung der Lernziele bis hin zu computerreifen Riesenpyramiden, Motivationsmaximierung durch Verhaltenspsychologie und gezielte Unterrichtstechnologien. Es war dies ein Wissenschaftlichkeitsanspruch, der gerade durch das Versprechen der Planbarkeit, Kontrolle und Effizienzsteigerung der Verwaltungsbürokratie die Chance bot, die politische Krise des Fachs technokratisch zu überspielen. Denn technokratisch ist der Charakter dieser ,,Reform" darin, daß die Rationalität der Verfahren und Instrumente an die Stelle der Inhalte tritt und damit die Inhalte auf das reduziert werden, was eben ins Raster reibungsloser Vorwegsteuerung, abtestbarer Wirkung und gesteigertem Output hineinpaßt. Gehalte, die den Lernerfolg risikoreich machen – Subjektivität, historische Erfahrung, gesellschaftliche Konflikte – werden ausgeklammert oder formalisiert.[11] Wird damit die Didaktik zur ,,Anordnung von der Kommandobrücke der Ministerien"[12], so haben diese zugleich auch die alte Trennung zwischen Universität (Germanistik als *Fachwissenschaft*) und Pädagogischer Hochschule (Germanistik als *Fachdidaktik*), die der Hierarchie von Hauptschule und Gymnasium entsprach, ,,durch unterschiedlichen Titelvergaben (. . .) zu einem Stellungskrieg im wörtlichen Sinne verfestigt."[13] Literaturdidaktik, zunächst Kritik an der

Verdrängung der Schule und der gesellschaftlichen Verwendung von Literatur im Selbstverständnis der Germanistik, will sich mittlerweile als eigenständige Disziplin etablieren, mit dem Versprechen, dafür die Germanistik in Ruhe zu lassen. Auch diese Grenzziehung kommt dem technokratischen Bedürfnis entgegen, durch Departementalisierung die wissenschaftliche Arbeit fungibel zu halten. Daß die Forderung nach Didaktik weiter zielte, nämlich auf ein verändertes gesellschaftliches Selbstverständnis des Fachs, bleibt abgewiesen.

Der Vorgang, daß die studentische Forderung nach einem neuen Verhältnis von Wissenschaft und Gesellschaft technokratisch umfunktioniert wird, läßt sich nicht nur auf der Ebene institutionalisierten Lernens nachweisen: auch das *Selbstverständnis des Fachs* hat in hohem Maße sich den technokratischen Erfordernissen angepaßt. Und dies gerade, indem die Ideologie der Werkimmanenz aufgegeben wurde. Diese Ideologie erlaubte den Tatbestand zu verschleiern, daß Kunstwerke durch einen Code automatisch gewordenen Wissens rezipiert werden, den die Schule nur ‚sekundär‘ vermittelt: gerade indem die Schule die Ideologie der Werkimmanenz, Kunstwerke seien rein aus sich zu erfassen, einübt, werden die Kinder jener Schichten, in deren Sozialisation ästhetische Werte einen selbstverständlichen Rang einnehmen, automatisch verstärkt und als besonders begabt gefördert. Das „Verschweigen der sozialen Bedingungen (. . .) des Erwerbs ästhetischer Kompetenz als Beherrschung aller zur Appropriation des Kunstwerks erforderlichen Mittel ist ein interessiertes Schweigen, da es erlaubt, ein soziales Privileg zu rechtfertigen, indem man es in eine Gabe der Natur verwandelt."[14] Diese, insbesondere für die Aufstiegschancen der bürgerlichen Mittelschichten attraktive Ideologie funktionierte, weil sie von ihren Trägern wie von den von ihr Ausgeschlossenen gleichermaßen akzeptiert wurde: ‚weiß‘ der Bürger, daß Kunst nichts mit Gesellschaft zu tun hat, so ‚weiß‘ der Arbeiter, daß er nichts von Kunst versteht.

Machte die studentische Kritik mit der politischen Unschuld der Werkimmanenz Schluß, so bediente sich die technokratische Reformtendenz gerade der Reform-Illusion, Wissenschaftlichkeit werde das kulturelle Defizit der Unterklassen abschaffen. Solcher Anspruch auf Liquidierung der ‚bürgerlichen Bildungsappropriation‘ erscheint exemplarisch in der Forderung, die Literaturwissenschaft nicht an der „Vermittlung von ‚Bildungsgütern‘" festzumachen, sondern sie als „Wissenschaft von Texten" zu begreifen. „Als Wissenschaft von Texten bietet sie zunächst die Möglichkeit den heutigen Deutsch- und Literaturunterricht zu entideologisieren"[15], denn: „Wir leben in einer Welt, in der Texte höchst verschiedener Art täglich an uns appellieren. Die Reklame, die Zeitung, die politische Rede, die Trivialliteratur sowie die großen Werke der Weltliteratur sind typische Beispiele eines solchen Textrepertoires."[16] Der Kanon der Meisterwerke gliedert sich in den Pluralismus gegenwärtiger Textanforderungen ein und an die Stelle intuitiv-einfühlender Dichtungsauslegung tritt die rationale Beschreibung der Textkonstitution. Rezeption, Leseraktivität bezeichnet das neue Interesse, das die Feier des immanenten Sinns ablöst.

Was sich hier als Rationalität gegenüber der alten Werkimmanenz vorstellt, entspricht freilich genauer betrachtet ganz den technokratischen Anforderungen. Wenn das „Operieren mit Instrumentarien (...) in den Vordergrund rückt" und die Tradierung der Literaturgeschichte zurückdrängt[17], so meldet sich eine positivistische Wissenschaftsauffassung an, welche exakte Beschreibung und subjektiv vermittelten Sinn auseinanderreißt. Deshalb spricht das Programm auch von „Entideologisierung", nicht von Ideologiekritik: während Ideologiekritik die gesellschaftliche Determiniertheit und Kritisierbarkeit von falschem Bewußtsein zur Voraussetzung der Tradierung erhebt, gilt der Entideologisierung alles Ideologische als ausklammerbar. Daß die Beschreibung der Textkonstitution, d. h. der rezeptiv aufgefüllten Struktur, „kritische Distanz" hervorrufe, vermag nur diejenigen zu überzeugen, die der Philologie ‚allenfalls' Einsichten in Aussageintentionen und Textbeschaffenheiten konzedieren: „So kann die Philologie z. B. allenfalls die Aussageintention aufklären aufgrund deren in einem Text von Granit, von Wallensteins Tod, vom Tod überhaupt, von Leibeigenschaft oder von Auschwitz die Rede ist. (...) Sie kann jedoch nicht von sich aus, d. h. mit ihren Mitteln, ‚Wahrheiten' über die so bezeichneten Sachverhalte feststellen."[18]

Im selben Maße also wie die Texttheorie den alten Kanon der Meisterwerke fallenläßt, reduziert sie den Zusammenhang von Literatur und Wirklichkeit auf die formale Rekonstruktion von Beschreibungsstrukturen und Wirkungsregeln, die sich zur technokratischen Einprogrammierung umso leichter anbieten. Von der Intention studentischer Kritik, Literatur im Verhältnis zur Gesellschaft zu studieren, bleibt nichts mehr übrig.

Mehr noch: Der Paradigmenwechsel zur Texttheorie (Kommunikationswissenschaft, Semiotik) auf der Basis von Entideologisierung und Geschichtsfeindlichkeit braucht damit keineswegs den beschriebenen Legitimationseffekt vollständig aufzugeben. Was vordem die Ideologie der Werkimmanenz an kultureller Sozialisation in eine „Gabe der Natur" verwandelte, wird jetzt als *subjektives Bedürfnis* neu legitimiert. Das Privileg auf fiktionale Texte (d. h. dichterische

Texte) anzusprechen, das durch die formale Textbeschreibung gewiß nicht motiviert wird, bleibt jenen vorbehalten, welche in der „Konsequenzlosigkeit fiktionaler Texte" den „Handlungszwängen des Alltags" entkommen und die „Freiheitsgrade des Verstehens" erfahren wollen, „die durch das Handeln immer wieder verbraucht, vertan, ja oftmals verschenkt werden".[19] Daß der künftig am Fließband Handelnde mit diesen Freiheitsgraden nichts anfangen kann, erscheint auch in dieser wissenschaftlichen Konzeption wieder als „Gabe der Natur". Die formale „Unbestimmtheitsstruktur", „Polyvalenz", „Ästhetizität" interessenlos zu beschreiben, verhängt den Schleier des Privilegs davor, daß in der Literatur Realität verhandelt wird. Daß Kunst „einen strukturell emanzipatorischen Charakter"[20] besitze, läßt sich also natürlicherweise vornehmlich in gymnasialen Lernzielen vermitteln: Literarische Texte sind Texte, „die den Leser/Zuschauer/Hörer zu ständig neuen Sinnvermutungen anreizen, die endgültige Deutungen als dogmatische Verkürzungen entlarven und den theoretisch nicht abschließbaren Prozeß der Sinnkonstitution durch den Rezipienten geradezu thematisch machen".[21]
Solche „Stärkung des Möglichkeitssinns gegenüber einer technischen und gesellschaftlichen Umwelt, deren Struktur einen tendenziell ansteigenden Anpassungsdruck ausübt"[22], ist gerade als Kompensation für jene Schichten attraktiv, die für den Apparat der Technik und der Verwaltung gebraucht werden. Sie bleibt damit noch ideologisch wirksam, obschon es sich genau betrachtet bloß um den verramschten Rest einer Welt des Schönen Scheins handelt, die Schiller einstmals als politische Utopie der gescheiterten französischen Revolution entgegenstellte.
Es kann nicht überraschen, daß solche *ästhetischen Restbestände,* die der Technokratie ihr gutes Gewissen geben sollen, sich gerade als Kritik am Dogmatismus der ideologiekritischen und marxistischen Kunstauffassung legitimieren. Was sich dort an Methodenstreit und kritischer Differenzierung entwickelt hat, fällt dem Kontrastprogramm ‚Freiheit' versus ‚Ideologie' zum Opfer. Das aus der Geschichte der materialistischen Theorie durchaus begründbare Mißtrauen, Kunst werde als Demonstrationsobjekt von Gesellschaftstheorie überfordert, macht sich zum Anwalt einer Freiheitsnische in den „Pausen" der Industriegesellschaft.[23] In diesem Sinne will man Kunst/Literatur als Gegenstand einer intellektuellen Reflexivität beschreiben, die legitim ergebnislos bleibt: „Es ist (. . .) die ungreifbare, durch nichts getragene Selbständigkeit ästhetischer Phänomene, die den Gedanken zur Bewältigung einlädt und doch gänzlich im Stich läßt. In Kunst scheint etwas zu sein, das verstanden werden

will und kann, hingegen keinem Zugriff letztlich standhält." Hier erscheint Kunst als eine Plastikmaus, welche die rezipierende Katze gerade nicht auf die Realität beziehen (d. h. hineinbeißen) darf, dafür aber in diesem Versagen „viel Unnennbares hinzudenken" kann.[24]

Von anderen wird die Überlegenheit der Kunst an ihrem nicht-reflektorischen, nämlich identifikatorischen Potential festgemacht. Die „primäre ästhetische Erfahrung", durch welche Identifikationsschemata verinnerlicht werden, erlaube der Kunst, das Handeln „zwischen dem Imperativ der Rechtsvorschriften und dem unmerklichen Zwang der Sozialisation"[25] durch kommunikative Freiheiten zu entlasten. Gegenüber der „mehr und mehr verwalteten und instrumentalisierten Lebenswelt", gegenüber „der herrschenden Kulturindustrie und der Wirkung der Massenmedien"[26] ist's besser ästhetisch zu kommunizieren als ideologisch zu räsonieren.

Indessen: Ob Kunst als Medium gesteigerter Selbsterfahrung, primärer Identifikation oder ästhetischer Reflexion verstanden wird, es dominiert in diesen unterschiedlichen Neuansätzen der Ästhetik allemal der Exorzismus der Gesellschaft. Was das denn für ‚Gesellschaftszwänge' sind, gegenüber denen die Kunst eine Entlastung und Immunisierung bewirke, bleibt aus der Gegenstandsbestimmung wie der Kompetenz der Literaturwissenschaft ausgeschlossen. Scheint sich die Stärkung des Möglichkeitssinns und der Eigenständigkeit ästhetischer Erfahrung zunächst gegen die technokratische Tendenz zu richten, so läßt sie sich im curricularen Vollzug umso leichter integrieren. Der Literaturunterricht soll „ein Vermögen zur probeweisen Annahme beliebig vieler Perspektiven im Schüler entwickeln, das ihm gestattet, die in jeder Perspektive eingeschlossene ‚Wirklichkeit' zu denken, zu fühlen, und je nach Wunsch oder Empfehlung in eine andere zu überführen bzw. durch eine andere in Frage zu stellen. (. . .) Die Sicht auf die Dinge wechseln, statt sie für verbindlich zu halten! Der Schüler muß die Vieldeutigkeit der Wirklichkeit im kontrollierten Perspektivenwechsel ertragen lernen, um nicht auf Scheinbar-Eindeutiges, Ideologisch-Versimpeltes hereinzufallen (nicht nur im Umgang mit Literatur!)."[27] Ein ausgezeichnetes Lernziel, um für das Auf und Ab der wirtschaftlichen Konjunktur gestärkt zu sein ...

2.

Es liegt auf der Hand, daß gesellschaftliche Systeme, solange ihre ökonomisch-politische Struktur nicht grundlegend bedroht ist, bislang erfolgreiche kulturelle Reproduktionsmechanismen aufrechtzuerhalten suchen. Die Aufrechterhaltung wird notfalls mit sichtbarer Gewalt erkauft, vorzugsweise aber durch sublimere Formen, wie sie z. B. die Umfunktionierung ursprünglicher Kritik in eine Reformideologie ermöglicht. Daß sich aus dem Gefühl der Ohnmacht der Studentenrevolte Attitüden des Realitätsverlusts und der Selbstghettoisierung entwickelten, erleichterte sowohl die Kriminalisierung oppositioneller Gruppen wie die Berufung auf Sachzwänge der Reform. Bezeichnet der Restaurationstrend, auch von liberalen Kritikern mittlerweile als Amputierung der Freiheit im Namen der Freiheit beklagt[28], eine unvermeidliche Anpassung an objektive Trends der Industriegesellschaft, die nur in der Erstarrung der Adenauer-Ära vorübergehend aus dem Blick geraten waren? Lag es nur an dieser Ungleichzeitigkeit von ökonomischem Prozeß und politisch-ideologischer Herrschaft, daß die literarischen und geisteswissenschaftlichen Kernbereiche der Intelligenz sich vorübergehend ein politisches Gehör verschaffen konnten, das ihrer faktischen Bedeutung überhaupt nicht entsprach? Oder lassen sich allgemein kulturelle Krisenbedingungen nennen, die auf den Widersprüchen einer ‚spätkapitalistischen Industriegesellschaft' beruhen?

Die letztgenannte Vermutung wird von Habermas' Analyse der „Legitimationsprobleme im Spätkapitalismus"[29] gestützt. Sie gelangt zu dem Resultat, daß die ökonomische Krisenstruktur des Kapitalismus keineswegs überwunden ist, sich jedoch, als Folge des staatlichen Krisenmanagements, in die Sektoren politischer und kultureller Legitimation verschoben hat. Offenkundig lassen sich gegenüber dem ‚klassischen' Kapitalismus unreglementierter Expansion und Ausbeutung wesentliche Veränderungen beschreiben: Das Konkurrenzprinzip des Marktes wirkt nicht länger mehr uneingeschränkt. Die große Mehrheit der Bevölkerung ist weiterhin von der Verfügungsgewalt über Produktionsmittel ausgeschlossen, die sich zudem in Trusts und multinationalen Gesellschaften massiert, wird aber durch ein Netz sozialer Entschädigungen (Konsum, Renten, Tarifpolitik, Bildungspolitik usw.) loyal gehalten. Der Staat übernimmt Planungs- und Steuerungsfunktionen, um das prekäre Gleichgewicht des Systems zu erhalten und sein Grundprinzip ökonomischen Wachstums (Kapitalkonzentration, technischer Fortschritt) zu garantieren. Gerade wenn rein ökonomische Krisen nicht zu erwarten sind, hat die Frage nach der Krisenanfälligkeit eben jener staatlich-legitimatorischen Politik erhebliche Reichweite. Die Reproduktion des Systems ist an Massenloyalität gebunden, d. h. der Staat muß die beiden widersprüchlichen Prämissen — soviel Autonomie der Kapitalakkumulation wie möglich und so wenig Steuerungs- und Kompensierungsfunktionen wie nötig — miteinander verbinden. Es entsteht eine besondere Krisenanfälligkeit im politisch-kulturellen Sektor. Legitimationsmechanismen, die bislang relativ autonom funktionierten, nun aber als Bedingung und Folge fortschreitender Durchkapitalisierung abgebaut werden, können von der staatlichen Administration nicht entsprechend kompensiert werden: funktionierte bisher der „Privatismus" (Orientierung am sozialen Aufstieg, Aneignung von Besitz und Bildung, Leben für die Familie) in der bürgerlichen Gesellschaft als Legitimation für das System, so ist eben dieser Kompensationsbereich heute in Frage gestellt: Familie und Besitz geben dem beruflichen Kampf ums Dasein keinen selbstverständlichen Sinn; Schlagworte wie Frustration, Streß, Hausfrauenkrankheit signalisieren eine Krise der alten Rollenbilder; die sexuelle und komsumtive Enthaltsamkeit, als Basis der Leistungsmoral erfordert, wird durch die Nötigung den Massenkonsum auszudehnen, unterlaufen.

Dabei werden nicht bloß die für den bürgerlichen Privatismus grundlegenden Werte und Normen in Frage gestellt, ihre *Legitimationsweise selbst* gerät in eine Krise. Denn es gibt keine administrative Erzeugung von Sinn. Sinn läßt sich vereinfacht als Mechanismus der Identitätsbildung auffassen, der subjektive Bedürfnisse und Interessen mit allgemeinen Normen und Werten so verbindet, daß Lebensziele evident erscheinen. Diese Evidenz steht im Zusammenhang mit der Erklärungs- und Sozialisationsleistung von Ideologien. Für die Anerkennung und Befriedigung der Bedürfnisse wird damit eine Grenze der Diskutierbarkeit gezogen, deren Überschreitung Kriminalisierung oder Identitätsverlust bedeutete. Jedoch: Was als Weltbildideologen einmal Autorität hatte, läßt sich heute durch einen technokratischen Szientismus nicht ersetzen und was als Privatismus einmal unbefragte Geltung hatte, läßt sich heute durch Konsumsteigerung nicht fortsetzen. Im Gegenteil schafft die zunehmende Bedeutung staatlicher Planung und Kontrolle eine Politisierung von Bereichen, die ehemals privat geregelt wurden: die Legitimation von Handlungsnormen und der Organisierung von Lebenschancen wird in die Diskussion hineingezogen.

Habermas diagnostiziert den Kompensationsverlust ebenso für den Bereich der Literatur/Kunst und ihrer Wissenschaften; auch hier sieht er eine Krise bisheriger Legitimationsmechanismen. Er nimmt dabei ideologiekritische Überlegungen der ‚Väter' der Studentenbewegung auf — zumal Marcuses Analyse der „affirmativen Kultur" —, die von den Krisenerfahrungen des faschistischen Zerfalls der bürgerlichen Kultur geprägt waren. Die traditionelle Funktion der Literatur als Kunst läßt sich in dem Sinne als Kompensation beschreiben, daß durch die Aufrichtung einer ästhetischen Gegenwelt die sozialen Widersprüche und Versagungen sinnvoll gemacht wurden. Freilich nur in Grenzen, denn zugleich enthielt die Welt des schönen Scheins qua Ideal und qua Sinnlichkeit ein bloß suspendiertes, d. h. auf Einlösung drängendes Glücksversprechen: das Glück des kommunikativen Umgehens mit Menschen und mit der Natur; die Befriedigung mimetischer und phantastischer Bedürfnisse, die von der Zweck- und Tauschrationalität der gesellschaftlichen Organisation getilgt wurden; Humanität als realisierte Allgemeinheit, nicht als ideologische Verdeckung realer Klassenungleichheit; Produktivität als nichtentfremdete Arbeit.

Ästhetik bildet demnach einen „Sprengsatz" in der bürgerlichen Kultur, allerdings ohne automatische Zündung. Denn inzwischen ist eine Auflösung der affirmativen Kultur eingetreten, die einen zugleich irreversiblen wie ambivalenten Prozeß darstellt. Seine Ambivalenz zwischen spurenloser Liquidierung und gesellschaftlicher Neubestimmung hat sich in den *entgegengesetzten kulturrevolutionären Strategien* der materialistischen Ästhetik (bzw. der studentischen Kritik) niedergeschlagen: Kunst als esoterische Widerstandsstelle, nachdem sich die Gesellschaft zum totalen Verblendungszusammenhang verfestigte; Kunst als sozialistisch erneuerter bürgerlicher Realismus, der Bildungsbürgertum und Arbeiterklasse politisch zusammenführt; Kunst als avantgardistisch veränderter Praxisbereich, der neueste Produktionstechniken verarbeitet und das Alltagsleben verändert.[30] Spiegeln die (hier nur grob schematisierten) kontroversen Strategien die Ambivalenz der Kunstkrise, so lassen sie doch am Zerfall der alten, affirmativen Funktion keinen Zweifel. Systemadäquat abgefangen werden könnte dieser Zerfall nur dadurch, daß sich die ästhetischen Bedürfnisse vollständig durch perfektionierte Konsumangebote befriedigen ließen. Dagegen spricht, daß trotz Kulturindustrie und Warenästhetik die Fortexistenz eines Sonderbereichs ,Hoher' Kunst staatlich und wirtschaftlich abgesichert wird und ebenso die technokratische Reform, wie dargelegt, auf die Besonderheit des Kunstbereichs angewiesen bleibt. Gerade weil die technokratische Reform offenkundig nicht ersatzlos aufs restaurative Festhalten des ästhetischen Sonderbereichs verzichten kann, werden die Krisenerfahrungen nicht gegenstandslos.

Was auf der Ebene der Kunstproduktion als Krise erscheint, kehrt auf der Ebene der wissenschaftlichen und schulischen Bearbeitung wieder. Die Krise der Kunst läßt nämlich nicht zu, daß ein neuer Kanon unbefragter Traditionen entstehen kann. Der Bereich der kulturellen Überlieferung, der sich bislang aus sich selber rechtfertigte und relativ autonom reguliert, muß durch staatlich-wissenschaftliche Regelungen (Curricula) neu organisiert werden. Gerade aber der Streit um die Rahmenrichtlinien wie überhaupt die Politisierung von Universitäten und Schulen insbesondere in den alten geisteswissenschaftlichen Fächern sind ein Indiz dafür, daß der Emanzipationsimpuls der Kunst wie der Ideologiekritik nicht folgenlos abgebaut werden kann. Die staatliche Administration kann weder durch parlamentarische Entscheidungsprozesse noch durch Planungsrationalität neuen Sinn erzeugen, der die Kultur im Dienst der ökonomischen Systemimperative beläßt. Im Gegenteil muß sie, ob sie will oder nicht, eine „Aufstörung kultureller Selbstverständlichkeiten" hervorrufen und damit die „Politisierung von Lebensbereichen (vornehmen) die bis dahin der Privatsphäre zugeschlagen werden konnten." „Die Partizipationsbestrebungen und Alternativmodelle, insbesondere in kulturellen Bereichen wie Schule und Hochschule, Presse, Kirche, Theater, Verlag usw. sind dafür ebenso ein Indikator wie die zunehmende Zahl von Bürgerinitiativen."[31] In dieser Perspektive sieht Habermas die Überwindung einer durch privatwirtschaftliche Interessenrestriktion beherrschten Gesellschaft durch eine Gesellschaft, deren Mitglieder ihre Bedürfnisse in „diskursiver" Willensbildung und in Einsicht des Entwicklungsstands der Produktivkräfte kollektiv verbindlich regeln.

Die Skizze einer Legitimationskrise des Spätkapitalismus kann kaum den Anspruch erheben, die in den letzten Jahren geführte Diskussion über die Rolle des Staates und die Funktion kultureller Sektoren auf den Begriff zu bringen. Eine Analyse dessen, was sich auf den ersten Blick als Scheitern, Redogmatisierung, Zerfall der oppositionellen Protestbewegung darstellen muß, ist damit nicht schon geliefert. Habermas' in distanzierter Nähe zur Studentenbewegung entworfene Zielvorstellung der Entbürokratisierung von Herrschaft und ihrer Überführung in herrschaftsfreie Kommunikationsstrukturen kann zwar zutreffend Attitüden der Scheinrevolution kritisieren, an deren Stelle aber nur den kontrafaktischen Appell an die individuelle Moral des Aufklärungswillens setzen.[32] Sein Modell einer globalen historischen Krisenentwicklung ist jedoch von Wert, weil es unbehindert durch die subjektive Erfahrung des Scheiterns und der Tendenzwende dem öffentlichen Eindruck entgegentreten kann, die Zunahme der Technokratisierungstendenz entspreche einem objektiven Abbau der Krisenanfälligkeit.

Denn: „Man kann das alles nach der belästigenden Unruhe des letzten Jahrzehnts zurückweisen und sich auf das vermeintliche Eigenrecht und die Eigengesetzlichkeit der Wissenschaft berufen."[33] Aber man darf sich dann nicht wundern, danach gefragt zu werden, warum die studentischen Kritikpunkte „in der gegenwärtigen Diskussion fatalerweise ganz von der Überprüfung der Verfassungstreue eines Bewerbers für den öffentlichen Dienst verdeckt werden".[34]

3.

Soviel lassen die bisherigen Überlegungen erkennen: die Erfolge der technokratisch einsetzbaren Literaturwissenschaft beruhten sowohl auf ihrer Fähigkeit, sich mit progressiven Etiketten als Reform einer konservativen Wissenschaft empfehlen zu können, wie auf ihrer Verzichtbereitschaft, die Geschichte ihres Gegenstandes substantiell zu verarbeiten. Ihre Attraktivität beruht zusammengenommen gerade auf der Fähigkeit, sich schmerzlos den ‚Sachzwängen' der ‚Industriegesellschaft' folgen zu können und *zugleich den Schein kritischer Distanz zu verbreiten.*

Dies kommt besonders im institutionell praktizierten Selbstverständnis zum Ausdruck; denn keineswegs wird auf der Ebene der Institution eine dezidierte Verpflichtung zum technokratischen Positivismus vorgenommen. Literaturwissenschaft gilt vielmehr programmatisch als pluralistische Wissenschaft. Darin gerade liege ihr demokratisches Engagement. „Das Verhältnis von werkimmanenter, soziologischer und linguistischer Interpretation läßt sich auf dem Boden der freiheitlich-sozialen Demokratie theoretisch genau bestimmen: Alle drei Methoden haben ihr Eigenrecht und ihre Grenzen (. . .) jede für sich genommen ist einseitig."[35]

Was zunächst als persönliche Bekundung eines Methodenrelativismus gelesen werden mag, erhält durch die Berufung auf die Demokratie eine veränderte Dimension: die Position des Methodenrelativismus erscheint als Gebot der freiheitlich-demokratischen Grundordnung, wird also mit der Sanktionsgewalt staatlicher Macht gekoppelt. Daß diese Deutung nicht überzogen ist, zeigt sich an der gleichzeitig ausgesprochenen Warnung, die Pluralität der Methoden nicht durch ein „dogmatisch bestimmtes Gesellschaftskonzept"[36] zu verbauen. Auch wenn die zitierten Empfehlungen sich auf den Bereich einer „politischen Didaktik" des Deutschunterrichts beschränken, stimmen sie mit einer allgemein beobachtbaren Tendenz überein, durch institutionelle Regelung den einzelnen in den Bildungsapparaten und den Medien auf „Ausgewogenheit" zu verpflichten.

„Wir sollten uns nicht die Diktatur bestimmter Gruppen, auch bestimmter Verlage, auch nicht die Meinungen von Presse und Rundfunk darüber aufzwingen lassen, was noch zeitgemäß sei (. . .). Ich plädiere für das Recht und den Rang des Einzelmenschen, ja ich bin sogar der Meinung, daß die ‚Wissenschaft' ebenso wie die ‚Literatur' die Idee der Elite nicht entbehren kann."[37] Und diese naturgegebene und vor aller Kulturstürmerei bewahrende Idee („Niemandem sei es verwehrt, die Großen auch ‚kritisch' zu beleuchten; aber das setzt voraus, daß man ihnen zunächst einmal gewachsen ist"), ist bedroht, weil sich der sozialwissenschaftliche Anspruch der Literaturwissenschaft „an deutschen Universitäten und nicht nur dort wie eine Seuche ausbreitet. (. . .) Ja, man hat sogar eine Verbindung des Begriffs Dichtung mit der Rechtfertigung bestehender Herrschaftsverhältnisse hergestellt. Jedoch die Dichtung gibt es seit Jahrtausenden, und es gibt sie auch heute noch. Sie impliziert einen Wertbegriff, der sich nicht einfach auslöschen läßt." Daß das Bleibende von den Dichtern gestiftet werde, hat Hölderlin gewiß nicht der Germanstik an der Wiege gesungen: „Leben die Bücher bald?" — Aber es soll ja bei aller Polemik nur um das Prinzip der Toleranz gehen, also gegen Tendenzen, „den Pluralismus der Fragestellungen zugunsten einer allein gültigen Erkenntnisweise aufzuopfern (. . .); so wie auch eine parlamentarische Demokratie nur im Zusammenwirken und in der Auseinandersetzung aller Parteien fruchtbar existieren kann." Eine „Freiheit des Andersdenkenden", die Rosa Luxemburg forderte, ehe sie ermordet wurde: würde man sie ihr heute auf dem Katheder zugestehen?

Von der unverzichtbaren Forderung nach Toleranz zum Ruf nach der Obrigkeit, die mit Gewalt für ‚Toleranz' zu sorgen habe, ist ein verhängnisvoller Schritt. Aber in dieser Konsequenz liegt die Attraktivität des Pluralismuskonzepts gerade nicht. Sie liegt eher in der *Verdeckung von politischen Konsequenzen.* ‚Pluralismus' zielt auf Erneuerung wissenschaftlicher Immanenz durch Abbau der Autonomie der Wissenschaft. Freiheit von Forschung und Lehre gehörte zu den Emanzipationsresultaten der bürgerlichen Gesellschaft; sie sollte direkter politischer Einflußnahme bzw. unmittelbar ökonomischen Interessen entzogene Räume diskursiver Arbeit garantieren. Kants Unterscheidung von öffentlichem und privatem Vernunftgebrauch oder seine Reflexion über das Verhältnis von niederen und höheren Fakultäten bezeugten die Anstrengung, Autonomie der Vernunft und staatliches Gewaltmonopol zusammenzudenken.[38] Seine Lösung, daß durch Philosophie qua Publizistik sich die Gesellschaft als Publikum langfristig aufklären könne, läßt sich nicht erneuern. Wohl aber ist an die Verkehrung des Autonomiegedankens zu erinnern: wollte Kants Grenzziehung zwischen obrigkeitlichem Staat und Wissen-

schaftsautonomie gerade die praktischen Folgen eines uneinge-
schränkten Vernunftgebrauchs vorantreiben, so verkehrte sich in der
Folge die Autonomie zum institutionellen Verzicht auf den praktischen Anspruch von Wissenschaft. Der Politisierungsimpuls der Studentenbewegung richtete sich gegen *diese* begriffslose Immanenz der
Wissenschaft; er forderte, die gesellschaftlichen Funktionen und Bedingungen der Wissenschaft, ihrer Gegenstände und Resultate zu reflektieren. Damit wurden, wie oben für die Germanistik beschrieben,
die eingefahreren Grenzen zwischen den Wissenschaftsdisziplinen wie
zwischen Universität und Gesellschaft in Frage gestellt. Keineswegs
aber verschwand damit der ,Pluralismus' rivalisierender Wissen-
schaftskonzeptionen; die Ausarbeitung und kontroverse Diskussion
neuer Konzeptionen wurde im Gegenteil umso produktiver und hef-
tiger geführt.

Der technokratische Pluralismus erneuert hingegen die Wissenschafts-
immanenz, in der Positionen und Schulen miteinander um den Erfolg wetteifern können sollen, gerade weil sie dem traditionellen Ver-
nunftanspruch der Wissenschaft als Institution abschwören: Pluralismus beschränkt sich auf die Ebene der Methoden und Gegenstände,
während die Ebene der gesellschaftlichen Selbstreflexion ausgeschal-
tet wird. Deshalb können sich die positivistisch-technokratischen
Fortschritte naturwüchsig als unvermeidliche Rationalisierung durch-
setzen und zugleich von einem folgenlosen Lamento über die Zwänge
der Industriegesellschaft begleitet werden.

Die Stärke der technokratischen Reformideologie, nicht mit den Im-
perativen staatlicher Politik zu kollidieren, *ist freilich ihre Schwäche:*
sie kann, unterstellt man den Veränderungsprozessen im kulturellen
Sektor einen krisenhaften Charakter, zu diesem Vorgang nichts Nen-
nenswertes sagen. Sie muß vom Staat erwarten, daß er den Sinn des
Wissenschaftsbetriebes garantiert, während doch gerade die staatliche
Administration von den Wissenschaften die Auffüllung der Legitima-
tionsdefizite erwartet bzw. die rationale Rechtfertigung politischer
Maßnahmen. Gerade wenn sie sich nicht zum direkten Büttel staatlicher Reglementierung machen soll, wird die ,neue' Literaturwissenschaft mit immanenten Politisierungstendenzen konfrontiert, die
durch Berufung auf Pluralismus, Entideologisierung und Rationalität
nicht aus der Welt zu schaffen sind. Denn der Zwang zur Neuord-
nung des Schul- und Hochschulwesens hat nicht einfach zu einer störungsfreien Koppelung mit dem Arbeitsmarkt geführt, sondern eine
bislang unbekannte Politisierung dieses Sektors hervorgerufen, die
über die historischen Krisenerfahrungen der studentischen Protest-
gruppen hinausreicht. Die Krise der bürgerlichen Kunst hat nicht

bloß zur folgenlosen Liquidierung in einer Konsum- und Unterhaltungskultur geführt, sondern kulturrevolutionäre Tendenzen freigesetzt, die mit den Krisenerfahrungen der Avantgarden der Vorkriegszeit nicht erschöpft sind. Die Krise der Tradition hat nicht bloß Geschichte in eine bunte Stoffmasse verwandelt, sondern ebenso den Anspruch der Ideologiekritik mobilisiert, die als kritische Anamnese an die Alternative pietätvollen Erbes oder historischer Beliebigkeit nicht gebunden ist.

Begründete Zweifel sind also angebracht, ob die sei's freudig, sei's pessimistisch verbreitete Meinung, die Politisierung sei überwunden, überhaupt diagnostischen Wert hat: „Es gibt zur Freude Anlaß: Dies ist ein guter, ein reichlicher Bücherherbst. (. . .) Die große Krise, aus der wir schrittweise herauskommen, begann Mitte der sechziger Jahre und erreichte ihren Höhepunkt (. . .) 1970/71. Damals zeigte sich deutlich, daß der kühn angekündigte Versuch einer raschen und radikalen Umfunktionierung der Literatur gänzlich mißlungen war. (. . .) Aus der Studentenbewegung, deren Führer und Aktivisten nicht eben maulfaul waren, ist in literarischer Hinsicht so gut wie nichts hervorgegangen. Zwar wurden Selbstvertrauen und Selbstverständnis vieler Schriftsteller (. . .) gelähmt oder gar zerstört. Aber auf die erhoffte neue Literatur wartete man vergeblich."[39] Wartete man denn? Und was ist das für eine Erwartung, gesellschaftliche Bewegungen müßten sich gefälligst zur nächsten Buchmesse im Goldschnitt präsentieren und rezensierbar sein? Inzwischen, gottlob, hat sich das Blatt gewendet. Denn „Verleger und Buchhändler, Bibliothekare und Redakteure, die Leiter der Volkshochschulen und, nicht zuletzt, Lehrer und Professoren" signalisieren den neuen Trend: „Abwendung von Theorie, Ideologie und Politik einerseits und Hinwendung zum Künstlerischen in der Literatur, Sehnsucht nach der Dichtung und auch Bedürfnis nach Unterhaltung andererseits."[40]

Das hat mit ihrem Singen/ die Loreley gemacht? Odysseus aber, um es so auszudrücken, hörte ihr Schweigen nicht, er glaubte sie sängen und nur er sei behütet, es zu hören . . .

*

Was in den letzten zehn Jahren stattgefunden hat, kann zwar in gängigen Klischees verleugnet werden; aber deren self-fullfilling-prophecy-effect ist fraglich. Denn offenkundig funktioniert das Zusammenspiel von technokratischer Reform, restaurierter akademischer Praxis und Denunzierung der Gesellschaftskritik nicht reibungslos. Da es sich nicht gegen wissenschaftliche Kritik immunisieren kann, tritt es immer wieder als *politische* Repression in Erscheinung, die gerade verschleiert und verleugnet werden soll. So betrachtet signalisiert ‚Tendenzwende' nichts anderes als die einfache Wahrheit, daß die Institutionen der Bildung, der Publizistik, der Literatur eben nicht bloß Bereiche diskursiver Selbstverständigung darstellen, die auf rationale Kritik warten, um ihren repressiven Charakter abzustreifen. Dies ist kein unerhebliches Lernresultat: es ernüchtert gegenüber den zeitweilig wirksamen Illusionen, der substantielle Gehalt der bürgerlichen Literatur gehe in den politischen Transformationsprozeß selbst über. Damit aber kann plausibel werden, warum mit dem Zerfall der scheinbar homogenen Protestbewegung die Politisierung der Literatur und der Literaturwissenschaft sich keineswegs in politische Nachhutgefechte aufgelöst hat.

Erscheint im ‚natürlichen Bild' der Tendenzwende Literatur als Faktor wiedergefundener Stabilität, so täuscht es vergeblich das Interesse an einem Medium historischer Erfahrungen der Krise, der Revolte, der Resignation. Und dieses Interesse läßt sich heute umso weniger mit tröstlichem Vertrauen auf den vernünftigen Reformgang der Zeit verbinden. Gerade weil das verbreitete Reformgerede inzwischen so nachhaltig diskreditiert worden ist, sind die Schneckenhäuser, die die Institutionen bereitstellen, so unkomfortabel geworden und schützen kaum noch davor, wahrzunehmen, was sich täglich durch die Individuen hindurch reproduziert.

Anmerkungen

1 Bereits die Vermutung einer Verdrängung dürfte heute Abwehrreaktionen hervorrufen, als habe die Analyse historischer Prozesse nichts mit den Identitätsproblemen der Beteiligten zu tun. Cf. Klaus Horn, Von der Gefahr privatistischer Politik, in: Claussen/Dermitzel (Hg.), Universität und Widerstand. Versuch einer Politischen Universität in Frankfurt/M. 1968, S. 117 ff. – Es kennzeichnete die Studentenrevolte, daß sie ihre theoretische Identität nicht bei einem ‚Vater' suchte, sondern Marx, Freud, Reich, Mao, Marcuse usw. wiederentdeckte; sie erkannte ihre Autoritäten in denen, die exiliert oder tabuisiert waren.

2 Gemeint ist hier ein theoretischer Kritik- und Verständigungsprozeß, der allerdings biographische Verarbeitung einschließt. Welche Rolle dabei die autobiographische Darstellung spielen kann, verdiente nicht bloß literaturwissenschaftliches Interesse. Z. B.: K. R. Röhl, Fünf Finger sind keine Faust;

Rühmkorf, Die Jahre die ihr kennt; Cohn-Bendit, Der große Basar; P. Schneider, Lenz; H. J. Krahl, Angaben zur Person.

3 Kurt Wölfel, Szenen aus einem bürgerlichen Schäferleben, in: S. Unseld (Hg.), Wie, warum und zu welchem Ende wurde ich Literaturhistoriker?, Frankfurt/M. 1972, S. 218. − Dieser Band, als Festschrift für Robert Minder gedacht, bietet teilweise beklemmende Einsichten in das Selbstverständnis der von der Studentenrevolte Betroffenen.

4 Ich erinnere hier nur global an die entsprechenden Hefte der Zeitschriften ,alternative' und ,Das Argument'. Außerdem: H. Ide (Hg.), Bestandsaufnahme Deutschunterricht, Stuttgart 1970 und J. Kolbe (Hg.), Ansichten einer künftigen Germanistik, München 1969.

5 E. Lämmert u. a., Germanistik − eine deutsche Wissenschaft, Frankfurt/M. 1967 (Referate vom Germanistentag 1966). Eine kritische Analyse der universitären Vergangenheitsbewältigung hat W. F. Haug vorgelegt: Der hilflose Antifaschismus, Frankfurt/M. 1967.

6 W. Benjamin, Schriften Bd. III, S. 289.

7 Zit. nach H. Ivo, Handlungsfeld: Deutschunterricht, Frankfurt/M. 1975, S. 199 und 209.

8 Zit. n. P. Mosler, Die Geschichte des Emanzipationskampfes der Germanistik ist eine Geschichte der Niederlagen, alternative 94/1974, S. 30. − An Moslers Aufsatz ist das Insistieren auf historischer Reflexion bemerkenswert: ,,Der Bewegung werden solange Dogmatismus und reformistische Halbheiten anhaften, wie sie sich nicht Rechenschaft über die Geschichte der Revolte ablegt. Solche Rechenschaften wurden bisher nur mit dem erhobenen Zeigefinger des Parteistandpunktes veröffentlicht." Ebd., S. 36.

9 Zu diesen konsensuellen Leerformeln gehört im Bereich der Literaturwissenschaft vor allem der Kommunikationsbegriff, der sowohl Abkehr von der Werkontologie, Anschluß an die Linguistik, Wendung zur Soziologie, Anschluß an Habermas' Theorie der Universalpragmatik usw. zu verheißen schien. ,,Was aber hat die Forschung veranlaßt, in dieser Weise kommunikative Modelle zu entwickeln? Vielleicht kann man folgendermaßen argumentieren: Die genannten Tendenzen beginnen − grob gesprochen − in der zweiten Hälfte der 60er Jahre. Sie werden ausschließlich von Hochschullehrern initiiert und praktiziert. Diese Hochschullehrer arbeiten in unmittelbarer Nachbarschaft der damaligen Studentenbewegung." W. Thürmer, Anmerkungen zum Problem des Kommunikationsbegriffs beim Umgang mit Literatur, Disk. Deutsch 26/1975, S. 564. − Natürlich geht es nicht darum, bestimmte Begriffe als technokratisch zu tabuisieren, sondern ihren Einsatz und ihre Funktion genau zu reflektieren.

10 Dazu: Becker/Haller/Stubenrauch/Wilkending, Das Curriculum − Praxis, Wissenschaft und Politik, München 1974 mit ausführlicher Literatur.

11 Zur Kritik an der Technokratisierung der Literaturdidaktik: W. Raitz, Technokratischer und kritischer Literaturunterricht, in: Brackert/Raitz, Reform des Literaturunterrichts, Frankfurt/M. 1974, S. 44 ff. H. Scheible, Zur Begründungsproblematik der Literaturdidaktik, Disk. Deutsch 17/ 1974, S. 261 ff.
Zur Kritik an technokratischen Tendenzen in Literaturcurricula: Noltenius/Wolff, Der Bildungsbürger als Technokrat, Disk. Deutsch 11/1973, S. 4 ff. W. Ybema, Neue Empfehlungen für den Deutschunterricht der Sek. I in Nordrhein-Westfalen, Disk. Deutsch 20/1974, S. 557 ff. Chr. Bürger, ,Offene Textsequenz' oder Ideologiekritik, Disk. Deutsch 30/1976, S. 333 ff.

12 E. Lämmert, Eröffnungsansprache zum Germanistentag 1976, in: Mitteilungen des deutschen Germanistenverbandes, S. 4.

13 Ebd.

14 P. Bourdieu, Zur Soziologie der symbolischen Formen, Frankfurt/M. 1970, S. 194. Über die Funktion literarisch-ästhetischer Bildung als Aufstiegsideologie unterrichtet seine empirisch belegte Analyse: Kulturelle Reproduktion und soziale Reproduktion, in: Bourdieu/Passeron, Grundlagen einer Theorie der symbolischen Gewalt, Frankfurt/M. 1973, S. 88 ff.

15 W. Iser, Überlegungen zu einem literaturwissenschaftlichen Studienmodell, in Ansichten einer künftigen Germanistik, a. a. O., S. 196.

16 Ebd.

17 Ebd., S. 197, 204.

18 Wissenschaftsrat, Empfehlungen zur Struktur und zum Ausbau des Bildungswesens im Hochschulbereich, Bd. 2 (Germanistik), S. 110, zit. nach D. Richter, Ansichten einer marktgerechten Germanistik. Kritik literaturwissenschaftlicher Studienmodelle, Das Argument 72/1972, S. 321.

19 W. Iser, Die Appellstruktur der Texte, Konstanz 1970, S. 35.

20 S. J. Schmidt, ästhetizität. philosophische Beiträge zu einer Theorie des ästhetischen, München ^{2}1972. Während „marxistische Theorien die Freiheitsforderung aus einem ideologischen Begründungszusammenhang ableiten (. . .), möchte ich hier die These aufstellen, daß alle Kunst, (. . .) dank der Eigengesetzlichkeit der Ästhetizität einen strukturellen emanzipatorischen Charakter besitzt. Polyfunktionalität und Polyvalenz der ästhetischen Textgebilde thematisieren notwendig (impliziert oder explizit) die Potentialität anderer Wirklichkeiten (. . .)". S. 89.

21 Kultusministerium des Landes Nordrhein-Westfalen (Hg.), Sekundarstufe I – Gymnasium, Unterrichtsempfehlungen Deutsch, S. 30 f.

22 Ebd., S. 31.

23 G. Ter-Nedden, Gibt es eine Ideologiekritik ästhetischer Sinngebilde?, in: H. Schlaffer (Hg.), Erweiterung der materialistischen Literaturtheorie durch Bestimmung ihrer Grenzen, Stuttgart 1974, S. 259.

24 R. Bubner, Über einige Bedingungen gegenwärtiger Ästhetik, neue Hefte für philosophie 5/1973, S. 70.

25 H. R. Jauß, Negativität und Identifikation. Versuch zur Theorie der ästhetischen Erfahrung, in: H. Weinrich (Hg.), Positionen der Negativität, München 1975, S. 263 ff. (Poetik und Hermeneutik VI).

26 Ebd.

27 H. Riemenschneider, Kritisches Lesen als Perspektivenvergleich, in: R. Dithmar, Literaturunterricht in der Diskussion I, Kronberg 1973, S. 150.

28 In diesem Sinne haben die beiden letzten Träger des Friedenspreises des deutschen Buchhandels – A. Grosser und Frisch – die Öffentlichkeit der Preisverleihung zu einem besorgten Appell genutzt.

29 J. Habermas, Legitimationsprobleme im Spätkapitalismus, Frankfurt/M. 1973. – Neuere Ansätze einer materialistischen Gesellschaftstheorie kennzeichnet generell, daß die Funktion des Überbaus – des Staats und der kulturellen Institutionen – großes Augenmerk finden. Dabei wären Habermas' legitimationstheoretischem Ansatz neuere französische Arbeiten (Poulantzas, Bourdieu, Althusser) gegenüberzustellen, deren Rezeption bislang durchs Etikett ‚Strukturalismus' verhindert wurde.

30 B. Lindner, Die Realismuskontroverse Bloch-Lukács und der Begriff der Verdinglichung, in: H.-J. Schmitt, Der Streit mit Georg Lukács, Frankfurt/M. 1977.

31

31 J. Habermas, Legitimationsprobleme . . ., a. a. O., S. 120.

32 J. Habermas, Die Scheinrevolution und ihre Kinder, in: J. H., Protestbewegung und Hochschulreform, Frankfurt/M. 1969, S. 188 ff.

33 C. O. Conrady, Zur Situation der Germanistik in Deutschland, in: Papenfuß/Söring (Hg.), Rezeption der deutschen Gegenwartsliteratur im Ausland, Stuttgart 1976, S. 31.

34 Ebd., S. 28. — Conradys Überlegungen bezeugen, daß die Generation der von der studentischen Kritik betroffenen Hochschullehrer keineswegs in der Erleichterung über die ‚Tendenzwende‘ einig ist.

35 Zit. nach Chr. Bürger, ‚Pluralismus‘ und Textanalyse, Der Deutschunterricht 3/1974, S. 32. Dieser Aufsatz leistet eine grundsätzliche Kritik am Pluralismuskonzept.

36 Ebd.

37 B. von Wiese, Ist die Literaturwissenschaft am Ende?, in: Frankfurter Allgemeine Zeitung vom 13. Oktober 1973 (dort auch die folgenden Zitate).

38 Immanuel Kant, Beantwortung der Frage: Was ist Aufklärung; ders.: Der Streit der Fakultäten, Werke ed. Weischedel, Bd. 9. — Zum Politisierungsbegriff der Studentenrevolte cf. u. a. A. Wellmer, Unpolitische Universität und Politisierung der Wissenschaft, in: Claussen/Dermitzel, Universität und Widerstand, a. a. O., S. 108 ff.

39 M. Reich-Ranicki, Rückkehr zur schönen Literatur. Eine Bilanz der Frankfurter Buchmesse, Frankfurter Allgemeine Zeitung vom 8. Oktober 1975.

40 Ebd. (Die Schlußzitate nach Heine und Kafka).

Historischer Hinweis zur Literatur der Studentenrevolte

Nitsch/Gerhardt/Offe/Preuß, Hochschule in der Demokratie, Berlin 1965 (Ausarbeitung einer Denkschrift des SDS von 1961).

St. Leibfried (Hg.), Wider die Untertanenfabrik. Handbuch zur Demokratisierung der Hochschule, Köln 1967.

Bildung und Organisation des Widerstandes. Der Kongreß von Hannover, Voltaire Flugschrift 12, Berlin 1967.

Bergmann/Dutschke/Lefèvre/Rabehl, Rebellion der Studenten oder die neue Opposition, Reinbek b. Hamburg 1968.

Hans Burkhard Schlichting

Das Ungenügen der poetischen Strategien:
Literatur im ‚Kursbuch‘ 1968—1976

> Unser literarisches Bewußtsein ist begrenzt; es ignoriert weite
> Zonen der zivilisatorischen Realität. Wo die literarische Ver-
> mittlung versagt, wird das Kursbuch den unvermittelten Nie-
> derschlag der Realien zu fassen suchen.
>
> *Ankündigung einer neuen Zeitschrift‘* 1965

> Da Peter Weiss und andere mich auffordern, Farbe zu beken-
> nen, so erwidere ich: Die diversen Seelen in ihrer und in mei-
> ner Brust sind weltpolitisch nicht von Interesse. Die Morali-
> sche Aufrüstung von links kann mir gestohlen bleiben. Zwei-
> fel sind mir lieber als Sentiments. Revolutionäres Geschwätz
> ist mir verhaßt. Widerspruchsfreie Weltbilder brauche ich
> nicht. Im Zweifelsfall entscheidet die Wirklichkeit.
>
> Enzensberger in *Kursbuch* 6 (Juli 1966)

> Wenn die intelligentesten Köpfe zwischen zwanzig und drei-
> ßig mehr auf ein Agitationsmodell geben als auf einen „ex-
> perimentellen Text"; wenn sie lieber Faktographien benutzen
> als Schelmenromane; wenn sie darauf pfeifen, Belletristik zu
> machen und zu kaufen: Das sind freilich gute Zeichen. Aber
> sie müssen begriffen werden.
>
> Enzensberger in *Kursbuch* 16 (November 1968)

In kaum einer der umfassenderen Auseinandersetzungen mit der
westdeutschen Literatur der letzten zehn Jahre fehlt ein Hinweis, eine betroffene Reaktion auf die drei Beiträge des *Kursbuchs* 15, die —
vereinzelte Artikulationen der studentischen Protestbewegung gleichsam zur Formel zusammenziehend — die *Totsagung der Literatur* zu
ihrem Programm zu machen schienen.[1] Im Bewußtsein der literarischen Öffentlichkeit wie bei den Akteuren selbst stellten sich bald
die historischen Analogien ein, vor allem zu den Avantgardebewegungen der ersten Jahrhunderthälfte[2], Bewegungen, die im intellektuellen Klima des neuen Kunstzweifels in ihrer bilderstürmerischen
Programmatik auch dort auf ein erwachtes Interesse stießen, wo die
Radikalität der *Kursbuch*-Beiträge nicht geteilt wurde. Von Karl

Heinz Bohrers Aufsätzen aus dem Jahre 1969 (1970 erweitert und in einer Buchpublikation unter dem Titel „Die gefährdete Phantasie, oder Surrealismus und Terror" zusammengefaßt) bis zu Dieter Wellershoffs „Die Auflösung des Kunstbegriffs" (1976) wurde der Zusammenhang der *Kursbuch*-Debatte mit der Reaktualisierung historischer Avantgardebewegungen auf eine Weise reflektiert, die auch Konsequenzen für die innerliterarische Entwicklung in der Bundesrepublik sichtbar werden ließ.

I. Das Prinzip der Non-Fiction

Daß der hervorstechendste Beitrag des *Kursbuchs* zur literarischen Diskussion in der Bundesrepublik in der völligen Negation eben dieser Diskussion zu bestehen schien und Enzensberger sich auch außerhalb seiner Zeitschrift fast nur noch negatorisch auf die westdeutsche Literatur bezog[3], läßt das *Kursbuch* seit 1968 ohne spezifischen Bezug auf die gegenwärtige Literatursituation erscheinen.

Wo seitdem noch im engeren Sinn literarische Beiträge auftauchen, scheint sich die redaktionell praktizierte Wendung zur Non-Fiction nur zu bestätigen. Sie sind durchweg den politischen Heftthemen zugeordnet und zunächst unter *dokumentarischen* Aspekten auf das Heftganze bezogen. In der Cuba-Nummer vom Oktober 1969 (Kb 18) treten Gedichte von Herberto Padilla[3a] und die „Erinnerungen eines Zurückgebliebenen" von Edmundo Desnoes — Auszüge einer fiktiven Autobiographie — nachdrücklich in dieser Funktion auf, ebenso die Texte von György Dalos, die als ‚Kurszettel' „Lebenszeichen aus Ungarn" im März 1971 einem Heft über „Übergänge zum Sozialismus" (Kb 23) beigelegt waren. Mit „Ein Traum von Mozambique" von F. C. Delius tauchte im Juni 1974 (Kb 36) nach fünf Jahren wieder ein Gedicht im Textteil der Zeitschrift auf — unter der Rubrik ‚Marginalien', die mit dem neuen Jahrgang für Beiträge geschaffen worden war, die sich ihrem Inhalt oder ihrer Form nach dem Heftthema nicht zuordnen ließen.[4] Dem politischen Gedicht von Delius folgte im Juni 1975 (Kb 40) ein Vorabdruck aus Enzensbergers „Mausoleum", der — unter den Obertitel „Karrieren" gestellt — den außerliterarischen Bezug zum Heftthema („Beruf: Langer oder kurzer Marsch?") allerdings nur noch notdürftig demonstrierte. Die wenigen Gedichte von Padilla, Dalos und Delius sind neben diesem gewichtigen Beitrag seit 1969 bislang die einzigen lyrischen Texte geblieben. Neben den essayistischen und dokumentarischen Beiträgen sind auch literarische Prosatexte kaum vertreten.

Auf die Collage- bzw. Montagetexte von Wondratscheck, Roehler und Stiller, die im März 1970 in dem letzten *Kursbuch* erschienen, dessen Essays sich ,ästhetischen Fragen' widmeten, folgten erst Scharangs „Bericht an das Lohnkomitee" (Kb 38) im Dezember 1974 und eine politische Satire von Klaus Stiller im Juni 1975 (Kb 40).

Im Zusammenhang mit neueren Entwicklungen der theoretischen Diskussion[5] treten seit 1974 im *Kursbuch* verstärkt autobiographische Ansätze in der Handhabung des dokumentarischen Prinzips auf, die die objektivistischen Verfahren der Reportage und Zitatmontage abzulösen beginnen und erneut die Frage nach der Individualität der Schreibweisen stellen lassen.

Die Arbeiten von Peter Schneider haben frühzeitig die autobiographische Wendung des Dokumentarischen signalisiert. Seine Berichte über Betriebsarbeit (Kb 21), Schulpraxis (Kb 24) und das von ihm herausgegebene Italienheft (Kb 26) bilden ihren autobiographischen Bezügen nach Hintergrundmaterial für die 1973 erschienene Erzählung „Lenz"[6]. — Der autobiographische Neuansatz in der Verwendung des dokumentarischen Prinzips ist aber nur *ein* Ansatz, unter den individualisierten Emanzipationsperspektiven von Teilen der Neuen Linken freilich ein besonders naheliegender.

Die Reihe dieser autobiographisch bezogenen Beiträge — im Oktober 1974 mit den Aufzeichnungen von Lissi Steffen und Anja Jović eröffnet (Kb 37) und mit Burkhard Driests „Halbstarke in Peine" (Kb 39) fortgesetzt — hat vor allem in den Titelheften „Provinz" (Kb 39), „Alltag" (Kb 41) und „Wir Kleinbürger" (Kb 45) erkennbar werden lassen, wie wenig sich mit dieser Neuorientierung eine Rückwendung zum traditionell ,Literarischen' vollzogen hat, wie sie andernorts selbst von einstigen Vertretern der Dokumentarliteratur[7] proklamiert wird. Auch wo Non-Fiction bewußt mit Subjektivität durchsetzt wird, im individuellen Schreibprozeß durch sie vermittelt werden soll, ist nie ein Übergang in fiktionale Literatur angestrebt. Der Gegenstand wird nicht in eine Selbstreflexivität des literarischen Mediums aufgehoben, bleibt immer in seiner eigenen, außerhalb des Textes bestehenden Struktur präsent. Wenn eine durch die Politisierung hindurchgegangene und deren Defizienzen artikulierende Subjektivität die objektivistische Haltung früherer *Kursbuch*-Beiträge abzulösen beginnt, so wird darin gerade das dokumentarische Prinzip gewahrt und seinem Gegenstandsbereich nach erweitert. Die Ankündigung zum Themenheft „Alltag" macht dies zumindest dem Programm nach deutlich:

Was ist eigentlich Alltag? Wo es ihn wirklich gibt, kann man kaum davon erzählen. Und tatsächlich wurde jahrhundertelang so gut wie nichts über den Alltag erzählt, weil er so alltäglich war. Erst in der „modernen" Welt wird er zum Problem, wird oft das, was früher im Überfluß da war, zu einer Mangelerscheinung. Kursbuch 41 will sich dem sogenannten Normalen, das immer weniger normal wird, zuwenden: dem Alltagsleben unserer Gesellschaft in seinen Erscheinungsformen, seinen Bedingungen und Rahmen, seinen Funktionen und Dysfunktionen. [...] es gibt private und öffentliche Rituale, individuelle und kollektive Gewohnheiten, Zwänge, Toleranzen etc. Vor allem gibt es manche Grenzen des Alltags, von denen her er überhaupt erst definiert werden kann, weil sie ihn teils aufheben, teils bestätigen: Feste, Sensationen, Katastrophen, blaue Montage, schwarze Freitage usw.[8]

So ungenügend diese Zusammenhänge aus einem autobiographisch erfaßten Bezugsfeld zu rekonstruieren sein mögen[9], so ist doch unverkennbar, daß sie sich einem objektivistischen Verfahren nicht erschließen. Die „absorbierende Kraft des Alltagslebens, die massenhafte Bereitschaft, sich im Alltag ,einzurichten'"[10], seine Normalität bedingt – den Überlegungen von Rainer Paris (Kb 40) nach – auch „die ,Sperrigkeit' des Alltags als Reflexions- und Diskussionsgegenstand: Die Thematisierung des uns Selbstverständlichen reißt es aus seiner Selbstverständlichkeit heraus."[11] Genau diese Problematisierung vermag der literarische Objektivismus nicht zu leisten, weil er zunächst selbst von der Normalität des jeweils dokumentierten Alltags auszugehen hat, das Dokument als exemplarisches auszuweisen und auf einen allgemeinen Bedingungszusammenhang hin zu selektieren hat. Die Reflexion auf ein auktoriales Ich war für die reine Dokumentarliteratur auch dann noch verzichtbar, wenn sie – wie in der Zitat-Montage – auf die Frage stieß, nach welchen Prinzipien sich die *Konstruktion* der Zitat-Zusammenhänge zu vollziehen hätte – soweit sie sich hierbei vorgegebener Interpretationen der Bedingungszusammenhänge bedienen konnte, denen das Material entstammte. Soweit sie es nicht konnte, war freilich auch die Grenze ihres Objektivismus erreicht.

Ein bedeutender *Kursbuch*-Beitrag vom Dezember 1970 macht diese Problematik deutlich: die als Dossier im Heft „Nordamerikanische Zustände" erschienene Montage „Täglicher Faschismus. Evidenz aus fünf Monaten" von Reinhard Lettau.[12] Lettau nutzt die Wirkung eines Konzentrats von Zitaten aus der amerikanischen Presse, indem er per Montageverfahren einen politischen Zusammenhang im Zitierten aufweist, der sich aus der Evidenz des Pressematerials selbst erhellen soll und in ihm als ein alltäglich erfahrbarer Zusammenhang erscheint. Dessen Kontinuität ist jedoch ein Konstrukt, das in der

Montage erst gewonnen wurde und bereits über ein Medium (die Presse) vermittelt ist.

Hauptziel der Sammlung war es zunächst, einmal festzustellen, wieviel, über einen begrenzten Zeitraum hin, bei sorgfältiger Lektüre (die sich, schon aus Zeitgründen, beispielsweise ein Industriearbeiter oder Postbote gar nicht leisten könnte) über nordamerikanische Zustände aus den Presseorganen der Klasse, die sie verschulden, zu erfahren sei. Die *Haupt*frage war also nicht „Welche Verbrechen begehen die Herrschenden?", „Welche Verbrechen bereiten sie vor?" etc. (dann wären andere Quellen nötig), sondern: „Welche ihrer Verbrechen teilen sie uns mit?" [. . .]
Die Materialsammlung, [. . .] führt meiner Ansicht nach zu einer Reihe von Fragen, die ich hier jetzt nicht beantworten kann, z. B. der Frage, warum und wie uns die Herrschenden über ihre Verbrechen selbst informieren? Abgesehen davon, daß das Material selbst in vielen einzelnen Fällen noch weiter verfolgt werden muß [. . .], wären auch zu beachten: die bekannte Tendenz, Verbrechen als unvermeidliche Naturvorgänge darzustellen, [. . .] als Bestätigung immer wiederkehrender historischer Abläufe; auch etwa die häufige Umkehrung der Sequenz der Ereignisse innerhalb einer Meldung, die Ursache und Wirkung verdreht, auch die Möglichkeit von „Sklavensprache".
Die beobachteten Zeitungen bieten täglich isolierte, d. h. unverbundene Evidenz wie die hier ausgesuchte. Meine nachträgliche Zusammenfügung dieser Evidenz spricht den Zeitungen also eine Bewußtheit und Aufklärungsabsicht zu, die sie nicht haben. Die hier sichtbare Synthese müßte vom Leser täglich geleistet werden.[13]

Lettau kann auf die Authentizität des dokumentarischen Materials verweisen, die seiner Verarbeitung der Thematik vor einer ‚literarischeren' den Vorzug geben kann. Hinsichtlich der Wirkungsmöglichkeiten, der politischen Material-Operation, die mit diesem Montage-Verfahren erstrebt ist, gibt er sich jedoch keinen Illusionen hin.

Allerdings sind dies Nachrichten, die für die Opfer des präfaschistischen Regimes, nämlich in erster Linie die Ghettobewohner und die Arbeiter, keine Neuigkeiten sind, da sie sie täglich erleiden. Neu mögen sie für die Bourgeoisie sein, die, selbst wenn sie sich die Zeit nimmt, sie zur Kenntnis zu nehmen, bestenfalls resigniert, also kollaboriert, mithin diese Arbeit unnötig macht. [. . .]
Der Titel möchte darauf hinweisen, daß die Indizien für den herannahenden Faschismus sich täglich und immer schneller verstärken, – daß *für seine Opfer* die Unterschiede zwischen dem täglichen, inzipienten amerikanischen Faschismus und dem offenen, erklärten Faschismus nicht existieren.[14]

Daß das Alltagsbewußtsein derer, die von den dokumentierten Vorgängen betroffen sind, der synthetischen All-Täglichkeit nicht entspricht, die in der Zitat-Montage erst erfahrbar wird, daß sie die Nor-

malität ihres eigenen Alltags vielmehr als „absorbierende Kraft"
(Rainer Paris) erfahren, wird für Lettaus Verfahren noch nicht zum
Problem. Anders bei späteren Kursbuch-Autoren, denen es um eine
„realistische Perspektive der Befreiung des Alltagslebens"[15] geht.
Will Dokumentarliteratur den Alltag auch seinen *immanenten* Notwendigkeiten und Zwängen nach zum Gegenstand machen und dabei
die Ausrichtung aufs Authentische wahren, dann hat sie entschieden
die Frage nach deren individueller Vermittlung zu stellen.
Die reine Dokumentarmontage muß von einem zitierbaren Material
ausgehen, das bereits in anderen Medien (etwa der Presse) Vermitt-
lungsprozesse durchlaufen hat. Sie muß das Materialstück aus diesem
Vermittlungszusammenhang lösen, um seine dokumentarische Funktion *frei*setzen zu können. Die Frage, inwieweit es durch seine me-
diale Herkunft geprägt ist, kann die Montage selbst nicht beantworten – *gestellt* werden kann diese Frage (wie auch bei Lettau) in einem zusätzlichen Kommentar. Die Formen der Umsetzung des Mediums in den rezipierenden Subjekten sind damit freilich noch nicht
angesprochen. Die fiktiven Aspekte, die die in der Presse referierten
‚täglichen Begebenheiten‘, bei denen gewinnen können, die nicht *unmittelbar* von ihnen betroffen sind, die sensationellen Reize des
Authentischen, generell die Formen, in denen die Massenmedien die
Erfahrungsweisen von Individuen tangieren, können nicht Gegenstand einer literarischen Dokumentarmontage sein. Anders im Kino.
Auch dort, wo der Film seine formalen Mittel nicht eigens thematisiert, können doch diese Weisen der Umsetzung immer Gegenstand
einer bewußten Auseinandersetzung sein.

Es geht um ein Elefantengedächtnis in Bezug auf [. . .] Tatsachen. Inmitten des
Kino-Alltags, der zugleich durch „Ein Mann sieht rot", „Chinatown", „Robin
Hood", „Die zehn Gebote" gekennzeichnet ist, drücken die Proportionen der
wirklichen Häuserräumung die sonst neunzigminütige Spielhandlung zurück;
zugleich halten wir an einem *Rest von Kinohandlung* fest, an der sich die Proportionen messen lassen (das Übergewicht objektiver Ereignisse), die aber
auch, solange Menschen in ihren Köpfen Romane bewegen, etwas *ununter-
drückbar Reales* ist.
[. . .]
Der Film ist insofern ein Konzentrat von Verstößen gegen den angeblichen
Realismus des Gewohnheitsblicks, wie er der Bedeutungs- und „Bewußtseins"-
dramaturgie zugrundeliegt.[16]

Den Überlegungen von Alexander Kluge und Edgar Reitz zu ihrem
Film „In Gefahr und größter Not bringt der Mittelweg den Tod"
(Kb 41), denen die zitierte Passage entstammt, liegt ein prinzipiell an-
derer Begriff des Alltags zugrunde als der Konzeption von Lettau:

Alltag ist eine Redeweise. [. . .] Alltag ist durch das bestimmt, was angeblich Nicht-Alltag ist — Luftangriff, Kriegserklärung, Schwarzer Freitag, Burgfrieden 1914, Sondermeldung, Kapitulation Frankreichs 1940, Sonntage, die Christ- und Staatsfeste, die das Jahr durchziehen. [. . .]
Dem Alltagsbegriff liegt eine ständische Denkordnung zugrunde: Oberschicht von Realität, Unterschicht von Realität; [. . .]. Es kommt darauf an, diese Wahrnehmungsmuster, die z. T. fehlgeschlagene Protestbildungen gegen un- durchsichtige, nicht auszuhaltende Geschichte sind, notfalls ahistorisch zu un- terbrechen. Dies geschieht zunächst dadurch, daß man sich auf das Besondere jeder Situation, auf ihre spezifische Redeweise konzentriert, d. h. man geht den spezifischen Verzerrungen nach zwischen den Worten und dem, worum es objektiv geht. [. . .] Eine Summierung solcher Redeweisen wird einen Zerrspie- gel des gesellschaftlichen Bewußtseins ergeben und dennoch gesellschaftliche Erfahrung in ihrem wirklichen Aggregatzustand darstellen. Das wird gerade im Vorgang der Summierung, der Konfrontation der verschiedenen Redeweisen deutlich. [. . .]
Der Film, mehr als jede andere „Kunstgattung", ist fähig, solche Alltagsberei- che aufeinanderprallen zu lassen: durch Konstruktion, Reduktion; von der plumpen Stilvorstellung klassischer Künste her gesehen sind das kleine, z. T. unauffällige Verstöße (allerdings permanent) gegen die Real-Normen.[17]

Den soziologischen Implikationen der verschiedenen Begriffe des All- tagslebens, wie sie bei manchen Autoren des *Kursbuchs* vorliegen, kann im Rahmen der vorliegenden Darstellung nicht nachgegangen werden, der es wesentlich um ihre *praktische* Relevanz geht, die sie in differenten ästhetischen Konzeptionen gewinnen. Wo diese Kon- zeptionen sich am Prinzip der Non-Fiction orientieren — und alle literarischen Neuansätze im *Kursbuch* seit 1969 tun dies durch- wegs[18] — stoßen sie zwangsläufig auf das Problem eines spezifischen Verständnisses von Alltagsleben. Inwieweit es literarisch erschlossen werden kann, ist zunächst auch eine Frage der künstlerischen Verfah- ren. Lettaus Bemerkungen zu seiner Presse-Montage und die Überle- gungen von Kluge und Reitz sind bislang die einzigen Beiträge zur Formdiskussion seit der Neubegründung der Zeitschrift im Sommer 1970.[19] Daß gerade sie auf die spezifischen Probleme *eines* Werks bezogen sind, das dann selbst dokumentiert wird, mag symptoma- tisch erscheinen.

II. Die Destruktion des literarischen Bewußtseins

Die letzte grundsätzliche Diskussion von Problemen der literarischen Produktion und von Fragen der Form fand im *Kursbuch 20* (1970) statt[20], eine erneute Diskussion dieser Fragen ist nicht abzusehen.

Weder die im engeren Sinne literarischen, noch die dokumentarischen Beiträge in der Zeitschrift sind seitdem auf die ihnen zugrundeliegenden Literaturkonzeptionen befragt worden. Auch in den publizistischen Reaktionen auf die einzelnen Hefte traten diese Fragestellungen zurück. Daß „seit der Politisierung der Literatur Ende der sechziger Jahre der Akzent von der Materialdurchdringung auf die *Beweiskraft der Stoffe* und auf die Stoffe selbst verlagert worden ist"[21], charakterisiert gerade hinsichtlich der öffentlichen Wirkung die Entwicklung, die das *Kursbuch* genommen hat. Angesichts der gegenwärtigen Ablösung von faktographischen Verfahren und objektivistischen Konzeptionen, die sich noch an historischen Modellen (vor allem der zwanziger Jahre) orientieren konnten, müßte das *Kursbuch* freilich auf neue Weise seine Rolle als eines — im weitesten Sinne — *literarischen* Mediums überdenken. Dies gerade dann, wenn die *realen* Impulse der Debatte von 1968/69, die bei vielen Gegenwartsautoren weiterwirken[22], im öffentlichen Bewußtsein nicht verdrängt werden sollen.

Bereits 1969 hat Yaak Karsunke in einer ersten Kurzdarstellung der Entwicklung des *Kursbuchs* hervorgehoben, daß in den für diese Debatte entscheidenden Beiträgen von Karl Markus Michel und Hans Magnus Enzensberger generell vom „Tod der Literatur" gar nicht die Rede sei, lediglich werde ihr dort „eine gewisse Irrelevanz" bescheinigt.[23] Daß es sich bei der durch die französische und die deutsche Studentenbewegung aktualisierten Parole vom „Tod der Literatur" selbst um eine literarische Metapher handelte[24], mag wesentlich dazu beigetragen haben, daß sie — von den konkreten Bezügen gelöst, in denen sie von den *Kursbuch*-Autoren reflektiert und kritisiert wurde — als Quintessenz der Debatte verstanden wurde und — einmal in den Metaphernkanon der letzten Jahre aufgenommen — angesichts neuer literarischer Tendenzen dann die metaphorische Umkehrung einer „Literatur nach dem Tod der Literatur"[25] herausforderte.

Gerade der metaphorische Charakter und die medialen Verbreitungsformen der Thesen vom „Tod der Literatur" bestimmen in den Essays von Michel und Enzensberger[26] die Ausgangsfragen:

Die Kunst ist tot [...]. Das lehren die Graffiti von Paris. Aber sie lehren es nur, wenn sie als *Kontext* verstanden werden, der sich lesen und interpretieren läßt; wenn man ihnen also gerade jenen Begriff der Kultur unterlegt, den sie kontestieren: eine im Wesen literale, der *Hermeneutik* bedürftige Kommunikation durch Symbole; eine „Inversion des Lebens", wie im Foyer des Odéon zu lesen stand. Unter dieser Voraussetzung verraten die Mauerlosungen noch anderes, z. B. daß sie wenig originell sind; positiv gesagt: daß sie in der abendländischen Tradition stehen. Davon zeugen genügend Anleihen und Anspielungen; zitiert wurden auf den Wänden nicht nur Mao und Che, sondern auch die „Väter", von Heraklit über Nietzsche und Péguy bis zu Camus. Rimbaud wurde evoziert, Dada, Surrealismus etc., und mochten die Anklänge an Sartre fehlen, so waren die an Lafargue und Lefèbvre um so deutlicher. Kurzum, das alles ist „Abendland", und selbst das Wort vom Tod der Kunst gehört, seit mindestens 150 Jahren zum heiligen Bestand eben jener Kultur, gegen die es ausgespielt wird, zum schönen Ritual wehmütiger Klage oder prophetischer Verheißung — Klage über eine Welt, die keine Träume mehr hat, Verheißung für eine andere, die keine mehr braucht.[27]

Eine entsprechende Passage findet sich bei Enzensberger:

Auch gibt zu denken, daß der „Tod der Literatur" selber eine *literarische Metapher* ist, und zwar die jüngste nicht. Seit wenigstens hundert Jahren, sagen wir: seit Lautréamont, befindet sich die Totgesagte, nicht unähnlich der bürgerlichen Gesellschaft, in einer permanenten Agonie, und wie diese hat sie es verstanden, die eigene Krisis sich zur Existenzgrundlage zu machen.[28]

Und zur Selbstdarstellung des aktuellen Krisenbewußtseins heißt es:

Der Leichenzug hinterläßt eine Staubwolke von Theorien, an denen wenig Neues ist. Die Literaten feiern das Ende der Literatur. Die Poeten beweisen sich und anderen die Unmöglichkeit, Poesie zu machen. Die Kritiker besingen den definitiven Hinschied der Kritik. Die Bildhauer stellen Plastiksärge her für Plastik. Die ganze Veranstaltung schmückt sich mit dem Namen der Kulturrevolution, aber sie sieht einem Jahrmarkt verzweifelt ähnlich. Die Sekunden, in denen es ernst wird, sind selten und verglimmen rasch. Was bleibt, stiftet das Fernsehen: Podiumsdiskussionen über die Rolle des Schriftstellers in der Gesellschaft.[29]

Die erste Ebene einer ‚der Hermeneutik bedürftigen Kommunikation durch Symbole', in denen sich der antiliterarische Protest äußert, stellt sich selbst noch in Gestalt eines literarischen Diskurses dar, der seitens anderer Medien transformierbar ist. Dem stellt Michel eine zweite Ebene gegenüber:

Man kann die Graffiti auch anders lesen. Man *muß* sie anders lesen, will man nicht davon absehen, daß sie, statt auf Papier, auf Wänden stehen, zum Teil auf ehrwürdigen Wänden, die zu beschmieren nicht nur als grober Unfug, sondern schon als Vandalismus erscheint. Ihr Kontext ist dann weniger die Summe der einzelnen Sprüche als vielmehr die Situation, in der es zum Akt des Schreibens kam. Und ihr „Sinn" liegt mindestens ebensosehr in diesem Akt wie in dem Bedeutungsgehalt der einzelnen Zitate und Parolen. Also ein Beispiel für McLuhans These "The medium is the message" oder, vornehm struk-

turalistisch gesagt, für das Zusammenfallen von Signifikant und Signifikat? Ja, insofern die „Botschaft" der Graffiti in diesem provokativen An-die-Wand-Schreiben besteht. Diese Losungen sind, wenn in Buchform publiziert, wie schon mehrfach geschehen, andere Losungen. Sie zeichnen sich dann durch einen hohen Redundanzgrad aus, ihr Informationswert ist minimal, der Provokationsgrad gleich Null, während die Provokation der Mauerlosungen gerade mit ihrer Redundanz zu tun hat: nicht ihre Einmaligkeit ist ihre Stärke, sondern ihre Allgegenwart. [...]
Dann wären die Graffiti also symbolischer Ausdruck dieser Situation, der provokativen Besetzung bestimmter Orte, die selbst wieder nur symbolischer Ausdruck einer realen Inbesitznahme ist? [...] Es sind potentiell *politische* Handlungen, bis zum Pinselstrich, die ihrerseits zwar nicht unbedingt aus Reflexion folgen, ihr aber das Tor öffnen sollen. So jedenfalls will es das Selbstverständnis der Studentenbewegung.[30]

Freilich bietet diese neue Haltung des gesellschaftlichen Protests, die den Rahmen traditioneller Öffentlichkeitsformen verläßt, in denen sich die engagierten Schriftsteller der Nachkriegszeit bis dahin noch fast durchgehend artikulierten, keine neue Identität, die diejenige des traditionellen Intellektuellen einfach ablösen könnte:

Das Charakteristikum der Bewegung ist ihre Nichtidentität mit sich selbst. Womit auch die scheinbare Identität von Medium und Message erschöpft ist, in Nichtidentität umschlägt: die Botschaft der Graffiti liegt weit jenseits der manifesten Losungen, nämlich im Verweis auf die politische Einlösung des in privater Befriedigung gesetzten und immer wieder frustrierten Versprechens einer konkreten gesellschaftlichen Befriedigung. (*Privat:* denn die revolutionäre Gruppe, selbst die Kommune, ist keine Keimzelle der neuen Gesellschaft [!], sondern eine Art Notgemeinschaft aus der Situation des Protests gegen die bestehende Ordnung; *frustrierend:* denn diese Aktionen konstituieren keinen ästhetischen Sonderbereich, der die Illusion einer Erfüllung böte, kein affirmatives Es-ist-erreicht wie die „autonome" Kunst, sondern sie fordern die bestehende Realität heraus, die allenfalls kurzfristige Befriedigung aufkommen läßt und deshalb selbst dafür sorgt, daß der Impuls nicht abstirbt.[31]
Die nur verbale Kritik der Intellektuellen, der arbeitsteilige Protest gegen einzelne Mißstände, die schichtenspezifische Unruhe bestimmter Gruppen, womit das Establishment es bisher zu tun hatte, scheint plötzlich umzuschlagen in eine totale Kontestation, die nicht mehr pluralistisch abgefangen werden kann, sondern das System selbst infiziert. Eben dadurch aber hat das Aufbegehren der Studenten, Schüler und Arbeiter auch schon sein Objekt, das schlechte Bestehende, überschritten und wenigstens für kurze Augenblicke neue Inhalte und Formen antizipiert, die zwar noch nicht Modelle, aber Zeichen setzen.[32]

Damit ist bereits die Relevanz angedeutet, die die Protestbewegung 1968 nicht nur für das Selbstverständnis politisch engagierter Literaten gewinnen konnte, sondern für die Möglichkeiten der literarischen Praxis selbst. Die Relevanz der neuen Protesthaltung für die moderne Literatur ergab sich nach Michel und Enzensberger nicht aus dem metaphorischen Bezugsrahmen ihrer Parolen und ihrer antiliterarischen Aktionen, die ja selbst Thema literarischer Auseinandersetzungen hätten sein können (und es auf publizistischer Ebene damals auch waren).[33] Ebensowenig ergab sie sich ihnen auf der hermeneutischen Ebene eines Vergleichs mit Phänomenen der literarisch-philosophischen Tradition und der historischen Avantgardebewegungen. Weder mangelt es der modernen Literatur an einem Krisenbewußtsein, das auf diese Ebene zu beziehen wäre, noch war das, was die Studentenbewegung *hierzu* beibrachte, besonders einfallsreich.[34] Vielmehr sahen Enzensberger und Michel die *Literatur selbst* an eine Grenze gelangt, die sie weder zu thematisieren noch kraft der eigenen Autonomie zu transzendieren vermochte, die aber in der Praxis der neuen ‚kulturrevolutionären' Bewegungen überschritten schien. Deren *theoretische* Begründungen waren für die Konstatierung dieser Grenze bedeutungslos. Auf mehr als auf die schlichte Umkehrung der traditionellen Kunst- und Kulturautonomie liefen diese Programme kaum hinaus — besonders dort, wo sie sich aus Marcuses Kritik der ‚affirmativen Kultur' herleiteten.[35] Obwohl Michels ,,Ästhetik des Protests"[36] selbst diese Tendenz dokumentiert und der Gefahr dieses theoretischen Ansatzes nicht entgangen ist, geht seine Reflexion auf die *literarische* Relevanz des Phänomens doch gerade von der *praktischen* Überwindung der Grenzen aus, in die moderne Literatur durch die für sie konstitutive Autonomie verwiesen ist: Diese ,,Aktionen konstituieren *keinen* ästhetischen Sonderbereich, der die Illusion einer Erfüllung böte, kein affirmatives Es-ist-erreicht wie die ‚autonome' Kunst, sondern sie fordern die bestehende Realität heraus, die allenfalls *kurzfristige* Befriedigung aufkommen läßt"[37].

Die Herausforderung der bestehenden Realität, seit Baudelaire und Wilde auf unterschiedliche Weise von der literarischen Moderne kraft der ihr eigenen Autonomie[38] zum Programm erhoben, war — Michel zufolge — in der literarischen Praxis doch immer auf die Grenze gestoßen, die ihr aus der fiktiven Erfüllung im Werk erwuchs. Das mußte ihr solange nicht zum Problem werden, als sie diese Grenze noch in einem universellen Anspruch aufgehoben sehen konnte, wie er ihr aus der klassischen Ästhetik überkommen war und wie er noch in den radikalsten Bewegungen der historischen Avantgarde seine Geltung behielt. ,,Das kulturrevolutionäre Pathos, mit dem die Avantgardisten aus der Liquidierung der Kunst ein Höchstmaß an gesellschaftlicher Wirkung erhoffen und eine entscheidende Veränderung des gesellschaftlichen Lebens erwarten, stammt selbst noch aus dem Anspruch der in der Autonomie der Kunst abgekapselten Intentionen."[39] Die historischen Avantgardebewegungen, die als letzte den universellen Anspruch autonomer Kunst erheben und eine ,Kunst der Zukunft' prätendieren konnten, besitzen für Enzensberger und Michel nurmehr „Vergangenheitscharakter"[40]. Für sie hatte vor allem die Debatte um das „Engagement" des Schriftstellers, die auch noch die literaturtheoretischen Diskussionen in den Anfängen des *Kursbuchs* bestimmte[41], gezeigt, wie prätentiös die Versuche mancher Nachkriegsautoren bleiben mußten, von sich aus den Anspruch auf eine gesamtgesellschaftliche Vermittlung autonomer Kunstpraxis zu begründen. Die Herausforderung, die die antiliterarischen Aktionen der Studentenbewegungen für die literarische Intelligenz bedeutete, begriffen sie daher in erster Linie als Herausforderung an diesen Selbstanspruch, als Herausforderung an den Realitätsbezug bisherigen politischen „Engagements" der Literatur. Die Parole vom „Tod der Literatur" — von Pariser Intellektuellen als *Forderung* und nicht als Sachverhalt konstatiert — schien nach Michel und Enzensberger für die Literatur gerade als Hinweis auf *reale* Prozesse ihren irritierenden Impuls zu besitzen, die der Nachkriegsmoderne auf diese fundamentale Weise noch nicht zum Problem geworden waren. Bei Enzensberger hieß es:

Dennoch, trotz der platten Thesen, der kurzatmigen Einlagen und des monotonen Geblöks, die es begleiten, wäre ein Achselzucken zuwenig angesichts des Leichenspektakels. Denn die Stimmung, von der es zehrt und die es nicht zu artikulieren vermag, sitzt tief. Die Schwundsymptome sind nicht zu leugnen. Nicht nur die aktuelle Produktion ist davon betroffen, die den Selbstzweifel zur dominierenden Kategorie ihrer Ästhetik gemacht hat. Unbehagen, Ungeduld und Unlust haben die Schreiber und die Leser in einem Grad erfaßt, der zumindest für die zweite deutsche Republik neu und unerhört ist. Beide haben auf einmal begriffen, was doch schon immer so war: daß das Gesetz des Marktes sich die Literatur ebenso, ja vielleicht noch mehr unterworfen hat als andere Erzeugnisse. Da sich aber die Herstellung von Margarine offenbar leichter monopolistisch verwalten läßt als die von Literatur, stellt eine solche Einsicht deren Betrieb direkt in Frage. Liefern schlucken, liefern schlucken: das ist der Imperativ des Marktes; wenn Schreiber und Leser bemerken, daß, wer liefert, geschluckt wird und wer schluckt, geliefert ist, so führt das zu Stockungen. Gerade der elitäre Charakter unserer Literatur macht sie anfällig für solche Anwandlungen. Störungsfrei kann sie nur operieren, solange ihr Bewußtsein von der eigenen Lage gestört ist. Da sie von wenigen für wenige gemacht wird, genügen wenige, um sie aus dem Gleichgewicht zu bringen.[42]

Wie wenig Enzensberger die Fragen, die sich in einem für die Nachkriegsliteratur damals ungewohnten Ausmaß stellten (wenn auch in
unterschiedlich radikaler Form), mit der liquidatorischen Forderung
nach dem „Tod der Literatur" beantworten wollte, zeigt sich auch in
seiner Warnung vor den praktischen Konsequenzen, die manche Aktivisten daraus zogen:

Logisch gesehen stellt uns der Satz, eine triftige soziale Funktion lasse sich ihr
[der aktuellen literarischen Produktion, HBS] nicht zuschreiben, keine neuen
Gewißheiten zur Verfügung. Er negiert, daß es solche Gewißheiten gibt. [. . .]
Wer Literatur als *Kunst* macht, ist damit nicht widerlegt, er kann aber auch
nicht mehr gerechtfertigt werden. [. . .]
Statt den Verfassern schmaler Bändchen ein Hände hoch! zuzurufen, müßten
die militanten Gruppen gegen die mächten kulturellen Apparate vorgehen, deren gesellschaftliche Funktion, im Gegensatz zu der von Poesie und Prosa, nur
allzu klar erkennbar ist, und ohne deren Herrschaft Herrschaft insgesamt nicht
mehr gedacht werden kann.[43]

Nicht das Programm einer avantgardistischen ‚Liquidation' der Literatur[44] stand für Enzensberger zur Debatte, sondern die tatsächliche
Destruktion der Literatur und ihrer Öffentlichkeit durch den gesellschaftlichen Prozeß. Die Diskussion über den ‚Warencharakter der
Kunst' — kurz nach Erscheinen des *Kursbuch* 15 in einer Artikelserie
der *Zeit* ausgetragen — kündigt sich hier an. Allerdings ist dies ein
Aspekt, der für Enzensberger nur innerhalb eines umgreifenderen
Bedeutung gewinnen kann, desjenigen der seit dem Artikel von 1962
so genannten „Bewußtseins-Industrie"[45].

Der Imperialismus hat seither so mächtige Instrumente zur industriellen Manipulation des Bewußtseins entwickelt, daß er auf die Literatur nicht mehr angewiesen ist. Umgekehrt ist auch ihre kritische Funktion immer mehr ge-
schrumpft. Schon in den dreißiger Jahren konnte Benjamin konstatieren, „daß
der bürgerliche Produktions- und Publikationsapparat erstaunliche Mengen von
revolutionären Themen assimilieren, ja propagieren kann, ohne damit seinen
eigenen Bestand [. . .] ernstlich in Frage zu stellen." Seitdem hat sich das Vermögen der kapitalistischen Gesellschaft, „Kulturgüter" von beliebiger Sperrig-
keit zu resorbieren, aufzusaugen, zu schlucken, enorm gesteigert. Heute liegt
die politische Harmlosigkeit aller literarischen, ja aller künstlerischen Erzeugnisse überhaupt offen zutage: schon der Umstand, daß sie sich als solche definieren lassen, neutralisiert sie. Ihr aufklärerischer Anspruch, ihr utopischer
Überschuß, ihr kritisches Potential ist zum bloßen Schein verkümmert.[46]

In dieser Formulierung bezeichnet Enzensberger den Aspekt, unter
dem die These vom „Tod der Literatur" als Herausforderung an die

Literatur selber erschien. Die These gewann ihre Bedeutung für Enzensberger nur als *Radikalisierung seiner eigenen These von der Bewußtseinsindustrie.* Als er begründen wollte, warum der Name der Bewußtseinsindustrie dem historischen Stand angemessener sei als die aus der kritischen Soziologie geläufige Bezeichnung ‚Kulturindustrie', hatte er bereits 1962 geschrieben:

Philosophie und Musik, Kunst und Literatur, das, wovon sie, wenn auch nur allerletzten Endes, lebt — das drängt sie ab, stellt es „untern Strich" und weist ihm Reservate an, in denen es in Schutzhaft gehalten werden soll. Solcher Verdrängung dessen, wovon sie zehrt, springt der Name Kulturindustrie bei. Er verharmlost die Erscheinung und verdunkelt die gesellschaftlichen und politischen Konsequenzen, die sich aus der industriellen Vermittlung und Veränderung von Bewußtsein ergeben.[47]

Was sich hier als terminologischer Einwand anmeldet, macht sich in den „Gemeinplätzen" der Sache nach geltend: daß außerhalb der Bewußtseinsindustrie eine gesellschaftliche Relevanz der Literatur nicht mehr anzugeben und nicht mehr zu realisieren sei. Aus ihrer Autonomie erwachsende kritische Funktionen seien außerhalb der Funktionen von Bewußtseinsindustrie nicht mehr zu denken. Nur daraus erhellt sich der Satz, daß aufklärerischer Anspruch, utopischer Überschuß und kritisches Potential — Kriterien eines universellen Sinns von autonomer Kunst — „zum bloßen Schein verkümmert" seien.[48]
Indem Enzensberger die gesellschaftliche Relevanz von Literatur auf die Bewußtseinsindustrie zentrieren wollte, schien damals der Grund für einen totalen „Ideologieverdacht gegen die Literatur"[49] gelegt, der ihr nur noch die Perspektive ihres Absterbens zu lassen schien. Die zitierten Sätze jedenfalls konnten daran keinen Zweifel lassen. Dies zumal dann, wenn man sie im Zusammenhang der gleichzeitig einsetzenden Diskussion um die „Kunst als Ware" las. In dem Artikel der Berliner SDS-Gruppe „Kultur und Revolution", der die Debatte in der *Zeit* eröffnete, hieß es:

Kunst ohne Kulturindustrie ist zur abstrakten Größe geworden, mit der sich bestenfalls unter ideologischen Vorzeichen rechnen läßt. [. . .]
Für die Kulturindustrie legitimiert sich die Kunstproduktion nur durch den Tausch-, nicht aber durch den Gebrauchswert. Mit anderen Worten: Der objektive Gehalt von Kunstwerken, die aufklärerische Funktion, werden uninteressant für ein System, das nur Profitmaximierung im Kopf hat und gegen dessen Interessen eine adäquate und konsequente Rezeption ja gerade Widerstand leisten würde. Der Verteilerapparat muß neue Kriterien schaffen, mit denen er Kunst propagieren kann. Der Tauschwert orientiert sich nach ihnen: gesellschaftliche Aura, großer Name, Seltenheit, Virtuosität.[50]

Damit war in der Tat ein rein ideologiekritischer Zugang zu ästhetischen Phänomenen postuliert, die Kunst wurde der Kulturindustrie subsumiert, sollte in deren Rahmen aber wichtige ideologische Funktionen wahrnehmen.

Michael Buselmeier, der für den „Arbeitskreis Kulturrevolution" Heidelberg sprach, beschloß die Diskussion mit einem Beitrag, der entschiedene Kritik an der Berliner SDS-Gruppe übte und im Sinne von Enzensberger argumentierte:

Wer der Überzeugung ist, daß eine Veränderung der Gesellschaft eine Veränderung des Bewußtseins der arbeitenden Massen voraussetzt, wird die geringe gesellschaftliche Bedeutung der traditionellen Kunstgattungen im Klassenkampf einsehen und seinen Angriff gegen die wirklich mächtigen Kulturapparate (Fernsehen, Presse) richten, die die Lohnabhängigen tatsächlich beherrschen. Hans Magnus Enzensberger schreibt im „Kursbuch 15", der Imperialismus habe seit dem Ende des Ersten Weltkrieges so gewaltige „Instrumente zur industriellen Manipulation des Bewußtseins entwickelt", daß er auf die Kunst nicht mehr angewiesen sei.

Die Berliner Genossen wollen das nicht wahrhaben. Für sie hat die Kunst nach wie vor „einen entscheidenden Stellenwert als ein Mittel zur Herstellung von Bewußtsein", deshalb planen sie weiterhin Aktionen gegen den Kunstbetrieb, wollen auch selbst Kunst produzieren, revolutionäre sozialistische Kunst.[51]

Werden die traditionellen Bereiche der Kunst und Literatur hiermit aus dem Zentrum ideologiekritischer Interessen und ‚kulturrevolutionärer' Aktionen gerückt, so gilt die Wendung vor allem der *Praxis* im Medienbereich, der Überwindung einer Schwelle zu dem Bereich, in dem Praxis durch einen globalen Manipulationsverdacht entlegitimiert schien. Dieser Verdacht sollte durch die These von der die Kulturindustrie beherrschenden Tauschwertideologie seine Begründung finden — wie es im Artikel des Berliner SDS auch geschah.[52]

Wie wenig demgegenüber Enzensbergers Theorie der Bewußtseinsindustrie mit totalisierendem Ideologieverdacht gemein hat, wird schon im ersten Aufriß von 1962 deutlich:

Daß es nicht möglich ist, sich dem Zugriff der Bewußtseins-Industrie zu entziehen, ist oft bemerkt und stets als Beweis für ihre bedrohliche Natur gedeutet worden; daß sie aber die Teilnahme aller einzelnen am Ganzen erwirkt, kann sehr wohl auf jene zurückschlagen, in deren Dienst das geschieht. Ihre eigene Bewegung kann sie nicht sistieren, und es kommen darin notwendige Momente zum Vorschein, die ihrem gegenwärtigen Auftrag, der Stabilisierung der jeweils gegebenen Herrschaftsverhältnisse, zuwiderlaufen. Es hängt mit dieser Bewegung zusammen, daß die Bewußtseinsindustrie nie total kontrollierbar ist. Zum geschlossenen System läßt sie sich nur um den Preis ihres Absterbens machen, das heißt dadurch, daß man sie selber gewaltsam bewußtlos macht und sich ihrer tieferen Wirkungen begibt. Auf diese Wirkungen aber kann schon keine Macht mehr verzichten.[53]

Hier bereits deutet sich an, was Enzensberger acht Jahre danach in *Kursbuch* 20 als perspektivische Lösung der Debatte von *Kursbuch* 15 präsentierte:

Die lang andauernde Diskussion um den Tod der Kunst geht im Zirkel, solange sie die ästhetischen Begriffe, die ihr zugrundeliegen, nicht überprüft und mit Kriterien operiert, die dem Stand der Produktivkräfte nicht mehr entsprechen. [...]
Was bisher Kunst hieß, ist in einem strikt hegelianischen Sinn durch die Medien und in ihnen aufgehoben. Der Streit um das Ende der Kunst ist müßig, solange dieses Ende nicht als ein dialektisches verstanden wird. Die künstlerische erweist sich als der extreme Grenzfall einer viel allgemeineren Produktivität, und sie ist nur noch in dem Maß gesellschaftlich von Belang, in dem sie alle Autonomie-Ansprüche aufgibt und sich selbst als Grenzfall begreift.[54]

Nur wenn man den *Kursbuch*-Beitrag „Gemeinplätze, die Neueste Literatur betreffend" in seiner Stellung zwischen den Aufsätzen von 1962 und 1970 betrachtet, kann man seine Bedeutung für Enzensbergers Konzeption beurteilen. Die These vom „Tod der Literatur" und die These von der Bewußtseinsindustrie als einer integrierenden gesellschaftlichen Kraft treiben nach Enzensberger keineswegs auf eine wechselseitige Auflösung zu, die beide Bereiche nur noch unter einem totalen Ideologieverdacht begreifbar werden ließe. Gerade diese Konsequenz aus einer Verschmelzung der beiden Thesen hat er an der Studentenbewegung entschieden kritisiert.[55] Geteilt und mit einigen Formulierungen des Aufsatzes von 1968 gefördert hat er freilich deren Kritik an der Vorstellung von einer *inhaltlichen* und objektiv aufweisbaren Autonomie der traditionellen Kunstbereiche. Der Satz, Kunst sei „nur noch in dem Maß gesellschaftlich von Belang, in dem sie alle Autonomie*ansprüche* aufgibt und sich selbst als Grenzfall begreift" (s. o., Hervorhebung HBS), nimmt diese *inhaltliche* Ebene der Kritik auf, zielt aber keineswegs auf einen Zweifel an der formellen Autonomie der Kunst.[56]
Dem Zusammenhang nach geht es um ein Problem der Kunstpraxis selbst, das – wenn überhaupt – nur in konkreten Bezügen zu lösen ist. Die Frage nämlich, in welcher Weise Kunst im Wandel ihrer medialen Bedingungen gesellschaftlich produktive Funktionen behaupten kann und bei welchen Verfahren sie auf alle Ansprüche verzichten muß, die über den eigenen Kunstcharakter hinausgreifen. Nicht

im globalen Verweis der traditionellen Kunstbereiche an die Bewußtseinsindustrie, sondern nur in der konkreten Auseinandersetzung mit ihren Verfahren war diese Frage einer Antwort näherzubringen. Ein Ergebnis dieser Auseinandersetzung war der „Baukasten zu einer Theorie der Medien". In diesem Beitrag versuchte Enzensberger auf die medialen Bedingungen einer Einlösung des Programms zu reflektieren, das er in der Debatte um den „Tod der Literatur" als Aufgabe der literarischen Intelligenz postuliert hatte: „begrenzte, aber nutzbringende Beschäftigungen" im Projekt der ‚politischen Alphabetisierung Deutschlands' zu finden[57], die die Tradition der konstruktiven politischen Publizistik unter kulturindustriellen Bedingungen fortführen sollte. Zu den aktuellen Beispielen, die er nannte, schrieb Enzensberger:

Das Mißverhältnis zwischen der Aufgabe, die sie sich stellen, und den Ergebnissen, die sie erbracht haben, läßt sich nicht auf Talentfragen reduzieren. Es ist auf die Produktionsverhältnisse der Bewußtseins-Industrie zurückzuführen, die zu überspielen die Alphabetisierer bisher außerstande waren. Die Verfasser halten an den traditionellen Mitteln fest: am Buch, an der individuellen Urheberschaft, an den Distributionsgesetzen des Marktes, an der Scheidung von theoretischer und praktischer Arbeit.[58]

Der Entwurf von 1970 versuchte Tendenzen in den Medien zu bezeichnen, aus denen sich eine mögliche Lösung dieser Schwierigkeiten ablesen ließ:

Strukturell ist der Buchdruck ein monologisches Medium, das sowohl Produzenten als auch Leser isoliert. Feedback und Wechselwirkung sind äußerst begrenzt, erfordern umständliche Vorkehrungen und führen in den seltensten Fällen zu Korrekturen [...].
Übrigens ist es äußerst unwahrscheinlich, daß das Schreiben als spezielle Technik in absehbarer Zeit verschwinden wird. Das gilt auch für das Buch, dessen praktische Vorzüge für viele Zwecke nach wie vor offensichtlich sind. Zwar ist es weniger handlich und raumsparend als andere Speichersysteme, doch bietet es bisher einfachere Möglichkeiten des Zugriffs als beispielsweise der Mikrofilm oder der Magnetspeicher. Es dürfte als Grenzfall in das System der neuen Medien integriert werden und dabei die Reste seiner kultischen und rituellen Aura einbüßen. [...]
Die Ratlosigkeit der literarischen Kritik vor der sogenannten dokumentarischen Literatur ist ein Indiz dafür, wie weit das Denken der Rezensenten hinter dem Stand der Produktivkräfte zurückgeblieben ist. Sie rührt daher, daß die Medien eine der fundamentalsten Kategorien der bisherigen Ästhetik, die der Fiktion, außer Kraft gesetzt haben. Die Opposition Fiktion/Nicht-Fiktion ist ebenso stillgelegt wie die im 19. Jahrhundert beliebte Dialektik von „Kunst"

und „Leben". Schon Benjamin hat gezeigt, daß „die Apparatur" (der Begriff des Mediums stand ihm noch nicht zur Verfügung) den Charakter des Authentischen auflöst. In der Produktion der Bewußtseins-Industrie verschwindet der Unterschied zwischen dem „Echten" und der Reproduktion: „Der apparatfreie Aspekt der Realität ist hier zu ihrem künstlichen geworden." Der Reproduktionsvorgang schlägt auf das Reproduzierte zurück und verändert es grundlegend. [...] Die kategoriale Unsicherheit, die er hervorruft, zieht auch den Begriff des Dokumentarischen in Mitleidenschaft.[59]

Damit hatte Enzensberger die Konsequenzen genannt, die er nach der Debatte von 1968 für die Literatur gekommen sah, mit einer Entschiedenheit, die in der Folgezeit auch die Orientierung des *Kursbuchs* auf Non-Fiction bestimmt, zugleich aber eine Wechselbeziehung zum Fiktionalen hin postulierte.

Ein radikaler *Bruch* in der Entwicklung der Zeitschrift war damit freilich nicht vollzogen. Es trat vielmehr eine Tendenz in den Vordergrund, die schon im ursprünglichen Programm der Zeitschrift benannt ist. In der „Ankündigung" von 1965 heißt es zum Thema „Belletristik":

Die Zeitschrift steht neuer Poesie und Prosa offen, ohne Rücksicht darauf, wie bekannt oder unbekannt ihre Autoren sind, und ohne Rücksicht auf ihre Sprache und ihre Nationalität. Insofern ist das Kursbuch eine literarische Zeitschrift. Sie ist es nicht, sofern sie sich auch dem öffnet, wodurch die Literatur sich herausgefordert sieht, wessen sie aber nicht Herr wird. Unser literarisches Bewußtsein ist begrenzt; es ignoriert weite Zonen der zivilisatorischen Realität. Wo die literarische Vermittlung versagt, wird das Kursbuch den unvermittelten Niederschlag der Realien zu fassen suchen: in Protokollen, Gutachten, Reportagen, Aktenstücken, polemischen und unpolemischen Gesprächen. Diesem Zweck dient die Einrichtung der „Dossiers", die sich in jeder Nummer finden werden.[60]

Von den „Frankfurter Auszügen" zum Auschwitz-Prozeß (Kb 1) — einer der Vorarbeiten von Peter Weiss zu seinem Dokumentarstück „Die Ermittlung"[61] — bis zu den Frauen-Protokollen Erika Runges (Kb 17) hat das *Kursbuch* bereits in den sechziger Jahren der Dokumentar- und Montageliteratur, die sich damals in der Bundesrepublik erst zu entwickeln begann, breiten Raum gegeben[62] und ihr mit den „Dossiers" eine eigene publizistische Gattung hinzugefügt[63]. Auktoriale Stellungnahmen von Schriftstellern zur Politik, für die sich von 1965—1968 im Kursbuch noch repräsentative Beispiele finden[64], traten in der Zeitschrift hinter objektivierteren Formen des Kommentars und hinter dem Dokumentarischen zurück.

Die politische Intention, die — wenn auch nicht für alle ihrer Autoren, so doch für die Konzeption der Zeitschrift — durchwegs bestimmend wurde, kommt in einer Invektive Enzensbergers gegen die tradierte Vorstellung vom „engagierten" Schriftsteller zum Ausdruck, wie sie seit Sartres großem Essay von 1948[65] auch Teile der deutschen Nachkriegsliteratur bestimmt hatte:

Da Peter Weiss und andere mich auffordern, Farbe zu bekennen, so erwidere ich: Die diversen Seelen in ihrer und in meiner Brust sind weltpolitisch nicht von Interesse. Die Moralische Aufrüstung von links kann mir gestohlen bleiben. Ich bin kein Idealist. Bekenntnissen ziehe ich Argumente vor. Zweifel sind mir lieber als Sentiments. Revolutionäres Geschwätz ist mir verhaßt. Widerspruchsfreie Weltbilder brauche ich nicht. Im Zweifelsfall entscheidet die Wirklichkeit.[66]

Später hat Enzensberger die Härte dieser Sätze — ihres "reality teaching" wegen[67] — zurückgenommen.

Die Stabilität unseres gesellschaftlichen Systems ist offensichtlich von außen her bedroht; von innen her betrachtet, scheint sie unbegrenzt. Solange seine technische Produktivität wächst, und so lange ein Teil dieses Zuwachses als gesteigerter Konsumstandard ausgeschüttet wird, scheint der totale Konsensus gesichert; die Entpolitisierung der Massen schreitet fort; in einem Milieu der allgemeinen Zustimmung erscheint revolutionäre Opposition als Schrulle. Ein hochdotiertes Korps von *reality teachers* begegnet ihr mit dem auftrumpfenden Hinweis auf die „Wirklichkeit", das heißt, den movens quo, von dem vorausgesetzt wird, daß alle seine Parameter bekannt sind. Dieser Realitätsbegriff geht von der *Fiktion* aus, als sei der historische Prozeß prinzipiell vorhersehund kontrollierbar. Dem entspricht eine systemimmanente Zukunftsplanung, die mit quasi-wissenschaftlichen Mitteln einen störungsfreien Ablauf der Geschichte garantieren, das heißt, letzten Endes, die Geschichte als solche abschaffen soll.[68]

In dem Zitat deutet sich eine *Erweiterung* des Realitätsbegriffs an, die mit dessen ungeschichtlicher Fassung zunächst einen fiktiven Rest tilgen will. Sie bereitet ein historisches Konzept der Non-Fiktion vor, das — auf einem angesichts der Studentenbewegung revidierten Begriff politischer Realitäten basierend — für Enzensberger in der Debatte um den „Tod der Literatur" dann den Ausweg bezeichnet. — Mit dem Hinweis auf die treibende Kraft technischer Produktivität ist bereits hier das historische Moment bezeichnet, das in dem medientheoretischen Entwurf von 1970 das Konzept der Non-Fiction auch für die Literatur materialistisch fermentieren soll.
Indes tun sich für die Neubegründung einer literarischen Konzeption der Non-Fiction gerade hier fundamentale Schwierigkeiten auf, de-

ren Überwindung sich die Theorie-Diskussion im *Kursbuch* noch nicht genähert hat, vor deren Offenlegung sie vielmehr mit der letzten *grundsätzlichen* Diskussion ‚ästhetischer Fragen' in *Kursbuch* 20 abbricht. Es handelt sich dabei um die für eine Legitimation des Enzensbergerschen Konzepts wie auch für das Selbstverständnis der Zeitschrift als eines literarischen Mediums grundlegende Vorstellung, daß die Differenz von literarischem Bewußtsein und zivilisatorischer Realität (wie sie die ‚Ankündigung' von 1965 bezeichnete) durch ein neues Selbstverständnis des *Mediums* Literatur als ein Determinationsverhältnis zu begreifen sei. Nur dann nämlich wäre — im Sinne von Enzensbergers Entwurf — der Ausschluß aller fiktionalen Formen von Literatur in jener strikten Weise legitimiert, wie er seit 1969 die literarische Konzeption des *Kursbuchs* bestimmte, das seinem Programm von 1965 nach mehr sein wollte als das Organ *einer* begrenzten politischen und literarischen Gruppierung.[69]

Die literarische Konzeption des frühen Kursbuchs, sein Selbstverständnis als eines literarischen Mediums beruht auf einer *Differenzbestimmung:* „Unser literarisches Bewußtsein ist begrenzt; es ignoriert weite Zonen der zivilisatorischen Realität. Wo die literarische Vermittlung versagt, wird das Kursbuch den unvermittelten Niederschlag der Realien zu fassen suchen: in Protokollen, Gutachten, Reportagen, Aktenstücken, polemischen und unpolemischen Gesprächen."[70] Die Herausforderung des literarischen Bewußtseins durch Phänomene der zivilisatorischen Realität, die es ihren Inhalten nach nicht mehr kraft eigener Autonomie zu vermitteln vermag, begründet zunächst ein neues *literarisches* Prinzip: das der Non-Fiction. Durch die antiliterarischen Parolen der Studentenbewegung sah sich das *Kursbuch* zu einer redaktionellen Wende herausgefordert: zu einer Kanonisierung des Prinzips der Non-Fiction und zum Ausschluß aller literarischen Beiträge, die nicht unter sachlichen und dokumentarischen Gesichtspunkten auf das politische Heftthema zu beziehen waren[71]. „Wenn die intelligentesten Köpfe zwischen zwanzig und dreißig mehr auf ein Agitationsmodell geben als auf einen ‚experimentellen Text'; wenn sie lieber Faktographien benutzen als Schelmenromane; wenn sie darauf pfeifen, Belletristik zu machen und zu kaufen: Das sind freilich gute Zeichen. Aber sie müssen begriffen werden."[72] Die Forderung darin versuchte Enzensberger durch seine Medientheorie einzulösen: durch eine Überführung der das Non-Fiction-Konzept begründenden Differenzbestimmung in eine *Determinationsbestimmung.* In der Reflexion auf neue Formen der medialen Vermittlung sollte sie die *Notwendigkeit* einer Transformation des Literarischen im Sinne der Non-Fiction begründen. Zur Begründung dieser Notwendigkeit rekurierte sie freilich auf einen historischen Faktor, der die Theorie geschichtsmaterialistisch zu untermauern schien, die Differenzbestimmung tatsächlich aber durch einen „Idealismus zweiten Grades"[73] aufzuheben tendierte: die Vorstellung von einer die Kunstentwicklung determinierenden Entfaltung ‚ästhetischer Produktivkräfte'. In strikter Analogie zur Entwicklung massenkultureller Technologien wurden die Verfahren und Präsentationsformen literarischer Non-Fiction verwiesen auf die „Entfesselung der emanzipatorischen Möglichkeiten, die in der neuen Produktivkraft" der Massenmedien stecken[74] und in deren Zusammenhang interpretiert. Die These vom „Tod der Literatur", bei Enzensberger verstehbar nur als Radikalisierung der Thesen zur Bewußtseinsindustrie, sah sich hier der Aufhebung durch eine Determinationsbestimmung (‚ästhetische Produktivkräfte') konfrontiert, von der fraglich ist, ob sie als solche auf den ästhetischen Bereich bezogen werden kann. Eine Lösung des Autonomieproblems durch ein operatives Literaturkonzept[75] wurde gesucht, aber gerade mit diesem Schritt nicht erreicht, mit der Annahme einer Eigenständigkeit ‚ästhetischer Produktivkräfte' vielmehr durch eine komplementäre Illusion verdeckt.

Ist dies als Argumentationsstruktur in Enzensbergers „Baukasten zu einer Theorie der Medien" aufweisbar, so hat sich die Konzeption der Non-Fiction selbst durch die deterministisch begründete Ablösung von fiktionaler Literatur kaum verändert. Freilich signalisierte sie die endgültige Wende zur Non-Fiction und legitimierte sie innerhalb der Zeitschrift als kanonisches Prinzip.

III. Die Erneuerung der Frage nach dem Subjekt

Wenn sich in den letzten Jahren ein Wandel des Prinzips der Non-Fiction im *Kursbuch* ablesen ließ, dann geschah dies indirekt unter Aufnahme von Momenten, die bereits 1969/70 in Beiträgen von Peter Schneider und Hans Christoph Buch bezeichnet waren.[76]

Mit Peter Schneider ergriff in der Zeitschrift erstmals ein Vertreter der studentischen Linken das Wort zum Streit um die These vom „Tod der Literatur". Sein Beitrag − noch für das *Kursbuch* 15 vorgesehen, dann zusammen mit einem als *Kursbogen* gedruckten Extrakt in Heft 16 erschienen − ist in engem Zusammenhang mit den Beiträgen von Michel und Enzensberger zu sehen, macht allerdings auch die Distanz deutlich, in der sich hier ein kulturrevolutionärer Selbstanspruch gegen deren kritische Motive durchsetzte.

In einer sich deutlich an Theorien Herbert Marcuses anlehnenden Reaktualisierung der Freudschen Konzeption der Phantasie wurde von Schneider ein kulturrevolutionäres Potential vor allem aus seinen subjektiven Faktoren bestimmt:

> Die Kunst ist im Spätkapitalismus die Eroberung der Phantasie durch das Kapital. Die Kunst des Spätkapitalismus bewahrt nicht mehr die Wünsche vor dem Zugriff des Realitätsprinzips, sondern umgekehrt: sie bewahrt das Realitätsprinzip vor der Revolte der Wünsche. Die Form in der Kunst drückt nicht mehr ein Versprechen auf eine zukünftige Verwirklichung der Wünsche aus, sondern umgekehrt: sie macht aus der wirklichen Zerstörung der Wünsche, aus dem wirklichen Elend eine Art Versprechen, indem sie es auch noch zu einem Gegenstand der Einbildung werden läßt. Das ist keine Frage des Talents, und kein Talent kann sich vor dieser Entwicklung schützen. Was nützt das schönste Talent, wenn es sich nicht zum Sprecher derjenigen macht, deren Mangel an Talent dazu benutzt wird, ihre elementarsten Bedürfnisse zu unterdrücken? In dem Maße, wie das Kapital sämtliche Fasern der Gesellschaft nach seinen Bedürfnissen durchformuliert, verliert die Phantasie in der Wirklichkeit ihren Existenzboden, findet keine Lücken mehr, in denen die Zukunft sichtbar würde, wird aus den letzten Schlupfwinkeln vertrieben und in den Untergrund gedrängt. Wenn aber die Phantasie aus der Gesellschaft so vollständig vertrieben ist, daß die Kunst zur Vertretung der Bürokratie im Reich der Einbildung wird, dann müssen die Wünsche und Phantasien ihre Form als Kunst sprengen und sich die politische Form suchen. Die Phantasie kann nur am Leben bleiben, wenn sie das Terrain in Wirklichkeit erobert, das ihr ja wirklich, nicht in der Einbildung genommen wurde.[77]

Schneider hatte den „Tod der Literatur" als *Forderung* ebensowenig übernommen wie Michel und Enzensberger, die Konsequenz dieser These aber nicht in einer politischen *Transformation* der modernen Literatur gesehen, sondern im Postulat einer neuen ‚revolutionären Kunst'[78], die die latenten Wünsche in der Gesellschaft gegen den Kapitalismus mobilisieren und die in den überlieferten Kunstwerken verschlossenen Wünsche zu ihrer „Verwirklichung" treiben sollte. Die These, daß „unsere Welt sich nicht mehr poetisieren läßt, nur noch verändern"[79], die Michel als eine mögliche Konsequenz aus der Parole vom „Tod der Literatur" genannt hatte, wird für Schneider zum Ausgangspunkt einer neuen *Literatur*programmatik.[80] In ihr sollte literarischen Formfragen keine Bedeutung mehr zukommen, denn in dieser ‚revolutionären Kunst' sollten „die Wünsche [. . .] von ihrer künstlerischen Form so weit wie möglich freigehalten werden, damit sie ihre politische Form finden können."[81] Diese Zurückdrängung einer Reflexion auf die *Formen* der neuen Literatur hatte Hans Christoph Buch in seinem Kursbuch-Aufsatz von 1970 kritisiert:

Wenn Peter Schneider, Freud weiterdenkend, künstlerische und politische Form, als ausschließliche Größen, gegeneinander ins Feld führt [. . .], so erscheint mir diese Gegenüberstellung höchst fragwürdig. Wer die Befriedigung ästhetischer Bedürfnisse, wie sie bei der Rezeption von Kunstwerken erfolgt, lediglich als Ersatzfunktion abtut und die Realisierung aller Libidoansprüche auf den Tag nach der Revolution verschiebt, leistet einer Entwicklung Vorschub, die mehr als einmal verheerende Folgen gehabt hat: die verdrängten Bedürfnisse schlagen massiv zurück; die Abwanderung vieler ehemaliger Genossen in den "underground", die man zur Zeit beobachten kann, ist hierfür ein Symptom.[82]

Buchs Aufsatz, der sich — laut Untertitel — als „Eine Art Metakritik" zur Debatte um den „Tod der Literatur" versteht, sieht Schneiders Beitrag einer Lösung der in ihr aufgetretenen Widersprüche am nächsten. Den kulturrevolutionären Anspruch von Schneiders Programm übernimmt er freilich nicht, will ihn vielmehr in einen volkspädagogischen Auftrag der Intellektuellen überführen[83].

Bei Buchs wie bei Schneiders Versuchen einer Lösung des durch die Studentenbewegung wachgerufenen Krisenbewußtseins der Literatur kehrt die Problematik wieder, die auch Enzensberges Lösungsversuch anhaftet: in der Notwendigkeit, auf eine inhaltlich bestimmbare Determinationsgröße zu rekurieren, der gesellschaftlich ein emanzipativer Sinn zukommt und die zugleich im literarischen Prozeß selbst vermittelbar ist. Enzensbergers Medientheorie suchte diese Größe historisch-ökonomisch zu fassen und zielte auf die politische Relevanz einer Entfaltung neuer *künstlerischer Produktivkräfte*. Schneider sieht diese Determinationsgröße im gesellschaftlichen Potential der *Wünsche,* die er mit Freuds Theorie der Phantasie als energetische Kraft versteht. Buch schließlich sucht diese Größe durch eine historische Festschreibung *ästhetischer Bedürfnisse* zu bestimmen, die er — anders als Schneider 1969 — im Sinne unmittelbarer Libidoansprüche begreift.[84] — Wie problematisch die Begründungsversuche auch geblieben sein mögen, festzuhalten ist, daß sie ihren theoretischen Impuls zunächst einem Zugzwang der ausgehenden Debatte um den „Tod der Literatur" verdanken[85] und mit deren Ende an theoretischer Brisanz verloren haben.[86]

Auffällig ist, daß Schneider und Buch mit ihren Bestimmungen der Determinationsgröße, die einen literarischen Neuansatz begründen könnte, auf entschieden *subjektive* Faktoren zurückgreifen. So sehr dies politische Diskussionszusammenhängen, besonders der verstärkten Psychoanalyse-Rezeption um 1969/70 entsprach, so wird man darin doch mittelbar eine Reaktion auf eine literarische Lösung des Problems sehen können, wie sie vor allem von Enzensberger vertreten wurde. Er hatte – im Sinne eines avantgardistischen Literaturverständnisses[87] – mit seinem medientheoretischen Entwurf versucht, die Herausforderung zivilisatorischer Realität an das literarische Bewußtsein durch die Forderung nach dessen Transformation aufzufangen, es gleichsam durch die Potenzierung seiner Modernität zu retten. Gerade seine politische Funktion sollte es nicht mehr aus sich selbst ableiten und als „Engagement" vortragen, sondern an *vorgegebenen* gesellschaftlichen Aufgaben messen und in der Reflexion auf die eigenen medialen Bedingungen begründen.

Die in der Debatte um den „Tod der Literatur" ins Extrem gesteigerte Problematik der Modernität des literarischen Bewußtseins, seiner Fähigkeit zur Integration extremer Realitätszonen[88], fand in Enzensbergers Konzept nur *einen* weiterführenden Ansatz. Erhielten die Faktizität, die Herausforderung der Realität hier Vorrang vor den Selbstansprüchen des literarischen Bewußtseins, so wurde das Gewicht bei Schneider auf die Seite des Subjekts verlagert. Mit der Subjektivierung verband sich eine *antimoderne Wendung,* eine Umkehrung des Vorrangs der modernen Realität in den der Entfaltung von Subjektivität, der Herausforderung einer als begrenzt verstandenen Realität durch die Freisetzung der ‚Wünsche'. Mit dem Nachlassen der kulturrevolutionären Aufhebungsprogrammatik[89], wie es sich seit der ‚Metakritik' von Buch zeigte, wurden in dieser antimodernen Tendenz zur Subjektivierung die Grundlagen für den autobiographischen Neuansatz der Non-Fiction gelegt, der sich seit 1974 im *Kursbuch* behauptet.

Anmerkungen

1 Karl Markus Michel: *Ein Kranz für die Literatur. Fünf Variationen über eine These.* In: *Kursbuch* 15 (Nov. 1968), S. 169–186. – *Kursbuch* zitiert im folgenden als Kb + Heftnummer, Seitenzahl.
   Hans Magnus Enzensberger: *Gemeinplätze, die Neueste Literatur betreffend,* l. c., S. 187–197. – Wiederabdruck in: H. M. E.: *Palaver. Politische Überlegungen (1967–1973),* Frankfurt am Main 1974 (edition suhrkamp 696), S. 41–54.
   Walter Boehlich: *Autodafé. Kursbogen* zu *Kursbuch* 15.
   Zum Umkreis dieser Beiträge zählen auch:
   Yaak Karsunke: *Anachronistische Polemik,* l. c., S. 165–168.
   Peter Schneider: *Die Phantasie im Spätkapitalismus und die Kulturrevolution.* In: Kb 16 (März 1969), S. 1–37.
   Ders.: *Rede an die deutschen Leser und ihre Schriftsteller. Kursbogen* zu *Kursbuch* 16.
   Die ersten zwanzig Hefte des *Kursbuchs* waren lange Zeit vergriffen, sind seit September 1976 aber wieder in einem preiswerten *Dünndruck-Reprint*

greifbar, der auch die den Heften 15–19 beiliegenden *Kursbögen* umfaßt. Über den Sortimentsbuchhandel ist der Nachdruck nicht beziehbar, sondern nur über: Zweitausendeins-Versand, Postfach 710249, 6000 Frankfurt/M. – 2 Bde., Lw., 29,90 Dm, Best. Nr.: 15455.

2 Das gilt auch für Enzensberger, der zwar keine grundlegende Revision der Kritik an der Avantgarde vollzog, die er seit den frühen sechziger Jahren vorgebracht hatte, seine generelle Historisierung des Avantgardeproblems (s. o., S. 43 ff.) aber seit 1968 punktuell durchbrach. Hierfür ist besonders Enzensbergers *Baukasten zu einer Theorie der Medien* (Kb 20, S. 159–186) bezeichnend. Dem medientheoretischen Programm El' Lisickijs spricht er hier (S. 175 u. 182–183) ungebrochene Aktualität und den Avantgarden generell prognostische Fähigkeiten in bezug auf künftige Entwicklungen in den Medien zu (S. 184–185). Diese Reaktualisierung steht im Zusammenhang einer Aneignung der Avantgardetheorie Walter Benjamins. Sie bezieht sich auf die vierzehnte These in dessen Aufsatz über *Das Kunstwerk im Zeitalter seiner technischen Reproduzierbarkeit.* Indem Enzensberger eine Geltung dieser auf den Dadaismus bezogenen These auch für die gegenwärtige ,Neoavantgarde' behauptet, vollzieht er implizit eine Abkehr von der Avantgardekritik Adornos, die den Ansatz seines Essays über *Die Aporien der Avantgarde* (in: H. M. E.: *Einzelheiten II. Poesie und Politik,* Frankfurt am Main [3] 1970 [edition suhrkamp 87], S. 50–80) bestimmt hatte.

Nach 1968 setzte eine Neuentdeckung der historischen Avantgardebewegungen ein, die in ihren aktualisierenden Bemühungen entschieden über die Intentionen der älteren Avantgardeforschung hinausgriff und besonders der Rezeption von Surrealismus und sowjetischer Avantgarde neue Impulse gab. In dem Surrealismus-Buch von Peter Bürger (1971) wird dieser Zusammenhang ausdrücklich reflektiert: ,,Spätestens seit den Mai-Ereignissen 1968 liegt die Aktualität des Surrealismus offen zutage. Nicht weil Aussprüche von Surrealisten während dieser Zeit an den Mauern öffentlicher Gebäude standen, sondern weil ihre Aspirationen, die der Surrealismus seit den 20er Jahren verkündet, massenhaft Ausdruck gefunden haben: Revolte gegen eine als Zwang empfundene Gesellschaftsordnung, Wille zur totalen Umgestaltung der zwischenmenschlichen Beziehungen und Streben nach einer Vereinigung von Kunst und Leben. Ohne in den Fehler zu verfallen, eine kausales Abhängigkeitsverhältnis zwischen Maibewegung und Surrealismus anzunehmen, wird man doch sagen können, daß beide Phänomene sich gegenseitig erhellen. Einmal werfen die Mai-Ereignisse ein neues Licht auf den Surrealismus, dessen politische Implikationen erst jetzt sichtbar geworden sind, zum andern dürfte das Studium des Surrealismus dazu beitragen, die Aspirationen und Aporien der Maibewegung als eines Stücks unbewältigter Gegenwart besser zu erfassen." Peter Bürger: *Der Französische Surrealismus. Studien zum Problem der avantgardistischen Literatur,* Frankfurt am Main 1971, S. 7.

3 ,,Ich sehe . . . gar keinen Grund, mich über den ganzen Betrieb allzusehr aufzuregen. Für mich ist diese Literatur kein Produktionsmittel, sie ist für mich nicht brauchbar, ich kann nichts damit machen. Diese Texte sind auch in technischer Beziehung kein Produktionsmittel mehr. Deswegen habe ich aufgehört, sie zu lesen." Enzensberger im Gespräch mit der Redaktion der Weimarer Beiträge 1971. Zit. nach: Christian Linder: *Der lange Sommer der Romantik. Über Hans Magnus Enzensberger.* In: *Literaturmagazin 4. Die Literatur nach dem Tod der Literatur. Bilanz der Politisierung,* ed. H. Ch. Buch, Reinbek bei Hamburg 1975 (dnb 66), S. 106.

3 a) Drei Jahre nach dem Abdruck der Padilla-Texte in *Kursbuch* 18 taucht in der Zeitschrift noch einmal ein Gedicht von Padilla auf — auszugsweise von Enzensberger innerhalb des Dossiers „Revolutions-Tourismus" in rein *thematischem* Sinn zitiert (Kb 30, S. 155—157).

4 Die Rubrik wurde in *Kursbuch* 35 mit einem Beitrag von Enzensberger eröffnet. Nach seinem Ausscheiden aus dem Herausgeberkreis (vgl. Kb 40 [Juni 1975], S. 185) wurde sie (bislang) nicht weitergeführt.

5 Eingeleitet durch die Hefte über „Verkehrsformen" (Kb 35 und 37) und eröffnet mit Rudolf zur Lippes Essay „Objektiver Faktor Subjektivität" (Kb 35, S. 1—35).

6 Peter Schneider: *Lenz. Eine Erzählung,* Berlin 1973 (Rotbuch 104).

7 Erika Runge: *Abschied von den Protokollen. Überlegungen zur Dokumentarliteratur.* In: FAZ 17. 7. 1976. — Vorabdrucke aus den Protokoll-Büchern von Erika Runge waren auch in den *Kursbüchern* 17 und 24 erschienen.

8 Kb 40 (Juni 1975), S. 184.

9 Dem *Kursbuch* vorgehalten hat dies u. a. Dieter Hofmann-Axthelm: *Kunst, Theorie, Erfahrung.* In: ,Theorie der Avantgarde'. Antworten auf Peter Bürgers Bestimmung von Kunst und bürgerlicher Gesellschaft, ed. W. M. Lüdke, Frankfurt/M. 1976 (edition suhrkamp 825), S. 190—208, hier S. 207.

10 Rainer Paris: *Befreiung vom Alltag?* In: Kb 41 (Sept. 1975), S. 107—114, hier S. 110.

11 Ibid., S. 108.

12 (Reinhard Lettau:) *Dossier 1: Täglicher Faschismus. Evidenz aus fünf Monaten.* In: Kb 22 (Dez. 1970), S. 1—44. — (1971 in erweiterter Form auch als Buchausgabe u. d. T. *Täglicher Faschismus.*)

Zu der Montagetheorie, auf der die folgenden Überlegungen basieren, vgl.: Hans-Joachim Schlegel: *Zum Streit um die Montage:* In: *kürbiskern* 1974, Heft 2, S. 82—86.

Hans-Burkhard Schlichting: *Historische Avantgarde und Gegenwartsliteratur. Zu Peter Bürgers Theorie der nachavantgardistischen Moderne.* In: ,Theorie der Avantgarde' ..., ed. W. M. Lüdke, 1. c., S. 109—251, bsd. S. 226—235.

13 Reinhard Lettau, op. cit., S. 1—2 (Text dort kursiv).

14 Ibid., S. 2 und 3 (Text dort kursiv, Hervorhebung hier HBS). — Vgl. Lettaus polemische Verteidigung seiner Position gegen literarische Neuansätze, in: R. L.: Eitle Überlegungen zur literarischen Situation. In: *Literaturmagazin* 4 ..., ed. H. Ch. Buch, 1. c., S. 19—23.

15 Rainer Paris, op. cit., S. 112.

16 Alexander Kluge/Edgar Reitz: In Gefahr und größter Not bringt der Mittelweg den Tod. In: Kb 41, p. 41—84, hier S. 43.

17 Ibid., S. 71 f. — Der metaphorische Terminus „Redeweise" wird in diesem Zusammenhang nicht theoretisch expliziert. Indes mag er den Unterschied zur impliziten Alltags-Konzeption Lettaus andeuten, die gerade diese „Redeweisen" des Alltags nicht umschließt.

18 Wenn noch — im engeren Sinn — literarische Beiträge in der Zeitschrift auftauchen, dann in dokumentarischer Funktion oder in Collage- und Montageformen, die selbst das fiktionale Prinzip durchbrechen. Dies gilt auch für die Texte aus Enzensbergers *Mausoleum* in *Kursbuch* 40. Daß Enzensberger

im gleichen Heft sein Ausscheiden aus dem Herausgeberkreis bekanntgab, hat in der Presse Anlaß zu Spekulationen gegeben, die für seine Person Interesse besitzen mögen, aber leicht übersehen ließen, daß gerade von ihm das Prinzip der Non-Fiction innerhalb der Zeitschrift gewahrt wurde. Ob sich dies langfristig ändert — etwa unter dem Einfluß des literarischen Programms des Rotbuch Verlages —, muß sich in den nächsten Jahren zeigen.

Wenn nach dem Dossier von Jürgen Holtkamp (Kb 14 [Aug. 1968]) in *Kursbuch* 43 mit den Beiträgen von Joachim Kalka und Rolf Schwendter die Science-Fiction-Literatur wieder thematisiert wird, so ergibt sich dies (unter dem Heftthema „Arbeitsorganisation — Ende des Taylorismus?") aus einem kritischen Interesse. Phantastische Überhöhung und fiktive Durchdringung von Trivialität erscheinen hier unter ähnlichen Aspekten wie der „Rest von Kinohandlung", den Kluge und Reitz als etwas „ununterdrückbar-Reales" ihrem Film einmontierten.

19 War das *Kursbuch* mit seinen ersten zwanzig Heften im Suhrkamp Verlag erschienen, so folgte im Sommer 1970 der spektakuläre Bruch mit der Gründung des „Kursbuch Verlages", der — in Kapitalbeteiligung und Vertrieb nur locker mit dem Wagenbach Verlag assoziiert — die Zeitschrift durch neue Organisationsformen „in die Hände der Produzenten" (Kb 30, S. 183) bringen sollte. Mit der Abtrennung des Rotbuch Verlags vom Wagenbach Verlag schied Klaus Wagenbach als Gesellschafter des Kursbuch Verlags aus und machte den Weg für eine Übernahme der Zeitschrift in den Rotbuch Verlag frei, in dem sie seit Heft 32 (August 1973) erscheint.

20 *Kursbuch* 20 mit Beiträgen von Christian Enzensberger, Martin Walser, Hans Christoph Buch, Yaak Karsunke, Hans Magnus Enzensberger, Eckhard Siepmann.

21 Hans Christian Kosler: *‚Neoavantgarde‘? Anmerkungen zur experimentellen Literatur.* In: *‚Theorie der Avantgarde‘* . . ., ed. W. M. Lüdtke, 1. c., S. 252—267, hier S. 264—265.

22 In einem Resümee von 1975 hat Hans Christoph Buch solche Impulse nur unter dem Gesichtspunkt ihrer Vermarktung benannt, nicht ohne Anlaß: „Indes, die Krise reicht tiefer, und ihre Symptome waren auch damals schon nicht zu verkennen. Die Schriftsteller machten weiter, die Verlage machten weiter, [. . .], aber unter der Hand war irgendwann das Literarische an der Literatur verlorengegangen. Nicht nur, daß die Belletristik durch Faktographien und Montagen aus vorgefundenem Material verdrängt wurde — das, was die Amerikaner nonbooks nennen; das Reden über Literatur, genauer: über die Krise der Literatur, wurde plötzlich einträglicher als die Literatur selbst." Hans Christoph Buch: *Vorbericht.* In: *Literaturmagazin* 4 . . ., ed. H. Ch. Buch, 1. c., S. 11—18, hier S. 13.

23 Yaak Karsunke: *Kurs wohin?* In: *Der Monat* 253 (Okt. 1969), S. 119—124. — Wiederabdruck in: *Über Hans Magnus Enzensberger,* ed. J. Schickel, Frankfurt/M. 1970 (edition suhrkamp 403), S. 186—194, hier S. 192. — Als bislang gründlichste Darstellung der Debatte im Zusammenhang gegenwärtiger Literaturprobleme literarischer Probleme in den 60er Jahren sei genannt: R. Hinton Thomas/Keith Bullivant: *Literatur und das „Ende der Literatur".* In: R. H. Th./K. B.: *Westdeutsche Literatur der sechziger Jahre?,* München 1975 (dtv WR 4157), S. 87—115.

Die Beiträge von Karsunke und Boehlich in *Kursbuch* 15, werden im folgenden nicht eigens thematisiert, da sie sich primär auf Fragen der Literaturkritik beziehen.

24 So Enzensberger in seinem Beitrag (s. u. Anm. 28).
25 So der Titel des *Literaturmagazin* 4 . . ., ed. H. Ch. Buch, 1. c.
26 Karl Markus Michel: *Ein Kranz für die Literatur. Fünf Variationen über eine These*, 1. c.
   Hans Magnus Enzensberger: *Gemeinplätze, die Neueste Literatur betreffend*, 1. c.
27 Michel, op. cit., S. 170 (Hervorhebungen HBS).
28 Enzensberger, 1. c., S. 188 (Hervorhebung HBS).
29 Ibid., S. 187.
30 Michel, 1. c., S. 170—171.
31 Ibid., S. 172.
32 Ibid., S. 180. — Zur Kritik der traditionellen Formen intellektuellen Engagements im *Kursbuch* vgl.:
   Karl Markus Michel: *Die sprachlose Intelligenz*. In: Kb 1, S. 73—119; Kb 4, S. 161—212; Kb 9, S. 200—226. — Buchausgabe Frankfurt/M. 1968 (edition suhrkamp 270).
   Hans Magnus Enzensberger: *Peter Weiss u. a.* in: Kb 6, S. 171—176.
   Hans Magnus Enzensberger: *Berliner Gemeinplätze.* In: Kb 11, S. 151—169; Kb 13, S. 190—197.
   Innerhalb der genannten Beiträge in *Kursbuch* 15 bsd.: Michel, S. 173—179; Enzensberger, S. 189—190.
33 In diesem Sinne greift auch die frühere Enzensberger-Kritik Karl Heinz Bohrers zu kurz (Karl Heinz Bohrer: Revolution als Metapher. In: K. H. B.: Die gefährdete Phantasie, oder Surrealismus und Terror, München 1970 [Reihe Hanser 40], S. 89—105). Ähnliches gilt für den bereits zitierten Aufsatz von Christian Linder.
34 Bezeichnend ist, daß die Pariser Maibewegung ihren antiliterarischen Protest u. a. in Gedichten anbrachte, die im politischen Zusammenhang neu erschienen, aber Topoi kopierten, die zum thematischen Grundbestand der literarischen Avantgarde zählen. Vgl. *Les poètes dans la rue.* In: Emil-Maria Claassen/Louis-Ferdinand Peters: *Rebellion in Frankreich. Die Manifestationen der europäischen Kulturrevolution 1968,* München 1968 (dtv report 562), S. 130—131.
35 Vgl. Burkhardt Lindner: *Aufhebung der Kunst in Lebenspraxis? Über die Aktualität der Auseinandersetzung mit den historischen Avantgardebewegungen.* In: ,Theorie der Avantgarde' . . ., ed. W. M. Lüdke, 1. c., S. 72—104, mit Bezug auf Marcuse, S. 85—89.
36 Ein Abschnitt des Aufsatzes in *Kursbuch* 15 (S. 179—183).
37 Ibid., S. 180 (Hervorhebung HBS).
38 Vgl. u. a. Lindner, op. cit.
39 Ibid., S. 84.
40 Bereits in der Konzeption seines *Museum der modernen Poesie* spricht Enzensberger generell von der „Vergangenheit der Moderne" (Vorwort zu: Museum der modernen Poesie, eingerichtet von H. M. Enzensberger, Frankfurt/M. 1960; [Taschenbuchausgabe:] München 1964 (sonderreihe dtv 35/36), S. 9—28, hier S. 9). — Vgl. Anm. 2.
41 Vgl. Anm. 32. — Darüber hinaus:
   Dossier 1: Ein Streit um Worte. In: Kb 1, S. 120—151.
   Peter Weiss und Hans Magnus Enzensberger: *Eine Kontroverse.* In: Kb 6, S. 165—176.

42 Enzensberger: *Gemeinplätze, die Neueste Literatur betreffend*, l. c., S. 188—189.

43 Ibid., S. 195 (Hervorhebung HBS).

44 Vgl. dazu den Beitrag von W. Martin Lüdke im vorliegenden Band.

45 Hans Magnus Enzensberger: *Bewußtseins-Industrie*. In: H. M. E.: *Einzelheiten I. Bewußtseins-Industrie*, Frankfurt/M. [6] 1969 (edition suhrkamp), S. 7—17. Bereits hier hatte Enzensberger die *Partialität* eines warenanalytischen Ansatzes in der Kunstbetrachtung betont. Man dürfe nicht übersehen, „was die Bewußtseins-Industrie von allen anderen unterscheidet. In ihren fortgeschrittensten Branchen handelt sie nämlich überhaupt nicht mehr mit Waren [. . .]. Hergestellt und unter die Leute gebracht werden nicht Güter, sondern Meinungen, Urteile und Vorurteile, Bewußtseins-Inhalte aller Art. Je mehr deren materieller Träger zurücktritt, je abstrakter und reiner sie geliefert werden, desto weniger lebt die Industrie von ihrem Verkauf." Ibid., S. 13.

46 Enzensberger: *Gemeinplätze, die Neueste Literatur betreffend*, l. c., S. 193—194. — Das Benjamin-Zitat entstammt dem Aufsatz *Der Autor als Produzent*.

47 Enzensberger: *Bewußtseins-Industrie*, l. c., S. 9.

48 Nicht zufällig orientierte sich die publizistische Kritik seinerzeit gerade an diesem Satz und an der ihm voraufgehenden (oben zitierten) Passage. Man heftete sich weitgehend an Sentenzen, ohne komplexeren Begründungen nachzugehen. Eine Collage von Zitaten — alle dem *Kursbuch 15* entnommen — macht deutlich, in welchem *Aussagezusammenhang* sich solche Sentenzen für einen Großteil der Kritik darstellten. Sie wurden von Heinrich Vormweg am Beginn seines Beitrages zur damaligen Debatte zusammengestellt (Heinrich Vormweg: *Ein Leichenschmaus*. In: *Merkur* 23, Heft 2 [Febr. 1969], S. 206—210, hier S. 206—207).

49 Karl Heinz Bohrer: *Zuschauen beim Salto mortale. Ideologieverdacht gegen die Literatur*. In: K. H. B.: *Die gefährdete Phantasie, oder Surrealismus und Terror*, l. c., S. 9—31.

50 *Kunst als Ware der Bewußtseinsindustrie*, analysiert von der Berliner SDS-Gruppe „Kultur und Revolution". In: *Die Zeit*, 29. 11. 1968. — Zu diesem ideologiekritischen Ansatz vgl. Dieter Hoffmann-Axthelm, op. cit., S. 192.

51 Michael Buselmeier: *Gesellschaftliche Arbeit statt Kunst. Schluß der Diskussion*. In: *Die Zeit*, 31. 1. 1969.

52 Eine Kritik an dieser Medienauffassung der Neuen Linken findet sich in: Enzensbergers *Baukasten zu einer Theorie der Medien*, l. c., S. 163—166.

53 Enzensberger: *Bewußtseins-Industrie*, l. c., S. 15.

54 Enzensberger: *Baukasten zu einer Theorie der Medien*, l. c., S. 178 und S. 179.

55 Ibid., S. 163—166.

56 Im Ansatz seiner Bemerkungen über „Poesie und Politik" (1962), der in den Debatten von 1968/70 keineswegs zurückgenommen wird (dies wäre andernorts zu zeigen), hatte Enzensberger die politische Bedeutung der Poesie gerade mit ihrer formellen Autonomie begründet. Hans Magnus Enzensberger: *Poesie und Politik*. In: H. M. E.: *Einzelheiten II . . .*, l. c., S. 113—137, bsd. S. 135—137.

57 Enzensberger: *Gemeinplätze, die Neueste Literatur betreffend*, l. c., S. 196 und S. 197.

58 Ibid., S. 196.

59 Enzensberger: *Baukasten zu einer Theorie der Medien*, l. c., S. 182—183.
60 *Ankündigung einer neuen Zeitschrift. Kursbuch, hrsg. von Hans Magnus Enzensberger im Suhrkamp Verlag*, S. 2. (Wiederabdruck im *Kursbuch*-Reprint, Bd. 1, Frankfurt/M. 1976).
61 Nach Hochhuths *Stellvertreter* (1963) und Heinar Kipphardts *In der Sache J. Robert Oppenheimer* (1964) das erste Beispiel großen Dokumentartheaters in der Bundesrepublik. Zu Methode der „Frankfurter Auszüge" vgl. die redaktionellen Anmerkungen (Kb 1, S. 202).
62 So die Beiträge von Peschken und Roehler/Born (Kb 4), Delius (Kb 7), die Abdrucke zahlreicher Dokumente, der Durchbruch zum reinen Dokumentarismus angesichts des 2. Juni 1967 (das gesamte Kb 12).
63 Ein Novum freilich nur unter den Kulturzeitschriften der Nachkriegszeit. Als früheres Beispiel für diese publizistische Gattung sei die Rubrik „Ich schneide die Zeit aus" in Franz Pfemferts *Aktion* genannt.
64 Beispiele: Böll (Kb 7), Walser (Kb 1, Kb 9), Johnson (Kb 9), Weiss (Kb 6, Kb 11).
65 Jean-Paul Sartre: *Was ist Literatur? Ein Essay*, Hamburg 1958 (rde 65). — Typisch ist, daß in *Kursbuch* 1 eine Diskussion mit Sartre abgedruckt wird, in der er das Konzept des Autoren-Engagements modifiziert: „Man wird ebensowenig durch die Politik gerettet wie durch die Literatur.[. . .] Das Absolute ist dahin. Was bleibt, sind unzählige Aufgaben, unter denen die Literatur keineswegs einen privilegierten Platz einnimmt." (*Interview mit Jean-Paul Sartre, Le Monde, 18. April 1964*. In: Kb 1, S. 120—124, hier S. 121.) Karsunke (op. cit., S. 192) sieht hier bereits die reduzierte Position bezeichnet, von der aus Enzensberger in *Kursbuch* 15 sein Programm der „politischen Alphabetisierung" formulierte.
66 Hans Magnus Enzensberger: *Peter Weiss u. a.*, l. c., S. 176.
67 Enzensberger: Berliner Gemeinplätze. In: Kb 11, l. c., hier S. 169.
68 Ibid., S. 161 (Zweite Hervorhebung HBS).
69 Vgl. *Ankündigung einer neuen Zeitschrift . . .*, l. c., S. 1 (unter „Absicht" und „Programm").
70 Ibid., S. 2.
71 Das letzte Heft, das noch anders verfuhr war das *Kursbuch* 15. Neben den theoretischen Beiträgen, die diese Wendung vorbereiteten, enthielt das Heft auch Prosatexte von Beckett, Daniil Charms, Donald Barthelme und Michael Buselmeier, Gedichte von Heiner Bastian, Ingeborg Bachmann, Nicanor Parra, Mao Tse-tung, Gaston Salvatore, Arnfried Astel und F. C. Delius, Essays von Lars Gustafsson und Julio Cortázar, eine Auswahl aus den Erzählungen des Cimarrón und Texte zur Literaturrevolution in China.
72 Enzensberger: *Gemeinplätze, die Neueste Literatur betreffend*, l. c., S. 189.
73 Jürgen Fredel: *Kunst als Produktivkraft. Kritik eines Fetischs am Beispiel der Ästhetischen Theorie Th. W. Adornos*. In: *Autonomie der Kunst. Zur Genese und Kritik einer bürgerlichen Kategorie*, Frankfurt/M. 1972 (edition suhrkamp 592), S. 231—253, hier S. 237, mit Bezug auf Enzensberger, S. 243. — Vgl. auch: Hans-Joachim Piechotta: *Zu Enzensberger: Baukasten zu einer Theorie der Medien in Kursbuch 20*. In: *Ästhetik und Kommunikation* 1, Heft 2 (Dez. 1970), S. 31—34.
74 Enzensberger: *Baukasten zu einer Theorie der Medien*, l. c., S. 160.
75 Enzensberger: *Gemeinplätze, die Neuste Literatur betreffend*, l. c., S. 196 f.
76 Peter Schneider: *Die Phantasie im Spätkapitalismus und die Kulturrevolu-*

tion, l. c. — Hans Christoph Buch: *Von der möglichen Funktion der Literatur. Eine Art Metakritik.* In: Kb 20, S. 42—52.

77 Schneider, op. cit., S. 27.

78 Dies in Gegensatz zu Enzensbergers Aussagen über die Möglichkeit einer neuen ‚revolutionären Kunst' (Enzensberger, op. cit., S. 193—197).

79 Michel: *Ein Kranz für die Literatur. Fünf Variationen über eine These*, l. c., S. 185.

80 ,,Nein, was wir da um uns herum sehen und erleben, ist überhaupt nicht mehr zu beschreiben, nur noch zu ändern." Schneider: *Rede an die deutschen Leser und ihre Schriftsteller. Kursbogen* zu *Kursbuch* 16.

81 Schneider: *Die Phantasie im Spätkapitalismus und die Kulturrevolution*, l. c., S. 29.

82 Buch, l. c., S. 50.

83 ,,Anstatt mit ihrem schlechten Gewissen hausieren zu gehen, sollten die Intellektuellen die Aufgabe übernehmen, das utopische Versprechen, das in den großen Kunstwerken verschüttet liegt: die Hoffnung auf Befreiung [. . .] freizulegen, um es den Massen zugänglich zu machen." Buch, op. cit., S. 51.

84 Buchs Bemerkungen soll in diesem Zusammenhang nicht der gleiche systematische Anspruch unterstellt werden wie den Beiträgen von Enzensberger und Schneider. Buch signalisiert aber ein Moment, das in der gegenwärtigen Diskussion fundamentale Bedeutung gewonnen hat. Vgl. seinen ,,Vorbericht" zu: *Literaturmagazin* 4 . . ., ed. H. Ch. Buch, l. c., bsd. S. 13.

85 Zu einigen Rahmenbedingungen der kunsttheoretischen Diskussion innerhalb der Neuen Linken vgl. Dieter Hofmann-Axthelm, op. cit. Die Legitimationszwänge, von denen Hofmann-Axthelm in allgemeinen Zusammenhängen spricht, haben auf das *Kursbuch* freilich nur indirekt gewirkt.

86 Daß weder Enzensberger und Michel noch Schneider ihre programmatischen Versuche aus den Jahren 1968—1970 fortgesetzt haben, mag bei den Autoren selbst ein Symptom dafür sein. Anders bei Buch, der sich erst im Rahmen einer ,,Metakritik" zu der Debatte äußerte.

87 Vgl. Anm. 2.

88 Michel hatte konstatiert, die moderne Literatur sei ,,allem Anschein nach von selbst an ihr Ende gelangt, an ein Ende, das faszinierende Aspekte hat und deshalb wie ein neuer Frühling wirken mag. Daß es anders ist, hat der Protest einer jungen Generation nur offenkundig werden lassen — nicht durch eine neue Literatur, aber durch neue Ausdrucksformen, die den literarischen Avantgardismus senil erscheinen lassen und die progressive westliche Literatur an ihre Ohnmacht gemahnen, die aus ihrer Privilegiertheit folgt." Michel, op. cit., S. 179.

89 Zu diesem Begriff vgl. Burckhardt Lindner, op. cit.

Ansgar Hillach

Walter Benjamin — Korrektiv Kritischer Theorie oder revolutionäre Handhabe?
Zur Rezeption Benjamins durch die Studentenbewegung

> Von dieser Rechenschaft über das Verhältnis der Intellektuel-
> len zum Proletariat hängt nach meiner Überzeugung wesent-
> lich die weitere Formulierung der ästhetischen Debatte ab,
> für die Sie eine so großartige Inauguraladresse geliefert haben.
> *Adorno* an *Benjamin,* 1936

An einer Wende des politischen Bewußtseins in der Studentenbewegung wurde Walter Benjamin aktuell. Seine Rezeption ist Teil der
studentischen Versuche, aus einem Zirkel der Ohnmacht auszubre-
chen, in den man mit politischen Aktionen geraten war, die ihr theo-
retisches Fundament in späten Konzepten der Kritischen Theorie
hatten. Damit sind die sachlichen Gehalte dieser Rezeption, sowohl
hinsichtlich der eigenen Standortbestimmung wie in bezug auf Benjamin, nicht vorweg entschieden.

Das Aufbrechen latenter Gewaltstrukturen im Bereich staatlicher
Planung und wirtschaftlichen Managements, im Gefolge von Krisen-
erscheinungen, die den Abschluß der sog. Rekonstruktionsperiode
des Nachkriegskapitalismus markieren[1], hatte der Kultur- und Gesellschaftstheorie Adornos, Horkheimers, Marcuses die beanspruchte
politische Bedeutung verliehen, vor deren Konsequenzen sie sich notwendig, aufgrund ihrer *geschichtsphilosophischen* Prämissen, zurück-
ziehen mußte. Zu diesen gehörte insbesondere der unausweichliche
geschichtliche Zusammenhang von Technik und Herrschaft sowie, als
deren produziertes Korrelat, die per definitionem unterdrückte Masse. Im Kapitalismus hatte das Fortschreiten der Naturbeherrschung
die Gestalt der Mehrwertproduktion angenommen, womit die gesellschaftliche Rationalität des Tauschs als Agens der Naturbeherrschung, von Herrschaft überhaupt installiert war. Die geschichtliche
Entwicklung des Kapitalismus, die nach Marx die Bedingungen seiner
Abschaffung hervortreiben sollte, bringt hiernach auch die Bedingungen zu seiner Stabilisierung hervor; deren bislang gewaltsamste Form
war der Faschismus. In Konsequenz der immer umfassenderen Einbeziehung gesellschaftlicher Reservate in die Rationalität des Tauschs
gelingt Subjektivität einzig noch der unabschließbaren Bewegung kri-

tischer Negation; ein kollektives revolutionäres Subjekt, das einmal möglich war, verfiele — sofern es überhaupt sich noch konstituieren könnte — augenblicklich der instrumentellen Praxis, aus deren Zusammenhang und Folgen es gerade heraustreten möchte. Diese Verstrickung wird u. a. in der ihm beigestellten Technologie, die eine Vergegenständlichung von Herrschaftsrationalität ist wie die Bürokratie des Staates, evident. Befreiung ist einzig in *der* Gestalt von Verdinglichung zu haben, die ihr Stigma einbekennt: in den Gestalten autonomen Denkens und autonomer Kunst. In ihnen arbeitet ein Anteil von Herrschaftsrationalität an ihrer Selbstaufhebung.

Eine Bewegung, die ihr antiautoritäres Engagement mehr und mehr politisch verstand, konnte bei solchen Prämissen auch dann nicht stehen bleiben, wenn die Figur des sich am Schopfe aus dem Sumpf ziehenden Münchhausen zur praktischen Lebenshilfe wurde. Der Substitutionalismus revolutionärer Subjekte, die per actionem zunächst an ihrer Selbstaufklärung arbeiten und diese auch den potentiellen Inhabern revolutionärer Gewalt, den ‚Verdammten dieser Erde' oder einfach nur dem hauseigenen Proletariat vermitteln möchten, blieb in den Zirkel nur insofern nicht eingeschlossen, als es gelang, die militante Reaktion der staatlichen Ordnungsmächte und den repressiven Konformismus der unaufgeklärten Öffentlichkeit herauszufordern. Die Erinnerung an den Faschismus, den diese Öffentlichkeit so schnell verdaut hatte, mußte nicht umständlich beschworen werden. Das Proletariat aber war damit nicht gewonnen.

Wie die ‚Väter' der ‚antiautoritären Studenten' hatte Benjamin den geschichtlichen Standort seiner theoretischen Versuche, die Frontstellung gegen den Faschismus in der Stunde seines Triumphes, in ihre Formulierung eingehen lassen. Aber er war zu anderen Ergebnissen gekommen, für die er ebenfalls den produktiven Bezug zu Marx geltend machen konnte. Er hatte Prognosen aufgrund von Entwicklungstendenzen formuliert, die eine befreiende Allianz von Technik und Arbeitermassen möglich und notwendig machten, und er hatte die Stellung des bürgerlichen Intellektuellen zu den revolutionären Kräften, die als solche damals gar nicht in Erscheinung treten konnten, als eine zugleich konkrete und vermittelte zu bestimmen gesucht. Die Entdeckung Benjamins war fällig, sie war der *Einfall des erwachten Bewußtseins.*[2]

In den folgenden Abschnitten sollen Positionen umrissen werden, die in der Aktualisierung Benjamins zur geschichtlichen Konstellation zusammentraten. Der Versuch erfordert sowohl den Rückgriff auf geschichtliche Abschnitte und Hintergründe, die wir alle gern abgeschlossen sähen, als auch das eigene Stellungbeziehen, das nicht ohne ein Vorausdenken möglich ist. Dieses sucht sich zurückzunehmen in das Verständnis, das der Schreiber von Benjamins Vorstellungen konkreter Veränderung gewonnen hat.

I.

Horkheimers Theorie vom *Autoritären Staat* (1942) basierte auf Friedrich Pollocks idealtypischer Konstruktion der Wirtschaftsweise des faschistischen Staates, in der dieser auch Beobachtungen aus dem Exilland Amerika verarbeitet hatte. Danach sollte sich der Faschismus als eine Form staatskapitalistischer Krisenbewältigung etabliert haben, die den vom Marxismus behaupteten Primat der Wirtschaft endgültig verabschiede zugunsten einer Verselbständigung der anonymen technokratischen Exekutivfunktionen des Staatsapparates. Der Marktmechanismus als autonomes Steuerungs- und Integrationsprinzip der bürgerlichen Gesellschaft war außer Kraft gesetzt, die Produktion bei unangetastetem Privateigentum an den Produktionsmitteln in die Hände des Staates übergegangen. Politische und soziale Herrschaft fielen auseinander: die traditionelle Herrscherklasse der Kapitalisten hatte zur Sicherung ihres Besitzstandes sich genötigt gesehen, die Verfügung über die Produktionsmittel an den Staat abzutreten und war politisch präsent nur noch in dem Maße, wie der einzelne Kapitalist dem Spitzenmanagement angehörte; als Funktionsträger war er dann der Staatsbürokratie integriert. Diese dehnt ihre Herrschaft, die nach wissenschaftlichen Prinzipien ausgeübt wird, auf alle Bereiche des öffentlichen und privaten Lebens aus. Mit der Suspendierung der liberalen Freiheiten ist auch das Wertgesetz außer Kraft gesetzt bzw. zu einer Funktion von Staatsinteressen geworden. Damit war die treibende Kraft der Geschichte von der Ökonomie an die politisch gehandhabte technische Rationalität übergegangen; vielmehr: als zementiertes Produktionsverhältnis in politischer Zuständigkeit war Geschichte zum Stillstand gekommen und konnte nur noch als systemspezifische Expansion einen Schein von Fortschritt behaupten.

Obwohl diese Theorie weniger empirisch begründet als „eine konsequente Systematisierung von Trends" war, die Pollock „besonders im Nationalsozialismus, aber auch in den USA, erkennen zu können" glaubte[3], und obgleich sie gerade auch von Mitarbeitern des Instituts für Sozialforschung bestritten wurde[4], haben auf ihr Horkheimer und Adorno theoretisch weitergebaut. Die arbeitsteilige Forschungsweise der Institutsmitglieder brachte es mit sich, daß man sich von der Kompetenz für empirisch-wirtschaftliche Fragen durch den Polit-Ökonomen Pollock entlastet sah. Dennoch werden polit-ökonomische Kategorien und Argumentationsfiguren auf der Basis der gemeinsam verfolgten Faschismus- und Autoritarismusforschung zu einem festen Bestandteil der Kritischen Theorie Horkheimers und Adornos. Der Manipulationszusammenhang, der im Überbau der spätkapitalistischen Industriestaaten, insbesondere an der amerikanischen Kulturindustrie beobachtet wurde, schien die ökonomische Diagnose Pollocks überdies zu bestätigen. Geschichtsphilosophische Überlegungen zur Begründung von Naturbeherrschung und geschichtlicher Subjektivität traten hinzu, um den Prozeß der Machtergreifung technischer Rationalität aus der Geschichte der Wissenschaft und Technologie begreifbar zu machen, an denen politisches Herrschaftsinteresse immer schon partizipiert. Der Kapitalismus war darin letztlich nur die Probe aufs Exempel, seine Selbstabschaffung im totalitären Staat nicht die Konsequenz der ökonomisch festgehaltenen Herrschaftsgewalt gegen die systemsprengenden Tendenzen der eigenen Geschichte — vielmehr schien deren Dialektik gerade ans Ende gelangt. Statt des von Marx visierten Sozialismus hatte dessen Perversion, der Totalitarismus technokratischer staatlicher Planungsrationalität Platz gegriffen.

In den sechziger Jahren haben der fortdauernde Staatssozialismus in der Sowjetunion und die Organisationsformen und Machtstrukturen in der kapitalistischen Kulturindustrie den Geltungsanspruch dieser Theorie, die auf eine negative Konvergenz aller staatlichen Systeme hinauslief, wiederum ins Licht der Plausibilität rücken können. Es bedurfte materialistischer Kategorien, um den Nebel der jeweiligen Rechtfertigungsideologien zu durchdringen und Herrschaft als das Gemeinsame im Verwendungszusammenhang von Technologie, Wissenschaft und Kultur, von wirtschaftlichem Management und staatlicher Organisation auszumachen; sie wurden den vom Zugriff des Staates nach den Bildungsinstitutionen aufgeschreckten Studenten von der Kritischen Theorie vermittelt. Darin war die Marxsche Ökonomiekritik wesentlich nach der Seite der Zirkulations- und Konsumtionsphäre verarbeitet. Andererseits war „das Nachleben des Nationalsozialismus in der Demokratie" (Adorno) ein Phänomen, dessen Entschleierung mit politisch-ökonomischen Kategorien allein offenbar nicht mehr zu leisten war, sondern das des geschärften theoretischen Instrumentariums von Sozialwissenschaften und Psychoanalyse bedurfte. In der Theorie der *Kulturindustrie* war indirekt das Programm dafür abgesteckt, zugleich aber der Rahmen gesetzt, aus dem solche Analyse nicht hoffen durfte herauszutreten: verändernde Praxis, gar ein revolutionäres Subjekt waren der diagnostizierten Einebnung aller Widersprüche zum Opfer gefallen.

In diesem Zusammenhang kam den Theorien Herbert Marcuses ein besonderer Stellenwert zu, da er einerseits den universalen Technologieverdacht auf die radikalste Formel brachte, indem er die Verschmelzung von Naturbeherrschung und politischer Herrschaft als bereits in der wissenschaftlichen Methode angelegt zeigte und die ideologische Gehaltenheit des Bewußtseins als eine sich verschärfende Spätfolge — zwar in der Ausprägung kapitalismusspezifisch — einer einseitigen Kulturentwicklung interpretierte; andererseits konnte er gerade aus dieser Verallgemeinerung des Problems den Ansatz einer Überwindungsstrategie entwickeln, die, auf eine Formel gebracht, heißen mußte: Kulturrevolution.

Im Konzept einer Kulturrevolution wirkte nach die Ohnmachtserfahrung des Intellektuellen angesichts der faschistischen Aufhebung der Kultursphäre im Propagandaapparat des Staates — mit der bekannten Folge einer politisch voll integrierten Arbeiterklasse und einer staatstragenden mittelständischen Massenbasis —, und verband sich mit der Beobachtung einer Latenz derselben Phänomene unter der ideologischen Hülle des wirtschaftlichen Liberalismus in den westlichen Industrienationen. Statt aber die Bedingungen der Rekonstruktion von Klassenbewußtsein am Ort der reellen Subsumtion der Arbeiter unter das Kapital, also am Ort des Verkaufs ihrer Arbeitskraft und der sinnlichen Erfahrung des Verwertetwerdens auszumachen, wurde „Kulturrevolution" als therapeutischer Abbau von *Wirkungen* der Zirkulations- und Reproduktionssphäre zur vorgängigen Strategie. Die behauptete Totalität der Bewußtseinsmanipulation ließ den im Arbeitsprozeß Vergesellschafteten naturgemäß am wenigsten die Chance einer Erkenntnis ihrer Klassenlage und von deren Veränderbarkeit; infolgedessen schienen Studenten und gesellschaftliche Randgruppen der Hoffnung auf eine revolutionäre Transformation des Systems am ehesten den konkreten Ansatz zu bieten. Da sie ihrerseits den gleichen Bedingungen der Bewußtseinslenkung unterlagen — wenn auch aufgrund der Freistellung vom Arbeitszwang und teilweise des Bildungsprivilegs in weniger zwanghaften Formen — wurde die verfolgte „Dialektik von Aktion und Aufklärung", die der Adresse einer abstrakten „Öffentlichkeit" galt, tendenziell und faktisch zur „Selbstaufklärung der Agierenden" zurückgenommen[5].

Man kann darin die exoterische Wendung des Praxisverzichts und der reinen Theoriepflege sehen, die von den Vertretern der Frankfurter Schule, insbesondere Adorno, als initiale Aufarbeitung eigener Verstrickung in den katastrophischen Verfallsprozeß bürgerlicher Geschichte – und mit dem Anspruch auf Statthalterschaft – betrieben wurde.

II.

Benjamin wurde aktuell, als den studentischen Linken diese Theorie-angebote als Reflexionsmodi auf deren eigene, von ihnen als objektiv unübersteigbar angesetzte Abstraktheit durchschaubar wurden. Damit war nun freilich die Last eines alternativen Theorie-Praxis-Ansatzes einem bürgerlichen Marxisten – nur als solcher war Benjamin hier von Interesse – aufgebürdet, den selbst die Exilsituation in den dreißiger Jahren an praktisch eingreifender Tätigkeit (wie immer sie in seinem Sinne gelegen haben mag) gehindert hatte, und dem nach seinem Tod auch nicht mehr gegeben war, seine antifaschistischen Kampfansagen aus der exilbedingten Praxisferne selbst herauszuführen. Die studentischen Anstrengungen, Benjamin als marxistisch-anti-faschistischen Denker gegen seine Beschlagnahme durch die Frankfurter Nachlaßverwalter und gegen die seinerzeitigen kritisch-zensurierenden Instanzen der *Zeitschrift für Sozialforschung* ins Recht zu setzen, waren Versuche, die immanente Widerständigkeit seines Denkens als ein Moment jener zeitgeschichtlich bedingten Abstraktheit auszumachen und nach der Seite der aktuellen Theoriebedürfnisse hin aufzulösen. Sie konnten sich dabei rechtens auf Benjamins Theorem eines kritischen Moments historischer Erkenntnis und die intendierte Sprengkraft seiner geschichtstheoretischen Diskontinuitätsvorstellung berufen.

Worin konnte Benjamin den Ansprüchen der Studenten, die an der Wende von Kritischer Theorie und Ideologiekritik zu einer polit-ökonomischen Analyse der bundesrepublikanischen Verhältnisse im Kontext des internationalen Kapitalismus sich einstellten, entgegenkommen? Was zunächst die theoretische Verarbeitung des Faschismus betrifft, so findet sich bei Benjamin weder eine Klassenanalyse noch eine Kritik seiner politischen Ökonomie; vielmehr schließt er sich nach dieser Hinsicht in skizzenhaften Überlegungen, die freilich eine eigene Stellungnahme enthalten, an damals diskutierte Theoriebildungen kommunistischer Provenienz an. Darin wird der Faschismus als eine verschärfte Form der Klassenherrschaft des Monopol- und Finanzkapitals im Stadium des Imperialismus verstanden, das sich der totalitären Herrschaftsmittel der Staatsmacht bedient, um seine Profitinteressen durchzusetzen und die benötigte Massenbasis für die Aufrechterhaltung der Eigentumsverhältnisse zu schaffen. So wenig Benjamin diesen Bedeutungsansatz diskutiert, so sehr kann er mit dessen Elementen zu bedeutsamen Einsichten in das Funktionieren spezifisch faschistischer, propagandistischer Herrschaftsmittel und in das Verhältnis von Masse und technischer Produktivkraft unterm Faschismus sowie in der Perspektive möglicher Befreiung gelangen; Einsichten, die den repressiven Anteil an der Wirkung technischer Mittel auf ihre Verwendungsweise im Rahmen der Produktionsverhältnisse verwiesen und daher auch im restaurierten Kapitalismus eine noch näher zu bestimmende Geltung beanspruchen konnten. Hier lag einer der entscheidenden Punkte, an denen Benjamin von Adorno und Horkheimer, aber auch Marcuse differierte. Trotz einer tendenziell antitechnischen Allegoriekonzeption im *Trauerspiel*-Buch war Benjamin seit Mitte der zwanziger Jahre zu einer dialektischen Auffassung von sozialer und technologisch-wissenschaftlicher Entwicklung gelangt, wonach Natur auch in der Aneignungsform des technischen Produktionsmittels, noch in seiner kapitalistischen Verwendungsweise und Deformation, dem eben dadurch produzierten Proletariat in seinem geschichtlichen Emanzipationsstreben entgegenkommt. Technologie konnte demnach niemals wesentlich-ausschließliches Herrschaftsmittel sein, wie es in der Theorie vom autoritär-technokratischen Staat angelegt war und von der Praxis des Faschismus scheinbar ‚bewiesen‘ wurde; ebensowenig konnte in ihr der Prozeß fortschreitender Arbeitsteilung aufgrund von Quantifizierung und Abstraktion allein schon vorprogrammiert sein, wie von den Verfassern der *Dialektik der Aufklärung* und von Marcuse späterhin behauptet. Benjamin deckte mit seiner auf einer marxistischen Grundlage entwickelten Auffassung — so verkürzt seine politökonomischen Überlegungen dazu auch waren — eine wesentliche Schwäche der sich produktiv marxistisch verstehenden Kritischen Theorie auf.

Allerdings mußte es den Studenten darum gehen, den *prognostischen* Gehalt und den *Kampfwert* seiner antifaschistischen Programmatik für die Gegenwart der sechziger Jahre, den restaurierten Nachkriegskapitalismus einzuholen. Dabei setzte sich Benjamins materialistischer Ansatz einem Mißverständnis aus. Er hatte den Zusammenhang von Technologie und faschistischer Herrschaft zwar an den kapitalistischen Grundwidersprüchen festgemacht, die historische Nachkonstruktion der Produktivkräfte aber, insbesondere der Reproduktionstechnologien war von ihm nicht an den wechselnden Produktionsverhältnissen durchgeführt worden, sondern stellt sich als ein Prozeß der Vergegenständlichung von Wahrnehmungsbedürfnissen dar. Darin schien das Konzept einer Kulturrevolution enthalten zu sein. Indessen gilt es, Benjamins Reflexionsweise auf das Wesen des Faschismus in der Dimension möglicher Praxis zu sehen. Seine Grunderfahrung, die Faschisierung vor allem auch des Bildungsbürgertums und die scheinbar widerstandslose Einschmelzung der Arbeiterklasse in die faschistische „Massenbasis" mit Hilfe der neuen Medien und techno-kratischer Organisationsformen des Staates, mußte zu Überlegungen nötigen, die die politische und moralische Vernichtung des Bürger-tums im Netzwerk seiner eigenen Ideologien mit den ‚barbarisieren-den' Wirkungen der Technik konfrontierte, die der Faschismus auf seine Weise, nämlich mit ästhetizistischen Mitteln, zu ‚veredeln' such-te. Aus dieser Lage ergab sich für Benjamin eine doppelte Strategie: Destruktion der Restbestände bürgerlicher Ideologien, insbesondere soweit sie vom Faschismus in Dienst genommen wurden, und auf der anderen Seite dialektische Rettung der Destruktionen, die die produ-zierte Technik an eben dieser Subjektivität anrichtete. Dialektisch zu retten mit der Aussicht auf praktische Veränderung der Gesellschaft waren die Destruktionen der Technik aber nur an dem Massensub-jekt, das ihnen sowohl am Arbeitsplatz wie in der „verlängerten In-dustriearbeit"[6] der Freizeitunterhaltung ausgesetzt war. Denn nur dieses Subjekt konnte die z. B. am Film erfahrenen Wirkungen der Zerstreuung und die dort spielerisch erlernbaren Verhaltensweisen wie Selbstverständigung und Selbstkontrolle mit Erfahrungen der Ausbeutung in der Lohnarbeit vermitteln und ihnen auf dem Wege der Neuorganisation der Wahrnehmung und mit Hilfe der Koopera-tionspraxis im Betrieb organisierende Funktion auch im Hinblick auf die Durchsetzung revolutionärer Ziele geben.

An der materiellen Erfahrung der fortgeschrittensten Technik, die der Faschismus nicht mehr nur der Mehrwertproduktion, sondern auch der Indoktrination dienstbar machte, sollten ihre systemspren-genden Kräfte, zu deren Fesselung der Faschismus angetreten war, in gesellschaftlich organisierende Tätigkeit überführt werden. Benjamin ging es nicht um Rekonstruktion von Klassenbewußtsein in der Wei-se einer einleitenden Kulturrevolution, die zunächst partikulare Er-kenntnisprozesse in Gang gesetzt hätte, um dann zu Konsequenzen im gesellschaftlichen Verhalten und zur politischen Revolution zu führen — das hätte jene theorievermittelnde Intelligenz als Vorhut erfordert, als welche sich die Studenten der sechziger Jahre fühlten; sondern er entwickelt die Möglichkeiten eines unmittelbar prakti-schen kollektiven Lernprozesses an der Primitivform der Filmrezep-tion, zu welcher die physische Ausbeutung nötigt: der Zerstreuung. Wenn Benjamin den Arbeiter nicht direkt am Ort des Verkaufs seiner Arbeitskraft, in seinem Lohnarbeitsverhältnis aufsucht, dann deshalb, weil die formierende Gewalt der Produktionsverhältnisse aufgrund der dem Faschismus eigenen Systemrationalität nunmehr auch im Kultur- und Unterhaltungssektor voll durchgeschlagen hatte und damit die traditionellen Rekreationsfreiräume, die früher der spielerischen Übung der Sinnlichkeit in materialen und kommunikativen Bezügen zugute kamen, in Bestandteile des Herrschaftsapparates umfunktionierte. Unter der faschistischen Reorganisation der Wirtschaft, die die neuen Resultate der Wissenschaften fortschreitend in den Produktionsprozeß integrierte, diesen entsprechend ökonomisierte und den Ausbildungsbereich für einen erhöhten Bedarf an qualifizierten Steuerungs- und Überwachungsfunktionen schuf, nahm die Lohnarbeit jene Gestalt der Ausbeutung an, in der sie auf ein staatlich voll durchgeplantes Kulturwesen als auf die Bedingung ihrer gesicherten Reproduktion verwiesen war. Im Kultursektor vollzog sich dabei die Wertabstraktion am Lohnarbeiter in der Weise, daß er zum Material für die Monumente des Faschismus wurde[7]; zu dessen Gewaltkur gehörte nicht allein die verschärfte Ausbeutung, sondern als notwendiges Bewußtseinskorrelat die *freudige* Unterwerfung unter das Führerprinzip. Diesen Zusammenhang galt es für Benjamin zu sprengen, was nicht durch Ideologiekritik allein zu leisten war (die Benjamin durchaus auch vornimmt)[8], sondern durch sachlich-praktische Bestimmungen, die den Arbeiter und den Massenmenschen gerade in seinem scheinbar defizienten Verhalten, am Ort der Reproduktion seiner Arbeitskraft aufsuchten.

Wichtig und für die Rezeption seitens der Studentenbewegung ein Prüfstein ist dabei der Stellenwert, den Benjamin sich als bürgerlichem Intellektuellen und seiner Theorie einräumt. Wenn das *Subjekt historischer Erkenntnis die kämpfende, unterdrückte Klasse selbst* ist[9], so kann die Aufgabe und die Leistung des bürgerlichen Spezialisten nicht darin liegen, stellvertretend für die Masse der Arbeiterschaft revolutionäres Bewußtsein zu entwickeln und ihr dieses aufklärend anzudienen. Die Reflexion des Verhältnisses und das Bemühen um eine Politik der Solidarität zwischen Intellektuellen und Arbeiterschaft gehört zu den zentralen Motiven der Benjaminschen Marxismus-Rezeption. Während die Vertreter der Kritischen Theorie dieses Verhältnis, das auch nach Benjamin *immer nur ein vermittelte(s)*[10] sein kann, mehr und mehr liquidierten, indem sie ihr Bildungsprivileg zur Statthalterschaft auf unabsehbare Zeit erhoben — für ein vielleicht einmal zu ermächtigendes revolutionäres Subjekt; und während die antiautoritären Studenten zeitweilig dieses Subjekt selbst agieren zu können glaubten, weigert Benjamin sich, bürgerliche Bildung und Kulturgüter als Voraussetzung eines vom Proletariat wiederzugewinnenden Klassenbewußtseins ins Spiel zu bringen. Die *vermittelnde Wirksamkeit* besteht vorab in einem *Verrat* des Bürgers an den Interessen seiner Klasse, besteht darin, den Produktionsapparat *den Zwecken der proletarischen Revolution anzupassen.*[11] Das ist eine technologische Wirksamkeit, sie geht zurück auf die materiale Seite der Technik und entwickelt sie weiter. So ist der Schriftsteller, der Filmemacher auf den technologischen Standard der fortgeschrittensten Produktionsmittel, Presse und Filmapparatur, verwiesen und soll die ihnen inhärenten Möglichkeiten unreglementierter Massenkommunikation entwickeln, die sie als geschichtliche Vergegenständlichungen von Massenbedürfnissen notwendig haben müssen. Benjamin war solche konkrete Wirksamkeit verwehrt; er geht, in seinen *Kunstwerk*-Thesen, anders vor und jedenfalls nicht als revolutionärer Vor-Denker des Proletariats. So wenig nämlich diese Thesen unmittelbar als Anweisung an ein Massenpublikum von Kinobesuchern gerichtet sind, so sehr können sie in dem, was nach der Destruktion bürgerlicher Kunstideologien an materialen Bestimmungen der Filmrezeption übrig bleibt (Ausstellungswert, Testleistung, Haltung des fachmännischen Beurteilers, simultane Kollektivrezeption, Zerstreuung, Gewöhnung), an unreflektierte Rezeptionspraktiken eines Massenpublikums appellieren und sie ins Bewußtsein heben. Damit wäre aber die Differenz zur tatsächlichen, kapitalistischen wie faschistischen Filmproduktion als sinnlich erfahrbarer Widerspruch der Kritik der Konsumenten zugänglich gemacht, womit die Thesen allererst den *Kampfwert* bekämen, den sie in Händen einer bürgerlichen Intelligenz so wenig haben können wie in denen ihres Verfassers.

Das Verhältnis der Benjaminschen Theorie zu dem im Rezeptionsverhalten der Masse latenten Potential an gesellschaftlichem Bewußtsein ist also im Marxschen Sinne ein erklärendes[12], nicht ein ‚aufklärendes'; sie trägt den Entmündigten nicht ein Bewußtsein an, sondern zeigt ihnen, wo sie es am eigenen, noch bewußtlosen Verhalten zu entwickeln hätten. Gleichzeitig aber — und angesichts der Exilumstände sind Benjamins Thesen notwendig darauf eingeschränkt — zeigt er dem Bildungsbürgertum als dem Überträger bourgeoiser Ideologien, die dem Faschismus ungewollt in die Hände arbeiten, daß ein Kampf gegen diesen nicht mit den Mitteln und Begriffen von Kunst zu führen ist, *deren unkontrollierte (und augenblicklich schwer kontrollierbare) Anwendung zur Verarbeitung des Tatsachenmaterials in faschistischem Sinn führt.*[13] Wenn dieses Bildungsbürgertum dann seine Rolle gegenüber dem potentiellen Inhaber revolutionärer Gewalt so versteht, daß es Aufklärung nicht als bürgerliches Theorieangebot betreibt, könnte das in Benjamins Thesen angelegte, wenn auch zeitbedingt unentfaltete Theorie-Praxis-Verhältnis freigesetzt werden.

Noch 1929 hatte Benjamin die Bedingung der Transzendenz, ohne die eine Revolution zur bloßen Revolte verkäme, nicht in materialen Erfahrungen der *Produktivkraft* Technik sondern in der *profanen Erleuchtung* der Surrealisten durch die Gegenstandswelt finden können. Ihre Aufgabe als bürgerliche Schriftsteller mußte dann die sein, die *Kräfte des Rausches* in jenen *Bild-* und *Leibraum* kollektiven Handelns einzubringen, in welchem sich, im Vorgang des Innervierens einer revolutionären Spannung, die neue Dimension des Sozialen und Politischen bildet. Der bürgerliche Schriftsteller war, *und sei es auf Kosten seines künstlerischen Wirkens, an wichtigen Orten dieses Bildraums in Funktion zu setzen.* Keineswegs konnte seine Aufgabe als erfüllt gelten, wenn er sich als Vorhut verstand und seine, noch immer bürgerlichen, Erfahrungsmöglichkeiten zum alleinigen Maßstab revolutionärer Transzendenz machte.[14]

III.

Die Frage nach der „Rolle der Intelligenz in den Kämpfen um eine systemsprengende Transformation der kapitalistischen Gesellschaft"[15] bestimmte nicht nur in zunehmendem Maße auch Theorie und Praxis der Studentenbewegung, sondern war das zentrale Motiv ihrer inneren Wandlungen und Fraktionierungen. Wenn mit der Abwendung von einer Phase der Selbstermächtigung im Sinne einer ‚Kulturrevolution‘, in deren Rahmen den studentischen Aktionen Symbol-, Initiativ- und Aufklärungsfunktion, schließlich nur noch die der Selbstkonstitution zukam, – die kontroversen Positionen Adornos und Benjamins wieder aufgenommen wurden, so hing dies mittelbar mit der Aufarbeitung der marxistischen Strategiedebatte zusammen, die auch in den Differenzen der beiden Kontrahenten ihre Spuren hinterlassen hatte. Benjamin war u. a. über die Lektüre von *Geschichte und Klassenbewußtsein* (1923) zum Marxismus gelangt, worin Lukács aktuellen Fragen der Strategie, wie sie in den auseinandergehenden Auffassungen Rosa Luxemburgs und Lenins ihre Formulierung erfahren hatten, breiten Raum einräumte. Entscheidender Bezugspunkt war immer wieder die Frage der Konstitution der potentiell revolutionären Klasse in einer konkret zu fassenden historischen Situation, wobei der unterschiedliche ökonomische Entwicklungsstand in den einzelnen Ländern das Verhältnis von organisiertem Kampf und spontaner Aktion, von Partei und den Bewegungen in den Massen nach der Seite des politisch Möglichen determinierte. Im Zuge der Ablösung des Marxismus von der reformistisch-objektivistischen Linie der Sozialdemokratie und der Verarbeitung komplexer Ungleichzeitigkeiten mit Hilfe des wiederentdeckten Erbes Hegelscher Dialektik bei Marx mußten diese Debatten exemplarische Bedeutung sowohl für die politische Praxis wie für das philosophisch-marxistische Denken gewinnen. Die Schwierigkeit war, das Fehlen eines revolutionären Bewußtseins im Proletariat mit der Einsicht in die Notwendigkeit und Aktualität einer Umwälzung des westlichen Krisenkapitalismus (bzw. feudaler Strukturen in Rußland) praktisch-strategisch im Hinblick auf die erwartete Weltrevolution zu vereinen. Während das Leninsche Parteimodell den intellektuellen Kadern die Aufgabe zuwies, sowohl Bewußtsein als auch praktische Aktionen des Proletariats gewissermaßen von außen, von einer vorgefaßten Theorie her zu initiieren, wurde von Rosa Luxemburg und Lukács — bei allen Differenzen im einzelnen — die revolutionäre Avantgarde wesentlich proletarisch verstanden; als solche aber sollte sie, nach Lukács, offensiv die Lethargie der Massen überwinden. Mit der Kategorie der Verdinglichung beschrieb Lukács einen Unbewußtheitsstand des Industrieproletariats, das in der Konsequenz der Warendialektik zu seinem entfremdeten Selbst kam, und konnte andererseits das antinomisch falsche Bewußtsein des Bürgertums als objektiv revolutionäre Kräfte freisetzend erweisen. Diese Bestimmungen hatten aber den entfalteten liberalen Markt zur Voraussetzung und waren damals insofern schon überholt, als die Konzentration des Kapitals die Mechanismen des freien Marktes längst außer Kraft zu setzen begonnen hatte.

Mit der Reorganisation der Wirtschaften nach der Weltwirtschaftskrise, der Etablierung des Faschismus in Teilen Europas und eines organisierten Monopolkapitalismus in den USA, andererseits der Festschreibung des bürokratischen Parteistaates in der Sowjetunion, mußten Fragen unmittelbar strategischer Art zurücktreten gegenüber dem beobachteten Phänomen einer weltweiten organisierten Bewußtseinslenkung der Massen mit Hilfe der neuen Informations-, Reproduktions- und Verteilertechnologien. Das Ausmaß der Unterdrückung war nicht mehr prinzipiell in der Lohnarbeit als Abstraktion der Arbeitskraft und Subsumtion unter das Verwertungsinteresse des Kapitals sinnlich erfahrbar — es hatte die Rekonstitutionsbereiche der Sinnlichkeit selber unter sich gebracht und schien damit den natürlichen Erkenntnisweg des Arbeiters, die Widerspruchserfahrung, endgültig abgeschnitten zu haben. Das Durchschauen des Manipulationszusammenhangs schien einzig noch dem durch Bildung privilegierten Bewußtsein möglich, das denn auch, in Gestalt der Vertreter Kritischer Theorie, für sich die Konsequenz unnachgiebiger Ideologiekritik zog. Welch seltsame Wege dabei der wiederum auf sich geworfene bürgerliche Geist ging, ehe er den Gedanken an die Machbarkeit der Revolution gänzlich preisgab, belegt ein Brief Adornos vom 18. März 1936[16], in welchem er sich auf Lenin beruft, um die vermeinte Unvermitteltheit der Wendung Benjamins an ein proletarisches Kinosubjekt zurückzuweisen. Mit der Empfindlichkeit des Ästheten liest Adorno einen „Appell an die Unmittelbarkeit eines wie immer gearteten Wirkungszusammenhangs und an das tatsächliche Bewußtsein der tatsächlichen Proletarier" aus Benjamins *Kunstwerk*-Thesen heraus, wogegen er eine nun freilich keineswegs Leninsche „Funktion" der Intelligenz geltend macht, nämlich „erkennend oder ohne Erkenntnisverbote dem Proletariat die Treue (zu halten)". Angesichts der Unbestimmtheit im Vermittlungsmodus dieser Haltung, die sich ausdrücklich „nicht im Sinne einer aktivistischen Konzeption der ‚Geistigen'" verstanden wissen will, scheint Adorno keinen Zweifel lassen zu wollen, daß „wir des Proletariats bedürfen, damit die Revolution gemacht werden kann"; mit der Feststellung, daß umgekehrt das Proletariat „unser zur Erkenntnis (. . .) bedarf", um diesem Ziel näher zu kommen, hat Adorno zwar einen Leninschen Gedanken aufgegriffen, das entscheidende Problem der Vermittlung aber, an dem marxistische Dialektik während zweier Jahrzehnte sich abgearbeitet hatte, nicht einmal angedeutet. Gleichwohl scheint Adorno zu meinen, die Zurücknahme der Vermittlung in das Vermittlung nichts als denkende Subjekt käme nicht allein autonomem Denken oder autonomer Kunst, sondern auch dem Proletariat zugute: „Von dieser Rechenschaft über das Verhältnis der Intellektuellen zum Proletariat hängt nach meiner Überzeugung wesentlich die weitere Formulierung der ästhetischen Debatte ab . . .".

Unter das Erfordernis einer solchen Rechenschaft stellt Adorno sich auch dort nicht, wo er die Konstruktion der Benjaminschen Theorie einer Kritik unterzieht. Während Benjamin den Begriffsbereich ‚Kunst' zwischen den historischen Extremen *Kulturwert* und *Ausstellungswert* und damit in sozialen Kategorien konstruiert hatte, und während er diese Kategorien in der Avantgardekunst und im Film als gesellschaftliche Widersprüche der kapitalistischen Ära nachweist — konstelliert Adorno, als sei dies eben die zu sich gebrachte Intention Benjamins, „autonome" und „Gebrauchskunst", „Schönberg und (. . .) amerikanischen Film". Adorno moniert, Benjamin habe diese Extreme voneinander gerissen, anstatt „der Dialektik des Untersten die des Obersten äquivalent" sein zu lassen und also „beide (als) die auseinandergerissenen Hälften der ganzen Freiheit" zu begreifen. Der „Sprengstoff", den solcherart auch „die größten Erscheinungen der Reaktion (. . .) in ihren innersten Zellen bereithalten", bleibt aber eine Angelegenheit kontemplativer Rezeption seitens einer Bildungselite und ist von den potentiell systemsprengenden Kräften abgeschnitten. Das Äquivalenzpostulat ist nur solange triftig als der reinen Theorie die Ehre gegeben wird.

Der aus London datierte Brief gewinnt die zeitgeschichtlichen Kriterien für die faktische Sistierung der Theorie-Praxis-Dialektik keineswegs aus den Verhältnissen im faschistischen Bereich oder aus der politischen Exilsituation, die eben eine praktische Wirksamkeit verbiete; hier wird ,dem' Proletariat und ,dem' Kinosubjekt eine Globaldiagnose gestellt, die spürbar von angelsächsischen Erfahrungen herrührt und die auf das *Kulturindustrie*-Kapitel in der *Dialektik der Aufklärung* vorausweist. Entsprechend befand sich Horkheimer auf dem Wege von den Notizen der *Dämmerung* (1934) zu der Globaltheorie vom *Autoritären Staat* (1942). Dazu stimmt, daß Benjamin genötigt wurde, für die französische Druckfassung der *Kunstwerk*-Thesen das Wort *Faschismus* durch *l'état totalitaire*, das Wort *imperialistisch* durch *moderne* zu ersetzen und eine Reihe weiterer präziser Bezugnahmen politischer Art zu verallgemeinern oder zu streichen[17]. Die hier noch aus politischen Rücksichten auf die Gastländer verständlichen Eingriffe wurden von Adorno nach dem Kriege in eine Editionspraxis umgesetzt, die den ,eigentlichen' Intentionen des toten Freundes, so wie Adorno aus *thematischer* Nähe sie verstanden hatte, allzu emphatisch die Treue hielt. Daß er dabei, wie auch sein Schüler und konsequenter Vollstrecker der theoretischen Benjamin-Vereinnahmung durch die Frankfurter Schule, Rolf Tiedemann, als akademischer Sachwalter eines rechten Marx-Verständnisses auftrat, dem Benjamin, Brecht zu Gefallen[18], undialektischen Tort angetan habe, rief nicht nur studentische Protestierer auf den Plan, denen Adornos Marx-Rezeption gerade das nicht einzulösen schien, was sie bei Benjamin finden konnten: die Konkretisierung revolutionärer Transzendenz an den geschichtlichen Produktivkräften.

IV.

In der sog. *Alternative*-Debatte[19] war die Kontroverse um die vom Frankfurter Editionsmonopol beanspruchte Verfügung über Textgestalt und historische Kontur der Benjaminschen Schriften nicht allein dokumentiert und parteilich, wie man es der wehrlosen Position und dem Selbstverständnis Benjamins schuldig war, vorangetrieben; neben der sachlichen Dimension der Auseinandersetzung suchte hier ein von der aktuellen Bewußtseinslage politischer, materialistischer Interessen gesteuertes Benjamin-Bild sich zu artikulieren. Dessen Polarisierung nach der Seite der Frankfurter Schule war, wenn nicht in der theoretischen Orientierung der Berliner Studentenbewegung, so von der *hierin* durchaus ‚autoritären' Haltung eines anfänglichen Mentors der Studentenbewegung vorgegeben. Die Adorno-Kritik, die denn auch explizit oder implizit alle studentisch-marxistischen Annäherungen an Benjamin, auch im Gefolge der *Alternative*-Beiträge, begleitet, ist von polemischer Abwehr bestimmt; sie ist ihrem sachlichen Gehalt nach sicherlich kein Beitrag zu einer Erkundung zumal der ästhetischen Schriften Adornos — wenngleich sie deren Grenzen gelegentlich sehr scharf beleuchtet —, als vielmehr in Notwendigkeiten strategischer Selbstdefinition politischer Studentenschaft begründet.

Heinz-Dieter Kittsteiner hat unlängst dem Wiederabdruck seines Aufsatzes über *Die „Geschichtsphilosophischen Thesen"* einige erklärende Bemerkungen nachgeschickt[20], die als symptomatisch gelten dürfen für die Gunst des geschichtlichen Augenblicks, die um 1967 — vielleicht erstmals seit der Niederschrift dieses Hauptstückes Benjaminscher Geschichtsphilosophie — bestimmten Motiven eine unmittelbar politische, aufblitzende Bedeutung verlieh. Gefahr drohte — *sowohl dem Bestand der Tradition wie ihren Empfängern.* Und auch dies traf zu: *Für beide ist sie ein und dieselbe: sich zum Werkzeug der herrschenden Klasse herzugeben.*[21] Kittsteiner beschreibt denn auch sein Verfahren rückblickend in Kategorien Benjaminscher Geschichtsphilosophie als ein Gegen-den-Strich-Bürsten überlieferter und ein Zutagefördern „tabuierter" Gehalte — eine Probe aufs Exempel von Benjamins Theorie-Praxis-Anspruch, sollte man meinen. Die Probe von 1967 fiel negativ aus, weniger für Benjamin als für seine akademischen Exegeten, die seine Theologie interpretierend, und das heißt für Kittsteiner „einfühlend", auf Benjamins gegenwärtige Gestalt anwandten und ihn damit zum Kulturgut reduzierten. Der Anteil an Theologie bei Benjamin ist Kittsteiner zufolge Reflexionsfigur eines objektiven Zwangs zur Trauer, zum *Eingedenken* in einer ganz bestimmten historischen Situation: des Faschismus und der durch keine Praxis korrigierbaren Niederlage des Marxismus. Einen aktuellen Gebrauchswert hätten die Thesen damals nicht haben können; im Festhalten eines kritischen Begriffs von Fortschritt aber, der heute *gegen* das Bild von der permanenten Katastrophe zu wenden sei, „stattet Benjamin die Thesen durch seine Zeit hindurch mit prognostischem Wert aus". Das erwachte, marxistische Bewußtsein der Studentenbewegung bringt die Thesen zu sich: das Aufsprengen des historischen Kontinuums von Herrschaft wird in der aktuellen revolutionären Praxis zur „Antizipation konkreter Befreiung". Das emphatische *Wir sind auf der Erde erwartet worden* blieb hier aber kraftlos, weil es den ergänzend zugehörigen Satz nicht zu konkretisieren vermochte: *Das Subjekt historischer Erkenntnis ist die kämpfende, unterdrückte Klasse selbst.* Rückblickend stellt Kittsteiner das als eine „Grenze" Benjamins heraus, die „mit dem Fortgang der Marx-Aneignung (. . .) deutlich" geworden sei: „er konnte zwar vieles von den Erfahrungen eines bürgerlichen Individuums mit dem Kapitalismus berichten, aber wenig über diesen selbst."

Damals versprach Erfahrung systemsprengende Gehalte freizusetzen. 1968 anempfiehlt Helmut Salzinger der Neuen Linken Walter Benjamin als ihren „wahren Theoretiker", der „vieles von dem, was sie unter Anleitung Marcuses analysiert", in größerer Zuspitzung bereits vorweggenommen habe[22]. Mit Hilfe des theologischen Horizontes des Benjaminschen Materialismus will Salzinger der antiautoritären Praxis, die in der aktuellen Gewaltdiskussion ihre Verfahrenheit offenbare, eine neue theoretische Fundierung geben. Benjamins Weigerung, die angestrebte *Ordnung des Profanen* und die *Idee des Glücks* als historische Perspektive zu konkretisieren, führt hier zu einer Übertragung der Unverfügbarkeit des *Reich(es) Gottes* auf die *Ordnung des Profanen:* politische Aktion könne nur deren „Bedingungen (. . .) herstellen, nicht aber diese selber". Revolution müsse das Ende der Geschichte als eines profanen Kontinuums erwirken, „den Umschlag von Weltgeschichte in Heilsgeschichte (. . .), von religiösem und politischem Handeln, (. . .) ihr Ziel (ist) dieses Umschlagen und die Geschichtslosigkeit". Dieses konkret nur als Negation bzw. als *Erlösung* angebbare Ziel könne allein aktuelle Gewaltanwendung legitimieren, die dann jene *reine unmittelbare Gewalt* darstelle, von der Benjamin 1921 spricht.[22 a]

Salzingers Aufsatz erscheint deswegen erwähnenswert, weil er den nahezu einzigen, freilich folgenlosen Versuch darstellt, den praktischen Anarchismus der antiautoritären Revolte durch Rekurs auf Benjamins frühen messianischen Anarchismus, der hier auf die *Geschichtsphilosophischen Thesen* projiziert ist, auf eine höhere Stufe zu heben. Den Bezug zu Sorel, den Salzinger vermeidet, stellt auf ungleich anspruchsvollerem Niveau Richard Faber her, wenn er Fritz Vilmars Formel vom „messianischen Materialismus" (1956) aufgreift und sie im Blick auf Novalis und eine „Wissenschaft der Einbildungskraft" neu durchdenkt[23]. Inspiriert vom Pariser Mai 68, Bloch, Marcuse und dem romantischen Messianismus, auf den Benjamin durch seine Dissertation gestoßen war, hebt Faber die neue, antizipierende Qualität des Imaginativen hervor, mit der bei Novalis die jüdisch-christliche Apokalyptik wieder, der Intention nach, geschichtlichen Boden gewinnt. Sein Fazit, angesichts damals wie heute fehlender revolutionärer Subjekte, lautet: „Zeichen aufrichten (. . .) durch Akte, die weit davon entfernt sind, revolutionäre Gewalt zu realisieren, sie bloß symbolisieren können (. . .)."

Schon die ersten *Alternative*-Beiträge unternahmen es, den durch die Zeitumstände verdeckten Anweisungscharakter Benjaminscher Thesen für eine systemüberwindende Kulturpraxis zu rekonstruieren. Helmut Lethen und Piet Gruchot[24] suchten dabei den Anschluß an Brechts noch in der Endphase der Weimarer Republik, also unter vortotalitären Bedingungen entworfene Strategie, die Benjamin nachweislich verarbeitet hat. Für P. Gruchot hat erst der Faschismus Zustände geschaffen, die dem bürgerlichen Schriftsteller die Einsicht in seine faktische Proletarisierung hinsichtlich des Nichtbesitzes an Produktionsmitteln unausweichlich machen. Da Bildungsinhalte den „Markt der Ideen" längst nicht mehr steuern, dienten sie nur noch der Verschleierung ihrer völligen Subsumtion unter die Verwertungsinteressen des Monopolkapitals. Die Einsicht des Schriftstellers in diese seine *Stellung im Produktionsprozeß* impliziert politische und künstlerische Konsequenzen, nämlich die *Umfunktionierung* seiner Produkte im Rückgang auf die gesellschaftlichen Produktivkräfte, an denen sie partizipieren. Literarische Formgebung, Reproduktionstechnik und kollektive Rezeptionsweisen aufgrund veränderter Wahrnehmungsbedingungen kommen sich tendenziell entgegen und erfordern die *Literarisierung der Lebensverhältnisse*, in deren Zug den künstlerischen Produktionen *organisierende Funktion* zu verleihen ist: „Sie müssen eine Haltung ‚vormachen', der das Publikum im Vollzug ihrer Tendenz nachkommen kann." Gruchot stellt fest, daß Benjamins eigene Arbeiten aus einsichtigen Gründen diese neue Qualität durchaus nicht aufweisen. Von einem Aufsatz, der sich in sympathischer Offenheit „als eine vorläufige Beschlagnahme" Benjamins versteht, hätte man aber erwartet, daß er die angedeuteten Konsequenzen, insbesondere „wie die abstrakte Solidarisierung [des bürgerlichen Intellektuellen mit dem Proletariat] in eine konkrete zu überführen ist", und damit auch den reklamierten Praxisbezug Benjamins für die Gegenwart einsichtig macht.

Benjamins Vortrag *Der Autor als Produzent*, erst ein Jahr zuvor der Öffentlichkeit zugänglich gemacht, hatte zusammen mit anderen

Brecht-Kommentaren die Kraft der Anverwandlung Brechtscher Motive durch Benjamin sichtbar werden lassen und dessen antifaschistische Stellungnahme, die von der Parteinahme für den Kommunismus nicht zu trennen ist, präzisiert. Angesichts der Editionslage eines Großteils der Schriften aber war man noch immer auf Divinationen angewiesen; ein überaus bezeichnendes Beispiel von Willkür gegenüber den Texten deckte *Alternative,* neben anderen Fällen, auf am Wiederabdruck der Schrift *Theorien des deutschen Faschismus,* deren Schlußsatz auf Verlangen des Frankfurter Archivs entfallen mußte[25]. Man muß das vergegenwärtigen im Zusammenhang der kontinuierlichen Umdeutungsbestrebungen seitens der Frankfurter Schule, um zu verstehen, mit welcher Schärfe Helmut Lethen[26] mit „den Frankfurtern" Abrechnung hält. Lethen macht erstmals den Zusammenhang zwischen Brechts und Benjamins politisch-ästhetischen Intentionen sichtbar. Er erkennt in Benjamins Bestimmungen der Kollektivrezeption das Interesse des antifaschistischen Theoretikers an den „Bedingungen, aus denen die revolutionäre Massenaktion hervorgeht"[27]. Der befreiende „Funktionscharakter" der Technik in Gestalt des Films erzeugt in den Massen eine kollektive „Nachfrage" nach unsublimierter Erfahrung, die aber von den kapitalistischen Organisationsformen denaturiert und von technologisch erzeugten „Gesamtkunstwerken" in magisch-auratischem Bann gehalten wird. Sollen die Bedingungen für revolutionäre Massenaktionen gleichwohl unter dem kapitalistischen Panzer heranreifen, so muß die Rezeptionsweise von Filmen aufgrund der technologischen Struktur des Mediums organisierende Momente enthalten. Der Abbruch individueller Assoziation kann freilich dafür nur Voraussetzung sein; die „Einzelreaktionen kontrollieren sich am Interesse der Massen". Wie kommt aber dieses Interesse zustande? Lethen verweist auf Chaplinfilme und Arbeiterkollektive in der Sowjetunion: „die Masse läßt sich in der Rezeption von der vernünftigen Organisation des Kunstwerks organisieren." Der Verdacht, daß letzten Endes eine wie immer geartete Elite den Arbeitern ihre „wirklichen Interessen" lehren muß, bestätigt sich auf gut leninistische Weise: Benjamin habe „Kollektivrezeption (. . .) als ‚Selbstverständigung der Massen' konstruiert nach dem Modell kommunistischer Agitation und Propaganda. Ziel der kommunistischen Technik der Aufklärung war, die Massen des Proletariats in der Propaganda zum Bewußtsein ihrer objektiven Klassenlage zu bringen und sie in der Agitation zu solidarischem Kampf für ihre Interessen zu organisieren."
So konsequent konnte die Studentenbewegung mangels Verfügung über die Medien nicht sein. Zudem hat die Kultur-, Informations-

und Warenindustrie mit Formen der *Literarisierung der Lebenswelt* bekannt gemacht, die das Potential der Umfunktionierung fortwährend neutralisieren und „das Ästhetische eine(r) Verwertungsfunktion im Massenmaßstab"[28] zuführen. Ob angesichts kultur- und werbeindustrieller Praktiken der Rückgang auf einen Materialstand der Medien qua Produktivkraft und das Konzept der Verfremdung und Literarisierung als bewußt politisierender Verfahrensweisen, die den Konsumenten der Warenform zu entfremden suchen, noch möglich sind, war von Kritischer Theorie bestritten worden. Die Bedürfnisse verfallen in der Theorie der *Kulturindustrie* dem globalen Verdikt, restlos in der Manipulationssphäre des Marktes als einer Veranstaltung der „ökonomisch Stärksten" aufzugehen. Dies ist auch der Boden, auf dem technische Rationalität sich über die Natur der Sachen setzt und alles Materiale zum bloßen Mittel im universalen Verwertungszusammenhang macht. Burkhardt Lindner hat demgegenüber die ergänzenden Aspekte des „Brecht/Benjaminschen Konzept(s) der ‚Literarisierung' " auf den gemeinsamen Nenner gebracht, daß sie — von der Produktions- und von der Rezeptionsseite her — die Bedingungen erarbeiten, unter denen „die neuen Medien (. . .) dem gesprochenen und geschriebenen Wort seine lehrhafte, aufklärende und organisierende Wirkung wiedergeben" können[29]. Zur Ineinssetzung von lehrhafter und organisierender Funktion der Sprache verweist Lindner — in Abhebung von der zwanghaften Integrationsweise kultischer Rituale — auf Diskussion als Integrationsfaktor des liberalen Bürgertums: „Je mehr Selbstverständigung als Ziel der Diskussion bürgerlicher Privatleute ihre Funktion für die gesellschaftliche Wirklichkeit einbüßte, desto mehr schwand alles Lehrhafte aus der bürgerlichen Kunst. Desto mehr aber tauchte es auch in proletarischer Klassenkunst auf . . ." Die Frage, die hier entscheidend wird, ist freilich die, in welcher Weise die Reproduktionstechnologie in die Struktur der Selbstverständigung eingreift. Benjamin beantwortet sie am Beispiel der Filmrezeption mit dem Hinweis einmal auf das Zusammenfallen von kritischer und genießender Haltung im Publikum (Bedingungsverhältnis individueller und kollektiver Reaktionsweisen), zum anderen auf taktile Rezeption (Zerstreuung und Gewöhnung)[30]. Beides sind Momente in einem Prozeß der Neukonstitution kollektiver Subjektivität, der mit dem Modell von Aufklärung und Diskussion sicher unzureichend beschrieben wäre.

Daß Reproduktionstechnologie in ihrer vorfindlichen Gestalt, gerade der Medien, einzig der Verhinderung solcher Selbstverständigung und Selbstorganisation des Massensubjekts dient, läßt Michael Scharang nach einem Begriff technisch-künstlerischer Produktion fragen, in

dem das Moment technischer Reproduzierbarkeit sowohl verbindliche wie kritische Funktion gewinnt.[31] Scharang sähe in einer „denkbaren Konvergenz von Kunst und Technik" die lebenspraktische Aufhebung der ersteren, wofür jedoch die Voraussetzungen erst geschaffen werden müßten. Von daher übt er Kritik am Benjaminschen Emanzipationsmodell, dem er in einem Mißverständnis, das sich bezeichnenderweise auch auf Marx' Geschichtsauffassung erstreckt, historischen Automatismus und eine „positive Dialektik" vorwirft. Die Scharangsche Negation wird aber ebensowenig zur bestimmten wie die Marcuses, dem er in der radikalen Ablehnung aller kapitalistischen Technologie und der Forderung nach dem „Entwurf eines qualitativ Anderen" sich anschließt. Die gegenwärtig allein vorhandene und mögliche Kunst, die sich ungeachtet der Zertrümmerung der Aura (des *schönen* Scheins) doch nicht des ästhetischen Scheins, also ihrer konstitutiven Differenz entschlagen kann, könne diese aber der imaginativen Erkenntnis jenes ganz Anderen dienstbar machen und so in die „Kontinuität der repressiven Bedürfnisse" (Marcuse) einbrechen. Politisierung der Kunst, bei Benjamin „zu wenig radikal entwickelt", wäre demnach „eine Strategie, die die Überführung der ästhetischen Dimension in gesellschaftliche Realität im Auge hat" durch progressive „Entsublimierung des ästhetischen Scheins". Künstlerische Produktion hätte den technologischen Standard von Reproduzierbarkeit, der doch seiner geschichtlichen Form nach „repressiv" sei und nicht anders als der „linearen Reproduktion (. . .) des Immergleichen" und eines „regredierende(n) Bewußtsein(s)" verfügbar sein kann, dadurch aufzunehmen, daß ihr nun ein qualitativer Sprung, die „Konstruktion einer neuen Realität" und das „Verfügbarmachen einer unterdrückten Dimension der Wirklichkeit für die Realität einer tatsächlich befreiten Gesellschaft" zugemutet wird.
Scharang hat diese Perspektive einer „Kulturrevolution" in verschiedenen Essays weitergeführt und ist dabei sowohl zu einem differenzierteren Technik-Begriff als auch in bezug auf Benjamin zu einer Korrektur seiner früheren Auffassungen gelangt.[32] Er geht nun davon aus, daß die von Benjamin beschriebene „Emanzipation der Kunst" nicht als monokausaler Prozeß verstanden werden kann und daß es sich bei dem Begriff technischer Reproduzierbarkeit „nicht um einen technischen, sondern um einen gesellschaftlichen und somit um einen politischen Begriff" handelt. Dies macht den Weg frei zu einer Radikalisierung des Benjaminschen Ansatzes, die die operativen Gehalte seiner Kategorien unmittelbar in politisch-gesellschaftliche Praxis umsetzen will. Heutige Kunst müsse den Widerspruch in sich aufnehmen zwischen der durch das veraltete Medium und die

Produktionsverhältnisse bedingten ästhetischen Werkgestalt und den am Reproduzierbarkeitsstandard zu entwickelnden operativen Intentionen.

Während Scharang in dem Bemühen, den Produzentenstatus des Schriftstellers in seinem Produkt zu verändern, eines revolutionären Subjekts nur reflektierend sich versichern kann, ist Lienhard Wawrzyns Konzept einer ,,Doppelstrategie"[33] zunächst darauf gerichtet, den kategorialen Rahmen für eine eingreifende Veränderung breitester Rezeptionsgewohnheiten zu liefern. Wawrzyn sucht Benjamins materialistische Kunsttheorie für eine gegenwärtige Medienpolitik zu aktualisieren, die die Aufgabe hätte, die Befreiung der Wahrnehmung von der deformierenden Gewalt mythischer Substrukturen einzuleiten. Diese werden, in Anknüpfung an Roland Barthes' *Mythen des Alltags,* als Metasprachen verstanden, die sich parasitär im objektsprachlichen Bereich einnisten, d. h. Ideologien unauffällig über die *Form* letztlich gleichgültiger Inhalte verbreiten. Wird derart auch die Sinnlichkeit und Kommunikationsfähigkeit formalisiert, so liegt es nahe, in dieser ,,Reduktion des Sinnes zur Form" das abstrakte Prinzip des Warentauschs durchschlagen zu sehen. So weit bewegt sich Wawrzyns Argumentation in der Zirkulationssphäre; er sieht es als eine ,,längerfristige Aufgabe", über eine materialistische Analyse der Medien, ,,die sie auf ihre historische Logik hin befragt, (. . .) zu einer bestimmten Negation gegenwärtiger Medienpraxis zu gelangen", die untrennbar wäre von einer Aufhebung der Eigentumsverhältnisse. Vorerst gehe es darum, ,,den Voraussetzungen Anerkennung zu verschaffen, die Benjamin als für eine politisch-operative Materialentwicklung notwendige aufgezeigt hat". Einverständnis mit dem objektiven Zerfall bürgerlich-auratischer Kunst und die Einsicht in die Funktion ihrer industriellen Derivate sind solche Voraussetzungen, welche der restringierten Wahrnehmung erst einmal abzugewinnen sind. Wawrzyn sieht die spezifische Leistung der Benjaminschen Theorie darin, daß sie ,,aus der wissenschaftlich-technischen Revolution auf dem Gebiet der Reproduktion die politische Komponente für die ästhetische Rezeption des *Proletariats* dialektisch herausarbeitet" und den ,,Vorkämpfer(n) in den Massenmedien" helfen könne, ,,die Massen in der Technik des richtigen Denkens (zu) unterweisen" sowie, in eins damit, zu einer ,,Politisierung der Sinnlichkeit" anzuleiten. In diesem Sinne will Wawrzyn sein Konzept einer ,,Ideologiekritik der Wahrnehmung", das den *Kampfwert* Benjaminscher Thesen gegen die Ideologiekritik vor allem Adornos ausspielt, verstanden wissen: ,,Subversiv ist ein Vorgehen, das der Wahrnehmung hilft, sich aus den Vermummungen wieder herauszuschälen und *da-*

mit die Mythen zu zerbrechen. In dieser speziellen Form ist Ideologiekritik noch sinnvoll und mehr als eine bloße Arabeske der Macht."[34]

Zu den Ritualen der Ohnmacht angesichts einer Systemtotalität, die erst in der Stabilisierung ihrer endogenen Widersprüche und Krisen zu der ihr eigenen Rationalität findet, gehörte nicht nur eine Ideologiekritik, die den Anspruch auf praktische Einlösung ihrer Gehalte keineswegs preisgeben wollte; auch die antiautoritären Studenten mußten einsehen, daß ihre exemplarischen Aktionen in der bloßen Provokation massiver Abwehr sich dem Zwangspotential des Systems rituell zuordneten. Benjamins nachdrückliche Rücknahme des revolutionären Anspruchs auf ein Klassensubjekt, das die Einheit von politischer Aktion und historischer Erkenntnis als Akt der Befreiung zu vollziehen hätte, konnte zu einer Überprüfung der studentischen Praxis und ihrer theoretischen Fundierung Anlaß geben. Unter der Herrschaft des Faschismus waren die Massen einer planvoll-suggestiven Lenkung unterworfen worden, unter der sie als kollektive Kunstwerke den ästhetischen Ausdruck ihrer verweigerten Rechte agieren mußten. Benjamins Faschismus-Formel *Ästhetisierung der Politik* hat Martin Jürgens auf den postfaschistischen Ordnungsstaat ausgedehnt und zugleich die Komplementärfunktion der antiautoritären Gegengewalt unter dem Gesichtspunkt der Autosuggestion scheinhafter Autonomie als politischen Ästhetizismus beschrieben.[35] Jürgens präzisiert zunächst Benjamins Formel anhand von Carl Schmitts Beschreibung des Totalstaats im *Leviathan*. „Das neue Produktionsmittel gibt (...) der über es verfügenden Klasse das ästhetische Modell ihres staatlichen Ordnungsentwurfes. Als autonomer Bereich reiner Funktionalität erscheint der bürgerliche Staat als die objektiv adäquate Projektion des Inbegriffs technischer Reproduktionsmöglichkeit, der Maschine." Nur scheinbar ist deren ‚Ritualität' entgegengesetzt derjenigen autonomer „Kunst als säkularisiertem Kult subjektiver Verfügungsgewalt": ihr Selbstverständnis als ästhetische Totalität erweist seinen latenten Pragmatismus in Nietzsches Umformulierung zum Anspruch eines allgemeinen Totalitarismus. Als modellhaft in sich geschlossene Funktionalität wird der Staat nicht allein zum Inhalt politischer Programmatik, formalisiert nicht nur sog. ‚sachgerechte Lösungen' und deren Vollstrecker samt ihrer Sprache; auch „der fleischgewordene Begriff von Individualität als Keimzelle des Anarchischen muß unter dem Namen ‚Staatsbürger' zum ‚homme-machine' werden." Die Analyse der daraus notwendig folgenden psychologischen Zwangsmechanismen hat die Studenten nicht hindern können, mit ihrer zur Selbstdarstellung werdenden Spontanpraxis eine neue Variante eines unfreiwilligen Ästhetizismus zu liefern. Der Haß gegen die „anonyme entmenschte Vernunftapparatur" traf organisatorische Ansätze aus den eigenen Reihen ebenso wie die im technischen Produktionsmittel investierte emanzipatorische Rationalität, deren Freisetzung von profitorientierter Warenproduktion, als Entfesselung der Produktivkräfte, der Befreiung der Individuen *vorauszugehen* hätte. Mit dieser am Schluß des Aufsatzes nur andeutungsweise vertretenen Auffassung setzt Jürgens sich allen kulturrevolutionären Konzepten allerdings recht undialektisch entgegen. –

Es wäre leicht und allzu einfach, lediglich im Blick auf Benjamin zu sagen, daß und inwiefern es den Studenten nicht gelungen ist, die bei ihm doch angelegte Dialektik von ‚technisch-wissenschaftlicher Revolution', auf der Basis der kapitalistischen Produktivkraftentwicklung, und weitreichenden *Veränderungen im Medium der Wahrnehmung,* die ihre gesellschaftlichen Organisationsmodi allenfalls tendenziell erkennen lassen, auszuarbeiten; daß es allenfalls in Ansätzen gelungen ist, das Verhältnis von revolutionärer Theorie und umwälzender politischer Praxis mit Hilfe der neuen Reproduktionsmedien, von spezialisierter Intelligenz und der nicht unvermittelt zu denkenden Möglichkeit massenhafter Selbstaufklärung und Selbstorganisation dialektisch zu bestimmen. Unter dem erklärten Interesse praktischer Neuorientierung konnte solche Dialektik wohl nicht über die Grenze hinausgeführt werden, die von den Möglichkeiten gesellschaftlicher Praxis Ende der sechziger Jahre gesetzt war. Die meist einseitige Relevanznahme kulturrevolutionärer Aspekte, die das Proletariat oft nur als Adressaten aufklärerischer Praxis einbezogen, weist nicht nur auf eine Schwierigkeit des Benjaminschen Verfahrens, Auseinanderliegendes scheinbar unvermittelt ineinander umschlagen zu lassen, sondern auch auf den von der studentischen Opposition erstmals in voller Undurchdringlichkeit erfahrenen gesellschaftlichen Schein des Spätkapitalismus, der gerade den Abhängigsten und doch potentiell Widerstandsmächtigsten am wenigsten die Einsicht in ihre tatsächliche Lage gestattet. Das Massensubjekt möglicher konkreter Gegenmacht, wie immer es gesellschaftlich zu bestimmen war, blieb in der organisatorischen Dimension der neuen Produktionsmittel außer Reichweite dieser Theorien.

Jürgen Habermas, kritischer Beobachter der Studentenbewegung aus der Distanz des systemorientierten Sozialtheoretikers, hat nach ihrem Zerfall auch Benjamin einen skeptischen Nachruf erteilt[36]. Er sieht ihn als konservativ-revolutionären Hermeneutiker, sein Eintreten für die Politisierung der Kunst „als eine Verlegenheit, die daraus resultiert, daß aus der *rettenden* Kritik keineswegs, wie aus der *bewußtmachenden*, eine immanente Beziehung zur politischen Praxis zu gewinnen ist". Die Aktualität Benjamins glaubt Habermas darin zu erkennen, daß er der dialektischen Theorie des Fortschritts die Kategorie des Glücks eingebracht und dieses an die „Rettung semantischer Potentiale" der Geschichte, vielmehr: der „Kulturgeschichte", gebunden habe. Einer gegen Benjamin festzuhaltenden Idee kumulativen Fortschritts müsse die historische Dimension erinnernd eingeholter Vergangenheit erhalten bleiben. Erneut war damit der politische Anspruch des Benjaminschen Denkens — wenn man es denn in der Nachkonstruktion von Habermas wiedererkennen will — zurückgestuft noch *hinter* jene Ideologiekritik, von der die Studenten aus einem unmittelbar politischen Bedürfnis sich abgewandt hatten.

„Ruchlosen Optimismus" hatte Adorno Benjamin vorgehalten; dieser aber wollte *den Pessimismus organisieren*[37]. Es scheint, als drohte die stillstellende Kritik des einen wie des anderen von einem sozialen Evolutionismus, der neueren Version des *sture(n) Fortschrittsglaube(ns)*[38], verschlungen zu werden.

Anmerkungen

1 Vgl. dazu und zum Begriff der Rekonstruktionsperiode Margareth Kukuck, *Student und Klassenkampf. Studentenbewegung in der BRD seit 1967.* Hamburg 1974, S. 27 ff.
2 Dieses Bild, das bei Benjamin die „kopernikanische Wendung in der geschichtlichen Anschauung" beschreibt, taucht wiederholt in den Schriften der studentischen Benjamin-Rezeption auf, wird allerdings meist mißverstanden, nicht im Sinne der „Verwertung der Traumelemente beim Erwachen". Zitiert bei Rolf Tiedemann, *Studien zur Philosophie Walter Benjamins.* Frankfurt/M. 1973, S. 153. Vgl. W. Benjamin, *Illuminationen,* S. 200.
3 Helmut Dubiel, *Kritische Theorie und politische Ökonomie.* Einleitung zu: Friedrich Pollock, *Stadien des Kapitalismus.* München 1975, S. 14.
4 Vgl. ebd., S. 16 f.
5 Margareth Kukuck, *Student und Klassenkampf,* a. a. O., S. 75.
6 Horkheimer/Adorno, *Kulturindustrie.* In: *Dialektik der Aufklärung.* Amsterdam 1947, S. 163.
7 W. Benjamin, *Pariser Brief.* In: *Angelus Novus,* S. 509 f.
8 *Theorien des deutschen Faschismus,* in: *Gesammelte Schriften* III, S. 238 ff. sowie *Pariser Brief,* a. a. O.
9 Benjamin, *Geschichtsphilosophische Thesen* (XII). *Illuminationen,* S. 275.
10 *Der Autor als Produzent.* In: *Versuche über Brecht.* Frankfurt/M. 1966, S. 115.
11 Ebd.
12 Vgl. M. Kukuck, a. a. O., S. 18.

13 *Das Kunstwerk im Zeitalter seiner technischen Reproduzierbarkeit.* Frankfurt/M. 1963, S. 10.

14 *Der Sürrealismus, Die letzte Momentaufnahme der europäischen Intelligenz.* In: *Angelus Novus,* S. 200, insb. S. 212 ff.

15 M. Kukuck, a. a. O., S. 19.

16 Th. W. Adorno, *Über Walter Benjamin.* Frankfurt/M. 1970, S. 126 ff. Korrigierte Fassung in: W. Benjamin, *Gesammelte Schriften* I, S. 1001 ff.

17 Vgl. *Gesammelte Schriften* I, S. 999 f.

18 Ebd., S. 1032 (Anm.) sowie Th. W. Adorno, *Über Walter Benjamin,* a. a. O., S. 95.

19 *Alternative,* hrsg. von Hildegard Brenner. Heft 56/57 (1967) und 59/60 (1968).

20 In: *Materialien zu Benjamins Thesen ‚Über den Begriff der Geschichte‘.* Hrsg. von Peter Bulthaup. Frankfurt/M. 1975, S. 28 ff., insbes. S. 39 f. Zuerst in: *Alternative* 56/57, S. 243 ff.

21 *Geschichtsphilosophische Thesen* (VI), *Illuminationen,* S. 270.

22 Helmut Salzinger, *Walter Benjamin — Theologe der Revolution.* In: *Kürbiskern,* hrsg. von Christian Geissler u. a., Heft 4/1968.

22a *Zur Kritik der Gewalt.* In: *Illuminationen.*

23 Richard Faber, *Novalis: Die Phantasie an die Macht.* Stuttgart 1970. Das Zitat auf S. 89.

24 Piet Gruchot, *Konstruktive Sabotage. Walter Benjamin und der bürgerliche Intellektuelle.* In: *Alternative* 56/57, S. 204 ff.

25 Der Wiederabdruck erfolgte in der Zeitschrift *Das Argument,* Heft 3/1964. Vgl. *Alternative* 56/57, S. 197.

26 Helmut Lethen, *Zur materialistischen Kunsttheorie Benjamins.* In: *Alternative* 56/57, S. 225. Ich beziehe mich auf die überarbeitete Fassung in: ders., *Neue Sachlichkeit 1924–1932. Studien zur Literatur des ‚Weißen Sozialismus‘.* Stuttgart 1970, S. 127 ff. In dieser überarbeiteten Fassung gehört Lethens Arbeit sicherlich zu dem Triftigsten, was aus den Reihen der Studentenbewegung zu Benjamin geschrieben worden ist. Da sie inzwischen ihren anerkannten Platz hat, habe ich mich auf diese wenigen kritischen Bemerkungen beschränkt. — Ein weiterer wichtiger *Alternative*-Beitrag (Hildegard Brenner, *Die Lesbarkeit der Bilder. Skizzen zum Passagenentwurf.* In Heft 59/60 (1968)) mußte aus thematischen Gründen beiseite gelassen werden.

27 H. Lethen, *Neue Sachlichkeit,* S. 134 ff.

28 Burkhardt Lindner, *Brecht/Benjamin/Adorno — Über Veränderungen der Kunstproduktion im wissenschaftlich-technischen Zeitalter.* In: *Text + Kritik,* hrsg. von Heinz Ludwig Arnold. Sonderband Bertolt Brecht I. München 1972, S. 32.

29 Ebd. S. 30.

30 *Das Kunstwerk im Zeitalter seiner technischen Reproduzierbarkeit,* a. a. O., S. 37 f.

31 Michael Scharang, *Zur Emanzipation der Kunst. Walter Benjamins Konzeption einer materialistischen Ästhetik.* In: *Ästhetik und Kommunikation* 1 (1970), S. 67 ff.

32 *Zur Emanzipation der Kunst.* Neuwied und Berlin 1971 (Titelessay).

33 Lienhard Wawrzyn, *Walter Benjamins Kunsttheorie. Kritik einer Rezeption,* Darmstadt und Neuwied, 1973.

34 Ebd., S. 11. Zur Kritik an Wawrzyn und Scharang vgl. meinen Beitrag in *Ästhetik und Kommunikation* 19 (1975), S. 37 ff.

35 Martin Jürgens, *Bemerkungen zur ‚Ästhetisierung der Politik‘*. In: M. Jürgens, W. Lepenies u. a., *Ästhetik und Gewalt*. Gütersloh 1970, S. 9 ff. Zugleich in: *Kursbuch* 20 (1970), S. 119 ff.

36 Jürgen Habermas, *Bewußtmachende oder rettende Kritik — die Aktualität Walter Benjamins*. In: *Zur Aktualität Walter Benjamins*. Hrsg. von S. Unseld. Frankfurt/M. 1972, S. 175 ff.

37 *Der Sürrealismus*. In: *Angelus Novus*, S. 214.

38 *Geschichtsphilosophische Thesen* (X). *Illuminationen*, S. 273.

Volker Ulrich Müller

Cuba, Machiavelli und Bakunin

Ideologiekritik und Politik im „Verhör von Habana" und im „Mausoleum" von Hans Magnus Enzensberger

„Rückzug eines Zauberkünstlers"[1] war der Titel einer Rezension des gerade erschienenen „Mausoleums" von Enzensberger. Er machte deutlich genug, daß, wer von Enzensberger spricht, tunlichst den Artisten zu beachten habe, dem die revolutionäre Haltung eher zur ästhetischen Geste wird[2], den Romantiker, als den ihn eine Studie im „Literaturmagazin 4" entlarvt, um ein für alle Mal seinen Zauber zu zerstören.[3] „Ein recht freier und gebildeter Mensch müßte sich selbst nach Belieben philosophisch und philologisch, kritisch oder poetisch, historisch oder rhetorisch, antik oder modern stimmen können, ganz willkürlich, wie man ein Instrument stimmt, zu jeder Zeit und in jedem Grade"[4], so charakterisierte Friedrich Schlegel frühromantisches Selbstbewußtsein in den Lyceumsfragmenten. Nichts daran ist echt, authentisch, meint dagegen Christian Linder in der oben genannten Untersuchung. Sie stellt daher Enzensberger als einen Ironiker in der Perspektive Kierkegaards und Carl Schmitts dar, als einen Schriftsteller, dem nichts ganz ernst ist, auch nicht die politischen Haltungen, die ihm wie Kostüme zur Verfügung stehen.
Dies alles mag davor warnen, Enzensbergers Arbeiten exemplarische Bedeutung für die politische Entwicklung der letzten Jahre, seit der Studentenbewegung, zu geben. Man kann diese Warnung aber auch umdrehen und der Charakteristik Enzensbergers einen anderen Akzent geben, und dies auch dann, wenn man in der Tat der Meinung sein muß, daß manche spektakulären Aktionen Enzensbergers — so sein „Offener Brief an den Präsidenten der Wesleyan University" im Januar 1968[5] — auch Inszenierungen einer radikalen Haltung sind, die über dem Protest gegen das Ganze, die Arbeit am konkreten Einzelnen nur zu leicht aufgibt. Und man kann auch dann noch an einer anderen Akzentuierung festhalten, wenn man sich dadurch irritiert fühlen muß, daß bei aller Radikalität, mit der Enzensberger 1968 der „Literatur als Kunst" den Abschied zugunsten einer Literatur als Politik gab, die endlich „Folgen" haben sollte, er der ersteren doch auch „Unwiderlegbarkeit" zusprach.[6] Es ist befremdend, daß Enzensberger Türen manchmal so fest zuknallt, daß sie wieder aufspringen.
Dennoch ist die Kritik an dem „Romantiker" Enzensberger, der da

Kostümierungen und Selbstinszenierungen nur genießen soll, zu einfach. Umgekehrt läßt sich über das Bedürfnis nach echten, authentischen Standpunkten gerade bei Enzensberger etwas lernen. Es ist daher seinerseits merkwürdig, daß manche Kritik an Enzensberger in der Konstellation von spektakulärer Radikalität und Skepsis dieser Radikalität gegenüber nicht gerade das Bedürfnis am Werk sieht, dessen Mangel sie ihm vorhält. Um in der Sprache der Bühne zu bleiben: nicht die Willkür des Rollenwechsels und die ironische Rollendistanz sollte man zur Deutungsgrundlage der Physiognomie Enzensbergers machen, eher die Intention, einer „Rolle" Authentizität zu verleihen. Dies entspricht auch erst seiner außerordentlichen mimetischen Begabung, wie sie besonders das „Mausoleum" zeigt. Und wenn man einmal von den negativen Konnotationen absieht, die die Bühnensprache in diesem Zusammenhang nur zu leicht annimmt, so kann man gerade an dieser Begabung Enzensbergers, an der Begabung, die verschiedensten Standpunkte zu „verstehen", auch die erhöhte Schwierigkeit ablesen, nur eine „Rolle" durchzuführen.

Als Versuche, unter diesen Bedingungen die Authentizität seiner politischen Haltung zu wahren, d. h. unter Bedingungen der Irritierbarkeit durch das eigene mimetische Vermögen, interpretiere ich im folgenden Enzensbergers „Verhör" und zwei Gedichte aus dem „Mausoleum", die Porträts Machiavellis und Bakunins. Ihr Zusammenhang mit der Studentenbewegung ist zum einen durch ihre jeweilige Thematik evident: das „Verhör" ist ein ideologiekritisches Modell, die Gedichte über Machiavelli und Bakunin sind lyrisch-essayistische Reflexionen über technokratische und anarchistische politische Praxis. Darüber hinaus reflektieren sie eine gewisse Entwicklung. Obwohl das „Verhör" in seiner ideologiekritischen Strenge eher die radikal moralistische als die spezifisch antiautoritäre Phase der Studentenbewegung repräsentiert, kann man es zumindest insofern dem Höhepunkt der Studentenbewegung zuordnen, als es eine Literaturform darstellt, die sich selbst als politisches Handeln versteht. Das „Mausoleum" dagegen ist in der Tat ein Abschied von der Politik in diesem Sinne. Politik wird in ihm zum Thema — nicht zum einzigen natürlich — und zum Gegenstand geschichtsphilosophischer Reflexion; man kann von einer Rückkehr in den Umkreis der Kritischen Theorie Horkheimers und Adornos sprechen.

Zum anderen scheint sich der Zusammenhang mit der Studentenbewegung nicht so leicht herzustellen, wenn man gerade die Ausgangsposition Enzensbergers akzeptiert, wie sie oben skizziert wurde. Wenn man der These zustimmen kann, daß die Entschiedenheit, mit der sich Enzensberger mit der Studentenbewegung solidarisierte, nicht allein kritischen, sondern auch experimentierenden Charakters war — ein Experiment mit einer Haltung, die gegenüber der „Folgenlosigkeit" der Kunst praktische Folgen zu haben versprach —, so dürften sich schon allein dadurch, daß die Ausgangssituation der Studenten nicht die Intellektuellen- und Schriftstellersituation war, beträchtliche Differenzen ergeben. Dennoch glaube ich, daß es auch eine Konvergenz der Motive gibt. Ich sehe diese Konvergenz im Bedürfnis nach der Intaktheit des eigenen politischen Standpunkts, in certistischen Motiven, die auch in der Studentenbewegung, obwohl sie allen unausgewiesenen Sicherheits- und Stabilitätsbedürfnissen den Kampf angesagt hatte, wirksam waren. Sie lassen sich zum Teil nur retrospektiv erschließen: die Schwierigkeiten, die die Studentenbewegung nach der antiautoritären Phase mit dem Organisationsproblem hatte, also mit den zweckrationalen Implikationen allen politischen Handelns, umgekehrt die Abwehr der antiautoritären Vergangenheit durch die Hypostasierung von Disziplin und rigorosem moralistischen Altruismus weisen nicht nur auf Unsicherheiten gegenüber dem jeweils gegebenen Antipoden hin, sondern sie indizieren auch ihrerseits ein Sicherheitsbedürfnis, das stets davon bedroht ist, sich gegen irritierende, schwer integrierbare Erfahrungen — auch durch Radikalität — immunisieren zu müssen. Bei den folgenden Interpretationen und bei meiner Kritik gehe ich von dieser These aus, von der These, daß gerade die „Reinheit" der ideologiekritischen Haltung des „Verhörs" und die der historischen Skepsis des „Mausoleums" nicht nur konkreten situationsbezogenen Ursprungs ist, sondern daß sie auch von dem Bedürfnis motiviert ist, sich selbst keinen Risiken auszusetzen, noch wenn sie damit konfrontiert ist. Diese These erfordert eine Darstellungsweise, die vor allem die theoretischen Implikationen akzentuiert, die dem „Verhör" und den beiden Gedichten zugrunde liegen. Ich meine damit den Umgang mit den Konsequenzen der Moralität, die die Ideologiekritik des „Verhörs" leiten, mit den Konsequenzen, die die Deutung zweckrationalen Handels bestimmen (Machiavelli) und mit den Konsequenzen, die sich aus der Deutung spontanen politischen Handelns ergeben (Bakunin).

1. Ideologiekritik und die Immunität falschen Bewußtseins

Man darf die Frage nach der Objektivität dokumentarischer Literatur beiseite lassen, wenn es um Verschiebungen innerhalb der pragmatischen Dimension geht[7], die den wie auch immer objektiven oder bloß subjektiven Informationsgehalt dokumentarischer und biogra-

phischer Literatur begleitet und seinen Verwendungssinn erst festlegt. Es ist gerade diese Ebene des impliziten, oft auch expliziten
pragmatischen Diskurses, die über den Gesichtspunkt hinaus, der die
Fakten selegiert, erst Aufschluß darüber gibt, welche Haltung ihnen
gegenüber eingenommen werden kann. Und man kann die Pole, innerhalb derer sich diese, den „harten Kern" des Dokuments beglei-
tende Rede bewegt, zum einen als die Überzeugung kennzeichnen,
die dargestellten Sachverhalte seien einer kritischen Analyse fähig,
sie seien trotz ihrer augenscheinlichen Undurchdringlichkeit und Immunität gegenüber Kritik durchschaubar, und sie seien damit auch
dem Zugriff eines Subjekts nicht entzogen, das an der Möglichkeit
und Notwendigkeit eingreifender Veränderung nicht zweifelt —,
zum anderen als den Zweifel eines Individuums, das die gegen Kritik
und Veränderung immune „Macht der Verhältnisse" nur zu deutlich
erfährt, das fast zu viel Verständnis für seine Gegenstände und Gegner aufbringt, um noch zuversichtlich auf die Chancen eingreifenden
Handelns zu vertrauen, und dem schließlich die Kritikimmunität der
Verhältnisse zur eigenen Irritation und zum Legitimationsproblem
wird. So abstrakt diese Kennzeichnung auch ist, sie kann doch einen
Interpretationsrahmen für die Stellung des „Verhörs" zum „Mausoleum" geben. Wenn dessen historische Porträts auch noch „politik-
nah" bleiben, so bezeichnen sie doch eine entscheidende Transformation der dokumentarischen Haltung, wie sie das „Verhör" bestimmt. Den historischen Gehalt überlagert nicht mehr ein aktions-
bezogener Diskurs. Die „szenische Dokumentation" dagegen hat den
Bezug zu politischer Praxis nicht allein durch ihren Gegenstand, sondern sie stellt ihn durch die eigene Organisationsweise her; sie versteht sich selbst als eine Form politischen Handelns und nicht nur als
ein Politikum wie alle Literatur. Natürlich heißt das nicht, daß das
„Selbstbildnis der Konterrevolution"[8] irgendwelche direkten Hand-
lungsanweisungen gibt, aber es ist Ideologiekritik in praktischer Absicht: die vom CIA organisierte Invasion auf Cuba (1961) wird als
die wirklich gewordene Gestalt bourgeoisen Klassenbewußtseins interpretiert, so subjektiv ehrlich sich dieses auch geben mag, und diese
seine Selbstdecouvrierung ist praktisch relevant: sie warnt vor Illusionen über Ehrlichkeit, Liberalität, Rechtsstaatlichkeit und Reformbe-
reitschaft einer Bourgeoisie, die im Fall des Herrschaftsverlusts selbst
mit Mördern zu paktieren bereit ist.
Darüber hinaus kennzeichnet diese Form der Dokumentation noch
ein weiteres Moment: die Exemplarität und damit die Übertragbarkeit der ideologiekritischen Demontage, wie sie das „Verhör" zeigt.
In seinem Kommentar zum „Verhör" hatte Enzensberger ausdrück-

lich seine Exemplarität hervorgehoben — dem war dann auch die Recklinghausener Aufführung gefolgt[9] — und er hatte von der gescheiterten Konterrevolution als einem „heuristischen Glücksfall" gesprochen: „Wenn ich vorschlage, ihn zu studieren, ja sogar ihn zu wiederholen — als Rekonstruktion auf der Bühne oder auf dem Fernsehschirm — so habe ich dabei nicht seinen lokalen Aspekt im Sinn. Als Material zum Verständnis der kubanischen Geschichte lassen diese Dialoge sich nicht archivieren. Die Struktur, die in ihnen zum Vorschein kommt, kehrt nämlich in jeder Klassengesellschaft wieder."[10] — Also auch in der Bundesrepublik. Natürlich dachte Enzensberger dabei nicht an eine „äußerliche Aktualisierung"; es ist aber nicht zu übersehen, daß sich die Exemplarität des „Verhörs" nur auf den Punkt beziehen sollte, in dem es auch seine wirkliche Pointe hatte: in der Konterrevolution und im Faschismus als der raison d'être des Bewußtseins der herrschenden Klasse. Und in diesem Punkt hat das „Verhör von Habana" auch den Bezug zu Bewußtsein und Praxis der Studentenbewegung in der Phase ihrer „revolutionären Ungeduld"; ja es ist in dieser seiner Zielrichtung der Exemplarität selbst eine Form symbolischen Handelns, das durch die provokatorische Aktion das wahre Gesicht der liberalen Fassade antizipierend sich enthüllen lassen wollte.

Ich möchte im folgenden nicht den Akzent darauf legen, daß es sich mit dieser Exemplarität um einen Irrtum handelte; trotz der gegenwärtigen Phase der Restauration, trotz paranoischer Aktivitäten des Verfassungsschutzes und der staatlichen Administration, und auch trotz der so großen Bereitwilligkeit der bundesrepublikanischen Rechten, als Revolution zu interpretieren, was keine Revolution war. Vielmehr soll nur hervorgehoben werden, daß die im „Verhör" unterstellte Exemplarität der Vorgänge auf Cuba von der Antizipation einer Entscheidungssituation lebte, in der die besitzende Klasse ihre liberalen Grundsätze aufzugeben bereit ist, um dann ihr „wahres Gesicht" zu zeigen. Die Ungenauigkeit der Entsprechung cubanischer und bundesrepublikanischer Verhältnisse konnte auf eine implizite Weise, eben vermöge ihrer Vagheit, Interpretationsspielräume freisetzen, die eine eindeutige Entsprechung im oben bezeichneten Sinn zumindest nicht ausschloß: die ebenso spontane, wie noch „unschuldige" und in diesem Sinn sogar nur spielerische Antizipation einer wirklich revolutionären Situation, so objektiv unmöglich sie auch war. Es gehörte zum Klima der „revolutionären Ungeduld", daß es die genuin politische Reflexion sowohl auf die eigenen Realisierungschancen als auch auf möglicherweise ungewollte Folgen des eigenen Selbstverständnisses nicht gerade begünstigte. Und da es sich um eine

Antizipation handelte, war das Feld dieser Auseinandersetzung und dieser Entscheidungssituation auch vorwiegend theoretisch. Der Klassenkampf fand seinen primären Ausdruck in der Ideologiekritik.

Auch deren Rätsel, die Kritikimmunität falschen Bewußtseins selbst im Fall eklatanter Widersprüche, konnte eine Lösung finden, in der latente Antinomien der Ideologiekritik verdeckt blieben. Die Immunität falschen Bewußtseins war eben nicht nur Ausdruck seiner „Notwendigkeit", sondern vor allem Indiz seiner Gefährlichkeit, nicht etwa auch Indiz der theoretischen Grenze der Ideologiekritik selbst. In der Regel war der „subjektive Faktor" nur auf der Seite der Linken verbucht; falsches Bewußtsein, das sich nicht überzeugen ließ, war letztlich determiniert, auf wie verschiedene Weise auch immer. Dem entspricht denn auch, daß die extensive Diskussion des „subjektiven Faktors" im „Verhör" unterbleibt, während in den 1975 erschienenen „Lebensläufen" ausdrücklich auf seine Rolle hingewiesen wird. Und wie beiläufig, wenn auch in provozierender Radikalität, weist Enzensberger auch auf seine Kontingenz hin: den Lebensläufen, die die Liebe zur Selbstbefreiung dokumentieren, könnten Lebensläufe an die Seite gestellt werden, die von der „Liebe zur Sklaverei" handeln.[11] Wenn man nun zugesteht, daß die Liebe zur Sklaverei ein verzerrter Ausdruck der Liebe zur Sicherheit ist, und daß auch hier ein „subjektiver Faktor" eine Rolle spielen kann, der nicht nahtlos so abgeleitet werden kann, daß er sich letztlich als grundlos erweist, so kann man auch zugestehen, daß es erst die uneingeschränkte Anerkennung des subjektiven Faktors ist, die vermeiden kann, Ideologiekritik bis zu ihrer eigenen Paradoxie zu treiben. Paradox, d. h. im strengen Sinn antinomisch wird sie dann, wenn sie auf eine Verständigungsbasis vertraut, die sie dem eigenen Inhalt nach negiert; und dem entspricht, daß Kritik, die auf Entlarvung oder Selbstdecouvrierung falschen Bewußtseins aus ist, ihr Ziel nicht darin suchen kann, vom Entlarvten akzeptiert und verstanden zu werden.[12] Eben dies macht ja auch die partielle Inkalkulierbarkeit des psycho-analytischen Modells einer therapeutischen Ideologiekritik aus, in der sowohl der Lernprozeß des Therapeuten wie der des Patienten von einem nicht völlig generalisierbaren Anerkennungsakt abhängig ist: von der je selbständigen Entdeckung und nicht der Herstellung einer gemeinsamen Basis der Verständigung, die dann auch den Dissenz zuläßt. Wenn die Kritische Theorie materialistische Ideologiekritik als „Aufhebung" und nicht als abstrakte Negation bürgerlicher Ideologie begreift, so kann man dies als den Versuch verstehen, die Antinomien einer Ideologiekritik zu vermeiden, die faktisch an einer gemeinsamen Basis der Verständigung doch dann festhält, wenn sie inhaltlich falsches Bewußtsein nur entlarvt. Und wenn Kritik daher nicht den Kommunikationsabbruch sucht oder vorfindet, wenn sie dann falsches Bewußtsein nicht zu den Gegebenheiten rechnet oder rechnen muß, mit denen pragmatisch umgegangen werden muß, bedarf sie daher des Vertrauens auf diesen Rahmen der Verständigung, der sich durch Kritik selbst nicht herstellen läßt, der von ihr selbst vielmehr schon vorausgesetzt wird. Man darf dies in aller Vernunft als eine rational zwar erforschbare, aber im Sinn ihrer Geltung rational nicht einzuholende Basis der Kommunikation bezeichnen, eine Basis, die den Rahmen für die Anerkennungsfähigkeit konkreter Kritik erst schafft und die daher ebensowenig zu einem sich selbst begründenden Diskurs zu werden vermag, wie Ideologiekritik ihr mehr als faktische Geltung verschaffen kann.

Habermas' neuere Versuche, die in jedem Sprechen unterstellte ideale Sprechsituation sowohl als Selbstbegründung als auch als Verfahren der Ideologiekritik auszuweisen, begreife ich daher auch eher als ein Plädoyer dafür, die impliziten Regeln aller Kommunikation nicht voreilig zu verletzen, denn als wirklich stichhaltige Begründung des „zwanglosen Zwangs" der Vernunft, die die „Entschiedenheit zur Vernunft" immer schon impliziert.[13] Zwar ist jeder Versuch, die Inanspruchnahme der „Entschiedenheit" zu rationaler und wahrhaftiger Kommuniktion in allem Sprechen zu leugnen, aporetisch. Gegen die Vernunft läßt sich nicht argumentieren. Dies ist aber gleichwohl kein Argument, das die Selbstbegründungsversuche der Vernunft zu einem Abschluß bringen könnte. Der Übergang von der faktischen Inanspruchnahme zur Anerkennung ihrer nicht nur faktischen Verbindlichkeit ist logisch zufällig und − allerdings nur in diesem Sinn der logischen Rechtfertigungslosigkeit − eine Dezision, ohne daß dieser „Dezisionismus" katastrophale Folgen für die Anerkennung der Vernunft implizierte. Es gibt keinen zwingenden Grund, ihr die Anerkennung zu verweigern, auch wenn man annimmt, daß über die Entschiedenheit zur Vernunft nicht sie selbst entscheidet, und auch wenn man nicht sicher sein kann, daß allein die Notwendigkeit falschen Bewußtseins dies verhindert.

Wenn ich nun im folgenden Enzensbergers „Verhör" als ein ideologiekritisches Modell interpretiere, das dem zwanglosen Argument zur Geltung verhelfen will, so bin ich mir im Klaren darüber, daß es sich um eine Idealisierung handelt. Aus diesen Gründen kann die Grenze von Ideologiekritik, die ich in ihm sehe, nicht als eine „Widerlegung" der konsensustheoretischen Begründung von Ideologiekritik angesehen werden.[14] Dennoch ist diese Idealisierung nicht völlig willkürlich. Sie entspricht zum einen Enzensbergers Deutung vom Verhör selbst, und zum anderen bezeichnet sie exemplarisch und in der für Enzensberger charakteristischen Zuspitzung, die mit der ideologiekritischen Praxis Habermas' kaum etwas zu tun hat, ein Problem aller Ideologiekritik: sie selbst tritt immer aus dem Rahmen verzerrter Kommunikation; ihr Diskurs beansprucht die Gegenwart der Utopie.

Es ist gerade die Symmetrie der Kommunikationssituation, die Enzensberger hervorhebt: die Gefangenen erschienen freiwillig, und sie redeten freimütig.[15] Sicher ist diese Hypothese kaum zu überprüfen, und sicher darf man dabei den genuin politischen Aspekt des Verhörs nicht übersehen. Sowohl die Öffentlichkeit des Verhörs wie die in ihm eruierten Tatbestände, ferner die auf die anschließende Gerichtsverhandlung folgenden Urteile[16] dienten nicht zuletzt den in der Tat vordringlichen sicherheitspolitischen Aspekten der Invasion. Daß Kennedy schließlich angesichts der nicht mehr zu leugnenden Fakten die Verantwortung für die Invasion übernehmen mußte, war zwar auch eine Demütigung der USA; deren politische Relevanz war jedoch unerheblich. Politisch relevant war der Nachweis der imperialistischen Bedrohung durch die USA — nicht durch eine innercubanische Opposition —, und nur die Öffentlichkeit dieses Nachweises konnte dem Schutz des revolutionären Cuba dienen.

Aber selbst wenn man diese Funktion des Verhörs berücksichtigt, so ist gleichwohl Enzensbergers Prämisse noch plausibel, die Verhörsituation sei nicht asymmetrisch gewesen; dies zumindest in dem Sinn, als man annehmen darf, die Selbstrechtfertigung der Konterrevolutionäre sei nicht nur Produkt von Legitimationsdruck. Nimmt man aber gerade dies an, so präsentiert sich die Immunität falschen Bewußtseins umso mehr in ihrer ganzen Rätselhaftigkeit: „Das alles ist klar genug; doch je offener es zu Tage liegt, desto wunderbarer mutet das Leugnen der Gefangenen an. Hier liegt das wahre Rätsel des Verhörs: wie lassen so eklatante Widersprüche so hartnäckig sich zukleistern, so haltlose Täuschungen sich behaupten, so fabelhafte Augenwischereien sich durchhalten?"[17] Rätselhaft bleibt dies um so mehr, als die Immunisierung der Gefangenen sich eben nicht auf „infamen Opportunismus und zynische Lügen" zurückführen läßt. So sind es denn auch „innere Abwehrmechanismen", durch die die Kontinuität des ungebrochen falschen Bewußtseins der Söldner von den goldenen Tagen ihrer heilen Welt im vorrevolutionären Cuba bis zum Zeitpunkt von Konterrevolution und Verhör gewahrt bleibt. Da sind die Spezialisten des „systematischen Zweifels und der docta ignorantia"; ihnen ist das politische Desinteresse, die Unkenntnis des alten Cuba, in dem sie lebten, und des neuen, das sie überfallen, die unbefragte Basis, von der aus sich sowohl politische Abstinenz wie politischer Aktionismus rechtfertigen lassen. Da ist die Berufung auf die individuelle Moralität, auf das gute Gewissen der redlichen Absicht, der die letztliche Unerforschbarkeit von subjektiven Motiven zum Alibi wird, über die offensichtlichen Ziele der amerikanischen Regierung und über die offensichtliche Zusammensetzung der Invasionsarmee hinwegzusehen. Und da gibt es die „moralische Arbeitsteilung", die nur unpolitische Menschen kennt, die ihrerseits vom gesellschaftlichen Zusammenhang ihres Spezialistentums noch dann nichts wissen, wenn er manifest wird.[18] In der Tat lügt da keiner. Wenn man nun schließlich sogar unterstellt, daß der Verlust von Besitz nur der Anlaß war, der die Söldner „politisierte", so dürfte das entscheidende Motiv ihrer Unfähigkeit, die Verantwortung für ihre Praxis zu übernehmen, in dem Bedürfnis liegen, das Ineinander von sozialer Herkunft, Lebensgeschichte und politischer Erfahrung in einem Sinnzusammenhang gewahrt zu sehen, der vor fundamentalen Irritationen und Brüchen um jeden Preis schützen sollte.

Aber auf dieser Ebene treffen sie sich mit den Verhörenden, und der von Enzensberger nicht zufällig so stark akzentuierte Rätselcharakter falschen Bewußtseins verschwindet nicht mit dem Nachweis seiner Ursachen. Seine Immunität muß rätselhaft bleiben, da der ideologiekritische Erwartungshorizont, die beanspruchte Utopie einer nicht verzerrten Kommunikation, sich eben nicht nur auf die Aufdeckung von Immunisierungen bezieht. Daher können die Fragenden auch nicht darauf verzichten, den Nachweis von Verdrängungen mit dem Nachweis der Überlegenheit ihres leitenden Interesses zu verbinden.[19] In ihrem Erwartungshorizont ist ein Dissens, der auch nach der Aufdeckung und selbst Anerkennung von Verdrängungen noch möglich ist, a priori unmöglich. Ideologiekritik bindet ihr Recht und ihren Erfolg an die Einsicht eines gleichsam grundlosen Abfalls von der immer schon gegebenen Vernünftigkeit der Welt, die die Fragenden nur repräsentieren. Die bloß vagen und ratlosen Kritikversuche der Konterrevolutionäre, im revolutionären Cuba hätte es irgendwie anders laufen können, sind im Rahmen dieses ideologiekritischen Erwartungshorizonts nicht allein Irrtümer, selbst wenn es wirklich Irrtümer wären, sondern als Zeichen von Verstocktheit ein Angriff, der die Legitimität des ideologiekritischen Standpunkts selbst in Frage stellt. Denn es ist dessen Dilemma, daß sich die Antizipation einer nicht verzerrten Kommunikationssituation, die Wahrheitsfindung ermöglichen soll, im Moment der Kritik in einen Besitz dieser Wahrheit verwandelt, der sich damit auch empirischer Konkretion aussetzt. Der faktische Dissens über konkrete politische Maßnahmen wird vor dem Hintergrund der Erwartung, der Konsens sei von einer

Seite schon — in der Antizipation — realisiert, zu mehr als nur Dissens: er wird zur Irritation. Und deshalb muß denn auch das Verhör, will es der Irritation entgehen, auf die Tatsache der Invasion als auf den „letzten" Beweis der Falschheit und Gefährlichkeit des Bewußtseins der Invasoren immer wieder zusteuern. Es ist ein Indiz der Immunisierung der Revolutionäre, wenn sie die abstrakte Rechtfertigung der Konterrevolutionäre gleichsam übernehmen und — wie diese — versuchen, deren objektive Brüchigkeit nur als Konsequenz zu deuten, nun aber als den wahren Ausdruck ihres falschen Bewußtseins. Und wenn dies bei den cubanischen Revolutionären auch verständlich ist, so ist doch in der Exemplarität, die Enzensberger dem Verhör zuschreibt, noch weitaus stärker die Beunruhigung über eine mögliche Irritation und Relativierung des ideologiekritischen Standpunkts maßgebend: ist doch die letzte Entscheidungssituation für den Beweis falschen Bewußtseins nur antizipiert.

Die Antizipation ist darüber hinaus Ausdruck der Abhängigkeit vom politischen Gegner. Wo dieser den erwarteten Konsens nicht bestätigt, Konsens sich aber hätte herstellen „müssen", kann der Dissens in der Tat nur als Verstocktheit oder aber als Indiz der Gefährlichkeit dissentierenden Bewußtseins interpretiert werden: dieses schreibt die Reaktionsweise gleichsam vor. Die Intaktheit des ideologiekritischen Standpunkts kann sich dann eben nur noch in einer Flucht nach vorn herstellen. Ohne wirklich zwingende Not — wie in Cuba — stellt er sich dann nur noch durch die Zuhilfenahme der naturwüchsigen Logik reiner Selbsterhaltung her: in Situationen der Notwehr können Irritationen nicht mehr als solche zum Tragen kommen.

Es bleibt schließlich noch ein zweites Dilemma, das Enzensberger — wie ich glaube — in gleicher Weise durch eine Flucht nach vorn löst. Wenn die Uneinsichtigkeit der Konterrevolutionäre gerade auch in ihr wirkliches Verbrechen, den Überfall, identisch ist mit der Erfahrung der Ohnmacht des gewaltlosen Arguments, so ist unter diesem Aspekt das „Verhör" auch als ein Rechtfertigungsversuch revolutionärer Gegengewalt zu interpretieren. Es ist dann auch der Versuch, grundlegende Systemveränderung als einen defensiven Akt, als einen Akt der Notwehr zu interpretieren. Der cubanische Hintergrund der Gegengewalt war für die exemplarische Deutung jedoch bloß vindiziert, und auch die Klarheit der dortigen Situation des Widerstands und der Notwehr konnte den eben keinesfalls nur defensiven Charakter systemverändernder Intentionen verdecken. Und nur dies, die Verdrängung der Vorliebe für das gewaltlose Argument und die Verdrängung des Rechtfertigungsdilemmas revolutionärer Gewalt ist

m. E. kritikwürdig, nicht etwa diese Vorliebe selbst oder die gar nicht grundlose Beunruhigung darüber, nach einmal erfolgtem Kommunikationsabbruch in einem Rechtsvakuum handeln zu müssen.[20]

2. Politik als Sozialtechnologie

Es wäre ein bloß machiavellistisches Argument, wollte man sowohl in der Verdrängung des stets latenten Risikos, Ideologiekritik bis zu ihrer Paradoxie zu treiben, als auch in der Verdrängung eines möglicherweise legitimen, wiewohl weitreichenden Dissens nur eine praktische Funktion sehen: wer handelt darf sich eben keine Skrupel machen. Gerade das machte ja die Fraglosigkeit der politischen und ideologiekritischen Praxis der Studentenbewegung aus, daß sich ihr solche Paradoxien und Grenzen des eigenen Selbstverständnisses nicht als so dringliches Problem stellten, daß es gelöst werden mußte. Da der Übergang von der latenten Irritationsmöglichkeit zu ihrer bewußten Erfahrung ohnehin fließend ist, ist es daher schwer zu sagen, ob die Form des unglücklichen Machiavellismus, wie er später bei einigen K-Gruppen zu finden war, auch schon dem „Verhör" zugrunde lag, oder ob dieses sich primär dem Bedürfnis nach klaren Verhältnissen und der Empörung über Immunisierungsstrategien bürgerlicher Politik und Wissenschaft verdankte.

Erst vom Standpunkt des „Mausoleums" aus wäre daher die politische Identität, die sich im „Verhör" noch durch die Antizipation einer Entscheidungssituation herstellte, eine reine Inszenierung. Erst wenn wie hier Literatur nicht mehr eine Form (intendierten) revolutionären Handelns ist, wäre jeder Versuch, dessen Problematik bewußt zu umgehen, eine vergebliche Restauration verlorener Unschuld, also eine Inszenierung nicht weniger als ein Zwang. Einem solchen Zwang entspricht es denn auch, wenn sowohl das „Mausoleum" als auch die *in dieser Hinsicht* nicht anders einzuschätzende Lyrik etwa von Delius und Theobaldy durchaus als befreiend erfahren wird. Wo Literatur wieder einmal zum Ort der Selbstreflexion und der ungelösten Probleme wird, hat sie unter anderem auch die Funktion, von dem Zwang zu entlasten, Authentizität unter allen Umständen in und durch revolutionäre Praxis zu bestätigen.

Darüber hinaus konnte die ideologiekritische Haltung des „Verhörs" nicht stabil und immun bleiben, wenn der Impetus grundlegender Systemveränderung auf die Dauer unbefriedigt bleiben mußte und wenn der „letzte Beweis" für die Gefährlichkeit des herrschenden Bewußtseins immer noch ausblieb; im Gegenteil: mit dem Höhepunkt der antiautoritären außerparlamentarischen Bewegung fiel die Bildung einer sozial-liberalen Koalition zusammen — die wohl entscheidende Verunsicherung der Neuen Linken in einem Augenblick zumal, als ihr Selbstverständnis zwischen Theorienstreit und Organisationsdebatte ohnehin bedroht war. Kein besseres Indiz dafür, daß selbst der Radikalenerlaß nicht den aktionsbezogenen Sinn der These des „Verhörs" von der konterrevolutionären und faschistoiden Pseudorechtsstaatlichkeit und Pseudoreformbereitschaft des herrschenden Bewußtsein bestätigen konnte, ist denn auch das Porträt Machiavellis, das zwanglos die These von der latenten CIA-Mentalität bürgerlichen Bewußtseins in diesem Sinn hätte bestätigen können, das aber nicht den Akzent darauf, sondern auf die Verunsicherung durch die „Wahrheit" des Machiavellismus legt. Thema dieses Gedichts — in einem weiteren Sinn auch Thema des „Mausoleum" selbst — ist nicht mehr die Gefährlichkeit falschen Bewußtseins, das durch Ideologiekritik entlarvt wird, sondern die Beunruhigung, Machiavellismus habe angesichts der historischen „Notwendigkeiten" ein größeres Recht als die utopische Intention. Dem entspricht denn auch die irritierende „Objektivität" der Porträts des „Mausoleums", eine Form von Objektivität, deren pragmatischer Verwendungssinn es nicht mehr ist, dem Verständnis falschen Bewußtseins eine aktionsbestätigende Bedeutung im Sinn des „Verhörs" zu geben. Die Mimikry des Gegners, die schon immer zentraler Bestandteil der klassischen angreifenden Satire und Ideologiekritik war, wird zu einer Haltung, in der über die mimetische Einfühlung nicht mehr die Gefährlichkeit und die Winkelzüge des Gegners deutlich werden, sondern die Macht und die „Wahrheit" des Verstandenen wie die Machtlosigkeit und Irritation des Verstehenden.

N. M. (1469—1527)[21]

Niccolò Niccolò fünfhundertjähriger Bruder
diesen Kranz aus dürren Worten drück ich dir auf den harten Schädel

Unter uns gesagt haben wir allen Grund dich zu bewundern
dürr und kleinkariert und zerfressen von Theorien

Niccolò Meister des kriechenden Ganges
ewig gekränkter Staatsdiener einer schäbigen Republik

Generalstäbler, Botschafter, *Herrlichkeit*, Polizist
immer zu schlecht bezahlt für deinen Geschmack eines Parvenus

Vorbild aller Geschichtsschreiber (*Ob ich, ohne allzusehr anzustoßen, diese Begebenheiten herausstreichen oder herabsetzen darf*)

So wie einst du wühlen sie heute noch in dreckigen Schubladen
vollgestopft mit zerbrochenen Zinnsoldaten und schimmligen Herzögen

Als kleiner Krautjunker frißt du nun *Feigen und Bohnen und Dörrfleisch,
den Maden abgejagt,* und bist beschäftigt mit Gallensteinen und Holzverkauf

Und was deine Weiber betrifft, so hast du sie wie Schnepfen gerupft
am Samstagabend, und sie erschienen deinem Maklergehirn wie *bewegliche
Sachen*

*In meinem Mauseloch, wo ich keine Seele finde, die sich meiner treuen Dienste
erinnert, streite ich mich um zehn Lire Spielschulden herum*

Keine Angst, Niccolò, wir wissen deine Verdienste zu schätzen
und wir erinnern uns deiner großen Zeiten

Zum Beispiel anno 1502 in Pistoia, wer riet wohl damals dem Chef:
Die Städte ausradieren, die Erde verbrennen, die Einwohner deportieren?

Und wer da Widerstand leistete, ans Wippseil mit ihm, an den Galgen?
*Denn einige wenige abschreckende Strafen sind milder als übertriebene Lang-
mut*

Das war ein gutes Jahr für Mr Borgia, *unübertroffen glänzend und groß,*
für seinen Ghostwriter Niccolò und für die First National City Bank of Florence

Zehn Jahre später die Katastrophe, Undank der Welt Lohn,
Pensionierung mit dreiundvierzig, ein ranziges Landgut

Tränen des Selbstmitleids: *Denn nirgends froher
erhebt sein Haupt der Undank als in des Volkes Herzen*

Unverstanden wie jedes bessere Genie, Feldherr
auf einem Maulwurfshügel, Hausierer mit ewigen Wahrheiten:

*Dies ist der Kreislauf in dem sich alle Staatsgebilde der Welt
gedreht haben, drehen und immerdar drehen werden*

Beweis: die Geschichte, dein Selbstprotrait, ein Rattenkönig
von Plünderungen, Meineiden und irren Intrigen

*Nach des Tages Last werfe ich den schmutzigen Bauernkittel ab,
lege prächtige Hofgewänder an und begebe mich in die Säulenhalle der Alten*

Und abends die lyrische Seele: Bettlersonette an den Gangster vom Dienst
Was ein rechter Renaissancemensch ist, das krümmt sich beizeiten

Niccolò Niccolò höchste Blüte Europas, vollgestopft
mit Staatsraison bis zum Hals und einem fabelhaften Gewissen

Du hast deine Leser durchschaut, Napoleon, Franco, Stalin und mich,
deine dankbaren Schüler, und dafür verdienst du Lob:

Für deine kahlen steinernen Sätze, für deinen Mut zur Feigheit,
deine tiefsinnige Banalität, und deine Neue Wissenschaft

Niccolò, Schuft, Dichter, Opportunist, Klassiker, Henker:
du bist der Alte Mensch wie er im Buche steht, und dafür lob ich dein Buch

Bruder Niccolò, das vergeß ich dir nicht, und daß deine Lügen
so oft die Wahrheit sagen, dafür verfluche ich deine krumme Hand.

Bei der folgenden Deutung der Ballade gehe ich von drei Bedeutungs-
ebenen aus: von dem Porträt Machiavellis (a), von der repräsentati-
ven Bedeutung dieses Porträts für die Geschichtsphilosophie des Gedichts (b) wie schließlich von der entscheidenden Bedeutungsdimension, der Rede des in Machiavelli sich selbst porträtierenden Ich (c).

(a) Das Porträt Machiavellis, wie es sich im Gedicht darstellt, ist das
eines Aufsteigers, der noch im Lamento über sein Scheitern die Intaktheit eines sozialen Mechanismus bestätigt, der ihm gleichsam zur
zweiten Natur geworden ist. Machiavelli ist als Parvenu gehalten, zunächst einmal zu beweisen, daß er würdig ist, zu denen zu gehören,
die die politische und ökonomische Macht im Staat haben; er muß
sich durch besondere „Verdienste" ausweisen und auch dauernd auf
sie hinweisen. Vorsichtig, umsichtig, stets selbstkontrolliert, um sich
die Geneigtheit der Herrschenden nicht zu verscherzen, ist er ein
„Meister des kriechenden Gangs", der natürlich seine eigentlichen
Wünsche in den „Schubladen" seines Inneren zu verbergen hat: den
Traum von militärischer Stärke (Zinnsoldaten) und politischer Macht
(Herzöge). Es sind „dreckige Schubladen", sowohl weil sie nur im
Verborgenen geöffnet werden können, weil Verstellung das Gesetz
der öffentlichen Existenz ist[22], als auch deshalb, weil die erträumte
Macht selbst schmutzig ist; und schließlich sind es alte Wünsche und
Träume, die der ehrgeizige Aufsteiger oft hin und her gewendet hat
(die Zinnsoldaten sind zerbrochen), ohne sich von seinem Traum lösen zu können, und doch ohne Erfolg: die Herzöge sind schimmlig,
der gescheiterte Parvenu ist nur ein „Krautjunker".
Ironischerweise ist noch das Scheitern Machiavellis eine Bestätigung
des Prinzips, das er bewundert und durchschaut, denn die Logik der
Macht hat nichts mit der Idee der gerechten Entlohnung zu tun, auf
die er sich, ohne sich dessen bewußt zu sein, beruft, wenn er sich
über Undank beklagt. Ahnungslos ist er in seinem „Selbstmitleid"
noch darüber hinaus, da er in der Tat — ob oben oder unten — niemals seiner Leistung entsprechend bezahlt werden kann. Er muß
„ewig gekränkt" und „immer zu schlecht bezahlt" sein, da für die
investierte Mühe und Energie des Sichanpassens selbst die Gleichstel-
lung mit denen, die ohne diese Mühen die Macht in Händen haben,
keine angemessene Gratifikation ist. Die Ahnungslosigkeit des La-

mentierens freilich ist nun nicht ein Indiz der „Widersprüchlichkeit" seiner Ideologie, die er durch seine Existenz nur bestätigt – den „Kreislauf" von Machtgewinn und Machtverlust in den Formen von „Plünderungen, Meineiden und irren Intrigen" – sie wird vielmehr nur zum Indiz für deren Immunität gegenüber Erfahrungen selbst am eigenen Leib. Sie gehört zu seinem „fabelhaften Gewissen" nicht weniger als die Überzeugung, „unverstandenes Genie" zu sein; dies trotz der Brutalität seiner Einsichten (denn einige abschreckende Strafen sind milder . . .), die eben nur vorurteilslos sind, wie der Erfolg beweist (Das war ein gutes Jahr . . .), und die daher auch nicht um persönlicher Zwecke willen geheuchelt sind, die nur genau mit ihnen koinzidieren. Er ist damit eines dieser monströsen Individuen, von denen das „Mausoleum" voll ist, die ohne die Spur eines inneren Konflikts, gleichsam mit einer stabilen Neurose, das Heterogenste in sich vereinigen können: den Opportunismus und den Machthunger mit der Leidenschaft für die Wahrheit, die Brutalität mit der „lyrischen Seele" und diese wiederum mit dem Opportunismus.

(b) Dieses, fast alle Vorurteile über Machiavelli nur zu leicht bestätigende Porträt gewinnt seine eigentlich irritierende Dimension erst dadurch, daß es den Immoralismus des Aufsteigers und reinen Machtpolitikers zwar auch für kritikwürdig hält: da stellt einer, wenn auch unverstanden, seine Kenntnisse von der Staatsräson, seine „ewigen Wahrheiten" in den Dienst der "First National City Bank of Florence"; dem Mandarin ist der Verwendungszusammenhang seiner „Neuen Wissenschaft" gleich, – aber dieser Kritik ist der Boden entzogen. Denn nur zu deutlich ist der Immoralismus Machiavellis nur eine Funktion der „ewigen Wahrheiten" einer fünfhundertjährigen Geschichte (Fünfhundertjähriger Bruder). Das „Maklergehirn", der Technokrat der Politik, ist nur der Ausdruck, das getreue Spiegelbild des „Alten Menschen", dem sein eigenes Buch vorurteilsfrei Rechenschaft trägt. Und es ist daher auch nicht Kritik, sondern die geschichtsphilosophische Relativierung, die den „ewigen Wahrheiten" des „Alten Menschen", seinem „kriechenden Gang", eine Grenze zieht.
Allerdings ist es keine Geschichtsphilosophie der Hoffnung; der kriechende Gang Machiavellis ist kein Hindernis auf den „aufrechten Gang" Blochs. Wenn man die Struktur der geschichtsphilosophischen Reflexion des Gedichts Positionen der Kritischen Theorie zuordnen wollte, so könnte man sie als einen Kommentar begreifen, der der Adornoschen Variante materialistischer Geschichtsphilosophie in vielem gleicht. Gerade in einem ihrer zentralen Aspekte, der These, daß

gesellschaftlicher Schein, daß Verdinglichung die Subjekte nicht nur unterdrückt, sondern diese „bis ins Innerste", d. h. bis noch in die Form ihrer Reflexion auf Geschichte und Gesellschaft hinein bestimmt, kommt das Gedicht überaus nah. Es teilt diese Paradoxie durch den Ausdruck der Unerträglichkeit, durch die Rebellion gegen die „Brüderlichkeit", die das Ich des Gedichts mit Machiavelli teilt. Und erst auf dieser Ebene, auf der Ebene des Diskurses, in dem das sprechende Ich den Sinn der biographischen und historischen „Fakten" für sich entdeckt, hat die Ballade ihre eigentliche Bedeutungsdimension.

(c) Es ist ein zweifacher Verstoß gegen die Konvention des hymnischen Lobens, gegen den Panegyrikus, dessen Form das Gedicht wahrt, über den sich diese Teilhabe des Ich am „Alten Menschen" — eine Selbstentlarvung in der Entlarvung — erschließt. So ist zum einen die Degradierung des Erhabenen zum Niedrigen, die Entlarvung der Größe und der „Verdienste" des politischen Genies als Schäbigkeit, Brutalität, Feigheit und Kleinkariertheit, Produkt einer sarkastisch-satirischen Technik, die die mimetische Bereitschaft, sich dem Ton der Bewunderung zu überlassen, in die Aggression gegen den umlenkt, der den Ruhmes-„Kranz" in Wahrheit nicht verdient. Diese Kombination von Bewunderung und Sarkasmus, von Größe, Erhabenheit und schäbiger Durchschnittlichkeit ist ein Strukturmoment, das sich durch das ganze Gedicht zieht. (Wie jedes bessere Genie/ Feldherr auf einem Maulwurfshügel/ Hausierer mit ewigen Wahrheiten/ Mut zur Feigheit/ tiefsinnige Banalität/ Neue Wissenschaft (vom Alten Menschen)).

Der aggressiven satirischen Demontage ist jedoch die Erhebung des Sprecher-Ich zum gleichen Rang mit dem Angegriffenen schon vorausgegangen. Ebenso wie das Loblied sich als Aggression gegen Machiavelli erweist, so erweist es sich gleichzeitig als ein intimes Zwiegespräch mit einem „Bruder", den man mit dem Vornamen anredet. Es ist diese brüderliche Vertrautheit, die dann auch zu dem widerwilligen Zugeständnis zwingt, sich als „dankbarer Schüler" erwiesen zu haben; und vor allem: die Aggression gegen Machiavelli ist eben vermöge der Erhebung zum gleichen Rang, vermöge der Vertraulichkeit eines brüderlichen Verhältnisses zugleich eine Selbstaggression. Sie ist zugleich der Haß auf die Vertrautheit mit Erfahrungen und Theoremen, die den Machiavellismus so plausibel machen, und der Haß darauf, „kleinkariert und zerfressen von Theorien" sich der Klasse des „Alten Menschen" selbst zurechnen zu müssen. Nur während für Machiavelli die Feigheit und das fehlende Zutrauen auf einen „Neu-

en Menschen" anzuerkennen eine Frage des „Muts" ist, bleibt das
Ich des Gedichts mit dem Selbsthaß auf seiner Feigheit sitzen. Irri-
tierbar ist nicht der reaktionäre Theoretiker der Politik, sondern sein
progressiver Gegenspieler, der seinen Mangel an Zuversicht nicht einmal nur für eine Frage der Feigheit halten kann. Mit seinen „Lügen"
hat Machiavelli „so oft die Wahrheit" gesagt.
Daß der Selbsthaß des „Alten Menschen" nicht grundlos ist, gibt der
Auflehnung gegen Machiavelli, dem Fluch auf seine „krumme Hand"
erst den rebellischen Charakter: das Gefühl der Unerträglichkeit von
noch andauernden Verhältnissen, gegenüber denen nur noch der Protest, aber kein Ausweg denkbar ist. Es ist eine Rebellion gegen das
„Verenden der Politik", das, wie Habermas anläßlich Enzensbergers
„Politik und Verbrechen" schrieb, „kein Ende" nimmt.[23] Und in
dieser Lebendigkeit des Toten hat denn auch Machiavelli — wie fast
alle Helden des „Mausoleums" — seine Gegenwart. Mit der „Dialektik der Aufklärung" könnte man sagen, daß der Machiavelli des Gedichts Ausdruck der Fortsetzung des naturwüchsigen Kampfs ums
Überleben mit den Mitteln jener Rationalität, jener Politik ist, die
diese Naturwüchsigkeit selbst brechen wollte. Die Naturwüchsigkeit
von Herrschaft zu wahren, ist ja auch in der Tat — trotz aller Vorurteile über Machiavelli, die das Gedicht *in dieser Hinsicht* nur reproduziert — zunächst nicht das ausschließliche Motiv der machiavellisti-
schen Theorie der Politik. Sie soll einem Allgemeinen, dem Gemein-
wohl nicht weniger dienen, als dies das 18. Jahrhundert für sich beansprucht wird.[24] Nur, es ist eine Theorie politischen Handelns, die
mit der *prinzipiell* asozialen Natur der Selbsterhaltung rechnet. Sie
ist Management einer Staatsräson, deren „Vorurteilslosigkeit" und
„Ehrlichkeit", wie Nietzsche sie hymnisch begrüßte[25], es ist, die
Asozialität und Brutalität der Selbsterhaltung als „gegeben" hinzunehmen. Da sie „gegeben" ist, ist Machiavellis politisches Ideal denn
auch *nur* soziale Stabilität. Ihr soll seine sozialtechnologische Theorie des politischen Handelns als auch die der politischen Institutionen dienen. Die antike Theorie des Kreislaufs von Staatsformen wird
durch eine Theorie „gemischter" politischer Institutionen abgelöst,
die allein die Balance eines status quo der Sicherheit und Stabilität
sollen garantieren können.[26] Naturwüchsig freilich bleibt in dieser
Theorie nicht allein der Selbsterhaltungstrieb in der Form einer nur
destruktiven und brutalen Aggressivität, der es ausschließlich um die
Gewinnung von Machtpositionen geht. Naturwüchsig bleibt die Herrschaft des Stärkeren über die „Minderwertigen"[27] und naturwüchsig
scheint selbst noch der Eingriff in den Existenzkampf um seiner Stabilisierung willen zu bleiben, ein Eingriff, der gerade nicht nur dem

egoistischen Selbsterhaltungstrieb entspricht, der aber in dieser Weise nicht zum Tragen kommt. Vielmehr bleibt Machiavellis Blick ganz auf das Machtbedürfnis bezogen, und es ist denn auch der reine Ordnungsstaat, der innenpolitisch Selbstentfaltung dämmt, um ihr außenpolitisch Raum zu geben, dem er die Legitimationsgrundlage und die Maximen der Politik verschafft, Maximen einer technokratischen und nicht bloß einer instrumentellen Politik.

Die Ballade teilt gerade in der nur rebellischen Auflehnung gegen die „Wahrheiten" Machiavellis dessen Positivismus des Selbsterhaltungstriebs; und sie teilt ihn in seiner geradezu quasi-nietzscheanischen Form der Brutalität und der Vorurteilslosigkeit gegenüber dieser Brutalität: Politik ist nur ihr Ausdruck, Machiavelli die „höchste Blüte" Europas. Wenn sich freilich die bisherige Geschichte und Politik nur als die naturwüchsige Vorgeschichte einer erst kommenden Geschichte schreiben läßt, in der der Naturzwang gebrochen ist, so bezahlt diese utopische Intention ihre Auflehnung gegen die „Wahrheiten" Machiavellis mit dem Verzicht auf politisches Handeln. Dies mag denn auch der Grund dafür sein, daß Machiavellis Theorie der Politik nur unter dem Technokratie-Verdacht in den Blick kommt, wenn schon dieser Verdacht auf seine Person zutreffen mag, auf seine „Leidenschaft für die Politik, der es nicht darauf ankam, wer gerade Herr war."[28] Gerade unter diesem Aspekt ist die Ballade eine geschichtsphilosophisch gewendete Fortsetzung des „Verhörs": sie bezeichnet das Ende der Hoffnung auf revolutionäre Praxis und die Rückkehr zur Geschichtsphilosophie, aber damit auch eine Verabschiedung allen politischen Handelns. Während die Unschuld einer Politik der Moralität, nicht nur der Selbsterhaltung, dort nur so gewahrt bleiben konnte, daß sie in den Extremfall einer Notwehrsituation gestellt wurde, wird sie nun durch ihre Ohnmacht und die Spekulation auf eine historische Wende gerettet. Das Dilemma zwischen Moral und Politik bleibt in beiden Fällen außer Kraft: Moralität, die sich *nur* verteidigt, mag unglücklich sein, sie bleibt aber unschuldig. Ebenso eine Moralität, die erst kommen wird. Beides ist daher auch vor allem der Versuch, den Ungewißheiten zu entgehen, die die Konkretionen von Moralität mit sich bringen könnten. Deren ständige Versuchung ist es ja auch, den Widerstand gegen ihre Zielsetzungen sei es als den Angriff zu interpretieren, gegen den man sich nur noch wehren kann, sei es als die Übermacht, die nur noch die Rebellion, den Fluch und die Flucht in die Zukunft zuläßt. Als Hypostasierung ist beides der Ausdruck der Angst gerade des radikalen Moralisten vor der Politik. Als schlechtes Gewissen gegenüber der Politik und gegenüber politischer Macht interpretieren denn auch nicht ganz zu

Unrecht Konservative seit der Französischen Revolution die Gesinnungspolitiker[29], zurecht dann, wenn für diese nicht weniger jede Politik „machiavellistisch", Politik ein Verbrechen ist. An den äußersten Punkten des Dilemmas von Moral und Politik koinzidieren der reaktionäre Zynismus, der in der Politik ein notwendig Menschen nichtachtendes Instrumentarium sieht, und die Rebellion seines progressiven Gegenspielers gegen die Notwendigkeit dieses Zynismus.
Beide unterschätzen die Chance, die gerade der technologische Aspekt politischen Handelns wahrt. Wenn Politik eine Technik ist, die die empirischen Gegebenheiten — die Logik sozialer Institutionen, Verhaltensweisen und Einstellungen — für ihre Zielsetzungen „kalkuliert", so ist allein damit weder die Anerkennung dieser Gegebenheiten noch Manipulation gegeben. Der technologische Charakter von Politik ist neutral gegenüber ihren Zwecken und eben deshalb wahrt er die Chance, vom Konsens der betroffenen „Objekte" bestätigt zu werden nicht minder, als er vom Risiko betroffen ist, über ihre Köpfe hinweggehandelt, der Verdinglichung gedient zu haben. Die reaktionäre Antizipation, im Handeln könne man nicht „rein" bleiben, ist daher nicht minder — als Antizipation und Generalisierung — eine Flucht nach vorn als der moralistische Rückzug in die Geschichtsphilosophie, der a priori das Risiko vermeiden will, die Interessen derer zu verfehlen, deren Selbstbestimmung er gleichwohl garantieren will.
Aus diesen Gründen ist das in diesem Gedicht sich anzeigende Aufbegehren unglücklich, unglücklich um so mehr, als ein in aller Widersprüchlichkeit konsequenter Immoralismus einem Moralismus auch noch „überlegen" zu sein scheint, der in der Tat genötigt sein kann, inkonsequent zu werden; auch daher die Überlagerung von Haß und Selbsthaß in der Ballade, ein Unterlegenheitsgefühl, das zu verstehen gibt, daß eine völlige Emanzipation vom Machiavellismus nicht gelingen kann. Denn dessen Wahrheit ist darüber hinaus, daß Selbstbestimmung nicht nur verfehlt werden kann, sondern daß sie auch unter extremen Bedingungen bewußt übergangen werden muß. Vielleicht ist es erst dieser Punkt, der die Hypostasierung aller Politik zum noch andauernden Ende der Naturgeschichte von Politik bedingt. In der Auflehnung dagegen ist das Gedicht freilich auch eine Kritik an jeder naiven oder auch machtaffinen Bewunderung der reinen Techniker von Revolution und Konterrevolution. (Napoleon, Franco, Stalin) Und im unglücklichen Bewußtsein der Rebellion, das keine Klarheit über die Notwendigkeit oder Vermeidbarkeit machiavellistischer Politik gewinnen kann, aber doch meint, für diese Unklarheit immer verantwortlich zu sein, bleibt ein Moment von Huma-

nität gewahrt, das selbst in der nur abstrakten Weigerung, die „Sach-zwänge" der Politik anzuerkennen, Einspruch dagegen erhebt, daß sie die Ziele der Politik ersetzen.

3. Unsichtbare Politik

Weil Geschichtsphilosophien nicht die immanente Logik von Praxis, sondern deren historischen Sinn zum Gegenstand haben, neigen sie zur Kontemplation nicht nur im trivialen Sinn ihres theoretischen Status. Nur zu leicht ist es ihre Versuchung, Dilemmata des Han-delns gleichsam prinzipiell lösen zu wollen und diese damit nur zu kompensieren. Sie gehen damit über eine legitime Antwort auf die Gewißheitsgrenze hinaus, wie sie sich vom Standpunkt des Handeln-den aus ergibt. Wenn es nämlich zur Logik von Praxis gehört, gerade zur Logik politischen Handelns, Mündigkeit zu intendieren, ohne sich des Subjektcharakters ihrer „Objekte" versichern zu können, so antwortet Geschichtsphilosophie eben auf diese Ungewißheit mit der Hoffnung, letztlich verhindere selbst die „Notwendigkeit" der Ver-dinglichung nicht Mündigkeit, nicht den „aufrechten Gang". Es ge-hört nun aber zur Dialektik dieser Hoffnung, daß sie als Versprechen nicht einholbar ist; sie ist kein „Prinzip", das sich selbst den kontin-genten und Praxis den unabgeschlossenen Charakter nehmen kann, so daß die Antizipation der Utopie gleichsam im voraus Gewißheits-funktionen übernehmen könnte. Die Spekulation mit der Utopie, der *prinzipielle* Charakter von Hoffnung, ist ihre Verdinglichung, und in der Kritik daran hat das von Adorno gegen das „Prinzip Hoffnung" gewendete „Bilderverbot" auch ihr Recht.
Aber es gibt auch eine negative Form der Spekulation auf die Uto-pie, der die theoretischen Schwierigkeiten des geschichtsphilosophi-schen Optimismus zum Anlaß werden, erst über die Destruktion von Hoffnung der Hoffnung auf die Beine zu helfen. Es ist eine in ihrer Negativität ebenso radikale wie aber auch raffinierte Form der Pro-vokation einer historischen Wende, die ihren reinsten, fast noch un-befangenen Ausdruck bei Benjamin gefunden hat[30], die aber auch der „Dialektik der Aufklärung" zugrunde liegt, und die nicht zuletzt auch einer Neigung Enzensbergers entspricht. Ihr Sinn ist nicht Kri-tik — sofern Kritik impliziert, es sei prinzipiell nicht unmöglich, ihre Ziele praktisch einzuholen, sondern die Provokation, die die Erfah-rung der Ratlosigkeit und Ohnmacht von Kritik und politischer Pra-xis zum Ausdruck bringt. So ist es die Geste der Provokation, wenn Enzensberger in „Politik und Verbrechen", das die substantielle Ver-

knüpfung beider nachweisen will, schreibt, Auschwitz habe „die Wurzeln aller bisherigen Politik bloßgelegt".[31] Demselben Impetus entspricht es, wenn es in der „Dialektik der Aufklärung" heißt, die „totalitäre Ordnung" − der Faschismus − sei mit der theoretischen Vernunft nur *konsequent* verfahren, er habe damit „ganz Ernst gemacht".[32] Die Vorentschiedenheit, mit der sowohl Politik als auch Technik der Charakter von Verdinglichungs- und Vernichtungsmaschinerien zugesprochen wird, ist provokativ, insofern sie mit einer „anderen" Politik und mit einer „anderen" Technik nur noch in der Weise des „Endes" beider rechnet. Die Prämisse des notwendig verdinglichenden Charakters instrumentellen Handelns treibt sie in einen Zirkel, in dem eine andere als die „bisherige" Politik nicht mehr Produkt von Politik, sondern nur noch Produkt eines Seinsgeschehens sein kann.

Dieser Fatalismus, der in der Theologie der attritio cordis seine Tradition hat, und der dazu tendiert, durch prinzipielle Negativität das „Kommen des messianischen Reichs" zu erzwingen, ist nicht nur falsch oder widersprüchlich. In seiner Hypostase der Ohnmacht wahrt er ein Moment von Kontingenz, das außerhalb der Reichweite von Praxis liegt, und das erst „hinzutreten" muß, soll politisches Handeln gelingen. Darin hatte denn auch Adornos Praxisphobie theoretisch ihren harten Kern. Der Intention nach entspricht diesem Objektivismus darüber hinaus keinerlei Vorliebe für Determinismus. Sein positiver Ausdruck ist im Gegenteil ungehinderte Spontaneität. Aber es ist eine verdinglichende Rationalisierung dieser Utopie ungehinderter Spontaneität, wenn sie nur durch Verdrängungen zustande kommen kann. Die düstere Illusionslosigkeit, wie sie die Kritische Theorie nicht selten bestimmt, die rebellische Bejahung der „Vorurteilslosigkeit" Machiavellis in Enzensbergers Gedicht, darüber hinaus die Botschaft des „Mausoleums" ingesamt, in dem Fortschritte, wenn sie gelingen, nur über Einzelne hinweggehen oder aber keine sind, − diese „Desillusionierungen" retten zwar Spontaneität in der Utopie, aber eben nur noch so, daß sie sie dann a priori vor Realitätskontakt schützen müssen. Zwar entspricht dies noch der Logik der paradoxen Rettung der Spontaneität: ihr transzendenter Charakter gegenüber der Politik ist nur konsequent. Sie hat aber eine Basis, die in ihrer reinen Illusionslosigkeit auch einfach übertreibt. Es gibt eben nicht nur die Übertreibungen der geschichtsphilosophischen Optimisten − die Verharmlosung −, sondern auch die der Pessimisten: ein Realismus, der in der Antizipation aller ihrer möglichen Desillusionierungen zwar Spontaneität nicht zerstören, sondern im Gegenteil ihre letztliche Freiheit von allen Illusionen beweisen möchte, ein

Realismus jedoch, dessen paradoxe Folge es ist, daß er sich an Spontaneität in der Utopie geradezu klammern muß.

Schließlich bedingt die Antizipation von Desillusionierungen — und die pauschale Negation instrumentellen Handelns gründet auf einer Retrospektive sowohl wie auf einer Antizipation — eine spezifische Form der Reflektiertheit, die Spontaneität dann immer begleiten muß. Sie begleitet denn auch Enzensbergers Bakunin-Ballade in Form der *beliebigen* Abwägung und der ständigen antithetischen Reflexion darauf, ob es denn überhaupt sinnvoll sei, die Wiederkehr Bakunins zu wünschen; eine Form romantischer Intellektualität, die vor das spontane Verhältnis zur Realität den ironischen Vorbehalt stellt; und gerade die hypertrophe Illusionslosigkeit ist der direkte Ausdruck dieser Ironie.

Die Hypostasierung der Politik als Technik zur Politik als Technokratie hat freilich in technokratischer Politik nicht allein und vielleicht nicht einmal primär ihren eigentlichen Stein des Anstoßes. Der in seiner Opposition zur Spontaneität auch überschätzte Gegner ist nicht weniger eine unpathetische Moralität und eine nur nüchterne Rationalität, wie sie auch der Wissenschaftler Marx — weniger der Geschichtsphilosoph — hatte, der vielleicht aus diesem Grund im „Mausoleum" ohne Gewicht bleibt. Erst die Überschätzung der Reichweite der Rationalität scheint mir der Grund dafür zu sein, daß Spontaneität nur dann eine Chance eingeräumt wird, wenn sich Rationalität im universellen Technokratentum völlig diskreditiert hat. Das piecemeal engineering der Sozialtechnologie, die ständige Überprüfung von Hypothesen und politischen Hoffnungen an der Realität, ist zwar der Gegenpol zum spontanen Handeln, das von der Besonnenheit nicht leben kann. Aber glücklicherweise trifft die theoretische und praktische Grenze der Rationalität mit dem praktischen Unvermögen, *nur* rational zu handeln, zusammen. Das begründet zwar keine Synthese des planvollen und des „leichtsinnigen" Handelns, keine Form irgendeiner Versöhnung, es ist aber wohl ein Hinweis darauf, daß sie nicht prinzipiell unverträglich sind. Wenn Enzensberger der Ballade über Machiavelli eine zu Bakunin zur Seite stellt, so ist gerade um der a priorischen Rettung der Spontaneität vor möglichen Desillusionierungen willen, die Möglichkeit, sie könnte sich auch nicht als Illusion erweisen, ausgeschlossen. Beide Gedichte interpretieren sich wechselseitig. Ihr enger Zusammenhang wird u. a. auch dadurch deutlich, daß es die einzigen Gedichte des „Mausoleums" sind, deren thematischer *Schwerpunkt* politisches Handeln ist. Und es sind die einzigen Gedichte, in denen der Sprecher des „Mausoleums" aus seiner impassibilité hervortritt und in der

Ich-Form spricht. Schließlich zeigt sich ihr Zusammenhang in dem antithetischen Verhältnis der Porträts beider Individuen.

M. A. B. (1814–1876)[33]

Ich wünschte nur eines, rief er, das Gefühl der Empörung,
das mir heilig ist, bis an mein Ende ganz und voll zu bewahren! –
Marktschreier, Dickkopf, verdammter Kosak! – Das ist die Liebe
zum Phantastischen, ein Hauptfehler meiner Natur. – Mohammed
ohne Koran! – Die Ruhe bringt mich zur Verzweiflung. – Ein Gaukler,
ein Papst, ein Ignoramus! – Sein Herz und sein Kopf sind aus Feuer.

Ja, Bakunin, so muß es gewesen sein. Ein ewiges Nomadisieren,
närrisch und selbstvergessen. Unerträglich, unvernünftig, unmöglich
warst du! Meinetwegen, Bakunin, kehr wieder, oder bleib wo du bist.

Eine lange Gestalt in blauem Frack auf den Dresdener Barrikaden,
mit einem Gesicht, darin sich die roheste Wuth ausdrückte. Feuer
ans Opernhaus! Und als alles verloren war, *verlangte er, in der Hand*
die Pistole, von der Provisorischen Revolutions-Regierung,
sie möge sich (und ihn) in die Luft sprengen. (Merkwürdige Kaltblüthigkeit.)
Mit großer Mehrheit lehnten die Herren den Antrag ab.

Erinnerst du dich, Bakunin? Immer dasselbe. Natürlich hast du gestört.
Kein Wunder! Und du störst heute noch. Verstehst du? Du störst
ganz einfach. Und darum bitte ich dich, Bakunin: kehr wieder.

Verhört, an die Wand geschmiedet in den Olmützer Kasematten,
zum Tod verurteilt, nach Rußland verschleppt, *begnadigt zu ewigem Kerker:*
ein höchst gefährlicher Mensch! In seine Zelle läßt ihm ein Gönner
einen Flügel von Lichtenthal bringen. Die Zähne fallen ihm aus.
Für seine Oper *Prometheus* erfindet er *eine süße, klagende Melodie,*
zu deren Takt er in kindlicher Weise sein Löwenhaupt wiegte.

Ach, Bakunin, das sieht dir ähnlich. *(Sein Löwenhaupt wiegte:*
noch zwanzig Jahre danach, in Locarno.) Und weil es dir ähnlich sieht,
und weil du uns doch nicht helfen kannst, Bakunin, bleib wo du bist.

Verbannt nach Sibirien, und den eisblauen Amur entlang geflohen
über das Stille Meer, auf Dampfseglern, Schlitten, Pferden,
Expreßzügen, quer durch das wüste Amerika, sechs Monate lang
ohne Aufenthalt, endlich, in Paddington, kurz vor Neujahr,
aus dem Hansom gestürzt, die Treppe hinauf, in Herzens Arme
warf er sich und rief aus: *Wo gibt es hier frische Austern?*

Weil du, mit einem Wort, unfähig bist, Bakunin, weil du nicht taugst
zum Abziehbild zum Erlöser zum Bürokraten zum Kirchenvater
zum rechten oder zum linken Bullen, Bakunin: kehr wieder, kehr wieder!

Zurück im Exil. *Nicht nur das Grollen des Aufruhrs, der Lärm der Clubs,*
der Tumult auf den Plätzen; auch die Bewegtheit des Vorabends,
auch die Absprachen, Chiffren, Losungen machten ihn glücklich.
Großer Obdachloser, verfolgt von Gerüchten, Legenden, Verleumdungen!
Magnetisches Herz, naiv und verschwenderisch! Er schimpfte und schrie,
ermunterte und entschied, den ganzen Tag und die ganze Nacht.

Nicht wahr? Und weil deine *Tätigkeit,* dein *Müßiggang,* dein *Appetit,*
dein *ewiges Schwitzen sowenig von menschlichem Ausmaß* sind
wie du selber, darum rate ich dir, Bakunin, bleib wo du bist.

Sein Biograph, der Allwissende, sagt: Er war impotent. Aber Tatjana,
die kleine verbotene Schwester, Harfe spielend im weißen Herrenhaus,
machte ihn rasend. Zwar seine drei Kinder sind nicht von ihm.
Doch Nečaev, dem Mythomanen, dem Mörder, dem Jesuiten, Erpresser
und Märtyrer der Revolution, schrieb er: *Mein kleiner Tiger, mein Boy,*
mein wilder Liebling! (Der Despotismus der Erleuchteten ist der ärgste.)

Ach, schweigen wir von der Liebe, Bakunin. Sterben wolltest du nicht.
Du warst kein politökonomischer Todesengel. Du warst verworren
wie wir, und arglos. Kehr wieder, Bakunin! Bakunin, kehr wieder.

Endlich die Nacht in Bologna. Es war im August. Er stand am Fenster.
Er lauschte. Nichts regte sich in der Stadt. Die Turmuhren schlugen.
Die Insurrektion war gescheitert. Es wurde hell. In einem Heuwagen
versteckte er sich. Den Bart abrasiert, im Habit eines Pfarrers,
ein Körbchen Eier im Arm, mit grüner Brille, am Stock zum Bahnhof
ist er gehumpelt, um in der Schweiz zu sterben, im Bett.

Das ist jetzt schon lange her. Es war damals wohl zu früh, wie immer,
oder zu spät. Nichts hat dich widerlegt, nichts hast du bewiesen,
und darum bleib, bleib wo du bist, oder, meinetwegen, kehr wieder.

Enorme Fleisch- und Fettmassen, Wassersucht, Blasenleiden.
Polternd lacht er, raucht unablässig, keucht, vom Asthma gehetzt,
verschlüsselte Telegramme liest er und schreibt mit sympathetischer Tinte:
Ausbeuten und Regieren: ein- und dasselbe. Er ist aufgedunsen und zahnlos.
Alles bedeckt sich mit Tabaksasche, Teelöffeln, Zeitungen. Vor dem Haus
tänzeln die Spitzel. Überall Wirrwarr und Schmutz. Die Zeit verrinnt.
Nach Polizei riecht Europa immer noch. Darum, und weil es nie und nirgends,
Bakunin, ein Bakunin-Denkmal gegeben hat, gibt oder geben wird,
Bakunin, bitte ich dich: kehr wieder, kehr wieder, kehr wieder.

Der verbissenen Selbstkontrolle, der zur zweiten Natur gewordenen
Vorsicht und dem penetranten Selbstmitleid Machiavellis hat Enzensberger die großartige Selbstvergessenheit Bakunins gegenüber-
gestellt. Wo jener seinen vergangenen Verdiensten mit dem Gedächtnis
des Gekränkten nachsinnt, vergißt dieser Verbannung und eine lange
Flucht über „frischen Austern". Die Technik der Reihung, mit der

Enzensberger die Stationen seines Fluchtwegs rafft, um sie zugleich in Form einer Climax zu turbulenten Mühseligkeiten zu machen, die nur dem Wunsch nach Austern gelten, was angesichts der politischen Aufgaben des nun freien Bakunin manchem doch etwas unverantwortlich erscheinen mag, – diese literarische Technik bringt eine Zeiterfahrung zum Ausdruck, die der Machiavellis völlig konträr ist. Dominierte bei diesem die mémoire volontaire und die haushälterische Einteilung seiner Bedürfnisse, so fallen bei jenem Vergangenheit und Zukunft nicht mehr unter die Logik kalkulierbarer Zeit. Zukunftsplanung, die zweckrationale Voraussicht, gibt es bei ihm nur als die „Bewegtheit des Vorabends". Daher ist die revolutionäre Aktion auch kein Mittel, das definierte Ziel bezweckt, nicht instrumentelles Handeln, sondern Ausdruck: sie ist „expressives Handeln"[34], das sich als die Präsenz einer von Entfremdung bislang nur unterdrückten Spontaneität begreift, das diese nicht einmal nur antizipiert, sondern unmittelbar repräsentiert: als Ausdrucksform eines prinzipiell mannigfaltigen Lebens. Trotz des verborgenen Manichäismus dieses spielenden Lebens, das sich seine Entfremdung schließlich selbst geschaffen hat, begreift sich dieses Handeln nicht als antirational, und es wäre zu einfach, wollte man darin nur den antirationalen Affekt sehen. Schließlich liebte der wirkliche Bakunin die Mathematik[35] – freilich in der Weise eines Spielzugs in einem hochkomplexen Spiel, das keine spielzerstörenden Regelverletzungen kennt, das – in romantischer Tradition – „Mannigfaltigkeit" zuläßt, ohne die „Einheit" zu zerstören. In diesem Sinn kann man sogar Bakunins berühmtes Wort von der „Lust der Zerstörung", die eine „schaffende Lust" sei, interpretieren.[36] Allerdings ist dies schon der Versuch, politischem Handeln, das über die Grenze seiner moralischen Legitimierbarkeit hinaus genötigt sein kann, diese Aporie zu nehmen, und es in einen mythisch-naturgeschichtlichen Zusammenhang zurückzubinden, in dem Werden und Vergehen eben „natürlich" sind. Im Gedicht freilich ist es nur die Präsenz einer Natur und eines Lebens mit Destruktionen zwar, aber ohne die Lust an der Destruktion, die dem Leser entgegentritt, einer mythisch-ästhetischen Natur, die spielerisch das Heterogenste vereinigen kann: die „roheste Wut" und die prometheische Empörung mit der Kindlichkeit. Und in der Weise der Buntheit eines Lebens, das das Zentrum eines Spiels mannigfaltiger Ausdrucksformen ist, erlebt Bakunin denn auch die revolutionäre Aktion: „Nicht nur das Grollen des Aufruhrs, der Lärm der Clubs, der Tumult auf den Plätzen; auch die Bewegtheit des Vorabends, auch die Absprachen, Chiffren, Losungen machten ihn glücklich (...). Er schimpfte und schrie, ermunterte und entschied, den ganzen Tag und die ganze Nacht."

Dieser Bakunin, der — in der Sprache Benjamins — nur den Erfahrungsgehalt der revolutionären Aktion, die „Jetztzeit" erlebt, hat freilich auch Gemeinsamkeiten mit Machiavelli. Beide sind Produkte einer ästhetischen Dramaturgie, nicht nur in dem trivialen Sinn, in dem sie natürlich Geschöpfe ihres Autors sind, sondern im emphathischen Sinn romantischer Ästhetik, in dem Individuen die Protagonisten eines Schauspiels sind, das nicht der Verstand, sondern eine diesem vorausliegende Objektivität inszeniert. Dies dürfte auch der eigentliche Grund für den Objektivismus des „Mausoleums" sein, dafür, daß alle seine Protagonisten im Guten und im Bösen ihren vom Schauspieldirektor Geschichte vorgeschriebenen Charakter durchführen, daß sie die Immunität ihres Bewußtseins wahren, sei es falsch oder richtig. Daran ändert natürlich nichts, daß diese übermächtige Geschichte negativ ist; da ihre Negativität nicht Produkt einer Wertung sein kann, die ja eben Distanzierungsmöglichkeiten voraussetzt, bestätigt sie nur den radikalen Objektivismus; seinen stilistischen Ausdruck hat er daher auch nicht in der Nüchternheit, sondern im Pathos eines Seinsgeschehens: „Der Text bricht ab, und ruhig rotten die Antworten fort."[37]

Nur, die Radikalität, mit der sich der Autor an die Stelle einer Objektivität setzt, der es beliebt, in einer Phase der Restauration die ganze Sinnlosigkeit und die Erfolglosigkeit von Emanzipationsversuchen in der Geschichte zu zeigen, hat ihren politischen und moralischen Preis. Er ist die verschwiegene Dimension des Gedichts, das die Grenze der spielerischen und kindlichen Unschuld, der „Arglosigkeit" Bakunins nur in seiner Erfolglosigkeit und seiner „Verworrenheit" sehen möchte, nicht etwa darin, daß auch die spontane politische Aktion ein Politikum mit moralischen Implikationen ist. Daß der Bereich instrumentellen Handelns, Zweckrationalität, die ihre Folgen vorauskalkuliert, um ungewollte Folgen möglichst zu vermeiden, von Machiavelli und dem Machiavellismus okkupiert ist, daß Politik in diesem Sinn in dem Gedicht über Bakunin nicht erscheint, ist ein Hinweis auf den Zwang, die genuin politische Reflexion von der Spontaneität der Aktion geradezu fernzuhalten. Bakunin soll „Mohammed ohne Koran" *bleiben*. Auch sein Scheitern ist eher eine Illustration und Variation der Adornoschen These, im falschen Leben könne es kein richtiges, also auch keine richtige Politik geben, als seine Kritik oder gar seine Widerlegung. Wie es das Gedicht will, beweist Bakunin nichts, und es widerlegt ihn nichts, auch nicht sein Mißerfolg. Tatsächlich sagen ja auch Mißerfolge im strengen Sinn nichts über die Rechtmäßigkeit von politischen Zielen, und bei dem Vorbehalt gegen Taktik, die Enzensberger schon in „Politik und Verbrechen" mit dem Betrug identifiziert hatte[38], scheint die moralische Weigerung gegenüber der Politik Bakunin nur Recht zu geben. Aber weder die Moralität noch die Rationalität der Politik ist das Zentrum des Gedichts. In der Spontaneität soll gerade eine mögliche Dichotomie beider aufgehoben sein. Da dies absolut gelingen soll, thematisiert das Gedicht Netschajew weder moralisch noch politisch, sondern unter dem Aspekt der Arglosigkeit der Liebe. Daß diese keine politischen Folgen gehabt habe, ist die apolitische Botschaft des Gedichts: „Schweigen wir von der Liebe". Indem es von Bakunin schließlich heißt, er sei „kein politökonomischer Todesengel" gewesen, was wahr ist, restituiert es seine politische Reinheit durch die Reinheit und Unschuld der spontanen Emotion, die für ihre Folgen nichts können soll.[39]

Das Gedicht selbst — ganz im Sinne anarchistischen Selbstverständnisses — ist damit Abbild des Versuchs, den negativen Charakter expressiven Handelns, das kein Handeln sein will, um jeden Preis zu wahren. Der historische Bakunin setzte ja auch alles daran, noch das Verhältnis von Kader und Basis, das klassische Organisations- und Autoritätsproblem, als ein Verhältnis der Expression, der symbolischen Repräsentation zu interpretieren. Während in der marxistischen Konzeption, bis hin zu Lukács, das Dilemma der Parteidiktatur, sich in konkreter Praxis nicht in katastrophale Irrtümer zu verstricken, durch die Konstruktion einer ebenso klugen wie gutwilligen und selbstkritischen Autorität gelöst werden sollte, die also der Kontrolle nicht bedarf, wollte Bakunin, in der Kritik daran, die Aktionen und taktischen Maßnahmen des revolutionären Kaders erst gar nicht als Autoritätsphänomen wahrnehmen. Er nimmt seine Zuflucht zu einer „unsichtbaren" Politik: „(. . .) die gegenwärtige sozialistische Bewegung, der nur nach Herrschaft und Erhöhung von Personen strebenden politischen (!) Bewegung hierin ganz entgegengesetzt, die Bewegung für Volksbefreiung läßt nicht den Triumph und die Diktatur von Einzelnen zu. Wenn Einzelne siegen, ist dies nicht mehr der Sozialismus, sondern Politik (!), Geschäft der Bourgeois, und die sozialistische Bewegung ist verloren." Die Alternative zur „Politik" ist die „kollektive und unsichtbare (!) Diktatur der Alliierten", die „mit keiner offiziellen Macht sichtbarer Art bekleidet ist", und die Revolutionäre sind „unsichtbare Lotsen im Volkssturm."[40]

Es fällt schwer, in der Naivität, mit der die Bakuin ausschließt, daß auch unsichtbare Lotsen sichtbare Spuren hinterlassen, die ungewollt sind, keine Rationalisierung zu sehen. Wie dem auch sei, die Empörung gegen jede Art von Autorität kann eben nicht a priori verhindern, daß sie selbst autoritär werden kann, und zwar nicht nur gegenüber den politischen Gegnern, und daß sie Folgen zeitigt, die denen von Autoritären gleichen. Daß das Gedicht freilich nicht wagt, diese Ebene kritisch zur Geltung zu bringen, damit zur Selbstreflexion, scheint mir schließlich Zeichen einer Ratlosigkeit zu sein, die nicht kritikwürdig wäre, wäre sie so unschuldig, daß sie sich „arglos und verworren" („wie wir") nicht mehr nennen müßte.

Nur auf einer Ebene des Gedichts gibt es eine Distanzierung, die das Verhältnis des Sprecher-Ich zu Bakunin — strukturell gleich dem Gedicht über Machiavelli — in einem anderen Licht erscheinen läßt, obwohl es die paradoxe Idee einer prinzipiell ungebrochenen Spontaneität noch wahrt. Auch hier gibt es, wie im Fall Machiavellis eine literarische Form, die die Aktualität auch dieses Toten spiegelt: die Form einer reflektierten Beschwörung, eines Bittgebets, das von einer Litanei die wiederkehrende Bitte um Hilfe hat, und das andererseits doch einen so aufgeklärten Beter hat, daß er nach dem Sinn seiner Beschwörung immer wieder fragt. Die Koinzidenz dieser formalen Struktur mit dem „Material" des Gedichts ist von seltener Präzision — einmal mehr zeigt Enzensberger seine „leichte Hand".[41] Die Reflexionsbewegung, die sich einmal zu dem Wunsch neigt, Bakunin möge wiederkehren, dann zu der Ansicht, „weil du uns doch nicht helfen kannst, Bakunin, bleib wo du bist", dann zur Beliebigkeit und Gleichgültigkeit, um letztlich doch in dem Wunsch zu terminieren, er möge wiederkommen, — diese Reflexionsbewegung spiegelt die Situation dessen wider, der sich in der Lage sieht, auf verlorene Spontaneität nur noch reflektieren zu können. Es ist die Reflexion auf die verlorene Unschuld der antiautoritären Phase der Studentenbewegung, auf die Phase des expressiven Handelns, dessen klarster Ausdruck der Mai 1968 war: „Feuer ins Opernhaus"[42], das war die „Entheiligung" des Odéon, um der Kunst auf der Straße zu Ausdruck und Leben zu verhelfen. Aber das Gedicht spiegelt eben nicht nur in Bakunin den Mai 1968, sondern es ist der Versuch, zu dessen Geist zurückzufinden, trotz des so dilemmatischen Unterfangens, sich verlorene Spontaneität zurückzurufen, eine klassische double-bind-Situation. Tatsächlich gelingt dies ja auch nicht durch das In-sich-Kreisen der Reflexion, sondern nur durch den äußeren Anstoß. Wo „Europa immer noch nach Polizei riecht" und die „Spitzel" vor dem „Haus tänzeln", ist der Geist der „Empörung" wiedergewonnen, zumindest der Wunsch, dieser Geist möge wieder Wirklichkeit annehmen: Bakunin, ein zweiter Mai 1968 ist nötig.

Von hier aus könnte dann auch Enzensbergers Versuch, die politische Unschuld Bakunins zu retten, einen anderen Sinn bekommen.

Man ist geneigt, Bakunins „Stören", die Irritation der „rechten und linken Bullen" als die spontane Regung einer Empörung zu begreifen, die von sich aus so konkret ist, daß sie der politischen Belehrung oder der Verdrängung ihres politischen Scheiterns, sollte dies der Fall sein, nicht bedarf. Da es das gibt, und da nicht alles expressive Handeln 1968, ohne sich dies zum politischen Zweck zu setzen, auch seine politischen Folgen hatte, die es nicht widerlegten, hat die Berufung auf Bakunin ihren Sinn. Aber gleichwohl vermeidet es Enzensberger auch hier noch, die Irrationalität − wenn auch nicht immer Antirationalität − des Bedürfnisses nach Expression und spielerisch-ästhetischer Praxis anzuerkennen. Die kantische Unterscheidung, wonach das Ästhetische zur Moralität in einem symbolischen Verhältnis steht, d. h. nur in der Weise der Analogie, der Reflexion auf beide, war zu unbedenklich in der Ästhetik und Praxis der Studentenbewegung aufgegeben worden. Nur ein anderer Ausdruck dieser Unterscheidung ist es, daß das „sozialpsychologische Potential (des Ästhetischen, V. U. M.) (. . .) höchst ambivalent ist und fast ebensogut ‚rechts' wie ‚links' kanalisiert werden könnte, weil die Befriedigung (. . .) nicht aus der Realisierung eines bestimmten politischen Ziels, sondern aus der Aktion um ihrer selbst willen (. . .) resultiert."[43] „Um seiner selbst willen" − das ist die klassische Bestimmung des Schönen. In Enzensbergers Annahme, die moralische, d. h. die „linke" Empörung, komme per se mit dem ästhetischen Bedürfnis überein, scheint mir daher auch dessen „Unzuverlässigkeit" zu wenig zu seinem Recht zu kommen. Die Koinzidenz des emanzipatorischen Handelns mit dem expressiven ist nicht kalkulierbar. Um so fragwürdiger ist es, daß Enzensberger den Geist des expressiven Handelns in einer Reinheit und Unschuld zitieren möchte, die dem instrumentellen Handeln immer nur aus dem Weg gehen muß. Keine Restitution des Bewußtseins von 1968 kann es sich aber mehr leisten, Spontaneität in seiner prinzipiellen Gegnerschaft zur Zweckrationalität der Politik zurückzurufen, gerade auch dann, wenn ihr, wie Enzensberger deutlich genug macht, keine Erfolgsaussichten zugebilligt werden. Das befördert nur aufs Neue den Umschlag, die überstürzte Flucht in rigorosen Moralismus, der einem linken Machiavellismus nur noch zum Alibi dient, und der sich darüber hinaus mit Recht darauf berufen kann, daß antiautoritäre Spontaneität Politik nur verdrängt. Und es befördert darüber hinaus eine vom schlechten Gewissen nur verzerrte Spontaneität, die immer Indizien für den prinzipiell technokratischen Charakter von Politik suchen muß.

Die Konstellation von Machiavelli und Bakunin kann man von daher noch einmal als den Ausdruck des Bedürfnisses interpretieren, durch den Nachweis der Selbstdiskreditierung der Politik die letztliche Immunität der Spontaneität ihr gegenüber zu wahren. Es ist diese Konstellation, die Enzensbergers Produktion auch über das „Mausoleum" hinaus bestimmt. Sie fand auch ihren Ausdruck im „Verhör", wenn dieses auch nicht die expressive, sondern die moralische Dimension der Studentenbewegung reflektiert. Auch hier ging es Enzensberger darum, über die ideologiekritische Entlarvung immunen falschen Bewußtseins die Intaktheit moralisch motivierter Ideologiekritik um jeden Preis zu wahren. In beiden Fällen zeigte sich m. E. die widerwillige Irritierbarkeit *des* Bedürfnisses, das jeweils vor fundamentalen Irritationen geschützt werden sollte; und es zeigte sich die Bereitschaft, durch ein „Trotzdem" der Bedrohung zu entgehen. In diesem Sinn bestätigt sich noch einmal der Zusammenhang zwischen kritischer Intelligenz und politischer Praxis, wie Karl Markus Michel ihn 1968 darstellte: „Elliptisch gesagt: nicht Ernst Bloch, dieses atavistische Denkmal des Noch-nicht, das sich die neue Linke gern als Galionsfigur ausleiht, steht als Stachel hinter ihren Aktionen, viel eher das hermetische Denken von Adorno, das sich in politischer Praxis nicht umsetzen läßt und dennoch umgeschlagen ist in konkreten Protest."[44] Wenn auch immer dies die Neue Linke nicht adäquat charakterisieren mag, so charakterisiert es doch eine in ihr latente Tendenz, die praktisch sich in ihrer Politikfeindlichkeit zeigte und theoretisch vor allem von Intellektuellen zur Darstellung gebracht wurde, die sich mit ihr solidarisierten, um der „Folgenlosigkeit" ihrer Praxis zu entgehen. Es ist eine Bereitschaft zum Salto mortale in eine endgültige Klarheit, die sich zur kritischen und selbstkritischen Bereitschaft sowohl in Spannung befindet wie sie sich mit ihr auf eine paradoxe Weise verträgt. In dem 1971 erschienenen Band gesammelte Gedichte von Enzensberger gibt es ein Gedicht über den Mathematiker und Logiker Gödel, der mit logischen Argumenten der Hoffnung den Boden entzog, mit eben logischen Argumenten könnten entscheidbare Rechtfertigungen genügend komplexer theoretischer Systeme gegeben werden.[45] Das Gedicht, das in aller Klarheit die Münchhausensituation dessen beschreibt, der nach Gewißheit sucht, möchte dieser Situation entgehen und Gewißheit dadurch erreichen, daß es zur Transzendierung des „Systems" mit Sätzen auffordert, die die Situation Münchhausens gerade ausmachen.

Anmerkungen

1 Frankfurter Rundschau vom 18. 10. 1975 (Rez. Wilfried F. Schoeller).
2 Cf. Karl Heinz Bohrer, Revolution als Metapher, in: ders., Die gefährdete Phantasie, oder Surrealismus und Terror, München 1970, S. 89–105.
3 Christian Linder, Der lange Sommer der Romantik, in: Literaturmagazin 4, Reinbek b. Hamburg 1975, S. 85–107.
4 Friedrich Schlegel, Kritische Schriften, hrsg. von Wolfdietrich Rasch, München 1964, S. 13.
5 Über Hans Magnus Enzensberger, hrsg. von Joachim Schickel, Frankfurt/M. 1973, S. 233–238. Mit diesem Brief, der gegen die Vietnampolitik der USA protestiert, gibt Enzensberger Fellowship und Stipendium an die amerikanische Gastuniversität zurück, und er weist auf die Absicht hin, nach Cuba zu gehen.
6 Hans Magnus Enzensberger, Gemeinplätze, die Neueste Literatur betreffend, in: Kursbuch 15, 1968, S. 195.
7 „Pragmatisch" verwende ich hier im Sinn der Sprechakttheorie.
8 Hans Magnus Enzensberger, Das Verhör von Habana, Frankfurt/M. 1972, (die erste Ausgabe erschien 1970) − im Text zitiert ist der Titel von Enzensbergers Kommentar.
9 In dieser Aufführung im Juni 1970 − sie wurde vom WDR übertragen − waren die Konterrevolutionäre durch Personen aus der bundesrepublikanischen Wirklichkeit ersetzt. Gerd Fuchs schreibt in einer Rezension: „Was dieser Abend zur sinnlichen Erfahrung machte, war die These von der Übertragbarkeit der damaligen cubanischen auf westdeutsche Verhältnisse, war der Beweis, daß unabhängig von Breitengraden die gleiche Klassenlage die gleichen Bewußtseinsstrukturen ausbildet. Was ihn jedoch über die Demonstration einer soziologischen Binsenweisheit hinaus ins Politische hob, war die Implikation, die sich aus dem Beispiel der cubanischen Invasoren ergibt." Es folgt der Hinweis auf den Bürgerkrieg von Seiten der Bourgeoisie. In: Über Hans Magnus Enzensberger, S. 206 f.
10 Verhör, S. 21 f. Als Koketterie kann man es nur bezeichnen, wenn Enzensberger hier erst mit einer echten Wiederholung lockt, um sie dann doch nur zu einer Rekonstruktion zu machen.
11 Der Weg ins Freie, Fünf Lebensläufe überliefert von Hans Magnus Enzensberger, Frankfurt/M., S. 115.
12 In dieser Weise stellt Ideologiekritik eine Form pragmatischer Antinomien dar. Cf. P. Watzlawick/J. H. Beavin/D. D. Jackson, Menschliche Kommunikation, Bern/Stuttgart/Wien 1969, S. 178–203.
13 Jürgen Habermas, Vorbereitende Bemerkungen zu einer Theorie der kommunikativen Kompetenz, in: Jürgen Habermas/Niklas Luhmann, Theorie der Gesellschaft oder Sozialtechnologie, Frankfurt/M. 1971; ders., Wahrheitstheorien, in: Wirklichkeit und Reflexion, Festschrift für W. Schulz, hrsg. von H. Fahrenbach, Pfullingen 1973. Zur Kritik der Konsensustheorie cf. Ansgar Beckermann, Die realistischen Voraussetzungen der Konsensustheorie von J. Habermas, in: Zeitschrift für allgemeine Wissenschaftstheorie III/1 1972, sowie Dieter Freundlieb, Zur Problematik einer Diskurstheorie der Wahrheit, in: Zeitschrift für allgemeine Wissenschaftstheorie VI/1, 1975. Zur im Text folgenden Kritik verweise ich auf Argumente des Kritischen Rationalismus gegen Letztbegründungen, besonders auf das von H. Albert sogenannte „Münchhausen-Trilemma", in: Traktat über kritische Vernunft, Tübingen 1969, S. 8 ff.

14 Habermas weist an verschiedenen Stellen darauf hin, daß die „Bedingungen empirischer Rede (. . .) mit denen der idealen Sprechsituation (und des reinen kommunikativen Handelns) ersichtlich nicht, jedenfalls oft oder meistens nicht, identisch" sind. (Vorbereitende Bemerkungen, S. 140.) Cf. auch: Wahrheitstheorien, S. 257 f., hier die Diskussion um die Unterscheidbarkeit eines trügerischen von einem vernünftigen Diskurs. Allerdings liegt gerade hier eine zirkuläre Argumentation vor. Nach Habermas soll die Antizipation der idealen Sprechsituation ein Kriterium für die Unterscheidbarkeit des trügerischen von einem vernünftigen Diskurs sein. Da in jedem wirklichen Sprechen, selbst in der Lüge, diese Antizipation vermöge der universalpragmatischen Implikationen aller Sprechakte jedoch gegeben ist, kann sie auch kein Unterscheidungskriterium sein. Auf dieser Ebene möchte ich daher den Dogmatismusvorwurf aufrecht erhalten. Ich sehe aber gerade darin, daß Habermas die Differenz zwischen empirischer und idealer Sprechsituation so stark betont, nicht einen Reflex des ideologiekritischen Besserwissens gegenüber der empirischen Rede, sondern das geschärfte Bewußtsein davon, daß man als Sprechender immer Teilhaber empirischer Rede ist, auch wenn man sich die „Wahrheit" tatsächlich immer „zutraut". Darin sehe ich auch den Unterschied zu der Haltung, die Enzensberger im „Verhör" einnimmt.

15 Verhör, S. 23.

16 Ebd., S. 249 ff.

17 Ebd., S. 40 f.

18 Ebd., S. 41—48 (= Abschnitte 6, 7 und 8 des Kommentars).

19 So erhält der Nationalist Rivero den charakteristischen Vorwurf: „Sie sind eigentlich ein komischer Nationalist, denn schließlich und endlich, wenn Sie mit ihren Ideen ernstmachten, müßten sie doch mit uns einverstanden sein." (Ebd., S. 184.)

20 Dieses Rechtfertigungsdilemma war natürlich auch schon ein Problem der bürgerlichen, der Französischen Revolution. Dabei brach dieses Rechtsvakuum nicht schon mit der Versammlung der Generalstände und der konstituierenden Versammlung auf, auch nicht mit dem „Königsmord". Wenn dieser dennoch nicht zufällig die Geister schied, so deshalb, weil mit seiner Flucht Ludwig XVI den Kontinuitätsbruch vollzogen hatte und das Rechtsvakuum faktisch, nicht nur ideologisch manifest wurde. Erst dann hatten die Berufungen auf den Volkswillen auch den Charakter von Legitimationszwängen.

21 Hans Magnus Enzensberger, Mausoleum. Siebenunddreißig Balladen aus der Geschichte des Fortschritts, Frankfurt/M. 1975, S. 11—13.
Ich verzichte im folgenden darauf, der Übereinstimmung des Porträts mit dem historischen Machiavelli nachzugehen. Meine zum Teil kontroverse Deutung Machiavellis bezieht sich auf den politischen Theoretiker, wie ich später ausführe. Historisch unklar ist mir nur ein Punkt, die angedeutete Beziehung zwischen Pistoia und Cesare Borgia. Pistoia gehörte 1502 zu Florenz, das damals Republik war. Die regierende Signoria verbannte übrigens die Führer der aufständischen Stadt. Machiavelli hielt dies für eine passable Lösung, hatte aber — wie es das Gedicht sagt — selbst die Hinrichtung befürwortet. Cf. Machiavelli, Discorsi, Stuttgart 1966, S. 361 f. (= III, 27). Zu seiner Auffassung von „Milde" cf. Discorsi III, 20: „Aus dieser wahren Begebenheit sieht man, daß manchmal ein Akt der Menschlichkeit und Güte mehr über die Gemüter vermag als eine grausame, gewalttätige Hand-

lung." Aus beiden Zitaten ist gut ersichtlich, daß Machiavelli moralische Probleme ausschließlich technologisch, also „politisch" beurteilte. Für das Zitat „Nach des Tages Last . . ." gibt Hannah Arendt eine interessante Deutung. Sie stellt es in den Kontext der Renaissance der römischen Antike. (Hannah Arendt, Über die Revolution, München 1963, S. 45.)

22 Cf. Discorsi II, 13: „Aus niederem Stand gelangt man eher durch Betrug zu hoher Stellung als durch Gewalt."

23 Jürgen Habermas, Vom Ende der Politik, in: Über Hans Magnus Enzensberger, S. 155.

24 Discorsi I, 10, 11.

25 In der „Götzen-Dämmerung" heißt es: „Thukydides und, vielleicht, der Principe Machiavellis sind mir selber am meisten verwandt durch den unbedingten Willen, sich nichts vorzumachen und die Vernunft in der *Realität* zu sehen — nicht in der „Vernunft", noch weniger in der „Moral" . . .". (Werke, hrsg. von Karl Schlechta, München 1966, Bd. II, S. 1028 (2).

26 Discorsi I, 2.

27 Ebd. I, 10, S. 39.

28 Ebd., Vorwort von R. Zorn, S. XXI.

29 So Reinhart Kosellecks Darstellung vom schwindenden Einfluß Hobbes, einem Nachfolger Machiavellis, in der Zeit des aufgeklärten Absolutismus bis hin zur Französischen Revolution. (Kritik und Krise, Freiburg 1959.)

30 Walter Benjamin, Theologisch Politisches Fragment, in: W. B., Angelus Novus, Frankfurt/M. 1961, S. 280 f.

31 Hans Magnus Enzensberger, Politik und Verbrechen, Frankfurt/M. 1964, S. 19. Cf. dazu die Kritik Hannah Arendts in einem Briefwechsel mit Enzensberger, in: Über Hans Magnus Enzensberger, S. 172—180.

32 Horkheimer/Adorno, Dialektik der Aufklärung, Amsterdam 1947, S. 105 f. Horkheimer/Adorno haben freilich einige Implikationen dieser These revidiert. Sie bestimmt denn auch ihre Deutung des Faschismus nicht total. Es gibt in der „Dialektik der Aufklärung" einen zweiten Argumentationsstrang im Hinblick auf die repressive Natur der Naturbeherrschung. Er reflektiert implizit die Unterscheidung von notwendiger und überflüssiger Repression, ähnlich wie bei Marcuse. Von hier aus spielt die Kritik der „Verleugnung" von Repressionen eine ebenso große Rolle wie die der Repression selbst (S. 70).

33 Mausoleum, S. 85—88.

34 Jürgen Habermas, Bewußtmachende oder rettende Kritik, in: Zur Aktualität Walter Benjamins, Frankfurt/M. 1972, S. 214. In seiner Deutung des Mai 1968 weist Karl Markus Michel auf das Fehlen einer Theorie des Ausdrucks hin, die allein die Demonstrationsformen der Studentenbewegung adäquat fassen könne. (Ein Kranz für die Literatur, in: Kursbuch 15, 1968.)

35 In ihrer Biographie Bakunins (Michael Bakunin und die Anarchie, Leipzig 1923, S. 49) schreibt Ricarda Huch: „Die mathematische Begabung war ihm angeboren; es war ihm offenbar ein Bedürfnis, diese Kraft zu üben, wie Buben sich raufen, oder Sportsmänner ihren Sport treiben."

36 Zit. nach: Wolfgang Dreßen, Antiautoritäres Lager und Anarchismus, Berlin 1968, S. 17.

37 So die letzte Zeile des Gedichts über Che Guevara und die letzte Zeile des „Mausoleums".

38 Politik und Verbrechen, S. 341.

39 Daß die Debatte zwischen den Anarchisten und den Marxisten von Seiten Marx und Engels nicht *nur* eine Debatte um die bessere Taktik war, kann man ihrer Darstellung des „Prozesses Netschjew" sehen. (MEW, Bd. 18.) 1869 tauchte ein russischer Student mit Namen Netschajew bei Bakunin in Zürich auf. Er hatte eine „geheime Gesellschaft" von Studenten geleitet und einen Abtrünnigen ermorden lassen. Netschajew tischte abenteuerliche Geschichten über seine Flucht und über die Bedeutung seiner Organisation auf. Seinem Fanatismus gegenüber scheint Bakunin ausgeliefert gewesen zu sein. Zusammen mit Netschajew predigte er der russischen Jugend und Intelligenz die uneingeschränkte Gewalt. Dreßen (Antiautoritäres Lager, S. 21) schreibt dazu: „In dieser Freundschaft wird ein Grundzug Bakunins sichtbar: die Gewalt ist in sich selbst eine reinigende, aus dem Alltagsleben reißende Macht, sie ist eine Form unmittelbarer persönlicher Befreiung. Bakunin sollte sich später von Nechayev trennen, aber die Gewalt als Selbstzweck blieb eine Gefahr jeder anarchistischen Bewegung." — Bald nachdem Netschajew nach Rußland zurückgekehrt war, mit der Berufung auf Bakunin und vielleicht sogar mit seiner echten Unterschrift, flog seine Organisation auf. Die Strafen waren drakonisch. Die Erbitterung über die unsinnigen Opfer bei Marx und Engels steht jenseits von taktischen Überlegungen.

40 Bakunin, Gesammelte Werke, Berlin 1924, S. 97 ff., zit. nach Dreßen, Antiautoritäres Lager, S. 85 und 86.

41 Alfred Andersch, (in Worten: ein)zorniger junger Mann, in: Über Hans Magnus Enzensberger, S. 11.

42 Mit Bakunin zusammen auf den Dresdner Barrikaden war Wagner.

43 Jürgen Habermas, Brief an Erich Fried vom 26. 7. 1967, in: J. H., Student und Politik, Frankfurt/M. 1969, S. 149 f.

44 Karl Markus Michel, Ein Kranz, S. 185.

45 Hans Magnus Enzensberger, Gedichte 1955—1970, Frankfurt/M. 1971, S. 168—169.

W. Martin Lüdke

Der Kreis, das Bewußtsein und das Ding

Aktuell motivierte Anmerkungen zu der vergangenen Diskussion um den Warencharakter der Kunst

Es kann sich bei den folgenden Überlegungen selbstredend nur um eine Skizze handeln; mehr locker als systematisch sollen einige Gedanken vorgetragen werden, die an eine Diskussion anknüpfen, ‚Kunst als Ware‘, die am Ende der sechziger Jahre, im Zuge der Studentenbewegung, mit einiger Erbitterung, viel Polemik, aber schließlich auch, und das nicht zuletzt, mit einer Reihe von plausiblen Argumenten geführt worden ist. Gewiß, die Vermutung liegt nahe, daß letztendlich bei dieser Diskussion nicht eben viel herausgekommen ist.

Ebenso nahe liegt indes die weitere Vermutung, daß gerade die noch heute bedenkenswerten Argumente einer allgemeinen Verdrängung zum Opfer gefallen sind.

Trotzdem, die Frage stellt sich unaufdringlich, was bringt ein solcher Rekurs letztlich noch ein?

Um es erst einmal kurz, vorwegnehmend, anzudeuten: ich bin der Meinung, daß eine unmittelbare Applikation der Kritik der politischen Ökonomie auf den Bereich der Kunst entschieden zu kurz greift. Die Aussage: ‚Kunst ist Ware‘, ist ein unter den Bedingungen der Warenproduktion produziertes Objekt, davon bestimmt etc. — diese Aussage hat sicher einen Erklärungswert, aber nur einen begrenzten.

Es geht, meine ich, mehr um die Implikationen, die in der These vom Warencharakter der Kunst stecken, als um die unmittelbare, wenn man so will: die restriktive Fassung dieser These selbst. Es geht, letztendlich, um die Bedingungen für die Formulierung eines Begriffs von Erfahrung. Damit, um es warnend gleich vorweg zu sagen, ist ein Programm angedeutet, keine Einlösung versprochen.

Doch zunächst sei einmal der Gang der Überlegungen grob umrissen: der erste, zugleich umfangreichste Teil dokumentiert (und rekonstruiert) die wichtigsten Beiträge zu der Diskussion ‚Kunst als Ware‘, ausgehend von einem „Zeit‘‘-Artikel der Berliner SDS-Gruppe „Kultur und Revolution‘‘, über den Versuch von H. H. Holz „Vom Kunstwerk zur Ware‘‘, der mehr prätendierten „Kritik eines Klischees‘‘ von Hannelore Schlaffer, bis hin zu der Begriffsbestimmung, die H. Reichelt und G. Schäfer unter dem Titel „Was heißt hier Ware?‘‘ vorlegten. Der folgende Abschnitt pointiert die bis dahin präsentierten Thesen und versucht im Anschluß daran, einige für die Diskussion zentrale Kategorien ‚vorzustellen'. Von diesem Punkt der Überlegungen aus greife ich auf einen frühen Aufsatz von Th. W. Adorno zurück und versuche seine Konzeption als konsequenteste Adaption der These vom Warencharakter der Kunst darzustellen. Am Ende schließlich werde ich eine Annahme formulieren und mit wenigen, groben Strichen ein Programm skizzieren, von dessen Verfolgung ich mir (dereinst) die Lösung einiger Schwierigkeiten hinsichtlich der Explikation eines materialistischen Erfahrungsbegriffs erhoffe.

Mein Interesse an dieser Diskussion richtet sich also auf die Implikate, die in ihr stecken. Erfahrung mit und durch Kunst – oder eben auch nicht. Gerade die Konsequenz der Adornoschen Konzeption gibt, so möchte ich deutlich machen, Anlaß dazu, nach einem, wie man heute sagt, neuen Paradigma Ausschau zu halten, einem Erfahrungsbegriff, der anders gewonnen werden müßte und anders zu füllen wäre.

I. Die Diskussion der These vom Warencharakter der Kunst

1. Kunst als Ware der Bewußtseinsindustrie. Analysiert von der Berliner SDS-Gruppe ‚Kultur und Revolution'

Mit diesem Artikel in der Wochenzeitung „Die Zeit" Nr. 48 vom 29. November 1968 wurde eine breitere Öffentlichkeit mit einer Diskussion konfrontiert, die noch Jahre danach in akademischen Veranstaltungen und mehr noch: in den dort gezeugten Publikationen ihren Niederschlag fand. Die große Entdeckung: Kunst als Ware.

So genommen, d. h. von heute aus gesehen, eine eher triviale Erkenntnis. Das aber nicht zuletzt deshalb, weil – entgegen dem Augenschein – die Diskussion des Verhältnisses von Kunst und Gesellschaft nachhaltige Wirkungen gezeitigt hat. Weil einer zurecht als bürgerlicher Unternehmung deklarierten Ästhetik der Boden unter den (im doppelten Sinne: metaphorischen) Füßen entzogen wurde. Wodurch?

Sehen wir uns die Thesen der SDS-Gruppe einmal an:

„In der Auseinandersetzung um die Kunst in der kapitalistischen Gesellschaft zeigt sich immer wieder die Notwendigkeit, Kunst und Gesellschaft in ihrem wechselseitigen Verhältnis näher zu definieren. Kunst ist gesellschaftlich, und dies in dreierlei Hinsicht." Nämlich, ich fasse zusammen: hinsichtlich Produktion, Distribution und Konsumtion (= Rezeption). Die „Kulturindustrie" habe sich der Distribution angenommen, das wirke auf Produktion wie Rezeption zurück: „Schon aus dieser Aufteilung geht der wesentliche Anteil der Kulturindustrie hervor, die gewissermaßen den Kristallisationspunkt von Kunstproduktion und Kunstrezeption bildet. Kunst ohne Kulturindustrie ist zur abstrakten Größe geworden, mit der sich bestenfalls unter ideologischen Vorzeichen rechnen läßt."[1] Daraus folgt, daß die Kunst, nun einmal dem „Vertriebssystem der Kulturindustrie" unterworfen, dem gleichen „ideologischen Verhältnis von Angebot und Nachfrage" verfällt und damit zur „Ware" wird. Dabei ist – dies meint das ‚gleiche Verhältnis von Angebot und Nachfrage' –, davon auszugehen, daß nicht die Nachfrage das Angebot, sondern umgekehrt das Angebot die Nachfrage bestimmt. Kurzum: hier haben wir eine frühe Fassung der bekannten Manipulationsthese vor uns. „Durch ständige Überproduktion ist Konsumzwang entstanden: Bedürfnisse müssen geweckt, dürfen aber nicht ganz gestillt werden."[2]

Doch wieder (zurück) zur Kunst. Kunst also, auf diesem Wege Ware geworden, der Kulturindustrie zugeordnet, ist so auch den Bedingungen von Warenproduktion unterworfen.

„Für die Kulturindustrie legitimiert sich die Kunstproduktion nur durch den Tausch-, nicht aber durch den Gebrauchswert. Mit anderen Worten: der objektive Gehalt von Kunstwerken, die aufklärerische Funktion, werden uninteressant für ein System, das nur Profitmaximierung im Kopf hat und gegen dessen Interessen eine adäquate und konsequente Rezeption ja gerade Widerstand leisten würde. Der Verteilerapparat muß sich neue Kriterien schaffen, mit denen er Kunst propagieren kann. Der Tauschwert orientiert sich nach ihnen: gesellschaftliche Aura, großer Name, Seltenheit, Virtuosität." Dank der Hilfe einer bürgerlichen Ästhetik könne sich die Kulturindustrie auf ein solides Fundament beziehen. „Seine drei Säulen heißen *Originalität, Spontaneität* und *Virtuosität*." Einmal also das Kontrasterlebnis von Modeerscheinungen, dann die nicht-rationale, unvermittelte Eingebung und schließlich eine meßbare Größe. „An der Ästhetik", heißt es in direktem Anschluß daran weiter, „lassen sich Kunstproduktion und Distribution vereinigen, die im allgemeinen streng getrennt zu behandeln wären. Die Umfunktionierung der Kunst durch die Kulturindustrie impliziert zunächst eine qualitative Verschiedenheit von objektiver Beschaffenheit und „verwerteter' Rezeption. Die Verpackungsästhetik der Schallplattenindustrie, die den Gehalt ernster Musik verändert, indem sie die Rezeptionsweise festlegt, zeigt, wie diese Umfunktionierung zu verstehen ist: objektiv ändert sich nichts am Kunstwerk, ihm ist also nichts anzulasten. Tatsächlich aber, definiert man die Funktion der Kunst mit der Rezeptionsweise, ist eine totale Veränderung eingetreten." Dieses – gewiß: schlechte – Beispiel zeigt, daß die Autoren immerhin noch an einer folgenreichen Unterscheidung festhalten: „Prinzipiell wären zwei Funktionen der Kulturindustrie zu unterscheiden, die mit den zwei Sparten: hohe und niedere Kunst zusammenfallen. Die hohe Kunst gerät, unbeschadet ihres objektiven Gehalts, in die Zahnräder der Verwertungsindustrie und wird zum Mittel der Einschüchterung. Die Belieferten haben keinen Einfluß auf die Belieferung." Und: „Indem die Mittellosen auch als die Unverständigen angesehen werden, die Kunst also als Sache der Spezialistenklasse deklariert wird, festigt sich der Klassenstatus." Das genügte indes nicht, „wenn nicht auch gleichzeitig positive Leitbilder gewonnen werden könnten." Dies besorge, hier folgen die Autoren unmittelbar ihrer (verschwiegenen) Vorlage[3], die industrielle Produktion „niederer Kunst" durch die Kulturindustrie, die zudem ihren Konsumenten das Gefühl vermittele, sie sei an ihren Bedürfnissen ausgerichtet.

Das Resultat ihrer Analyse faßt die Berliner SDS-Gruppe in der folgenden These:

„Gemessen an der speziellen Form des Bewußtseins, die heute praktiziert wird, der Unterdrückung des Bewußtseins, muß das traditionelle Revolutionsmodell: von der Basis zum Überbau verlagert werden. Erst mit einer Veränderung des Bewußtseins, zum Bewußtsein der Unterdrückung, lassen sich die Ursachen der Unterdrückung beseitigen. Die Kunst, als Artikulation und Darstellung von Bewußtsein, kommt in dieser Sicht einen entscheidenden Stellenwert."

Nicht allein die Akzentverlagerung von der Basis auf den Überbau verweist auf die (noch) starke Abhängigkeit von der kritischen Theorie; genauso bemerkenswert erscheint mir die Betonung der Rolle, die Kunst in diesem Prozeß zu spielen hat. Für die Autoren ergeben sich, vor allem, zwei Konsequenzen: die kritische Auseinandersetzung mit der bürgerlichen Ästhetik und eine eigene (kritische) Produktion. „Die Beschäftigung mit der Kunst ist nicht denkbar ohne die Beschäftigung mit der Gesellschaft. Um die Voraussetzungen für eine progressive Kunstproduktion, für die Beseitigung der Trennung Produzent-Konsument zu schaffen, müssen wir die gesellschaftlichen Bedingungen ändern, die diese Trennung möglich machen."

An diesen Artikel schloß sich, in der „Zeit", eine, wie man da so schön sagt, äußerst lebhafte Diskussion an: Peter Handke[4], Peter Hamm[5], Dieter E. Zimmer[6], Uwe Nettelbeck[7], Bazon Brock[8], Dieter Wellershof[9], Erich Fried[10] u. a. gaben je auf ihre Weise ihre Meinung kund. Der eine bemängelte die schlechten Sätze, der andere die „kurzen Röcke", die dazumals in Mode waren, wieder andere bemängelten die Schamlosigkeit und wurden daraufhin ihrer Harmlosigkeit überführt. Kurzum: die ‚legendäre' Zeit-Diskussion ist im ganzen gesehen kaum noch der Rede wert. Dennoch: die SDS-Autoren haben die Diskussion in Gang gebracht. Auch wenn ihr Artikel von Mißverständnissen, Halbheiten, groben Verkürzungen, ungenauen Bestimmungen, unzureichenden Begründungen nur so wimmelt, auch wenn er, darin hatte Handke wenigstens zum Teil recht, in seinem dogmatischen Sprachgestus eher die Erkenntnis abschneidet, die er gerade provozieren will; wir haben hier gleichsam die Rohfassung der These vom Warencharakter der Kunst vor uns.

2. Der H. H. Holz'sche Weg „Vom Kunstwerk zur Ware"

Noch im Jahre 1972 konnte ein Buch, das unter dem Titel „Vom Kunstwerk zur Ware" erschien und sich als Studie „zur Funktion des ästhetischen Gegenstands im Spätkapitalismus" präsentierte, Staub aufwirbeln, dort nämlich provozieren, wo der Mief von tausend Jahren vielleicht weniger unter den Talaren, sondern eher unter den Ablagerungen bürgerlichen Kunst-Empfindens zu suchen war.

Nur hatte Holz, der seinerzeit so viel Furore machte, den systematischen Anspruch mehr prätendieren als einlösen können. Sein Buch ist eine Aufsatzsammlung, die Gelegenheitsarbeiten, wenn auch in sauberer Kapiteleinteilung, vereinigt. Und daran krankt es. Zudem ist diese Sammlung, wiederum im Gegensatz zum Anspruch, wesentlich auf bildende Kunst bezogen. Von daher bezieht sie, wenigstens zu Teilen, ihre Evidenz. Allein: was für die bildende Kunst gilt, das läßt sich nicht unbedingt und gewiß nicht umstandslos verallgemeinern.

Ich werde mich im folgenden vor allem auf die Aussagen von Holz beziehen (müssen), die auf allgemeine Geltung abheben.

Holz markiert in dem ersten, für unsere Überlegungen zentralen Aufsatz über „Die Krise der Kunst" drei Stufen der Entfaltung des Warencharakters von Kunst.

1. Solange das Kunstwerk noch als *kultisches Objekt* gelten kann, eine Ritualfunktion erfüllt, die im übrigen als eminent gesellschaftliche Funktion zu betrachten ist, solange ist von einem Warencharakter des Kunstwerks überhaupt nicht zu sprechen. Im Gegenteil: dem extrem hohen Gebrauchswert auf dieser Entwicklungsstufe entspricht ein minimaler Tauschwert.

„Die ursprüngliche Funktion von Kunst", so schreibt Holz dazu, „ist von ihrer Beziehung auf den Gesellschaftszweck nicht abzutrennen. Sie weist sich durch ihren Gebrauchswert aus."[11] Das Kunstwerk geht gar nicht erst in die Austauschsphäre ein und kann somit auch keinen Warencharakter annehmen.

2. Bereits als *repräsentatives Objekt* aber verliert das Kunstwerk — im Zuge des geschichtlichen Wandels freilich — zunehmend seinen Gebrauchswert; das Verhältnis von Tausch- und Gebrauchswert kehrt sich, im Vergleich zur ersten Stufe, um. Das Werk, nun aus seinen kultischen Bezügen gelöst, repräsentiert auch nicht länger mehr den Rang seines Besitzers, sondern vielmehr den Besitz an sich: „den reinen Wert, frei von der Beimischung niederer Instrumentalität."[12] In der Praxis erweise sich dieser reine Wert als reiner Tauschwert: „das Kunstwerk", folgert Holz, wird zur Ware, die um nichts als ihrer selbst willen begehrt und gehandelt wird." Das Kunstwerk werde so geradezu „die Idee der Ware"[13].

3. Für das zur Ware gewordene Kunstwerk läßt sich schließlich Holz zufolge eine Rückwirkung der Marktbedingungen sowohl auf die Produktion wie auf die Rezeption der Werke feststellen. Dieses Werk habe damit an „allen Eigenschaften des Warenwesens teil"[14]. Die ‚Grillen', die Marx dem Warenfetisch zugeschrieben habe, treten, so Holz, potenziert dort zutage, wo der Fetisch selbst zur Ware werde. Da der Fetisch durch nicht als durch sein „An-sich-sein seinen Repräsentationswert bekommt, müssen die formalen Eigenschaften seiner Dinghaftigkeit zu den Bestimmungsmomenten seines Marktwertes werden."[15] Eine konkrete Beurteilung der formalen Momente des Werks ist an den Gebrauchswert gebunden, der sich freilich unterdessen verflüchtigt hat, so daß „für die vage Beliebigkeit des Dekors nun vorgeblich reine Formalien (die es gar nicht gibt) zu Kriterien werden, an denen der ästhetische wie der Marktwert eines Werkes gemessen werden."[16]

Doch nicht allein die Kriterien der ästhetischen Wertung sind schlechterdings zerflossen, sondern mehr noch: mit der Denaturierung des Kunstwerks zur Ware wurde die Kunst als solche zum bloßen „Emblem der kapitalistischen Gesellschaftsverhältnisse", zu „Dekor und Hypostase"[17]. Und in der Folge wurde natürlich auch die Kreativität des Künstlers „gelähmt".

Versuchen wir nun, ohne die Übertragbarkeit solcher Kategorien wie Gebrauchswert und Tauschwert an dieser Stelle bereits anzuzweifeln, den systematischen Kern der Holz'schen Überlegungen zu beschreiben. Holz geht davon aus, daß die „Öffentlichkeitsbeziehung" des

Kunstwerks dessen soziologische „Determinante" ausmacht. Die Krise der Kunst, sagt er, sei eine Krise der Gesellschaft, nicht etwa eine der bildnerischen Sprache. Denn die Gesellschaft räume der Kunst keinen anderen Platz ein als den — „Ware zu sein"[18]. Das heißt: gleichgültig wie der Prozeß „der Auseinandersetzung der Künstler mit unserer neuen Wirklichkeitserfahrung" auch verläuft, er kann solange zu keinerlei „verbindlichen Antworten" führen, „solange das Kunstwerk im Augenblick seiner Fertigstellung als Ware verdinglicht wird, statt als Ausdruck menschlicher Beziehungen und das heißt als Reflexionsebene für die Ausbildung individuellen und gesellschaftlichen Selbstbewußtseins zu fungieren."[19] Ohne auf diese einzelne Formulierung allzuviel zu geben, möchte ich doch noch einmal wiederholen, daß der Holz'schen Auffassung zufolge das Kunstwerk im Augenblick seiner Fertigstellung als Ware verdinglicht. Das Wertgesetz als Wetterleuchten. Gleichwohl, Holz argumentiert im ganzen gesehen doch differenzierter. Die Krise der Kunst, die wohl aus der Denaturierung des Kunstwerks zur Ware resultiere, lasse sich nämlich am Verlust der Abbildhaftigkeit erweisen. Sie, die Krise, scheint „damit zusammenzuhängen, daß das Abbildbare unter den Bedingungen der Warengesellschaft nicht mehr als Ausdruck menschlicher Verhältnisse, sondern nur noch verdinglicht erlebt werden kann."[20] Hier sind endlich die Konstitutionsbedingungen moderner Kunst angesprochen, zwar eher pauschal, doch: immerhin. Holz führt weiter aus: „die Verarmung der menschlichen Beziehungen im Kapitalismus engt die gestalterischen Möglichkeiten immer mehr ein, beschränkt die darstellbaren Bildgehalte und reduziert den kreativen Spielraum des Künstlers (wie des rezeptiven Publikums)". Die Holz'sche These ist also: „Die relative Autonomie des Ästhetischen wird aufgehoben; statt Medium der Reflexion zu sein, wird es zur bloßen Funktion der Gesellschaft, zum ideologischen Abklatsch."[21] Diese — realen — Konsequenzen lassen sich erkenntnistheoretisch als Zerfall einer für die Kunst signifikanten Dialektik beschreiben. Diese Dialektik, bei Holz allerdings in einen ontologischen Rahmen verwiesen, zerfällt also und läßt das Kunstwerk zur Reproduktion ‚purer Gegenwart' verkümmern. Statt „aus der Entfremdung in die Einheit von mimetischen und kreativen Verhalten" zurückzuführen, bleibt die „Kunst ganz außer sich beim fremden Gegenstand", wird so selber „zum Indiz von Entfremdung".[22] Der Reflexionscharakter geht auf diese Weise verloren. Er beruht darauf, daß das Werk nicht ‚der' Gegenstand ist, den es darstellt, nämlich so darstellt, „daß das Verhältnis des Subjekts zum Objekt in diese Darstellung (und ihr Erlebnis beim Betrachter) mit aufgenommen ist (welches Reflexionsverhältnis als anschauliches und nicht rein begriffliches gerade das Allgemeine der ästhetischen Form ausmacht)".

Diese Reduktion der Kunst auf die Reproduktion der Realität komme einer „Selbstverleugnung des dialektischen Wesens der Kunst"[23] gleich, einer Selbstverleugnung, „die bereits mit dem Naturalismus anfängt und sich eindeutig mit der Entstehung des kapitalistischen, abstrakt und anonym gewordenen Warenmarktes parallelisieren läßt."[24]

3. Hannelore Schlaffers ‚Kritik eines Klischees', kritisch betrachtet

In dem von Heinz Schlaffer herausgegebenen Band 4 der Reihe ‚Literaturwissenschaft und Sozialwissenschaft', mit dem Programm einer ‚Erweiterung der materialistischen Literaturtheorie durch Bestimmung ihrer Grenzen", ist Hannelore Schlaffer mit einem Aufsatz vertreten, der diesem Anspruch gemäß versucht, eine Grenze der Literaturtheorie zu bestimmen. Sie nennt ihre Überlegungen „Kritik eines Klischees: ‚Das Kunstwerk als Ware'". Und ihre Kritik versteht sich als abschließend, will, indem sie die Unfruchtbarkeit erweist, die Diskussion beenden.

H. Schlaffers zentrales Argument bezieht sich auf die Übertragung bzw. Übertragbarkeit von Kategorien der Kritik der politischen Ökonomie auf den Bereich der Kunst. Sie meint, daß diese Kategorien dem Kunstwerk äußerlich bleiben, was an der Kunst relevant ist, gerade nicht treffen. „Ein Vergleich von Kunstwerk und Ware gelingt nur, sofern er sich auf beider sinnlich-gegenständliche Seite bezieht, sie wie Dinge nimmt, deren Distribution gleichen Gesetzen subsummiert ist."[25] In einer Wendung gegen H. H. Holz, der behauptet hatte, das Kunstwerk werde allein durch einen dezisionistischen Akt gegen andere Gebrauchsgegenstände abgehoben, führt sie aus: „Von der je besonderen Nützlichkeit des Gebrauchsgegenstands sieht diese Definiton ab — abstrakt vergleicht sie nach einer Brauchbarkeit schlechthin —, müßte sie doch sonst nach der spezifischen Brauchbarkeit des Kunstwerks fragen."[26] Als bloßes Ding habe das Kunstwerk keinerlei Nutzen. „Sinn aber erhält das unnütze Ding gerade erst durch die — sei es auch dezisionistische — Benennung als Kunstgegenstand."[27] Soweit gegen Holz zielend, erscheinen ihre Argumente durchwegs plausibel. Aber hier ist auseinanderzuhalten:

1. die Kritik an der äußerlich bleibenden Übertragung ökonomischer Kategorien auf die Kunst, und
2. die sich darin manifestierende Verkürzung der ökonomischen Kategorien selber.

Die Prämisse, unter der H. Schlaffer antritt, ein Vergleich von Kunstwerken und Waren gelinge nur in der Beziehung auf die sinnlich-gegenständliche Seite, genau diese Prämisse ist zwar einerseits zur Kritik an einer Reihe von vorliegenden Ansätzen geeignet, verkürzt jedoch andererseits unsere Diskussion um ihre − entscheidende − Dimension. Bei der Betrachtung der Schlaffer'schen Argumentation sind also die beiden Ebenen auseinanderzuhalten.

Die kapitalistischen Bedingungen werden, so meint H. Schlaffer, dem „Kunstwerk" allererst „bei seiner Distribution oktroyiert, denn zu einem großen Teil geschieht die Verbreitung von Kunst über den Markt. Die dingliche Seite", das heißt: nur diese, „die Medium der geistigen Aneignung sein sollte, kann sich in der Reproduktion in der Tat verselbständigen und wie eine Ware gehandhabt werden"[28]. Deutlich ist hierbei zu ersehen, daß nur das fertige Produkt, das Kunstwerk, so wie es nun halt mal entstanden ist und aus den Händen seines Produzenten abgegeben wird, angesprochen ist. Ja, weiter noch: „Der Künstler bringt", sozusagen: im Prinzip, „sein Werk selbst auf den Markt. Zwischen ihn und die Käufer (das Publikum) kann ein Vermittler treten. Das Verhältnis zwischen diesem und dem Künstler nämlich verkauft seine Arbeitskraft nicht als Potential, als abstrakte Kapazität, sondern qualifiziert in bereits gestalteter Form als fertiges Kunstwerk."[29] Für ein solches Kunstwerk, das ist fraglos richtig, bleibt es tatsächlich irrelevant, wie es vertrieben, unter die Leute gebracht wird. Die Distributionsmechanismen können allenfalls, davon wollen wir hier einmal absehen, noch die Bedingungen der Rezeption tangieren. Mehr nicht. Für das Kunstwerk zahlt man dann wohl „eine runde Summe, für Waren hingegen errechnet sich der Preis auf Heller und Pfennig aus der tatsächlich investierten Arbeit und dem erwarteten Profit."[30] D. h.: „Eine Ware ist die Einheit von Gebrauchswert und Tauschwert, nur sofern sie im Austausch zwischen Käufern übertragen wird. Der Künstler und der Käufer treten in ein nur scheinbares Tauschverhältnis, da der Kunstwert nicht auszumachen und eindeutig abzugelten ist."[31] Die eigentliche Aneignung des Werkes durch den Käufer ist das Resultat einer „geistige(n) Anstrengung und Auseinandersetzung mit dem ästhetischen Objekt".[32]

Die Ware ist als solche Einheit von Tausch- und Gebrauchswert. H. Schlaffer sieht sehr richtig, daß die Applikation dieser Kategorien auf Kunstwerke nur einen begrenzten Erklärungswert hat. „Ware als dialektische Einheit von Gebrauchs- und Tauschwert zu bestimmen, heißt, die Reduktion der ‚verschiedenen konkreten Formen' der Arbeit auf ‚gleiche menschliche Arbeit, abstrakt menschliche Arbeit' vorauszusetzen."[33] Die Formulierung mag unpräzise sein, ändert nichts an dem Faktum, daß zwischen künstlerischer Tätigkeit und (gesellschaftlicher) Arbeit Unterschiede (sicher auch Gemeinsamkeiten, die H. Schlaffer übergeht) anzunehmen sind. Sie bezieht sich auf einen Hinweis von Marx, „daß solche Abstraktion im Falle künstlerischer Arbeit nicht möglich ist". Marx sagte nämlich: "Milton, who did the 'Paradise Lost' . . ., war ein unproduktiver Arbeiter. Der Schriftsteller dagegen, der Fabrikarbeit für seinen Buchhändler liefert, ist ein produktiver Arbeiter. Milton produzierte das 'Paradise Lost' aus demselben Grund, aus dem ein Seidenwurm Seide produziert. Es war eine Betätigung seiner Natur."[34] Die Marxsche Äußerung, zudem in einem ganz anderen Zusammenhang stehend, veranlaßte H. Schlaffer zu dem folgenden Kommentar: „Auch wenn wir Marxens idealistischen Seitensprung (der möglicherweise, berücksichtigt man nur den Kontext, so idealistisch nun auch wieder nicht ist, WML), der Künstler schaffe wie die Natur selbst, nicht akzeptieren, bleibt das Faktum, daß künstlerische Arbeit nicht vergesellschaftet ist, daß gerade die Individualität der Äußerung als Konstituens der ästhetischen Besonderheit gewertet wird."[35]

Diese folgenreiche Deutung des Marx-Zitats ist nun in ihren Konsequenzen einsichtig zu machen. Wie immer auch historisch relativierbar, im einzelnen präzisierbar, im Kern hält H. Schlaffer an der Aussage fest, künstlerische Arbeit sei nicht vergesellschaftet.[35a]

„Der Künstler, der ein Werk vom Entwurf bis zur Vollendung schafft, hat ein unentfremdetes Verhältnis zu seiner Arbeit. Diese individuelle Totalität macht ihn zum Faszinosum in der arbeitsteiligen bürgerlichen Gesellschaft."[36] Oder, auf der gleichen Linie: „Ästhetische Produktionsmittel können nicht als Privatbesitz entfremdet werden." Schließlich, noch deutlicher: „Da bei der Vermarktung der Kunst von ihren ästhetischen Spezifika abstrahiert wird, kann eine Kritik, die sich auf die Distribution beschränkt, über die Funktion von Kunst in der gegenwärtigen Gesellschaft nur wenig relevante Aussagen machen."[37] Soweit: völlig einverstanden. Aber, jetzt erst kommt das fundamentale Mißverständnis: „Hingegen kann ein Vergleich der Distribution der Kunst, welche sich dem Marktgebaren der bürgerlichen Gesellschaft unterwirft, mit ihrer Produktion, die sich kapitalistischen Bedingungen (vergesellschaftete Arbeit) *entzieht,* Möglichkeiten wie Grenzen des Kapitalismus zeigen."[38]

Die Insistenz auf der Differenz zwischen künstlerischer und gesellschaftlicher Arbeit, hier liegt, meine ich, der große Irrtum von H. Schlaffer, darf nicht dazu führen, daß die entscheidenden ‚Gemeinsamkeiten' unter den Tisch gefegt werden. Auch künstlerische Arbeit ist eine Form der Auseinandersetzung des Menschen mit der Natur, auch sie unterliegt den Bedingungen der Vergesellschaftung von Natur — der zweiten Natur. Künstlerische Arbeit ist ebenso gesellschaftliche Arbeit wie die Arbeit der unmittelbaren Produzenten. Trotzdem ist sie nicht unmittelbar mit dieser gleichzusetzen oder auch nur zu vergleichen. Ich möchte hier nicht entscheiden, ob die Entwicklung der ökonomischen Produktivkräfte und der ästhetischen, wie H. Schlaffer gegen Adorno meint, tatsächlich zweierlei ist, gewiß ist jedenfalls, daß in materialistischer Theorietradion nicht von einer absoluten Autonomie des Ästhetischen ausgegangen werden kann. Gewiß ist auch: ,,Daß aber das geistige Substrat von der Vermarktung zwar berührt, nicht aber völlig aufgesogen werden kann, ist die Bedingung der Möglichkeit einer kritischen Kunst.''[39] Nur die Frage ist halt: in welchem Maße wird es allein schon von den ‚Marktbedingungen' berührt; sicher läßt sich darauf keine allgemeine Antwort geben; und weiter: welche Bedingungen sind dafür maßgebend, daß die spezifische Form der Vergesellschaftung künstlerischer Arbeit, die gleichwohl eine Form entfremdeter Arbeit ist, ebenso als Ausdruck ‚relativer' Autonomie, d. h. als ‚kritische Kunst', erscheinen kann.

Die Konstruktion, mit der H. Schlaffer ihre, verkürzt gesagt, ‚Autonomie-These' abzusichern versucht, bleibt sehr problematisch: ,,Das Kunstwerk ist bestimmt durch Sinnlichkeit. Darin besteht seine Eigenart, daß diese Sinnlichkeit nicht dinglich-materiell ist: sie entsteht aus Bedeutung, Sinn, Idee. Dem Kunstwerk eignet also eine immaterielle Materialität, eine materiale Immaterialität. Die dingliche Gestalt ist für seine Substanz von sekundärer Relevanz.'' Und jetzt die Folgerung: ,,Es kann also nicht die Gegenständlichkeit sein, die die Künstlichkeit des Gebildes ausmacht.''[40] D. h.: ,,Da das Kunstwerk kein ‚materielles Substrat' hat, hat es auch keinen Gebrauchswert. Im Gebrauch wird der Warenkörper verbraucht, die dingliche Seite unterliegt dem Verschleiß. Das Kunstwerk hingegen läßt sich über Jahrhunderte (. . .)''[41] usw.

Das Kunstwerk hat sehr wohl ein materielles Substrat, selbst die Musik, die H. Schlaffer flugs als Beispiel heranzog; das Werk ist das Resultat der Auseinandersetzung des Künstlers mit seinem Material. Um mich nicht in den Einzelheiten einer (an sich notwendigen) Auseinandersetzung mit H. Schlaffer zu verlieren, möchte ich einzig noch den Gegensatz, den sie konstruiert hat, herausstellen. Sie sagt: ,,Was anders wäre der Sinn von Interpretation als der, die Individualität von ‚Geschick und Intensität', wie sie ins Kunstwerk eingegangen sind, zu erfassen. Der hermeneutische Prozeß erforscht die Qualität der subjektiven Leistung des Künstlers.'' Und demgegenüber, in direktem Anschluß daran: „Das ‚Durchschnittsexemplar Ware' hingegen ist durchschaubar vor dem ersten Blick, weil nach vorausbemessenen Erfordernissen und Regeln hergestellt." Nun hatte H. Schlaffer kaum eine Seite zuvor die berühmte Stelle aus dem Abschnitt über den Fetischcharakter der Ware ausgiebig zitiert, u. a.: „Das Geheimnisvolle der Warenform besteht also einfach darin, daß sie den Menschen die gesellschaftlichen Charaktere ihrer eigenen Arbeit . . . als gesellschaftliche Natureigenschaften dieser Dinge zurückspiegelt". Wir werden darauf noch kommen müssen. Hier sei abschließend nur festgehalten: soll ein Vergleich von Kunst und Ware sinnvoll sein, dann hat er sich wesentlich auf die aus dem Fetischcharakter der Ware entwickelte Theorie der Verdinglichung des bürgerlichen Bewußtseins zu beziehen.

Angesichts der Schwierigkeiten, die man gemeinhin der Lektüre des 1. Kapitels des Kapitals nachsagt, darf überdies bezweifelt werden, daß die ‚Ware' so einfach, auf den ersten Blick hin zu durchschauen ist.

II. Zwischenbericht als Wiederholungskurs

1. Die übersehene Frage: „Was heißt hier Ware?"

Anfang 1969 haben H. Reichelt und G. Schäfer, gleichsam als ‚Experten' in Sachen Kritik der politischen Ökonomie, in die laufende „Zeit"-Diskussion eingegriffen. Unter dem Titel: „Was heißt hier ‚Ware'? Die Antwort des Karl Marx"[42] — werden eine Reihe von Begriffen in die Diskussion eingeführt, deren Bedeutung in einem umgekehrten Verhältnis zu der Wirkung steht, die der Artikel ganz offenkundig für die Diskussion Kunst als Ware gehabt hat. Die Autoren gehen zwar kaum, wenn dann am Rande, auf Kunst ein, doch scheinen mir einzig ihre Überlegungen einen Weg zu weisen, der aus der Sackgasse herausführt, in die sich diese Debatte allzu schnell verloren hat. Im Gegensatz zu Holz, und noch stärker im Gegensatz zu Hannelore Schlaffer machen Reichelt und Schäfer deutlich, daß eine solche Diskussion sinnvoll nur geführt werden kann, wenn der Begriff der Ware nicht auf seine sozusagen ökonomistische Dimension verkürzt, sondern in der von Marx beschriebenen Weise verstanden wird. Das heißt: die Marxsche Warenanalyse zugleich als eine Theorie der Verdinglichung. „Die Ware bezeichnet für Marx nicht allein den auf dem Markt getauschten Handelsartikel, sondern eine gesellschaftliche Produktenform, in der sich objektive Daseinsweise und Gedankenform der warenproduzierenden Gesellschaft ausdrückt. Der Begriff der Ware erklärt die Verdinglichung, die Versachlichung menschlicher Beziehungen — der eigentliche Gegenstand des Marxschen Werks — die sich in der kapitalistischen Gesellschaft als deren objektive Daseinsform ausgebildet hat." Wie sich in dem Begriff ‚Versachlichung menschlicher Beziehungen' bereits angedeutet, sind allemal zwei Aspekte zu berücksichtigen: Versachlichung und Beziehung nämlich. Die menschliche Arbeit vergegenständlicht sich nämlich nicht nur in dem Produkt, als entfremdete Arbeit, sondern verdeckt gerade ihren Charakter als gesellschaftliche Arbeit — mit dem Resultat einer Umkehrung, daß die lebendigen Beziehungen als sachliche erscheinen. „In der Wertform oder Warenform der Arbeitsprodukte erkennt Marx das Geheimnis der modernen Gesellschaft: die Vereinzelung des Individuums innerhalb der Gesellschaft, die wechselseitige und allseitige Abhängigkeit der gegeneinander gleichgültigen und scheinbar freien Individuen als ihren gesellschaftlich notwendigen Zusammenhang." Damit wird nun auch eine Illusion zerstört, die sich wie ein roter Faden durch die Ausführungen von H. Schlaffer zieht: die freie Subjektivität des Künstlers, der — dispensiert von den Bedingungen entfremdeter Arbeit — ein Produkt schaffen kann, an dem — überspitzt gesagt — die Bedingungen der kapitalistischen Verwertung abprallen, äußerlich bleiben. Reichelt/Schäfer konzedieren zwar, im Sinne von H. Schlaffer, als kennzeichnend für die bürgerliche Gesellschaft einen „vermutlich auch für den Künstler dieser Epoche zutreffende(n) Schein individueller Freiheit. Freiheit nicht nur von den unmittelbaren Zwängen der unbeherrschten Natur und naturwüchsigen Herrschaft vorbürgerlicher Gemeinwesen, sondern darüber hinaus, jedenfalls bis zu einem gewissen Grad, Freiheit von der Gesellschaft schlechthin." Sie konzedieren dies — freilich als Schein. Dieser Doppelcharakter ist bei H. Schlaffer zurückgenommen. Bei ihr erscheint der Künstler, wie wir gesehen haben, tatsächlich als frei, die Abhängigkeiten von bestimmten Produktions- und Distributionsmitteln können wir, durchaus im Sinne ihrer Überlegungen, hier vernachlässigen. Reichelt/Schäfer weisen nun darauf hin, daß das ganze Gegenteil der Fall ist und sagen mit Marx: „In der Vorstellung sind . . . die Individuen unter der Bourgeoisieherrschaft freier als früher, weil ihnen ihre Lebensbedingungen zufällig sind; in der Wirklichkeit sind sie natürlich unfreier, weil mehr unter sachliche Gewalt subsumiert." Und das diese „sachliche Gewalt" die die Künstler keineswegs ausspart, nur weil sie halt so individuell vor sich hin produzieren, einen Bogen um sie schlägt, so versteht sich auch, daß sich bei Produkt und Produzent Strukturen der Verdinglichung nachweisen lassen.

Die Marxsche Entfremdungs- und Verdinglichungstheorie, bereits in den Frühschriften entwickelt, ist in der Kritik der politischen Ökonomie materialistisch begründet: „Dort konzentrieren sich die zentralen Motive der Verselbständigung, Verkehrung, Verdinglichung, Entfremdung in der Lehre von der Warenform." Entsprechend sollte die Applikation der Marxschen Theorie nicht gerade dort aufhören, wo sie — in bezug auf die These: Kunst als Ware — erst beginnt, interessant zu werden. Das ist faktisch dann immer der Fall, wenn man, wie H. Schlaffer, ausgeht von der Annahme: „Ein Vergleich von Kunstwerk und Ware gelingt nur, sofern er sich auf beider sinnlichgegenständliche Seite bezieht, sie wie Dinge nimmt, deren Distribution gleichen Gesetzen subsumiert ist." Problematisch wird, so will ich hier erst einmal vorsichtig vermuten, diese These wohl immer bleiben. Sinnvoll zu diskutieren hingegen läßt sie sich sicherlich bereits dann, wenn sie nicht auf die Reduktion im Sinne von H. Schlaffer verpflichtet wird.

G. Lukács, ohne den die kritische Theorie nicht zu denken wäre, hat in seinem 1923 erschienenen Sammelband „Geschichte und Klassenbewußtsein" einen Aufsatz mit dem Titel „Die Verdinglichung und das Bewußtsein des Proletariats" publiziert, der an der (beanspruchten) Reichweite und dem Erklärungswert der Verdinglichungstheorie keinen Zweifel läßt:

„Es ist keineswegs zufällig, daß die beiden großen und reifen Werke von Marx, die die Gesamtheit der kapitalistischen Gesellschaft darzustellen und ihren Grundcharakter aufzuzeigen unternehmen, mit der Analyse der Ware beginnen." Just eben nicht mit Distributions-, Zirkulations-, ja auch Produktions-Problemen, sondern mit der Analyse der Ware. Denn, so fährt Lukács fort, „es gibt kein Problem dieser Entwicklungsstufe der Menschheit, das in letzter Analyse nicht auf diese Frage hinweisen würde, dessen Lösung nicht in der Lösung des Rätsels der Warenstruktur gesucht werden müßte."[43] Dazu bedürfe es allerdings, so Lukács weiter, jener Weite und Tiefe der Analyse, wie sie Marx zu eigen gewesen ist. Ungeachtet der Frage, ob und wenn: wie diese These gegenwärtig noch zu halten ist, auf jeden Fall wird man den Geltungsanspruch wohl ernst nehmen dürfen. Ernst genommen haben ihn ohne Zweifel H. Reichelt und G. Schäfer in ihrem (gleichsam) frühen „Zeit"-Beitrag, nur sind sie wiederum nicht ernst genommen worden. Denn sonst hätte unsere Diskussion gewiß nicht so schnell die falsche Kurve genommen.

Reichelt und Schäfer argumentieren, wie ich schon angedeutet habe, gegen die Vorstellungen, die den als Abschluß der Diskussion intendierten Beitrag geradezu exemplarisch geprägt haben — die Illusion einer freien Künstlersubjektivität, wie ich es vorhin verkürzt nannte.

„Was immer das am Austauschprozeß teilnehmende Individuum denken mag", schreiben die Autoren, „wenn es nicht die Genesis der Warenform in seine Gedanken mit aufnehmen, also den Prozeß seiner eigenen Konstituierung zu anscheinend freier Subjektivität nicht durchschauen kann, betreibt es ‚reine Theorie', wie der junge Marx alle Ideologie bezeichnet. Das derart produzierte ideologische Bewußtsein ist notwendig falsches Bewußtsein, worin sich die Menschen in verkehrter Form Rechenschaft ablegen über jenen Tatbestand, der im Tauschwert der Ware ausgedrückt ist." Sie verweisen auf eine Äußerung von Marx, in der es heißt: „Diese sachlichen Abhängigkeitsverhältnisse erscheinen auch so, daß die Individuen nur von Abstraktionen beherrscht werden, während sie früher voneinander abhingen." In einer darauf folgenden Bemerkung zur Geldform sagen sie weiter: „Obwohl nur eine ‚existierende Abstraktion', erweist sie sich in der gesellschaftlichen Lebenswelt als wirklicher und mächtiger denn die lebendige Individualität und ihre konkrete Tätigkeit." Und, für uns von Interesse, höchst vorsichtig: „Inwieweit sich Kunstwerke diesem gesellschaftlich vermittelten Zwang entziehen, den Warencharakter transzendieren können, ist indes eine Frage, die nicht vorab und allgemein beantwortet werden kann." Mit der gleichen Vorsicht bezeichnen sie auch die (notwendige) Unterscheidung zwischen den verschiedenen Arten der Aneignung der Welt durch die produzierenden, produktiven Subjekte: „Doch wie immer seine objektive Funktion und sein individuelles Bewußtsein aussehen — in den Augen von Marx ist die ‚künstlerische Aneignung der Welt' von der theoretischen (auch von der der kritischen Theorie) ebenso unterschieden wie von der ökonomischen Produktionstätigkeit. Eine Ästhetik, die diesen Unterschied nicht zum Thema hätte, könnte er ein abgeschmacktes Ding nennen." Ganz gewiß ist dieser Unterschied festzuhalten. Aber er ist — auch — auf die Annahme zu beziehen, die in den kurz zuvor gemachten Äußerungen steckt (und im folgenden noch expliziert werden muß): „Der Überhang des Tauschwerts über den Gebrauchswert, des Abstrakt-Allgemeinen über das Sinnlich-Konkrete, reicht bis in die Struktur des Gebrauchswerts selbst hinein und läßt die verkehrende Verdinglichung erst total werden."

Die Thesen von Reichelt/Schäfer lassen sich in der vorliegenden, letztlich unausgeführten, Form keineswegs übernehmen. Ich habe sie hier, wie gesagt, nur vorgestellt, um zu demonstrieren, daß bereits zu Beginn der Diskussion über die These vom Warencharakter der Kunst ein Ansatz vorgelegen hat, der geeignet gewesen wäre, die Sackgasse zu umgehen, in der sich diese Diskussion sehr bald verloren hat. Das — in jeder Hinsicht — problematische Verhältnis einer durch die Studentenbewegung motivierten Theoriebildung zu der Kritischen Theorie ließe sich auch an unserer Diskussion ein gutes Stück weit beschreiben.

2. Summarische Zwischenbilanz

Die Diskussion um ‚Kunst als Ware' ist auf den vorangegangenen Seiten relativ ausführlich referiert und, wie ich hoffe, auch rekonstruiert worden. Naturgemäß selektiv, doch sind die wesentlichen Exponenten zu Wort gekommen.

Ich möchte nun, nicht allein der besseren Übersicht wegen, sondern auch zur Vorbereitung der folgenden Überlegungen, noch einmal summarisch festhalten, was an Argumenten, Anregungen, Anknüpfungspunkten auf dem gegenwärtigen Diskussionsstand der Literaturtheorie, Literatursoziologie zu beziehen, zu übernehmen ist.

1. Der Beitrag der Berliner SDS-Gruppe „Kunst als Ware der Bewußtseinsindustrie", als solcher selbst kaum diskutabel, zugleich, wie Peter Hamm[44] schon damals notiert hat, stark an Adornos Aufsatz über den ‚Fetischcharakter der neuen Musik und die Regression des Hörens' angelehnt, ohne freilich die Stringenz der Adornoschen Argumentation auch nur annähernd zu erreichen, dieser Beitrag hat aber dennoch als Initialzündung gewirkt, eine anhaltende Debatte provoziert. Es erübrigt sich hier, zumal wir auf Adornos Überlegungen noch eingehen werden, die Gedanken der Berliner im einzelnen zu ‚würdigen'.

2. Anders bei Holz. Auch wenn — in einigen Punkten — der Kritik von H. Schlaffer zuzustimmen ist, tatsächlich also die Übertragung der Kategorien der Kritik der politischen Ökonomie, mithin die Rede vom Gebrauchswert, vom Tauschwert der Kunst, eher mechanistisch zu nennen ist, so finden sich dennoch — und nicht nur im Hinblick auf die bildende Kunst — eine Reihe von schwer widerlegbaren Aussagen. Doch genau dort, wo das eigentliche Problem liegt, geht Holz entschieden zu undifferenziert vor: die These von der Denaturierung des Kunstwerks zur Ware, von der Lähmung der Kreativität des Künstlers, ist trotz der erkenntnistheoretischen Begründung, die Holz ihr unterlegt, nicht hinreichend begründet. Verdinglichung läuft, soviel hatten die Autoren vom SDS immerhin erkannt, in der Tat über das Bewußtsein. Die Frage ist nur: wie?

3. Holz spricht mit der These von der Denaturierung des Kunstwerks zur Ware der gegenwärtigen Kunst jegliche, und sei es auch nur relative Autonomie ab. Bei Hannelore Schlaffer hingegen entsteht, einige ihrer Äußerungen konnten dies belegen: unvermeidlich, der Eindruck einer schier absoluten Autonomie von Kunst. Dank der Suspendierung des Künstlers von (den Zwängen) der (unmittelbaren) Warenproduktion kommt solche Autonomie zustande. Sie ist, soviel ist sicher richtig, zugleich die Bedingung der Möglichkeit einer kritischen Kunst. H. Schlaffers Kritik trifft auch dort, wo sie − wesentlich gegen Holz zielend − die unmittelbare Applikation ökonomischer Kategorien auf die Kunst verwirft. Daß der ‚Gebrauchswert‘ von Kunst nicht identisch ist mit dem Suppenwürfeln, mag die Kennzeichnung als metaphorische Redeweise rechtfertigen, beweist aber selbst noch lange nicht, daß die Kunstproduktion als solche bereits jenseits des Bedingungsrahmens angesiedelt wäre, der durch die bürgerlich-kapitalistische Gesellschaft, also einer sich auf der Grundlage von Warenproduktion reproduzierenden Gesellschaft, vorgegeben ist. Verdinglichung, Entfremdung, selbst der Begriff vom Fetischcharakter der Ware erscheinen bei H. Schlaffer in einem zu eng gefaßten, damit ökonomistisch verkürzten Bezugsrahmen.[45]

4. Wie diese Reduktion aufzuheben ist, das läßt sich − zumindest in Ansätzen − bereits in dem frühen Diskussionsbeitrag von H. Reichelt und G. Schäfer erkennen. Ihre Skizze räumt wenigstens das Mißverständnis aus, der Geltungsanspruch der Marxschen Kritik der politischen Ökonomie sei, wenn auch irgendwie kritisch, auf die Ökonomie beschränkt. Der gesellschaftliche Zwangszusammenhang, der sich ‚hinter dem Rücken‘ der Individuen, zwar durch ihr Tun, doch ohne ihr Bewußtsein vollzieht, wird von Marx auf die eigentliche Verkehrung zurückgeführt, die sich aus dem *Fetisch*-Charakter der Ware ergibt.

5. Hier also liegen die Anknüpfungspunkte, die freilich zugleich zurückführen auf Adorno, die ‚Dialektik der Aufklärung‘, die Kontroverse zwischen Benjamin und Adorno[46], auf Lukács (den von ‚Geschichte und Klassenbewußtsein‘), die aber auch weiterzutreiben sind, zu überprüfen. Auf die Extreme gebracht, lassen sich aus den bisherigen Ausführungen zwei Positionen formulieren:

a) Im Zuge der Universalisierung der Warenproduktion ist auch die Kunst unter deren Prinzipien subsumiert und damit ihrer emanzipatorisch/kritischen Potentiale beraubt werden.

b) Trotz dieser universellen Entfaltung von Warenproduktion, durch die alle gesellschaftliche Produktion und Reproduktion bestimmt ist, hat die Kunst einen Status halten können, der ihr eine, wie auch immer eingrenzbare Autonomie sichert. Kunst, soweit von Warenproduktion unterscheidbar, erhält sich ihr kritisch-emanzipatorisches Potential.

Beide Thesen lassen indessen, das war auch der Mangel der bislang vorgestellten Ansätze, nicht hinreichend erkennen, *wie* die Umsetzung der die Warenproduktion bestimmenden Prinzipien (und Strukturen) auf die Kunst zu denken, zu beschreiben ist.[47]

III. Die Explikation der These vom Warencharakter der Kunst

1. Adornos ‚Fetisch‘-Aufsatz

Der Einfluß der Kritischen Theorie, dabei besonders der Adornos, auf die Studentenbewegung läßt sich kaum überschätzen. Was immer gegen die Marx-Rezeption der Kritischen Theorie eingewandt werden mag, das Faktum bleibt unbestreitbar, daß sie nahezu über 20 Jahre hinweg eine, wenn nicht *die* wesentliche ‚Schule‘ in der BRD war, die der Tradition der Marxschen Theorie verpflichtet blieb.

Entsprechend kommt auch die Rekonstruktion der Diskussion über den Warencharakter der Kunst in keiner Weise an Adorno vorbei.

Bereits der frühe, allerdings in der Anlehnung an die Kritik der politischen Ökonomie signifikanteste Aufsatz „Über den Fetischcharakter der neuen Musik und die Regression des Hörens“, 1938 im amerikanischen Exil verfaßt, ließe sich als Radikalisierung der Holz'schen These lesen. Gewiß hat Adorno seine Position modifiziert, präzisiert und differenziert. Der ‚Fetisch‘-Aufsatz kann mitnichten als Kurzfassung, oder auch nur als Kernstück, der ‚Ästhetischen Theorie‘ gedeutet werden. Gleichwohl sind eine Reihe von Grundannahmen, die ihre endgültige Gestalt erst in der Entwicklungslinie von der „Dialektik der Aufklärung“ über die „Negative Dialektik“ bis hin zur ‚Ästhetischen Theorie‘ gefunden haben, in den frühen Überlegungen schon sichtbar.

Adorno hat hier, obwohl der Begriff als solcher noch nicht auftaucht, die Unterscheidung von Kunst und Kulturindustrie expliziert. Diese Unterscheidung resultiert unmittelbar aus der These vom Fetischcharakter der Kunst, derzufolge — zunächst einmal grob gesagt: — der Bereich der Kultur mitsamt der Kunst als neuer Industriezweig unter das Kapital subsumiert wird, ihre Autonomie verliert, zu einem Instrument der Manipulation wird. Der Abschnitt ‚Kulturindustrie‘ in der „Dialektik der Aufklärung“ führt den Untertitel: „Aufklärung als Massenbetrug“. In der Technik der Kulturindustrie setzt sich Standardisierung, Massenproduktion durch, womit das geopfert wird, „wodurch die Logik des Werkes von der des gesellschaftlichen Systems sich unterschied".[48] Das aber, so schreiben die Autoren der „Dialektik der Aufklärung", sei keinem Bewegungsgesetz der Technik aufzubürden, sondern ihrer Funktion in der Wirtschaft heute."[49]

Der Prozeß der Installierung von Kulturindustrie ratifiziert die Dialektik von Aufklärung: den Umschlag von Naturbeherrschung in eine sich universalisierende Herrschaft. Gleichsam am anderen Ende dieses Prozesses steht die Kunst, die sich dessen Logik nicht fügt: die Moderne, Kunst mithin in dem emphatischen Sinne Adornos.

Um diesen Zusammenhang wenigstens etwas einsichtiger zu machen, möchte ich kurz die Begründung der These vom ‚Fetischcharakter der neuen Musik' betrachten. Adorno hat zwar seine These an der ‚neuen Musik' entwickelt, erhebt aber, sieht man von den Illustrationen ab, einen übergreifenden Geltungsanspruch.

Der Begriff des Fetischismus, sagt Adorno im direkten Verweis auf die Marxsche Warenanalyse, sei keineswegs psychologisch herzuleiten: „Daß ‚Werte' konsumiert werden und Affekte auf sich ziehen, ohne daß ihre spezifischen Qualitäten vom Bewußtsein des Konsumenten noch erreicht würden, ist ein später Ausdruck ihres Warencharakters. Denn das gesamte gegenwärtige Musikleben wird von der Warenform beherrscht: die letzten vorkapitalistischen Rückstände sind beseitigt."[50]

Das Geheimnis, Adorno bezieht sich hier auf die Marxsche Formulierung ‚des Geheimnisvollen der Warenform', sei das des Erfolgs (der Kulturindustrie): der Erfolg nämlich „ist die bloße Reflexion dessen, was man auf dem Markt für das Produkt zahlt: recht eigentlich betet der Konsument das Geld an, das er selber für die Karte zum Toscanini-Konzert ausgegeben hat."   Im Bereich der Kulturgüter setzt sich der Tauschwert allerdings auf eine besondere Weise durch, denn dieser Bereich „erscheint in der Warenwelt als eben von der Macht des Tausches ausgenommen, als eines der Unmittelbarkeit zu den Gütern, und dieser Schein ist es wiederum, dem die Kulturgüter ihren Tauschwert allein verdanken. Zugleich jedoch fallen sie vollständig in die Warenwelt hinein, werden für den Markt verfertigt und richten sich nach dem Markt. So dicht ist der Schein der Unmittelbarkeit wie der Zwang des Tauschwerts unerbittlich. Das gesellschaftliche Einverständnis harmonisiert den Widerspruch. Der Schein von Unmittelbarkeit bemächtigt sich des Vermittelten, des Tauschwerts selber. Setzt die Ware allemal sich aus Tauschwert und Gebrauchswert zusammen, so wird der reine Gebrauchswert, dessen Illusion in der durchkapitalisierten Gesellschaft die Kulturgüter bewahren müssen, durch den reinen Tauschwert ersetzt, der gerade als Tauschwert die Funktion des Gebrauchswertes trügend übernimmt. In diesem quid pro quo konstituiert sich der spezifische Fetischcharakter der Musik: die Affekte, die auf den Tauschwert gehen, stiften den Schein des Unmittelbaren, und die Beziehungslosigkeit zum Objekt dementiert ihn zugleich. Sie gründet in der Abstraktheit des Tauschwerts. Von solcher gesellschaftlichen Substitution hängt alle spätere ‚psychologische‘, alle Ersatzbefriedigung ab."[51]

Die Verkehrung, die Adorno in bezug auf das Toscanini-Konzert bezeichnet hat, ein wohl jedermann geläufiges Faktum, ist eine primär auf die Rezeption bezogene Aussage. Und selbst die Feststellung des tendenziellen Schwunds des Gebrauchswerts zugunsten des Tauschwerts (die Haug'sche Theorie der Warenästhetik ist hier – mehr als nur kernhaft – angelegt) bezieht sich eher auf die Rezeption von – Kunst. Nur ist von ‚Kunst‘ hier nicht die Rede, und deshalb eine entsprechende Vorsicht der Deutung angebracht. Ich möchte es so sagen: Adornos allgemeine Beschreibung bezieht sich auf die Produkte von Kulturindustrie, auf deren Produktion, sie bezeichnet aber darüber hinaus die Bedingungen von Produktion wie Rezeption auch der Kunst, sowohl rückwirkend wie unmittelbar. Eine Äußerung in der „Dialektik der Aufklärung" mag diesen Sachverhalt veranschaulichen: „Die reinen Kunstwerke", heißt es dort, „die den Warencharakter der Gesellschaft allein schon dadurch verneinen, daß sie ihren eigenen Gesetzen folgen, waren immer zugleich auch Waren."[52] Denn selbst ihre „Freiheit" sei, heißt es in dem gleichen Zusammenhang weiter, „als Negation der gesellschaftlichen Zweckmäßigkeit, wie sie über den Markt sich durchsetzt, wesentlich an die Voraussetzung der Warenwirtschaft gebunden." Adorno betont also gerade die „Einheit der Gegensätze Markt und Autonomie in der bürgerlichen Kunst".[52] Im Gegensatz zur Holz'schen These der vollendeten Denaturierung des Kunstwerks zur Ware und auch im Gegensatz zu H. Schlaffers Unterstellung nahezu ungebrochener Autonomie differenziert Adorno in doppelter Hinsicht: einmal durch die Unterscheidung von Kunst und den Produkten der Kulturindustrie, die unmittelbar den Prinzipien der Warenproduktion unterworfen sind, während die Kunst, noch im Versuch, sich dem zu entziehen, davon tangiert wird.

Die – unbefriedigende – Metaphorik des Wortes ‚tangiert‘ zeigt an, daß dieser Zusammenhang noch keineswegs hinreichend geklärt ist. Betrachten wir darum den weiteren Gang der Adornoschen Argumentation; im direkten Anschluß an das letzte Zitat aus dem ‚Fetisch'-Aufsatz heißt es: „Der Funktionswechsel der Musik rührt an Grundbestände des Verhältnisses von Kunst und Gesellschaft. Je unerbittlicher das Prinzip des Tauschwerts die Menschen um die Gebrauchswerte bringt, um so dichter vermummt sich der Tauschwert selbst als Gegenstand des Genusses. Man hat nach dem Kitt gefragt, der die Warengesellschaft noch zusammenhält. Zur Erklärung mag jene Übertragung vom Gebrauchswert der Konsumgüter auf ihren Tauschwert beitragen, in der schließlich jeder Genuß, der vom Tauschwert sich emanzipiert, subversive Züge annimmt. Die Erscheinung des Tauschwerts an den Waren hat eine spezifische Kittfunktion übernommen."[54]

Hier nun deutet sich bereits, noch in einem ökonomischen Begründungszusammenhang stehend, die spätere Grundthese der Kritischen Theorie an, die dann in der „Dialektik der Aufklärung" entwickelt und bis zur ‚Ästhetischen Theorie' hin expliziert wird. Dieser These zufolge korrespondiert der fortschreitenden Beherrschung der äußeren Natur einer zunehmenden Unterdrückung der (inneren) Natur des Menschen. Was hier noch als Universalisierung der Warenproduktion erscheint, wird später am Tauschprinzip als solchem festgemacht, die noch stärkere Bindung an die Kritik der politischen Ökonomie wird später durch eine Kritik der instrumentellen Vernunft historisch und systematisch anders fundiert. Diese Zusammenhänge lassen sich in unserem Rahmen kaum andeuten, so muß es genügen, hier festzuhalten, daß die Folgen der Dominanz des Tauschwerts, von der Adorno oben sprach, auf zwei Ebenen zu beschreiben sind:

1. als ökonomischer Tatbestand, der die universelle Entfaltung der Warenproduktion, die alle gesellschaftlichen Bereiche erfaßt und durchdrungen hat, bezeichnet;

2. als Ausdruck eines Bewußtseins, das, allgemein geworden, den Verkehrungen unterliegt, die sich — qua Verdinglichung — aus der Universalisierung der Warenproduktion ergeben.

Beide Ebenen durchdringen, vermitteln sich freilich. Im Kontext meiner Überlegungen kommt es vor allem darauf an, daß die Folgen einer bestimmten Produktionsweise, die im Zuge ihrer Entfaltung tendenziell die Gebrauchswerte durch den Tauschwert ersetzt, im Bewußtsein der Individuen festzumachen sind, d. h. als sich systematisch durchsetzender Schwund der Möglichkeit von Erfahrung charakterisiert werden müssen. Dieser allgemeine gesellschaftliche Zusammenhang wird von Adorno in erster Linie an der Kunst expliziert. Wohlgemerkt, nicht weil die Kunst davon halt auch betroffen ist, noch gar aus lebensgeschichtlich erklärbaren Motiven heraus — sondern: aus systematischen Gründen.

Ich habe bereits eingangs erwähnt, daß „Moderne" als Gegenbegriff zu Kulturindustrie zu deuten ist. Moderne bezeichnet für Adorno also die in der Dialektik von Natur und Naturbeherrschung entzifferbare Signatur von Mimesis und Rationalität.[55] Von der „Dialektik der Aufklärung" an ist für Adorno keine strikte Trennung von Ästhetik und Gesellschaftstheorie mehr möglich. Indem Adorno versucht, die Gegenrechnung eines Fortschrittsbegriffs aufzumachen, der auf das emanzipatorische Potential der Dialektik von Produktivkräften und Produktionsverhältnissen vertraute, indem er das destruktive Potential dieser Dialektik hervorhebt: die mit der zunehmenden Naturbeherrschung sich zunehmend steigernde Unterdrückung der Natur, nicht zuletzt der Natur des Subjekts — in dem Maße ist Adorno, immanent gesehen: systematisch zwingend, zunehmend auf Kunst als Möglichkeit von nicht-restringierter Erkenntnis verwiesen.[56]

Der historisch-gesellschaftliche Prozeß, aus dem Adorno diese Konsequenzen zieht, läßt die Kunst naturgemäß nicht unberührt:

„Die Werke, die der Fetischisierung unterliegen und zu Kulturgütern werden, erfahren dadurch konstitutive Veränderungen. Sie werden depraviert." Aber nicht nur „der beziehungslose Konsum läßt sie zerfallen", die Verdinglichung ergreift darüber hinaus „ihre inwendige Struktur": die Werke „verwandeln sich in ein Konglomerat von Einfällen, die durch die Mittel von Steigerung und Wiederholung den Hörern eingeprägt werden, ohne daß die Organisation des Ganzen über diese das mindeste vermöchte".[57] Es sei nochmals darauf hingewiesen, daß Adorno seine These an der Musik entwickelt und illustriert, aber Kategorien wie hier „die Organisation des Ganzen" über die Musik hinaus Geltung beanspruchen (können). Adorno verdeutlicht im weiteren die Veränderung der ‚inwendigen Struktur' an den ‚Arrangements', Eingriffen also in diese Struktur: „Die totale gesellschaftliche Erfassung bestätigt sich ihre Macht und Herrlichkeit durch den Stempel, der allem aufgeprägt wird, was in die Maschinerie geriert. Diese Affirmation ist aber zugleich destruktiv."[58] Wir müssen darauf verzichten, die Begründung im einzelnen darzustellen. Betrachten wir nur noch einmal kurz die Kehrseite:

„Am Gegenpunkt zum Fetischismus der Musik vollzieht sich eine Regression des Hörens."[59] Das meint: das zeitgemäße Hören ist das „Regredierter, auf infantiler Stufe Festgehaltener. Die hörenden Subjekte büßen mit der Freiheit der Wahl und Verantwortung nicht bloß die Fähigkeit zur bewußten Erkenntnis von Musik ein, die von je auf schmale Gruppen beschränkt war, sondern trotzig negieren sie die Möglichkeit solcher Erkenntnis überhaupt."[60] Produktion und Rezeption stehen in engster Interdependenz: die Konsumenten wünschen, was ihnen geliefert wird, es wird ihnen geliefert, was sie wünschen.

Dieser Prozeß hat, wie schon gesagt, Konsequenzen auch für die Kunst, die an ihrem Anspruch festhält, sich der Integration entzieht: „Sind die beiden Sphären der Musik bewegt in der Einheit ihres Widerspruchs, dann variiert ihre Demarkationslinie. Die fortgeschrittene Produktion hat sich vom Konsum losgesagt. Der Rest der ernsten Musik wird ihm ausgeliefert um den Preis ihres Gehalts. Er verfällt dem Waren-Hören."[61] Aber auch diese Form der Rezeption wird von Adorno aus den Bedingungen der Produktion begründet: „Mit der Produktion hängt das regressive Hören durch den Verbreitungsmechanismus sinnfällig zusammen: eben durch Reklame. Regressives Hören tritt ein, sobald die Reklame in Terror umschlägt: sobald dem Bewußtsein vor der Übermacht des annoncierten Stoffes nichts mehr übrigbleibt als zu kapitulieren (. . .), indem man die oktroyierte Ware buchstäblich zur eigenen Sache macht. Im regressiven Hören nimmt die Reklame Zwangscharakter an."[62] Anders gesagt: „Der Fetischcharakter der Musik produziert durch Identifikation der Hörer mit den Fetischen seine eigene Verdeckung. Diese Identifikation erst verleiht den Schlagern die Gewalt über ihre Opfer."[63]

Dieser Prozeß der zunehmenden Entfaltung von Kulturindustrie hat, vermute ich, Enzensberger dazu veranlaßt, den Begriff der Bewußtseinsindustrie einzuführen. In philosophischer Terminologie läßt sich dieser Sachverhalt als die universelle Entfaltung des Identitätsprinzips, die fortschreitende Unterdrückung des Nichtidentischen, von dem am Ende, Adorno zufolge, einzig eine „Spur"[64] noch geblieben ist, beschreiben[65].

Kehrseite dieser Bewegung ist der Prozeß, der sich an und in der Kunst vollzieht; Kunst in Adornos Sinne. Die Moderne läßt sich als Bewegung beschreiben, die in der Becketts paradigmatisch exerziert ist: ein Prozeß zunehmender Zurücknahme, immer weitere Verriegelung, hermetischer Verschließung, ein Prozeß, der in der Aufhebung, im Verstummen zu seiner äußersten Konsequenz — und halt auch zu seinem Ende, seiner Aufhebung kommt.

2. Der Kreis: Adornos Schwierigkeit

Die überkommene Handlungsalternative, die Wahl nämlich zwischen dem Spatz in der Hand und der Taube auf dem Dach, könnte für Adorno, darin einig mit Luhmann, als ‚alteuropäisch' gelten. Es gibt nichts mehr zu wählen.

„Das waren noch gute Zeiten", sagt Adorno, „als eine Kritik der politischen Ökonomie dieser Gesellschaft geschrieben werden konnte, die sie bei ihrer eigenen ratio nahm".[66] Die Irrationalität der bürgerlichen Gesellschaft sei demgegenüber widerspenstig „dagegen, sich begreifen zu lassen".[67] Die Struktur der daraus resultierenden Aporie hat Adorno selber bereits zum Schluß des ,Fetisch'-Aufsatzes benannt: „Die kollektiven Mächte liquidieren auch in der Musik die unrettbare Individualität, aber bloß Individuen sind fähig, ihnen gegenüber, erkennend, das Anliegen von Kollektivität noch zu vertreten."[68] Fragt sich: wie? Durch die Entstehung und zunehmende Expansion der Kulturindustrie sind für Adorno die Auswirkungen der Universalisierung der Warenproduktion, d. i. die daraus resultierende Verdinglichung, total geworden. Es ist nicht nur ein ,Schleier' über die von den Individuen selbst produzierten Verhältnisse gelegt, sondern es ist mit der zunehmenden Regression des Bewußtseins der Individuen zugleich jede Möglichkeit abgeschnitten worden, über die bestehenden Verhältnisse hinauszugelangen. Die ,Verdinglichung' hat sich, wie Adorno zu sagen pflegte, in einem ,universellen Verblendungszusammenhang' verdichtet, einen ,Bann' über die gegenwärtige Welt gelegt. Philosophischer gesagt: in der Universalität des Identitätsprinzips ist das Nichtidentische eliminiert, als bloße „Spur" noch zu fassen. Adorno zog daraus den Schluß, daß Gesellschaftstheorie (und mit ihr Geschichtsphilosophie) notwendig in Ästhetik überzugehen habe. Denn nur in der Kunst sei es, wenn überhaupt, noch möglich, dieser ,Spur' habhaft zu werden, sie der philosophischen Erfahrung zugänglich zu machen. Damit sind Kunst und Philosophie aufeinander verwiesen: „genuine ästhetische Erfahrung muß Philosophie werden oder sie ist überhaupt nicht".[69] „Der Geist der Kunstwerke ist nicht Begriff, aber durch ihn werden sie dem Begriff kommensurabel. Indem Kritik aus Konfigurationen in den Kunstwerken deren Geist herausliest und die Momente miteinander und dem in ihnen erscheinenden Geist konfrontiert, geht sie über zu seiner Wahrheit jenseits der ästhetischen Konfiguration. Darum ist Kritik den Werken notwendig. Sie erkennt am Geist der Werke ihren Wahrheitsgehalt oder scheidet ihn davon. In diesem Akt allein, durch keine Philosophie der Kunst, welche dieser diktierte, was ihr Geist zu sein habe, konvergieren Kunst und Philosophie."[70]
Aber, und hier liegt der Kern der Schwierigkeit, der Versuch von Kunst, sich der Herrschaft des Identitätsprinzips (partiell) zu entziehen, führt (immanent) notwendig zu einer Art von Kommunikationssperre; exakter gesagt: Kunst, die sich dem universellen Verblendungszusammenhang entziehen will, muß jeglicher Kommunikation

absagen, sich hermetisch in sich verriegeln, tendenziell — wie das Adornosche Paradigma Beckett zeigt — im Verstummen sich aufheben. „Die Interpretation des Endspiels", und diese Aussage läßt sich verallgemeinern, „kann darum nicht der Schimäre nachjagen, seinen Sinn philosophisch vermittelt auszusprechen. Es verstehen kann nichts anderes heißen, als seine Unverständlichkeit verstehen, konkret den Sinnzusammenhang dessen nachkonstruieren, daß es keinen hat".[71] In einen solchen letzten Indifferenzpunkt hat sich alle Transzendenz verflüchtigt.

Ich möchte die Konsequenzen noch einmal schematisch zusammenfassen:

1. Adornos Unterscheidung von Kunst und Kulturindustrie impliziert die Annahme, daß ein wesentlicher Bereich von ‚Kunst‘, eben unter dem Begriff Kulturindustrie gefaßt, den Gesetzen einer kapitalistischen Produktion unmittelbar unterworfen ist. In bezug auf die Produkte der Kulturindustrie kann von ‚Autonomie‘ keine Rede mehr sein. Dementsprechend ist der Erfahrungsgehalt dieser Produkte reduziert auf die ‚Verdoppelung des Bestehenden‘.

2. Von solchen Produkten der Kulturindustrie lassen sich ‚Werke‘ absetzen, deren emphatischer Anspruch, ‚Kunst zu sein‘, sich durch eine Reihe von angebbaren Bedingungen begründen läßt. Dabei ist die ‚Autonomie‘, auf die sich jene Werke beziehen, nicht als schiere Abgehobenheit von Gesellschaft, sondern als „gesellschaftliche Antithesis zur Gesellschaft"[72] zu betrachten.

3. Aber nur einige wenige Werke der Kunst können sich noch der totalisierten Verdinglichung entziehen, dem universellen Verblendungszusammenhang, an dem sie gleichwohl teilhaben. Nur um den Preis ihres eigenen Verstummens, der Selbstaufhebung also, können sie die Spur des Nichtidentischen als Bild bewahren. „Das Naturschöne", dafür paradigmatisch, „ist die Spur des Nichtidentischen an den Dingen im Banne universaler Identität".[73] Und dementsprechend: „Kunst ahmt nicht Natur nach, auch nicht einzelnes Naturschönes, doch das Naturschöne an sich. Das nennt, über die Aporie des Naturschönen hinaus, die von Ästhetik insgesamt. Ihr Gegenstand bestimmt sich als unbestimmbar, negativ. Deshalb bedarf Kunst der Philosophie, die sie interpretiert, um zu sagen, was sie nicht sagen kann, während es doch nur von Kunst gesagt werden kann, indem sie es nicht sagt."[74]

Das Ganze ist das Unwahre — sagte Adorno bereits in den ‚Minima Moralia‘. Die Konsequenzen dieses Satzes sind in der ‚Negativen Dialektik‘ expliziert. Als deren Konsequenz wiederum ist die „Ästhetische Theorie" zu lesen. Also: das Ganze ist das Unwahre. Dialektik ist das konsequente Bewußtsein von Nichtidentität[75]. Das Naturschöne ist die Spur des Nichtidentischen an den Dingen im Banne universaler Identität. F. Böckelmann meinte einmal, vielleicht gar zu lapidar: „‚Von selbst‘ rührt sich das Nichtidentische freilich nicht mehr."[76]

Die obigen Überlegungen stehen unter dem Titel ‚Der Kreis, das Bewußtsein und das Ding‘. Der Kreis ist nun abgeschritten.

IV. Vorschau: einige Hinweise

Die Feststellung Kunst = Ware ist sowohl richtig wie falsch, vor allem ist sie trivial. Der Begriff der Ware bezeichnet ein gesellschaftliches Verhältnis, die Einheit von Tausch- und Gebrauchswert. Die Rede vom Tauschwert der Kunst bezieht sich auf ein Produkt, das auf dem Markt gehandelt wird, halt eine unter anderen Waren. Unterstellt wird dabei freilich in bezug auch auf die Produkte künstlerischer Tätigkeit die Berechtigung der Unterscheidung von Tausch- und Gebrauchswert. Vom Gebrauchswert der Kunst ist allerdings nur metaphorisch zu sprechen.

Der Erklärungswert der These vom Warencharakter der Kunst bleibt also in dieser unmittelbaren Gestalt begrenzt; gewiß ließe er sich weiter explizieren, auch[77] illustrieren, ohne damit aber die prinzipielle Beschränkung durchbrechen zu können.

Durchbrochen ist diese Beschränkung, wenn nicht von Kunstwerken, sondern von den Produkten der Kulturindustrie gehandelt wird. Durchbrochen ist diese Beschränkung ebenfalls, wenn der Nachweis gelingt, daß sich das ‚gesellschaftliche Verhältnis‘, das sich in der Ware manifestiert, auch in der Struktur der Kunst, in den Bedingungen ihrer Produktion und Rezeption und schließlich in der Struktur der Werke selber aufzeigen läßt.

Adornos Theorie darf sicherlich als der konsequenteste Versuch gedeutet werden, diesen Nachweis zu führen. Mit, wie ich angedeutet habe, erheblichen Konsequenzen. Keineswegs auf pragmatischer Ebene allein. Denn das Faktum, daß Adorno vom Marxschen Begriff des Fetisch-Charakters der Ware ausgeht, der bei Marx bezogen ist auf den Fetisch-Charakter der *Ware*, birgt einige Schwierigkeiten in sich, die sich vor allem im Begriff der Totalität niederschlagen.

Es lassen sich an dieser Stelle nicht die Möglichkeiten einer Reformulierung der Adornoschen Theorie erörtern. Ich will stattdessen — mit einem unleugbaren Sprung in der Argumentation — eine Annahme einführen, die nicht aus der Luft gegriffen, doch ohne Begründung hier präsentiert wird.

Marx, Lukács und Adorno gehen, bei beträchtlichen Differenzen im einzelnen, gleichermaßen von der These aus, daß alles gesellschaftliche Leben, d. i. die gesellschaftliche Produktion und Reproduktion, sich auf der Basis von Warenproduktion vollzieht, durch Warenproduktion ‚vermittelt‘ ist. Mithin das Wertgesetz als Grundgesetz der gesellschaftlichen Entwicklung zu gelten hat. Auch Adornos Versuch, die Kritik der politischen Ökonomie mit einer Kritik der instrumentellen Vernunft systematisch zu verkoppeln, hält an den Grundannahmen der Marxschen Theorie fest.

Die These vom Warencharakter der Kunst bezieht, wie wir gesehen haben, ihren eigentlichen Erklärungswert erst in der Anlehnung an die Marxsche Konzeption vom Fetisch-Charakter der Ware, mithin dem ,,Geheimnis“, das in der eigentümlichen Verkehrung von gesellschaftlichen und gegenständlichen Beziehungen zu suchen ist. Aus der Universalisierung der Warenproduktion resultiert danach die Verdinglichung des Bewußtseins der Produzenten.

Meine Annahme: Der Rückbezug der These vom Warencharakter der Kunst auf eine − aus dem Fetisch-Charakter der Ware entwickelte − Verdinglichungstheorie ist unterdessen problematisch geworden. Die Geltung zentraler Theoreme der Kritik der politischen Ökonomie, auf die eine Verdinglichungstheorie wiederum systematisch verwiesen ist, kann nicht mehr ohne weiteres unterstellt werden. Im Gegensatz zu Lukács Ansicht sind möglicherweise nicht mehr alle Probleme der gegenwärtigen Gesellschaftsordnung ,,in letzter Analyse“ aus der Analyse der Warenstruktur zu erschließen. Und wenn dem so ist, dann dürfte die sinnvolle Beziehung der These vom Warencharakter der Kunst auf eine Theorie der Verdinglichung nur unter Schwierigkeiten noch zu behaupten sein.

Wohlgemerkt: ich habe nicht einmal die Absicht, eine Begründung dieser Annahme zu versuchen. Die unten angeführten Zitate sollen denn auch die Annahme nicht stützen, sondern allein den Hinweis liefern, daß ich eine Begründung für durchaus möglich halte.

M. Pohrt: ,,Die Ablösung des Wertgesetzes“ − ,,der Wert als universelles, autonomes und objektives Regulativ der Produktion“ hat ,,zu bestehen aufgehört.“[78]

J. Habermas: ,,Obgleich die Werttheorie auch die Aufgabe einer Kritik des Warenfetischs (und der daraus abgeleiteten kulturellen Phänomene der bürgerlichen Gesellschaft) erfüllen soll, ist sie unmittelbar Systemanalyse des wirtschaftlichen Reproduktionsprozesses. (. . .) Genau diese soziologische Rückübersetzung einer immanent ansetzenden ökonomischen Analyse macht unter den veränderten Bedingungen des organisierten Kapitalismus Schwierigkeiten."[79]

C. Offe: „Systematisch scheint in kapitalistischen Sozialstrukturen ein quantitativ wachsendes und qualitativ nicht-integrierbares Potential nicht-kapitalistischer und nicht einmal nach bloßen Gebrauchswertkriterien produktiver Rollensysteme und Vergesellschaftungsformen zu entstehen, dessen notwendige Exemption vom Arbeits- und Verwertungsprozeß sich gegen ihn wendet."[80]

Aus Platzgründen sei einzig noch ein Argument von N. Luhmann angeführt, dessen Plausibilität nicht von der Hand zu weisen ist.

Luhmann moniert an den Gesellschaftstheorien, wie er sagt, von alteuropäischer Prägung, die Marxsche also eingeschlossen, eine unzureichende Lösung der Problematik des Verhältnisses von Teil und Ganzem. Der Primat der Ökonomie, der für die Marxsche Theorie kennzeichnend sei, habe dementsprechend zur Folge, daß ein gesellschaftlicher Teilbereich für das Ganze der Gesellschaft stehe, genommen werde.
Luhmann bestreitet weniger die historische Berechtigung dieser Bestimmung als vielmehr ihren gegenwärtigen Erklärungswert. Die Komplexität gegenwärtiger Gesellschaft lasse sich mit der Marxschen Theorie nicht mehr hinreichend erfassen.[81]
Expliziert man diese Luhmann'sche Überlegung und bezieht man sie dann etwa auf die These von C. Offe, derzufolge sich eine Tendenz zur zunehmenden Ausweitung einer gebrauchswertorientierten Produktion ausmachen lasse, dann läßt sich durchaus vorstellen, daß meine Annahme einer systematischen Begründung zugänglich ist.

Wie dem auch sei, die Folgerung, die R. Bubner u. a. aus dieser Problemlage gezogen hat, möchte ich ungern unterschreiben.
„Von der Mitte des vorigen Jahrhunderts an", so Bubner, „datiert nämlich die autonome Entwicklung der Künste, die man seither als Moderne zu bezeichnen pflegt, ohne daß ein Ende jener Entwicklung abzusehen wäre. Die radikale Selbstbefreiung der künstlerischen Produktion aus dem herkömmlichen ontologischen Gehege und die planmäßige Überwindung eines jeden Kanons hat die Möglichkeiten der Theorie hoffnungslos hinter sich gelassen".[82]
Auch die Überlegung von P. Bürger, viel vorsichtiger formuliert, resultiert aus der gleichen Problemlage. Er vermutet, daß nachavantgardistische Kunst „möglicherweise nicht mehr theoretisch erfaßbar ist"[83]. Bürger hat seine Überlegung anders motiviert und anders begründet, schließlich mit dem Begriff der „Institution Kunst" einen methodischen Vorschlag zur Lösung dieser Problematik unterbreitet. Sein Ansatz ist nicht unumstritten[84] und sicher auch nicht ausgereift, ich möchte ihn daher ebensowenig näher diskutieren wie die

Unzahl anderer, sog. neuerer Ansätze, die derzeit unter strukturalistischen, hermeneutischen, materialistischen Etiketten gehandelt werden.

Ich möchte vielmehr, in einem weiteren Sprung in der Argumentation, die Überlegungen noch einmal zurücklenken auf einige Aspekte des Erfahrungsbegriffs. Im Begriff der Erfahrung sehe ich den Kern jeder ästhetischen Theoriebildung, die ich damit wesentlich als methodische Veranstaltung begreife, den Erfahrungsgehalt von Kunst so ‚zur Sprache' zu bringen, daß das genuin Ästhetische dieser Erfahrung nicht einem ‚imperialistischen Begriff' zum Opfer fällt. Eine Ästhetik steht vor dem Problem, das theoretisch erfassen zu sollen, was sich der Theorie entzieht; darin liegt ihr Risiko, aber auch ihre Chance, in der Möglichkeit nämlich, die verdinglichten Strukturen gegenwärtiger Erfahrung durchbrechen zu können.

Die These vom Warencharakter der Kunst gewinnt, das habe ich mehrfach und nachdrücklich betont, nach meiner Ansicht ihre eigentliche Bedeutsamkeit erst dann, wenn man sie als Kritik restringierter Erfahrung liest. Zumal in der Bindung an eine Verdinglichungstheorie wird sichtbar, das hinter solchen Konzeptionen das Problem steht: wie dem aus ‚Verdinglichung' resultierenden Erfahrungsschwund begegnet werden kann.

Reformuliert lautet damit das Problem: wie läßt sich ein Begriff ästhetischer Erfahrung, der nicht von den gesellschaftlichen Bedingungen solcher Erfahrung abstrahiert, gewinnen und in eine methodisch gesicherte Theorie-Strategie einbringen.

In einem ersten (und vorläufigen) Schritt stellt sich die Frage: welche Ansätze in der gegenwärtigen Theorie-Diskussion genügen den beiden Minimalforderungen, nämlich

1. sich der Kritik an den Bedingungen restringierter Erfahrung verpflichtet zu sehen,
2. die für ästhetische Erfahrung konstitutive Spannung von Theorie/Theorielosigkeit auszuhalten.

„Was sich hier also feststellen läßt, ist die Verdinglichung des Begriffs, den man sich von einer Anzahl miteinander verbundener Funktionen und ihrer Träger macht."[85]

„Jeder Versuch einer griffigen Definition (. . .) suggeriert nur den Schein des Verständnisses."[86]

„Das, was für die traditionelle Soziologie die Objektivität der sozialen Realität ausmacht, sind (. . .) nur die Konstruktionen von objektiven Ausdrücken durch Verallgemeinerung und Verabsolutierung ihrer gemeinsamen Merkmale."[87]

Es geht also um die „reflexive" Auflösung von „Reifikationen", Verdinglichungen.

Es geht um eine „Analyse des ‚subjektiven' Aspekts der sozialen Wirklichkeit".[88]

Die Zitatenkollektion ließe sich unschwer erweitern. Als Andeutung, denn mehr ist nicht intendiert, mag dies bereits genügen. Die sog. Ethnomethodologie, also eine der neueren, aus Amerika importierten Forschungsrichtungen der Soziologie, ist es, die sich dieser Zielsetzungen verschrieben hat.

In scharfer Opposition zu den traditionellen, positistisch, an den Naturwissenschaften orientierten Paradigmen ihrer Disziplin versucht die Ethnomethodologie im reflexiven Bezug auf die Konstitutionsbedingungen von Methode und Gegenstand Verdinglichungen aufzulösen.

Das Programm ließe sich, zur Not, auf die Formel bringen: mit einem Minimum instrumenteller Mediatisierung ein Maximum von unmittelbarer Erfahrung zu erzielen.

Es geht mir also weniger um den Gegenstand der Ethnomethodologie als vielmehr um ihre ‚Methode', weniger um die ‚Theorie' als eher um die Tatsache, daß diese ‚Theorie' keine ist. Mit anderen Worten: darum, daß die Ethnomethodologie eine Art von theorieloser Theorie ist. Der Ethnomethodologie, so schreibt F. Sack, „geht es darum, die Methoden aufzudecken, deren sich die Gesellschaftsmitglieder bedienen, um die Vielzahl ihrer Alltagshandlungen durchzuführen"[89] — und, vor allem sogar, rückzubeziehen auf die Untersuchungsmethoden der Soziologie selbst. H. Garfinkel, einer der (amerikanischen) Stammväter dieser Richtung, schreibt in diesem Zusammenhang: „Ich verwende den Begriff Ethnomethodologie, um auf verschiedene Vorgehensweisen, Methoden, Ergebnisse, Risiken und Irrwitzigkeiten zu verweisen, mit denen das Studium der rationalen Eigenschaften praktischer Handlungen als kontingente, fortlaufende Hervorbringungen der organisierten kunstvollen Praktiken des Alltags festgelegt und durchgeführt werden kann."[90]

Die Methode der dokumentarischen Interpretation, die (verkürzt gesagt) in den drei Schritten Erscheinung/Muster/Erscheinung vollzogen wird, läßt ihre Herkunft von der Phänomenologie durchaus noch erkennen.

Ich breche diese Andeutungen hier ab. Eine sowohl informative wie präzise, zusammenfassende Darstellung des gegenwärtigen Diskussionsstandes der Ethnomethodologie findet sich in der jüngst erschienenen Publikation der Arbeitsgruppe Bielefelder Soziologen: Kommunikative Sozialforschung (München, 1976), auf die ich nachdrücklich hinweisen möchte.

Das Programm der Ethnomethodologen beinhaltet ein starkes Risiko. Es setzt sich, von einem Theorie-Standpunkt her gesehen notwendig, dem Vorwurf aus, untheoretisch zu sein. Gerade darum aber ist die Nähe zu Adornos Intentionen unverkennbar. ‚Mit dem Begriff gegen den Begriff' zu operieren, wie es Adorno in der ‚Negativen Dialektik' forderte[91], − in dieser Absicht zeigt sich nicht allein die gemeinsame Opposition gegen eine Soziologie, die, positivistisch eingestellt, ‚Verdinglichung' nur nochmals ratifiziert, es zeigt sich auch eine gemeinsame Zielsetzung.

Differenzen freilich sind ebenso offenkundig. Insbesondere, scheint mir, ist äußerst problematisch, eine (gemeinsame) Bezugsebene zu finden. Gerade gleiche Begriffe stammen aus verschiedenen Theorie-Traditionen, sind anders bestimmt − und wären erst einmal zu übersetzen.

Die ,,Gemeinsamkeiten in einzelnen Punkten", die auch H. Steinert sieht, ,,etwa durch Marx' Lehre vom Fetischcharakter der Ware"[92], dürfen also den Blick auf die zu erwartenden Schwierigkeiten nicht verstellen. Dennoch besteht kein Grund, die Hoffnung zu verhehlen. Meine Überlegungen wollen keinen Ansatz skizzieren, kein Programm entwerfen, sondern einzig eine Anregung formulieren.

Ich sehe darin eine Möglichkeit, an Forderungen festzuhalten, die in der Studentenbewegung artikuliert worden sind, die in der Diskussion um die These vom Warencharakter der Kunst (nicht nur implizit) thematisiert worden waren. Forderungen, die nicht allein aus politischen, sondern auch aus (immanent) theoretischen Gründen zunehmend in den Hintergrund getreten sind, ohne daß sie damit ihre Legitimität eingebüßt hätten.

Anmerkungen

1 Die Zeit, Nr. 48, vom 29. 11. 1968; alle weiteren, nicht gesondert ausgewiesenen Zitate der Berliner SDS-Gruppe entstammen diesem Artikel.
2 Die Haug'sche Theorie der Warenästhetik hat diese These sowohl expliziert wie damit auch präzisiert. Vgl. W. F. Haug, Kritik der Warenästhetik, Frankfurt/M. 1971; ders. (Hg.), Warenästhetik. Beiträge zur Diskussion . . ., Frankfurt/M. 1975; zu Haug − T. Rexroth, Warenästhetik − Produkte und Produzenten, Kronberg 1974.
3 Vgl. Abschn. III der vorliegenden Arbeit.
4 Peter Handke, Totgeborene Sätze, in: Die Zeit, Nr. 49, vom 6. 12. 1968.
5 Peter Hamm, Versäumte Solidarität, in: Die Zeit, Nr. 50, vom 13. 12. 1968.
6 Dieter E. Zimmer, Die große Liquidation, in: Die Zeit, Nr. 49, vom 6. 12. 1968.

7 Uwe Nettelbeck, Recht hat, wer zuletzt lacht, in: Die Zeit, Nr. 2, vom 10. 1. 1969.

8 Bazon Brock, Warum kürzere Röcke?, in: Die Zeit, Nr. 52, vom 27. 12. 1968.

9 Dieter Wellershof, Puritaner, Konsumenten und die Kritik, in: Die Zeit, Nr. 1, vom 3. 1. 1969.

10 Erich Fried, Ja, aber . . . und . . ., in: Die Zeit, Nr. 3, vom 17. 1. 1969.

11 Hans Heinz Holz, Vom Kunstwerk zur Ware, Neuwied-Berlin 1972, S. 12.

12 a. a. O., S. 16.

13 a. a. O., S. 16.

14 a. a. O., S. 16.

15 a. a. O., S. 16.

16 a. a. O., S. 17.

17 a. a. O., S. 29.

18 a. a. O., S. 30.

19 a. a. O., S. 28.

20 a. a. O., S. 10.

21 a. a. O., S. 10.

22 Es ist nur schwer einzusehen, warum Holz hier einen Gegensatz konstruiert: denn das ‚Indiz der Entfremdung' kann doch wohl gerade aus jener ‚Einheit von mimetischen und kreativen Verhalten' resultieren, „statt", wie Holz vermutet, jene Einheit zu sprengen.

23 a. a. O., S. 23.

24 a. a. O., S. 23.

25 Hannelore Schlaffer, Kritik eines Klischees: ‚Das Kunstwerk als Ware', in: Heinz Schlaffer (Hg.), Literaturwissenschaft und Sozialwissenschaften 4, Erweiterung der materialistischen Literaturtheorie durch Bestimmung ihrer Grenzen, Stuttgart 1974, S. 266.

26 a. a. O., S. 266.

27 a. a. O., S. 266.

28 a. a. O., S. 274.

29 a. a. O., S. 269.

30 a. a. O., S. 277; ich kann mir gut vorstellen, daß ‚Ökonomen' hier einige Zweifel anzubringen haben. Für die literaturtheoretisch/ästhetische Diskussion scheint mir darüber hinaus bemerkenswert, daß nicht einmal ein Versuch unternommen ist, die platte Parallellisierung zu überwinden.

31 a. a. O., S. 277.

32 a. a. O., S. 277.

33 a. a. O., S. 267.

34 Zit. bei Schlaffer, a. a. O., S. 268.

35 a. a. O., S. 268.

35 a) Um Mißverständnissen vorzubeugen: wenn hier von vergesellschafteter Arbeit die Rede ist, so ausschließlich in dem Sinne einer unter kapitalistischen Bedingungen vergesellschafteter Arbeit. Denn auch nicht-entfremdete Arbeit ist allemal eine Form vergesellschafteter Arbeit, freilich dann unter nicht-kapitalistischen Bedingungen.

36 a. a. O., S. 269.

37 a. a. O., S. 275.

38 a. a. O., S. 275 (Hervorh. von mir.).

39 a. a. O., S. 275.

40 a. a. O., S. 271.

41 a. a. O., S. 268.

42 H. Reichelt, Gert Schäfer, Die Zeit, Nr. 4, vom 24. 1. 1969; alle weiteren Zitate dieses Artikels werden nicht gesondert ausgewiesen.

43 G. Lukács, Geschichte und Klassenbewußtsein, Berlin 1923, hier zitiert nach der Ausgabe: Neuwied-Berlin 1968, S. 257.

44 P. Hamm, a. a. O.

45 Um Mißverständnissen vorzubeugen: die bisherige Darstellung, an der immanenten Logik ihrer Vorlagen orientiert, hat versucht deren Konsequenzen zu beschreiben. Konsequenzen, die in der Adornoschen Konzeption gezogen sind: eben hinsichtlich des Fetisch-Charakters der Ware. Nun ist der Fetischcharakter der Ware von Marx als einer der *Ware* bestimmt, während hier und auch im folgenden eher und mehr von den Verselbständigungen, die er fraglos generiert, die Rede ist. In diesem Punkt sind einige der Schwierigkeiten, die wir auch bei Adorno wiedersehen werden, begründet.

46 Der im folgenden Abschnitt herangezogene Aufsatz von Adorno ,,Über den Fetischcharakter der neuen Musik und die Regression des Hörens", in: Th. W. Adorno, Dissonanzen, Göttingen 1956 (4. Aufl. 1969), künftig zitiert als: Fetisch, Seitenzahl; dieser Aufsatz läßt auf weite Strecken deutlich die Kontroverse mit Benjamin (Das Kunstwerk im Zeitalter . . .) durchschimmern. Auf diesen, gewiß nicht unwichtigen Zusammenhang kann hier leider nicht eingegangen werden. Ich verweise auf die Arbeit von A. Hillach in diesem Band, der sich — aus anderer Perspektive — dieser Problematik (z. T.) annimmt.

47 Der an dieser Stelle vorgesehene Abschnitt, Titel: ,,Nachtrag: Rohmaterialien", der in sparsam-vorsichtiger Kommentierung einige zentrale Textstellen zur Verdinglichungsproblematik präsentieren sollte, muß — aus Platzgründen — leider entfallen.
Ich verweise darum, notgedrungen pauschal, auf die entsprechende Literatur:
  a) K. Marx: Ökonomisch-philosophische Manuskripte, in: ders., Texte zur Methode und Praxis II, (Rowohlt), o. O., 1966.
  b) K. Marx, Das Kapital, Bd. 1, MEW, Bd. 23, Berlin 1965, bes. S. 85 ff.
  c) G. Lukács, Geschichte und Klassenbewußtsein, Berlin 1923, hier zitiert nach der Ausgabe: Neuwied-Berlin 1968, S. 257 f.

48 Th. W. Adorno, M. Horkheimer, Dialektik der Aufklärung, 2. Aufl., Frankfurt/M. 1969, S. 129.

49 a. a. O., S. 129.

50 Adorno, Fetisch, S. 18 f.

51 a. a. O., S. 19 f.

52 Dialektik der Aufklärung, a. a. O., S. 166.

53 a. a. O., S. 166.

54 Adorno, Fetisch, S. 20; vgl. dazu auch W. F. Haug's Warenästhetik, Anm. 2.

55 Vgl. dazu meinen Aufsatz: Die Aporien der materialistischen Ästhetik . . ., in: Lüdke (Hg.), ,Theorie der Avantgarde'. Antworten auf Peter Bürgers Bestimmung von Kunst und bürgerlicher Gesellschaft, Frankfurt/M. 1976, bes. S. 61 ff.
Weiter: ders., Adorno — Beckett. Anmerkungen zu einer Logik des Zerfalls, erscheint Frankfurt/M. 1978.

56 Der nicht unkomplizierte Zusammenhang läßt sich hier nicht einmal andeuten. Ich verweise deshalb auf meine in Anm. 66 genannten Arbeiten, sowie

auf Überlegungen aus Anlaß von G. Kaiser, Benjamin, Adorno, in: Ästhetik und Kommunikation, Heft 19, 1975, S. 50 ff.

57 Adorno, Fetisch, S. 22.
58 a. a. O., S. 25.
59 a. a. O., S. 28.
60 a. a. O., S. 28 f.
61 a. a. O., S. 16.
62 a. a. O., S. 30.
63 a. a. O., S. 31.
64 Th. W. Adorno, Ästhetische Theorie, Frankfurt/M. 1970, S. 114.
65 Vgl. dazu die Andeutungen im nächsten Abschnitt sowie Anm. 66 und 67.
66 Th. W. Adorno, Noten zur Literatur II, Frankfurt/M. 1961, S. 192.
67 a. a. O., S. 197.
68 Adorno, Fetisch, a. a. O., S. 45.
69 Adorno, Ästhetische Theorie, a. a. O., S. 197.
70 a. a. O., S. 137.
71 Adorno, Noten II, a. a. O., S. 190.
72 Adorno, Ästhetische Theorie, a. a. O., S. 19.
73 a. a. O., S. 114.
74 a. a. O., S. 113.
75 Th. W. Adorno, Negative Dialektik, Frankfurt/M. 1966, S. 15.
76 F. Böckelmann, Marx und Adorno, Frankfurt/M. 1969, S. 27.
77 Vgl. L. Winckler, Kulturwarenproduktion, Frankfurt/M. 1973, S. 12 ff.
78 M. Pohrt, Kritik des Gebrauchswerts, Frankfurt/M. 1976, S. 191.
79 J. Habermas, Legitimationsprobleme, a. a. O., S. 48 f.
80 C. Offe, Strukturprobleme des kapitalistischen Staates, Frankfurt/M. 1972, S. 44.
81 Vgl. N. Luhmann, Soziologische Aufklärung, Opladen 1970, bes. S. 137 ff. Auch: ders., Soziol. Aufklärung 2, Opladen 1975, bes. S. 72 ff., S. 150 ff.
82 R. Bubner, Über einige Bedingungen gegenwärtiger Ästhetik, in: NHfPH, 5, 1973, S. 38.
83 P. Bürger, Theorie der Avantgarde, Frankfurt/M. 1974, S. 139.
84 Vgl. W. M. Lüdke (Hg.), ,Theorie der Avantgarde' . . ., a. a. O.
85 G. Falk, H. Steinert, Einleitung, in: Steinert (Hg.), Symbolische Interaktion. Arbeiten zu einer reflexiven Soziologie, Stuttgart 1973, S. 26.
86 E. Weingarten und F. Sack, Ethnomethodologie. Die methodische Konstruktion der Realität, in: Weingarten, Sack, J. Schenklein (Hg.), Ethnomethodologie. Beiträge zu einer Soziologie des Alltagshandelns, Frankfurt/M. 1976, S. 7.
87 a. a. O., S. 16.
88 Arbeitsgruppe Bielefelder Soziologen, Kommunikative Sozialforschung, München 1976, S. 52.
89 E. Weingarten u. a., a. a. O., S. 10.
90 Zit. bei F. Sack, in: Weingarten u. a., a. a. O., S. 11.
91 Th. W. Adorno, Negative Dialektik, a. a. O., S. 15; vgl. auch S. 25, 59 etc.
92 H. Steinert (Hg.), a. a. O., S. 14; in den hier zitierten Arbeiten zur Ethnomethodologie, vgl. Anm. 95, 96 und 98, finden sich ausführliche bibliographische Angaben, weshalb ich hier sehr gerne darauf verzichte, diese Angaben noch einmal abzuschreiben.

Michael Buselmeier

Nach der Revolte. Die literarische Verarbeitung der Studentenbewegung

> „lab dich an deiner ohnmacht nicht,
> sondern vermehre um einen zentner
> den zorn in der welt, um ein gran."
> (*Hans Magnus Enzensberger:* anweisung an sisyphos[1])

1. „Jetzt dichten sie wieder"

Mit der triumphierenden Parole „Jetzt dichten sie wieder!" glaubte die Illustrierte „stern" im Oktober 1974 den resignierenden Rückzug der Schriftsteller aus der Politik trendmäßig festschreiben zu können. Oberflächlich betrachtet scheint die literarische Entwicklung seit 1973 die marktbezogene Trend-Bestimmung des „stern" auch zu bestätigen. Großkritiker und Literaturprofessoren haben, nicht ohne innere Befriedigung, in eindimensionalen Einschätzungen die Illustriertenschreiber oft noch übertroffen. Das Politische gegen das Poetische ausspielend, konstatiert Marcel Reich-Ranicki anläßlich der Frankfurter Buchmesse 1975 eine „Abwendung von Theorie, Ideologie und Politik einerseits und Hinwendung zum Künstlerischen in der Literatur" andererseits. Die „Rückkehr zur schönen Literatur", das Interesse „für Privates und Individuelles" sei nur „die Folge einer einseitigen Politisierung der Literatur"[2]. Und Eberhard Lämmert spricht wenige Monate später, im Blick auf die ersten vier Bände der Zeitschrift „Literaturmagazin", von einem „Bereinigungsprozeß der intellektuellen Linken"; die „Götterdämmerung eines vordergründigen politischen Engagements" sei im Gang: „Die Erde hat sie wieder."[3]

Die Frage, ob sich die Kunst wirklich aus der Politik ins Private zurückgezogen hat, beschäftigt nicht nur die Feuilleton-Redaktionen großer bürgerlicher Zeitungen. Die linken Schriftsteller selber sind ihr unmittelbar konfrontiert. Eine um Erkenntnis bemühte Diskussion sollte davon ausgehen, daß jede antagonistische Gegenüberstellung von ‚Politik' und ‚Privatheit' der Kompliziertheit des Gegenstands unangemessen ist. Wolfram Schütte deutet den Weg der Vermittlung an: „Das, was als die Wiederentdeckung des Subjekts in der

Neuen Linken oft erleichtert-bürgerlich als Reprivatisierung mißverstanden und dementsprechend lauthals gefeiert wurde, ist nichts anderes denn der Versuch, wider die Verfügungsgewalt einer Technokratie der außengesteuerten Sinne, ein Widerstandspotential zu erhalten und zu entwickeln, in dem wir unsere Identität finden und, wie schwierig auch immer, autonome Selbstbestimmung verwirklichen."[4]

Unsinnig wäre es zu leugnen, daß es gegenwärtig, wie allgemein, so auch unter Schriftstellern mit Trauer verbundene Rückzugsbewegungen gibt. Viele Intellektuelle, die sich Ende der 60er Jahre oft abrupt politisierten, sehen sich wenige Jahre nach dem inneren Zerfall der antiautoritären Protestbewegung isoliert auf den eigenen Arbeitsplatz zurückverwiesen, von dem sie einst so euphorisch aufgebrochen waren. Nachdem die Linke gegenüber der herrschenden Klasse keine einheitliche Position mehr aufrecht erhalten kann und in der offiziellen Politik ohne jede Bedeutung ist, fehlt vielen radikalen Autoren die operative Basis; Poesie und Politik erscheinen wieder getrennt. Daraus resultiert einerseits die Bezweiflung agitatorischer Momente in und außerhalb der Literatur, zum anderen eine Rückbesinnung auf die besonderen Möglichkeiten des erlernten Handwerks. Was vordergründig wie Flucht aus aufklärender Begrifflichkeit und politischer Aktion aussehen mag, hat objektive Ursachen.

In der BRD hat der wirtschaftliche Abschwung Ende 1973 nicht zu einem entsprechenden antizyklischen Aufschwung reformistischer oder gar radikal linker Kräfte geführt. Die vorsichtige Tendenz zur reformistischen Lösung gesellschaftlicher Widersprüche seit etwa 1967 ist abgebrochen. Der Wende in der Ökonomie folgte eine ideologische Tendenzwende auf dem Fuß. Die nationalen und internationalen Rahmenbedingungen von Politik haben die Situation in der BRD deutlich verändert. Stichworte wie Zerrüttung des Weltwährungssystems, Rezession, Rohstoffknappheit markieren den außenpolitischen Wandel. Dessen innenpolitischer Ausdruck ist die Verweigerung materieller Mittel für Reformen und die Reetablierung autoritärer Strukturen in allen Bereichen der Gesellschaft. Der aufklärerische Elan der späten 60er Jahre hat einer ,präventiven Konterrevolution' des Staates gegen die Revolte der Jugend Platz gemacht.

Nimmt man noch abgeleitete Phänomene wie Geldsorgen, Radikalenerlaß, diverse Gesetzesverschärfungen, die relativ intakte Sozialpartnerschaft und die Zersplitterung der linken Bewegung in teilweise dogmatische Sekten hinzu, so hat man hier ein Bündel gewichtiger Gründe für Resignation gerade bei Intellektuellen und Schriftstellern, die sich in den vergangenen Jahren politisch besonders eingesetzt hatten. Vor diesem Zusammenhang dürfte sich das teils triumphierende, teils scheinheilig warnende Gerede von der ‚neuen Privatheit‘ selber blamieren.

„Jetzt dichten sie wieder." Das kann eine politische Entscheidung sein, die aus nüchterner Analyse der Situation resultiert. Die nicht links geworden sind, weil es einmal eine linke Konjunktur gab, werden auch unter den unfreundlichsten Bedingungen des Augenblicks ihre Utopie festhalten, sie nur vielleicht differenzierter vermitteln, indem sie z. B., nach einer Phase der Verdrängung und Ich-Entäußerung, die psychische Struktur und die Lebensgeschichte erforschen und diesen Prozeß als politisch begreifen. „Tunnels bauen, Vorräte anlegen" könnte die Parole lauten. Zumal die Risse in der Struktur der Gesellschaft immer deutlicher werden. Und es sind wesentlich mehr Leute als noch vor zehn Jahren, die solche Risse sehen, deren soziale Wahrnehmung auch durch Literatur sich schärfen ließe. Die linken Autoren haben keine andere Wahl als sich verstärkt ihrer literarischen Arbeit zuzuwenden, wollen sie nicht Berufsrevolutionäre werden. Die Frage ist also nicht *ob*, sondern *wie* sie dichten; wie sie ihre praktisch-politischen Erfahrungen, die alltäglichen Enttäuschungen und Niederlagen und die Glücksmomente literarisch produktiv verarbeiten, auch im Hinblick auf die Erkenntnis gesamtgesellschaftlicher Zusammenhänge. Zur Überraschung derer, die sich jetzt die Hände reiben, könnte dabei am Ende eine fundiertere Politisierung der Literatur herauskommen.

2. „Von einem, der auszog . . ."

Ich muß darauf verzichten, das komplizierte Wechselverhältnis von Studentenbewegung und Literatur im Laufe der 60er Jahre chronologisch nachzuzeichnen: von der stufenweisen Wiedergewinnung der Realität über die spontane Aufhebung der Literatur in Aktion und Agitation, die Wende zur Kritik der Massenmedien und zum Medienoptimismus bis hin zu Herbert Marcuses fundamentaler Kritik an der Studentenbewegung. 1972, in seinem Buch „Konterrevolution und Revolte" ruft Marcuse selbstkritisch die kulturrevolutionäre Euphorie zurück, die er 1969 mit dem „Versuch über die Befreiung" gefördert hat, und grenzt sich ebenso vom Dogmatismus alt- und neu-leninistischer Gruppierungen ab. Nun werden auch die Widerspruchsmöglichkeiten von Kunst nüchtern eingeschätzt und — in Annäherung an Adornos Ästhetik — historisch relativiert.

Angesichts des Zerstörungsprozesses von Kunst- und Kulturwerten durch den späten Kapitalismus und der damit verknüpften Verdunkelung des historischen Bewußtseins besteht Marcuse wieder auf der ästhetischen Differenz zwischen Leben und Kunst, zwischen erster und zweiter Entfremdung. Die höhere, ‚affirmative' Kultur habe immer auch die materielle, auf bloße Effektivität gerichtete Kultur angeklagt, ohne sich freilich zu praktischer Kritik zu verlängern. Insofern baut die „auratische' Kunst Reservate für die Opfer kapitalistischer Rationalisierung und dabei unterdrückte Bedürfnisse. Kunst hat, so Marcuse, „eine eigene Freiheit, die nicht die der Revolution ist. Kunst und Revolution sind vereinigt in der Veränderung der Welt — beide treten ein für Befreiung. Aber deshalb verzichtet Kunst in ihrer Praxis nicht auf ihre eigentümlichen Erfordernisse und ihre eigene Dimension: sie bleibt nicht-operational. In der Kunst erscheint das politische Ziel allein in der Transfiguration mittels der ästhetischen Form"[5]. Damit sind die Grenzen kritischer bürgerlicher Kunst durch ihre relative Autonomie gegenüber der unmittelbaren Lebenspraxis bestimmt. Innerhalb dieser Grenzen müssen sich gegenwärtig auch die linken Schriftsteller orientieren, zumindest in ihrer Funktion als Schriftsteller.

Wie freilich der subversive, dysfunktionale Faktor von Kunst unter den Bedingungen der Klassengesellschaft an die Unterdrückten zu vermitteln sei, lassen die Autoren der Kritischen Theorie ebenso offen wie die Verteidiger des ‚bürgerlichen Erbes' auf Seiten der DKP. Auch deshalb scheint es notwendig, die operativen, aktionistischen Erfahrungen der Kulturrevolution nicht einer einseitigen und *unbedingten* Orientierung am emanzipatorischen Potential der bürgerlichen Kunst zu opfern. Sie wären aufzubewahren; mögen sie auch zeitweise bilderstürmerisch, kunstfeindlich aufgetreten sein, richteten sich doch auf den Prozeß des Selbermachens und Selbstveränderns aller Beteiligten und nicht auf reine Rezeption fertiger Kunstwerke. Die Linke muß sich auch „vorm marcusianischen Schwur auf die ästhetische Immanenz in acht nehmen" (Peter Gorsen[6]), wo er apodiktisch künftige Entwicklungen abzuschneiden droht.

Die Frage nach dem Verhältnis von Literatur und Revolte, von poetischem, wissenschaftlichem und politischem Denken soll im folgenden konkretisiert werden am Beispiel weniger literarischer Texte aus den frühen 70er Jahren, in welchen Beteiligte selber die Studentenbewegung bzw. einige ihrer Momente thematisiert haben.

Was die theoretisch-politische Analyse der bedeutendsten außerparlamentarischen Oppositionsbewegung der Nachkriegszeit betrifft, so liegen bis heute kaum ernstzunehmende Versuche einer zusammenfassenden Darstellung vor.[7] Noch fehlt der historische Abstand, um Selbstinterpretationen (Neue Sensibilität, Große Weigerung, Kampf ‚der Menschen' gegen den autoritären Staat, Randgruppenstrategie) und die nachgereichten objektivierenden Erklärungsmuster (Ende der Rekonstruktionsperiode; Große Koalition; Dritte Welt; feudalistische Universitätsstrukturen; reelle Subsumption der Intelligenz unters Kapital, tendenzielle Proletarisierung, Angst vor Enteignung vom Bildungsbesitz) zusammenzudenken.

Umso leichter ist es spontaneistischen Linken gefallen, ihre subjektiven Erlebnisse zu protokollieren, sobald erst einmal die abstrakte Forderung nach kategorialer Durchdringung der Wirklichkeit durchbrochen war. Anfang 1974 wurde in vielen Fällen zusammen mit der knöchernen Marx-Philologie auch das stringent politische Denken der SDS-Phase über Bord geworfen, und es erschienen – im Gefolge der Kursbücher 35 und 37 über „Verkehrsformen" – Erfahrungsberichte, die ihre Berechtigung hatten, insofern sie von der tatsächlichen Situation und den Bedürfnissen ihrer Verfasser zeugten. Die darin propagierte Veränderung von Verkehrsformen hatte das tiefgreifende (im einzelnen ungenaue) politische Ziel einer schöpferischen Neufassung des Alltäglichen. Die neue Gegenkultur sollte ihr Politikverständnis und ihre Revolutionstheorie nicht mehr auf Ideologiekritik gründen, sondern auf „Gegenerfahrungen"[8].

Zwischen den authentischen Berichten und den ersten belletristischen Rückblicken auf Verlauf und Niedergang der antiautoritären Bewegung sind die Grenzen fließend, wie etwa Karin Strucks Roman „Klassenliebe" (1973) zeigt. Der enorme Erfolg dieses Buches – bis 1976 wurden 74.000 Exemplare verkauft – erklärt sich aus der in Tagebuchform organisierten Selbstaussage, die als ‚naiv' und ‚spontan' angenommen wurde. Eine Frau beschreibt ihre Sehnsüchte, Ängste, Apathie und Wut, das Bedürfnis nach einem Leben, wo man sich natürlich und frei in übersichtlichen Zusammenhängen bewegen kann. Sie schreibt sich dabei frei von den schlimmsten Depressionen. Das Protestpotential, das sich auch gegen „die heruntergekommene marxistische Theorie" richtet, die poetische Kraft, mit der hier das persönlich Erfahrene in seiner Diffusion wahrgenommen und verbissen in Assoziationsschüben ausgedrückt wird, übertrifft deutlich spätere erfolgreiche Frauenbücher, etwa Verena Stefans „Häutungen" (1975).

Auch Gerhard Zwerenz' 1973 erschienener Frankfurt-Roman „Die Erde ist unbewohnbar wie der Mond" stellt eine Mischform dar, eine Art Dokumentarroman. Zwerenz erzählt darin u. a. „Die Ballade vom einäugigen Revoluzzer zu Frankfurt am Main", ein kaum verschlüsseltes Porträt des theoretischen Kopfs der antiautoritären Bewegung, Hans-Jürgen Krahl. Trotz kolportagehafter Momente gibt diese Schilderung lebendige Auskunft über Widersprüche und subjektive Bedingungen: Mut, Ich-Stärke, Arroganz und Zerrissenheit der Protagonisten der Revolte.

Spannende Reportageromane sind die beiden Bücher von Klaus Rainer Röhl („Fünf Finger sind keine Faust", 1974; „Die Genossin", 1975). Auch hier kann der Leser Figuren der Zeitgeschichte wiedererkennen, und indem er dem Augenzeugen Röhl folgt, wird ihm – zwischen selbstverliebten Anekdoten – ein Zipfel von der Historie der Studentenbewegung sichtbar. Darüber hinaus wird ihm der außerparlamentarische Protest der 50er Jahre in Erinnerung gerufen: etwa eine Demonstration von 100.000 Jugendlichen gegen den Generalvertrag am 11. Mai 1952 in Essen, wobei ein junger Mann von der Polizei erschossen wurde, oder die Massenbewegung der Atomwaffengegner Ende der 50er Jahre.

Der erste spontane Reflex auf die Jugendrevolte in Romanform dürfte von Peter-Paul Zahl stammen, dessen halbautobiografisches Buch „Von einem, der auszog, Geld zu verdienen" bereits 1970 erschien; ein authentisches Beispiel für literarischen Anarchismus, extremer Ausdruck von Frustration und individuellem Protest, verworrene Suche nach einer anderen Wirklichkeit. Zahl berichtet von einem, der 1968 nach Abbruch des Studiums in West-Berlin herumgammelt, von Gelegenheitsarbeit lebt, bis er heiratet, eine geregelte Arbeit als Drucker annimmt und die Berlin-Hilfe. Er kauft sich einen Kleinwagen, bekommt ein Kind und führt eine normal schlechte Ehe, bis er, der eigentlich nur Geld verdienen und ausgeben wollte, 1969 in eine Demonstration gerät und zusammengeschlagen wird. Nachdem er deswegen seinen Arbeitsplatz verloren hat, resigniert er: „Du hast die Stadtautobahn satt, die Abrißhäuser, die Hinterhöfe und die Hinterhöfe der Hinterhöfe und die Mülleimer in den asphaltierten Innenhöfen der Hinterhöfe (. . .) und die Arbeitsämter und das Jugendamt und den Fehrbelliner Platz mit seinem Beamtensilo und die Schlafstädte mit den Untertanensilos und den Kriminellensilos (. . .) du hast diese Stadt satt, diese alte Wilhelminische Nutte, vollgepumpt und vollgerotzt von Godesberg und Blankensee, diese alternde Nutte des Westens und Frontstadt (. . .) was sollst du, ein Arbeitsloser, in einer arbeitslosen Stadt? Was willst du hier?"[9]

Zahls Sprache ist konzentriert, knapp und lebendig rhythmisiert. Zwar überwiegen anfangs noch formalistische Stilmittel der 60er Jahre: Phasenbeschreibung von Bewegungen, oft reine Inventarisierung von Gegenständen. Auch bringt die durchgehaltene Du-Position des Erzählers (den Helden unerbittlich anvisierend, über das Du auch den solidarischen Leser einbeziehend) die Gefahr einer gewissen Einförmigkeit mit sich. Bei aller Härte der Fügungen werden aber im Stakkato der Sätze Zwischentöne assoziierend erfaßt: genaue Wahrnehmungen, Erinnerungen, Gefühle. Die Atemlosigkeit dieser Prosa kommt nicht aus der Schwäche. Im Unterschied zu den später so erfolgreichen ‚Romanen der Studentenbewegung' gelingt es Zahl in einem wenig beachteten Buch, Widerstand gegen das gesellschaftliche Chaos *in der Sprache selber* sichtbar zu machen. Mit dieser kaum reflektorischen Beschreibungsform hat Zahl der Jugendrevolte einen adäquaten literarischen Ausdruck gegeben.

„Von einem, der auszog, Geld zu verdienen" ist ein politischer Text, der Alltagserfahrungen verarbeitet, Momentaufnahmen vom Randgruppenmilieu. Keine Agitation, auch keine positiven Lösungsvorschläge. Ein Protokoll von Zuständen des Sich-Treiben-Lassens und der Verweigerung. Daß da einer von der Hand in den Mund lebt und dabei kaputt geht, soll einsichtig und kritisierbar gemacht werden. Ob freilich der unverstellte Reflex von Perspektivelosigkeit beim Leser Nachdenken auslöst und Perspektiven zeigt, bleibt offen, selbst wenn man die collagierten Zeitungsausschnitte und linken Parolen, die Zahl als zweite Ebene dem Text hinzugefügt hat, mit einbezieht.

1973 veröffentlichte Fred Viebahn den Roman „Das Haus Che oder Jahre des Aufruhrs", nach Aussage des Autors „der Abgesang auf eine nicht nur persönliche Epoche bürgerlich-anarchistischen Sturm und Drangs. Nicht daß jetzt Hoffnungen und Ideale zerbrochen wären — im Gegenteil, sie haben sich auf den Weg durch die Realitäten begeben."[10] Die Romane von Viebahn und Zahl erschienen in Klein-Verlagen und wurden von Kritik wie Lesern kaum beachtet, im Unterschied zu Peter Schneiders „Lenz" (1973) und den in der Autoren-Edition des Bertelsmann Verlags publizierten Romanen von Gerd Fuchs („Beringer und die lange Wut", 1973), Uwe Timm („Heißer Sommer", 1974) und Roland Lang („Ein Hai in der Suppe", 1975).

3. „Da rennt einer durch Berlin und fühlt so wie wir"
   (Ausruf eines studentischen „Lenz"-Lesers)

Für Wolfram Schütte ist Lenz zum Phänotyp eines historischen Augenblicks geworden: „Schneiders ‚Lenz' ist der erste erzählerische Versuch, die ganze (?) Erfahrungssumme der Studentenbewegung der späten 60er Jahre — auch deren heutigen Katzenjammer — mit radikaler Ehrlichkeit, schmerzender Sensibilität und unsentimentaler

Illusionslosigkeit darzustellen."[11] Selten ist in den letzten Jahren ein Buch von der etablierten Kritik so einmütig positiv aufgenommen worden wie der „Lenz". Das Werk scheint, so Peter Laemmle, „bei seinen Kritikern den Zustand eines süchtigen Verfallenseins ausgelöst zu haben"[12]. Auch bei den eigentlichen Rezipienten, den sich undogmatisch verstehenden Linken, hat der „Lenz" Begeisterung provoziert. Nur in den verschiedenen leninistischen Organen wurde der Erzählung eine ‚kleinbürgerlich-subjektivistische Intellektuellen-Perspektive' und die Mißachtung der Wirklichkeit des Klassenkampfs in der BRD angekreidet.[13]

Ein junger Mann namens Lenz läuft verstört durch die Straßen einer Großstadt und hinter Frauen her. Ohne Geldnot, mehr aus Neugier läßt er sich als Hilfsarbeiter in einer Elektrofabrik einstellen. Er trifft alte Freunde und Gönner, laboriert an Liebeskummer, lungert in Kneipen herum. Er beteiligt sich an einer Demonstration und desillusioniert dabei einen jugendlichen Steinewerfer. In der Betriebsgruppe kann er sich nicht auf einen erkenntnistheoretischen Text von Mao konzentrieren. Die Begriffe und Tonfälle seiner Genossen kommen ihm lächerlich vor. Er weiß, daß sie ihre heimlichen Wünsche und Zweifel verdrängen müssen, um die Entfernung zwischen abstrakten politischen Sätzen und konkreten Alltagserfahrungen überhaupt auszuhalten. Ein junger Arbeiter erzählt Lenz, daß die in der Betriebsgruppe vermittelte Begrifflichkeit ihm seine proletarische Spontaneität geraubt habe. Lenz, der mit sich und den anderen nichts anzufangen weiß, besucht ein ‚linkes Fest', streitet mit einem linksradikalen Literaturwissenschaftler: „Versteht endlich, daß ihr diese Bewegung (der Arbeiter) am besten unterstützen könnt, wenn ihr den Kampf gegen eure eigene Klasse beginnt, ihr könnt diese Bewegung nicht führen. Ihr seid nicht so wichtig."[14]

Lenz trägt seine Gitarre ins Leihhaus und löst sich eine Fahrkarte nach Rom. Dort trifft er auf eine bourgeoise KPI-Linke; Marxismus als Party-Geschwätz: „Lenz schien es, daß die Blicke und Gesten, mit denen sie ihre Reden begleiteten, zu ganz anderen Sätzen paßten als zu denen, die sie sagten." (S. 67) Lenz reist nach Trento; eine Umwelt von fast idyllischer Enge und vorindustrieller Nähe der Beziehungen. „Hier in Italien, wo ich mehr Geduld mit den Einzelheiten aufbringe, bemerke ich allmählich die Angst, die einen, was man wahrnimmt, so hastig verschlingen und in Begriffe verwandeln läßt." (76) Im Klima der norditalienischen Arbeiterkämpfe, umgeben von Solidarität und konkreten Aufgaben, findet Lenz zu sich zurück. Politische Arbeit macht ihm wieder Spaß. Die Synthese von materialistischer Theorie, entwickeltem Klassenkampf und persönlicher Bedürfnisbefriedigung währt freilich nur kurz. Lenz wird nach Deutschland abgeschoben. „Was Lenz denn jetzt tun wolle. ‚Dableiben‘, erwiderte Lenz." (90)

Zunächst fällt auf, daß Schneider konkrete Bestimmungen der Zeit und des Ortes fast immer vermeidet. Die einzelnen Abschnitte beginnen meist mit der Floskel „An einem anderen Tag . . .". Aufgrund von Indizien kann man als Haupt-Handlungsort West-Berlin, als Zeitspanne Frühjahr bis Herbst 1969 erschließen. Von Beruf könnte der Held Student sein (die Universität spielt aber keine Rolle) oder Schriftsteller (das Schreiben wird auch nicht thematisiert). Lenz' Gönner könnte Günter Grass heißen, der Betrieb, in dem Lenz arbeitet, Bosch; die Betriebsgruppe nannte sich vielleicht PL/PI. Die Jahre vor 1969, die die Politisierung und die Schwierigkeiten von Lenz erklären könnten, sind ausgespart. Das sind nur scheinbar Unwichtigkeiten. Legitimerweise hat Schneider im „Lenz" die eigene Lebensgeschichte literarisch segmentiert. Nur am Rand ist noch die Rede von den politischen Ereignissen des Jahres 1969, umso ausführlicher von den Leiden und Sehnsüchten des Helden. Die Hoffnungen, die Schneider einmal mit der Betriebsarbeit und mit seiner politischen Gruppe verbunden haben mag, sind weggelassen; ebenso die Brüche in der politischen Biographie des Autors: vom SPD-Wahlkontor über den SDS bis zur Betriebsgruppe und wieder zurück in den Kreis der Literaten.

Der dargestellte Ausschnitt verzichtet also weitgehend auf die bekannten politischen Daten der Jahre der Revolte und auf die damit teilweise verknüpfte Individualgeschichte des Helden zugunsten der Schilderung einer bestimmten psychischen Situation im Leben von Lenz. Nun haben aber Brüche in der politischen Biographie eines Menschen in aller Regel Brüche in dessen innerer Biographie zur Folge. Werden jene ausgespart, erscheinen sie nicht einmal assoziativ in der Erinnerung, dürften diese davon mitbetroffen sein, so sehr, daß auch Hoffnungen, Selbsttäuschungen und Depressionen, die ja gerade in Bruchstellen sich bilden, abgeschliffen erscheinen oder unmotiviert wechseln. Es ist nicht unangemessen, wenn ein Leser von der halbautobiographischen Erzählung eines politischen Autors mehr erwartet als die relativ differenzierte Beschreibung innerer Schwierigkeiten. Er möchte vielleicht erfahren — und zwar keineswegs in stringent begrifflicher Ableitung oder chronologischer Folge —, welche Erlebnisse den Helden in welcher Weise verändert haben. War er vor der Studentenbewegung ein anderer als während ihres Verlaufs und danach? Gibt es in diesem Prozeß psychische Konstanten?

Im Fall des Autors lassen sich die wesentlichen Stationen seiner politisch-theoretischen Entwicklung rekonstruieren. „Wir haben Fehler gemacht", sagte Schneider im April 1967 während eines Sit-ins in der Freien Universität Berlin: „Wir sind nachgiebig gewesen, wir sind anpassungsfähig gewesen, wir sind nicht radikal gewesen (. . .). Wir haben den Immatrikulationstee getrunken, wir haben unser Studium begonnen, wir haben die Pflichtvorlesungen belegt, wir sind nicht in den SDS eingetreten (. . .). Wir haben Tatsachen auswendig gelernt, aus denen nicht das mindeste zu lernen war. Wir haben Prüfungen vorbereitet, die nur der Prüfung unseres Gehorsams dienten (. . .). Wir wollen es nie wieder tun. Es geht tatsächlich um die Abschaffung von Ruhe und Ordnung, es geht um undemokratisches Verhalten, es geht darum, endlich nicht mehr sachlich zu sein . . ."[15]

Schneiders Schriften kommentieren die entscheidenden Phasen der Studentenrevolte. So drückt sich in seinen frühen Texten, versammelt in dem Band „Ansprachen", die subjektive Radikalität des antiautoritären Bewußtseins aus, die ‚Große Weigerung', sich dem verdinglichten Ablauf der autoritären Gesellschaft länger zu unterwerfen, der Ausbruch aus der stummen Verinnerlichung und Einsamkeit der 50er und frühen 60er Jahre.

Im März 1969 erschien der Aufsatz „Die Phantasie im Spätkapitalismus und die Kulturrevolution". Unter dem Eindruck des Pariser Mai schreibt Schneider das Programm der Kulturrevolution, in emphatischen Sätzen, die von der politischen Wirklichkeit in der BRD sehr weit entfernt waren: Die verdrängten Bedürfnisse sollen zur Realität zurückfinden, die Phantasie muß sich einen progredienten Weg suchen, indem sie praktisch wird: „Wenn aber die Phantasie aus der Gesellschaft so vollständig vertrieben ist, (. . .) dann müssen die Wünsche und Phantasien ihre Form als Kunst sprengen und sich die politische Form suchen."[16] Damit wird der Künstler zum Revolutionär, zum Agitator der Massen.

Schon hier wird die Tendenz sichtbar, der Jugendrevolte die Ordnung eines — wie immer abstrakt und idealistisch begriffenen — Marxismus/Leninismus überzustülpen, der seinen organisatorischen Ausdruck bereits 1969 in den ‚Studentenparteien des Proletariats', den ML-Gruppen fand: „Von der Fähigkeit der Studenten, aus ihrer Klasse herauszuspringen und den Kampf an der Basis zu organisieren, wird es abhängen, ob die exemplarischen Aktionen in den Klassenkampf umschlagen." (S. 36) Schneider hat versucht, seine Klasse zu verraten; er ist einer Betriebsgruppe beigetreten und nahm im Frühjahr 1969 die Arbeit in der Berliner Bosch-Niederlassung auf. 1970 erschien sein nüchterner Arbeitsreport im Kursbuch 21: „Die Frauen bei Bosch."

Das Kursbuch 26 schließlich, das 1971 erschien, vermittelt Schneiders Erfahrungen mit der italienischen Arbeiterbewegung von der theoretischen Seite her. Mit der deutschen Kaderlinken hat er nichts mehr im Sinn: „Die deutschen Theoretiker üben sich wieder einmal darin, alle Stufen der politischen Emanzipation im Kopf zu überspringen, die praktisch noch gar nicht erklettert sind. Ergriffen davon, daß ihre Gedanken endlich zur Wirklichkeit drängen, halten sie sich beide Ohren zu vor den Antworten der deutschen Wirklichkeit (. . .). Die theoretischen Bedürfnisse, die da Saltos schlagen, bewegen sich über dem Boden der Vergangenheit. Im Parkett sitzt nicht das deutsche Proletariat, sondern die sprachlosen Büsten von Marx, Lenin, Stalin."[17]

Nach Schneider stellen die italienischen Klassenkämpfe zwischen 1969 und 1971 das leninistische Konzept der Trennung zwischen gewerkschaftlichem Bewußtsein der Arbeiter und politischem Bewußtsein der Partei radikal in Frage: Im Kampf gegen das System der Arbeit und die kapitalistische Produktivität entwickelt sich der Betrieb zum zentralen Ort einer politischen Auseinandersetzung, die sich auf den Stadtteil und die Straße ausweitet; Parolen wie ‚Mehr Lohn, weniger Arbeit! Wir wollen leben! Wir wollen alles!' drücken dies aus. 1971 die italienischen Klassenkämpfe beurteilend, ergreift Schneider Partei für räte-kommunistische Organisationsformen und gegen die Kaderpolitik der KPI und der ML-Gruppen: „Die spontaneistischen Gruppen haben den emanzipatorischen Aspekt der Studentenbewegung nicht einfach liquidiert, sondern für den Arbeiterkampf produktiv gemacht." (146) Die unvermittelte Übertragung solcher Strategien auf die BRD hat der radikalen Linken hier neue Niederlagen eingetragen.[18]

Dies soll genügen, um den politischen Hintergrund der Erzählung „Lenz" und die exemplarischen Brüche in der Biographie Schneiders sichtbar zu machen, die im Text selbst kaum noch erscheinen. Wobei sich die Frage stellt, wie ernsthaft solche Brüche tatsächlich waren: Konnten die rebellierenden Kinder des Bildungsbürgertums ihrer Klasse doch nie gänzlich verloren gehen, so würde die eher harmonisierende, zumindest einseitig selektierende Darstellungsweise im „Lenz" die Unverbindlichkeit der verschiedenen ‚ideologischen' Wandlungen andeuten.

Wie die politischen Momente, scheinen mir auch die ästhetischen: Sprache, Wahrnehmung, Gefühle im „Lenz" zur Mitte hin moderiert. So bleiben nicht nur Räume und Personen verschwommen; Lenz selber ist ein selbstverliebter Schatten, dessen Empfindlichkeit immer wieder behauptet wird, ohne daß sie benutzt würde, Milieu und Eigenschaften der Personen differenziert zu gestalten. Weder erforscht dieser Held sich selber „ohne Erbarmen" (Handke), in seiner Flaneurhaftigkeit und seinem narzißtischen Leid, noch dringt er in seine Gegenstände ein. Er arbeitet sich wenig an ihnen ab, nimmt sie nicht wirklich ernst. Es gibt kaum Beobachtungen, die überraschen oder verletzen. Eine geschmackvolle Prosa des ‚Irgendwie' streicht über die Objekte hin.

Hält das Buch den intendierten Vergleich mit Georg Büchners Erzählung „Lenz" aus: die Spiegelung einer spätbürgerlichen Individualität in einer frühbürgerlichen? Der historische Dichter Lenz aus dem 18. Jahrhundert verkörpert für Büchner — wie später für Brecht — den verkrüppelten Intellektuellen, zerrieben zwischen Adel und unemanzipiertem Bürgertum. Auch Schneiders Lenz erfährt sich als ohnmächtig zwischen den Klassen stehend, zur Zeit des Niedergangs der Studentenbewegung, nach der Revolte, die sich nicht in den Arbeiterkampf verlängern konnte. Gemeinsam ist beiden Figuren die Entfremdung von sich selbst, der gesellschaftlichen Welt der Menschen und der außermenschlichen Natur. Beide haben eine Liebesenttäuschung erfahren, die aber nur für Schneiders Lenz zum auslösenden Moment für das Herauskippen aus der Realität wird, wobei die Trennung des Helden vom „schönen Mädchen aus dem Volk" die wachsende Entfernung zur Arbeiterklasse symbolisiert.

Entscheidender ist, was die Texte substantiell trennt. Bei Büchner schrittweise Versteinerung und Erstarrung und ein Ende in Wahnsinn und Atheismus. In konsequenter Negativität verfolgt der frühbürgerliche Autor den gleichnishaften Krankheitsprozeß seiner Figur bis in ihr Scheitern. Schneider hingegen zeigt einen Entfremdungsvorgang mit vage positivem Ausgang; Lenz hat hier allenfalls Kontaktschwierigkeiten, er ist nicht „ausgeliefert"; seine Lebensstörung scheint vergleichsweise harmlos und reparabel. Und während er die ‚Unschuld' der Wahrnehmung wiedergewinnt, hat Büchners Figur sie auf Dauer verloren: „Er tat alles, wie es die andern taten: es war aber eine entsetzliche Leere in ihm, er fühlte keine Angst mehr, kein Verlangen, sein Dasein war ihm eine notwendige Last. So lebte er hin."[19]

Der sprachliche Vergleich entdeckt bei Schneider zahlreiche unausgewiesene Büchner-Zitate und -Paraphrasen. Vor allem für die Beschreibung von Angst und Einsamkeit kopiert Schneider Büchners parataktischen Stil, Hauptsatz an Hauptsatz gedrängt; die berühmten „Es war ihm als ob . . ." -Wendungen. Warum diese pathetischen Sprachgesten, fiebrig flackernde Bilder in einem eher weltläufig nüchternen Kontext? Will Schneider die Alltagswelt mit paradoxen Vergleichen repoetisieren? Offensichtlich hat er für die spezifische Angst eines heutigen Intellektuellen, für Ekel, Isolation und Identitätsverlust kein sprachliches Äquivalent gefunden, im Unterschied etwa zu subjektiv radikalen Poeten wie Achternbusch, Born, Brinkmann oder Handke, die in Prosatexten die aktuelle Zersplitterung und Existenzbedrohung ausdrücken, das „Lebensdurcheinander" (Handke), und insofern auch Georg Büchner nahekommen. Detaillierte Textanalysen könnten zeigen, wie bei diesen Autoren Innen- und Außenwelt, Bildlichkeit und Begrifflichkeit assoziativ miteinander verschmelzen zu einer poetischen Sprache, während Schneider der eher diskursiven Beschreibung oder adaptierten Bilderwelt die begriffliche Erklärung einfach hinzufügt.

Schneiders Lenz durchläuft einen auf zeichenhafte Auftritte verkürzten Bildungsroman. Mit der Italienreise hat er seine Lehrjahre absolviert und findet nach einigen Erfahrungen und Konflikten zu sich selbst. Zwischen den Alternativen, die dem bürgerlichen Jüngling in der sozialen Wirklichkeit und dem Helden im klassischen Entwicklungsroman am Ende bleiben, nämlich resignierte Anpassung an die schlechte Realität oder Selbstzerstörung, findet Lenz einen Ausweg: nicht den des erklärten politischen Widerstands aus der Zeit der Revolte, noch den des ersatzweisen Eintritts in eine politische Gruppe, Partei oder Wohngemeinschaft. Lenz reiht sich nirgendwo ein, er bleibt zunächst ‚bei sich', was wohl das Schlußwort „Dableiben" ausdrücken soll. Mag die ‚freie Subjektivität', auf die er sich rückbezieht, auch fragil sein, sie ist mit normal erpreßter Versöhnung nicht identisch. Poesie und Politik versöhnen sich hier — wie scheinhaft auch immer — für einen Augenblick; die realen Widersprüche lösen sich auf, nichts tut mehr weh. Für einen Schriftsteller ist dieses Ende freilich so scheinhaft nicht. Aus objektiven Gründen zwischen die Klassen gefallen, bildet der bürgerliche Künstler auch heute noch schreibend ein Selbstbewußtsein aus. Im Rekurs auf das angegriffene Ich, mit dem Rücken zur Wand, produziert er Beispiele individuellen Widerstands, die ihm günstigen Falls sogar den Lebensunterhalt garantieren. Indem Schneider sowohl von der historischen Vorlage als auch von Büchners Version bewußt abweicht und seinen Helden nicht scheitern läßt, problematisiert er implizit die veränderte gesellschaftliche Rolle des spätbürgerlichen Intellektuellen in seiner relativen Privilegiertheit.

Ein schöner, offener Schluß, der auf Einverständnis rechnen darf bei Lesern, die ebenfalls einen Ausweg suchen. Liegt in dieser Einladung zum Fraternisieren, in dieser Versöhnungsgeste über alles Trennende und Widrige hinweg, eine Erklärung für den Bestseller „Lenz" (der inzwischen 84.000 mal gedruckt wurde)? Mögen die Rezensenten von Büchners Schatten geblendet gewesen sein, von Bildungsreminizenzen, als sie das Buch zum ersten Mal lasen, oder einfach gerührt ob Schneiders Rückkehr in den literarischen Kreis — auf die jungen Linken, die den „Lenz" in Gruppen und Wohngemeinschaften diskutiert haben, trifft dies kaum zu.

Sie fanden in Schneiders Buch, auch in dessen Sentimentalitäten und Büchner-Paraphrasen, eigene Probleme und Wünsche dargestellt. Die Bildungsbezüge zu Lenz, Goethe und Büchner haben sie oft gar nicht bemerkt. Spontaneistischen Linken bietet „Lenz" eine Fülle von Identifikaktionsmöglichkeiten an: Musik hören, Gitarre spielen, Feste feiern, das Kneipengerede, die Vorstellung vom ‚Wegreisen in den Süden‘, Flucht aus der kaputten Großstadtwelt und dem formalen Wissenschaftsbetrieb, Abneigung gegen organisierte Politik, der naive Bezug auf die italienischen Arbeiterkämpfe; nicht zuletzt Charme und Lockerheit des Helden: einer, der es fraglos wagt, sich rigiden Gruppen-Ansprüchen zu entziehen und das Verhältnis von politischer Arbeit und persönlichen Schwierigkeiten zu thematisieren. An diese Motive, die demselben linken Milieu entstammen wie der Text Schneiders, heften sich wirkliche Bedürfnisse, die in ihren Bedingungen erklärt werden müssen.

Mit dem Entstehen der ML-Gruppen aus der zerfallenen Studentenbewegung machte sich an den Universitäten ein Verhalten zur Wirklichkeit breit, das sich vor allem auf der Ebene von Globalanalysen und Revolutionsstrategien bewegte. Die Priorität der Sinnlichkeit, die die Revolte von 1968 auf ihre Transparente geschrieben hatte, schien ein für allemal überwunden. Mit dem Wiederaufleben der Diskussion um Emanzipation und Bedürfnisse rückte Sinnlichkeit — und damit auch Kunst — stärker ins Bewußtsein. Sinnfälliger Ausdruck dieses Interesses und dessen früheste literarische Realisierungen sind Schneiders „Lenz" und Karin Strucks „Klassenliebe".

Während noch Michael Schneiders Essay „Gegen den linken Dogmatismus, eine Alterskrankheit des Kommunismus", der 1971 im Kursbuch 25 erschien, bei den Linken kaum Resonanz fand, erfuhr die Erzählung „Lenz", die mit poetischen Mitteln dieselbe Orthodoxie kritisiert, zwei Jahre später eine begeisterte Aufnahme. Studenten, die sich bis dahin nur an wissenschaftstheoretischen und politischen Publikationen abgearbeitet oder aber gar nichts mehr gelesen hatten, haben im „Lenz" ihre Situation und ihr Milieu wiedererkannt. Wie ist dieser plötzliche Umschwung erklärbar?

1971 waren die ML-Gruppen zumindest in ihren Zentren noch dominant, ihr Führungsanspruch ungebrochen. Das Bewußtsein vieler linker Studenten, die die antiautoritäre Revolte kaum mehr unmittelbar erfahren hatten, war durch rigide Nach-Sozialisation seitens der ML und daraus resultierende Wahrnehmungsängste gegen selbstbestimmte Alternativen massiv blockiert. 1973 indes war der Zerfallsprozeß der ML-Bewegung an den Hochschulen unübersehbar. Mitglieder und Sympathisanten purzelten aus ihr heraus und sahen sich plötzlich, isoliert, der lange verdrängten Subjektivität konfrontiert. Aus diesen ‚Renegaten' und den bis dahin vereinzelten undogmatischen Linken formierten sich zwischen Euphorie und Ohnmacht schwankende spontaneistische Gruppen. Das unglückliche Bewußtsein dieser ‚Spontis' fühlte sich durch Schneiders „Lenz" augenblicklich bestätigt; das privilegierte Leiden der Studenten traf sich mit dem privilegierten Leiden von Lenz. Dies war genau der richtige Text, über den sich Linke in krisenhafter Situation trauernd, Erfahrungen austauschend (nicht kämpfend) *vereinen* konnten, potentiell sogar mit Personen anderer politischer Couleur: mit Eltern, ehemaligen Deutschlehrern, liberalen Dozenten. Moralisches Mitgefühl, Gesprächsbereitschaft und Reflexionsfähigkeit waren auf einmal gefragt, die ideologischen Differenzen demgegenüber sekundär. Es verdient festgehalten zu werden, daß genau in dieser Situation Literatur wieder eine Funktion gewann und ein Text wie „Lenz", der das Glücks- und Harmoniebedürfnis seiner Leser zumindest streift, zum Mittel und Gegenstand sensibilisierender Kommunikation wurde.

4. „Weg mit der Dekadenzliteratur, her mit dem proletarischen Roman!" (Tintenfisch 7/1974)

Uwe Timms Roman „Heißer Sommer" beginnt im Sommer 1967. Der Germanistik-Student Ullrich Krause, ein durchschnittlicher Held, ist unzufrieden. Er hängt in Schwabinger Kneipen herum, reißt Frauen auf. Das Referat über den Vergleich zweier Hölderlin-Oden vermag er nicht zu schreiben. Die Ordinarien-Universität, der autoritäre Seminar-Betrieb ekeln ihn an. In diesen Zustand von Lethargie dringen die ersten moralischen Signale ein: Vietnam, vor allem die Erschießung von Benno Ohnesorg: „Ullrich sprang aus dem Bett und stellte das Radio ab. Er ging zum offenen Fenster. Diese Schweine, dachte er."[20] Um seine Empörung auch zu verstehen, kauft er sich das Buch „Persien, Modell eines Entwicklungslandes". Er beteiligt sich an der Ohnesorg-Demonstration, spürt Wut, Unruhe, auch Freude. Mit seinen kleinbürgerlichen Eltern kann er sich nicht identifizieren.

Obwohl ihm nur noch ein Schein zum Examen fehlt, wechselt er im

Wintersemester 1967/68 nach Hamburg. Dort gerät er in die Studentenbewegung und arbeitet im SDS mit. Er liest Marcuse, trägt lange Haare und eine Parka. „Er konnte plötzlich aussprechen, was er dachte. Sie hörten zu." (129) Ullrich lernt Flugblätter verteilen, hilft mit, ein imperialistisches Denkmal umzustürzen, liest Kursbuch 9 „Vermutungen über die Revolution". Etwas widerwillig steht er bei einem Brandanschlag auf ein Polizeiauto Schmiere.

Ostern 1968: Das Attentat auf Rudi Dutschke läßt Tausende von Jugendlichen sofort an Springer denken. Auch Ullrich beteiligt sich an der Auslieferungsblockade der Bild-Zeitung. „Er hatte die anderen gefunden. Es waren Menschen, die er nie zuvor gesehen hatte. Er hatte sie untergehakt, als kennen sie sich schon lange." (199)

Sofort nach den Springer-Blockaden zieht sich Ullrich in die Subkultur zurück. An der folgenden Kampagne gegen die Notstandsgesetze nimmt er nicht mehr teil. Er will tun, was ihm Spaß macht: sich selber in einer Wohngemeinschaft verändern. Er hört jetzt Dylan und die Beatles, dreht sich Dreiblattjoints. Seiner neuen Seminararbeit „Die Arbeiterliteratur der 20er Jahre im Spiegel der Kritik" fehlt der Schluß. Ullrich kann sich nämlich die Frage nicht beantworten: „Was können wir heute mit einem Roman wie ,Brennende Ruhr' anfangen?" (214)

Ullrichs Arbeitsschwierigkeiten nehmen wieder zu, auch dieses Referat wird nicht fertig. Seine subkulturellen Freunde − „Kinder reicher Eltern" − hören Musik, kiffen, sehen fern, essen Körner. Ullrich mißfällt das. „Arbeiten, dachte Ullrich, endlich richtig arbeiten. Mit den Händen arbeiten." (229)

Der Versuch, Straßentheater vor den Betrieben zu spielen, scheitert. Ullrich wird Hilfsarbeiter in einer Motorenfabrik; studiert Lenins „Was tun?": beides befreit ihn von Angst und Unruhe. Von der Werkbank erhält er seine berufliche Direktive: „Ich fände es besser, wenn du Lehrer wirst" (289), meint ein kommunistischer Arbeitskollege. Die Studentenbewegung als bürgerliche Fluchtbewegung hinter sich lassend, fährt Ullrich Anfang 1969 nach München zurück, um Volksschullehrer zu werden: „Da sind doch Arbeiterkinder, da kann man doch was machen (. . .). Jeder an seinem Platz. Und organisiert." (300) Im Zug sitzend, ihm gegenüber „die breiten, abgearbeiteten Hände" (305) eines Arbeiters, zieht Ullrich die Adresse eines Münchner DKP-Genossen aus der Tasche. „Du stehst doch auf unserer Seite. Abends würde er in München sein. Er freute sich." (311)

Bei einer Tagung der DKP zu Fragen der Literatur erklärte Uwe Timm: „Um aber diese Unterhaltungsliteratur, die zugleich aufklärerisch und kritisch ist, zu erarbeiten, sind sicherlich einige handwerkliche Sachen notwendig, und ich würde sagen, daß die meisten von uns diese Form nicht beherrschen, daß wir das noch nicht im Griff haben, welche Möglichkeiten es gibt, bestimmte formale Mittel optimal einzusetzen. Ich meine, das sind schlichtweg *handwerkliche Sachen,* die wir lernen müssen."[21]

Eindimensionalem Zweck-Mittel-Denken zufolge steht das, was am Ende beim Schreiben herauskommt, bereits vor dessen Beginn fest, und es geht dann nur noch darum, sich der technischen Mittel zu versichern, die zur Erreichung des vorweg gesetzten Ziels taugen. Indem Literatur programmatisch in taktische Bezüge eingespannt und für parteipolitische Interessen funktional gemacht wird, kommt dem Schriftsteller lediglich die tautologische Aufgabe der Bebilderung von Ideologie zu. Qualitative Erfahrungen, die sich beim Schreiben einstellen und das Konzept gefährden könnten, sind hier kaum denkbar.

Timm hat die eigenen Forderungen ernstgenommen und sich des ,Handwerklichen' nüchtern versichert: Kompositionstechnik, Einsatz von Leitmotiven usw. Außerdem kennt er seinen Gegenstand genau. Beobachtet wird aus Ullrichs Perspektive, d. h. Held und Erzählerrolle fallen in der 3. Person zusammen.[22] Die Selbstreflexion des Helden auf seine Entwicklung ist dabei auf ein Minimum reduziert. Bescheid weiß nur der Autor, der seinen *typischen* Helden, als ,Repräsentanten der Studentenbewegung', in typische Situationen stellt, ohne ihn zugleich mit unverwechselbar individuellen Eigenschaften und hervorstechenden Fähigkeiten auszustatten (wie Engels und besonders Lukács dies für den ,Typus' im Roman fordern).

Der chronologische Erzählfortgang wird schematisch durch häufige Rückblenden unterbrochen. Hinzu kommt als Reflexionsersatz die objektivierende Zitation, die am Beispiel der jeweiligen Lektüre Ullrichs dessen Bewußtseinsstand zu markieren hat: von Hölderlin über Marcuse zu Lenin. Fremd stehen die Hölderlin-Zitate in einem Kontext, der so gar nichts von Hölderlins poetischer Subversion besitzt. Die Gattung des bürgerlichen Entwicklungsromans ist bei Timm zur Trivialform heruntergebracht. Wo Konflikte auftauchen, sind sie vorweg schon in Erzählschablonen versöhnt. Es gibt keine internen Widerhaken, keine Überraschung. Eine unproduktive Sprache, die sich bewußtlos rezipieren läßt, nimmt den Leser nicht eigentlich für voll. Avancierte literarische Produktionsmittel, wie sie seit Joyce verfügbar sind, kümmern Timm nicht.

Kann man einem solchen Schriftsteller trauen, wenn er sich zum Historiker der Studentenbewegung aufschwingt? Ohne Zweifel reiht

Timm wesentlich mehr Fakten, Daten und Namen hintereinander als Peter Schneider. Dahingestellt sei, ob die Fakten im einzelnen wahr sind; der Zusammenhang jedenfalls, in den sie vom Autor gebracht werden, die geschichtliche Wahrheit ist gefälscht. Denn voraus geht dem Roman eine existenzielle und politische Entscheidung für die DKP, und die einzelnen Episoden, in die sich Ullrich zur Zeit der Studentenbewegung verstrickt, haben allein die Funktion, den Helden Zug um Zug seiner ‚eigentlichen' Bestimmung zuzuführen. Unterschwellig, kommentarlos setzt sich die DKP-Position durch, bis sich die Schlinge zuzieht, auch für den Leser, sofern er sich mit dem naiven Helden identifiziert.

Um Mißverständnissen vorzubeugen: Nichts — außer daß dabei in der Regel schlechte Literatur herauskommt — ist dagegen zu sagen, wenn DKP-Leute ihre politischen Vorstellungen in literarischen Produkten offen vertreten. Widerspruch ist aber nötig, wo sie eine radikaldemokratische, in Teilen auch rätekommunistische Protestbewegung im nachhinein so uminterpretieren, als habe diese mit innerer Notwendigkeit in die Partei münden müssen und sei nur deren etwas chaotische Vorstufe gewesen. Momente der Studentenbewegung, die sich dahin nicht umbiegen lassen, werden ausgespart oder lächerlich gemacht. Hierbei spielen Denunziation angeblich kleinbürgerlicher Interessen der Studenten und Arbeiterfetischismus eng zusammen.

Ein Beispiel: Während ein kommunistischer Drucker in einem Café Ullrich etwas über den Widerstand der Kommunisten gegen den Faschismus erzählt, diskutieren am Nebentisch einige Studenten über Godard. Beide Erzählstränge überschneiden sich mehrfach mit der Intention, die studentischen Gespräche über den Filmemacher als elitär und kleinbürgerlich abzuwerten. Das wird freilich nie explizit gemacht, sondern wirkt versteckt unter der Erzähloberfläche. Dabei werden reale Motivationen der sicherlich privilegierten Studenten einfach ausgetauscht. Während nämlich die Filme Godards nachweislich zur Bewußtseinsbildung gegen ‚die Herrschenden' ihr Teil beigetragen haben, war der kommunistische Widerstand im 3. Reich 1967 kein Protestmotiv. Immer wieder taucht im Roman die Erinnerung an den kommunistischen Arbeiter Albert auf, der im Faschismus Flugblätter in den Treppenhäusern ausgelegt hat; in jedem Fall dient dieses Leitmotiv der Relativierung studentischer Aktivitäten, die als scheinradikal kenntlich gemacht werden sollen.[23]

Nicht nur, daß Timm Ernsthaftigkeit und Kühnheit der Gedanken unterschlägt, wenn er die SDS-Führer hölzerne Reden halten läßt, statt Tonbandprotokolle zu verwenden. Es gibt bei ihm die Tendenz, basisdemokratische Entscheidungsprozesse, die anfangs notwendig oft chaotisch verlaufen, als Kasperle-Theater lächerlich zu machen, indem er etwa ein Teach-in auf einen seitenlangen formalistischen Katalog von Anträgen reduziert. Es war ja keineswegs so, daß die großen Teach-ins ohne Ergebnis endeten und daß einzelne dort nichts lernen konnten. Im Gegenteil war der SDS die *akzeptierte* sozialistische Avantgarde einer demokratischen *Massen*bewegung, die im Unterschied zu ihren Spaltungsprodukten auch von den Machthabern noch ernst genommen wurde.

Von Kapitel zu Kapitel nimmt der Arbeiterfetisch drohendere Umrisse an, Ausdruck der psychischen Schwäche des Helden (wie des Autors), den mehr als nur seine schwankende Klassenlage zu dogmatischen Vorstellungen treibt. Mögen Arbeiter noch so reaktionär denken, sie haben nach objektivistischer Einschätzung gegenüber den revoltierenden Studenten allemal recht, weil sie produktiv arbeiten, Werte schaffen, Lohnkämpfe führen können. Diese ökonomistische Verengung der Marxschen Theorie hat zur Folge, daß die subversiven antikapitalistischen Sehnsüchte nach ‚Befreiung von der Ökonomie‘ und einem ‚anderen‘ Leben, die ja die Basis sowohl der Revolte als auch der Poesie sind, überhaupt nicht wahrgenommen werden. Insofern verkörpert Ullrich nicht das Selbstbewußtsein der Revolte von 1968, sondern die anschließende Kleinmütigkeit, masochistische Subordination unter zweifelhafte historische Strategien leninistischer Parteitheoretiker.

Zusammen mit seinen Kommunarden besucht Ullrich eine Kundgebung gegen die Notstandsgesetze. Er trägt einen langen schwarzen Mantel und einen Schlapphut. „Wessen Mann bist du. Das sollen sich auch die mal fragen, die sich im Untergrund tummeln, die sagen, die Arbeiterklasse gibt's gar nicht mehr, die ist verbürgerlicht, die Neunmalklugen, nicht, die immer nur reden, aber nix tun." (242) Diese Mikrofonrede eines Arbeiters stellt den Studenten vor eine moralisch-existentielle Entscheidung: „Wovon lebt ihr eigentlich?" Jedermanns Seele steht auf dem Spiel. „Ullrich war, als hätte Walter das extra für ihn gesagt (. . .). Gern hätte er jetzt seine Parka angehabt, einen Packen Flugblätter unter dem Arm, wie die anderen. Er nahm seinen Schlapphut ab" (243); eine Geste der Unterwerfung. Dann entwickelt ein Mädchen von der DKP die Politik der gewerkschaftlichen Orientierung. „Ullrich klatschte." (244)

Von da an traktierten Begriffe wie Arbeiter, straffe Disziplin, Gewerkschaft den armen Ullrich immer härter, und er findet: „Sympathisch, diese Kommunisten." (263) Damit nicht genug, wird die körperliche Arbeit mystifiziert: „Ullrich hatte neuerdings das Gefühl, als sei er gewachsen." (281) Lenin-Zitate reklamieren den Führungsanspruch der Partei in den Klassenkämpfen. Sie werden auch dazu benutzt, linksradikale Vorstellungen vom spontanen Streik zu widerlegen.[24]

Gegen Ende des Buches ist Ullrich mit seiner Freundin Renate bei dem kommunistischen Arbeiter Roland eingeladen. In proletarischer Nähe kommt ihm das eigene Milieu degeneriert vor, er schämt sich: „Renate sah plötzlich aus, als hätte sie die Motten in ihrem schwarzen Schlabberkleid." (288) Das Heil von den Arbeitern erwartend (faktisch: von den DKP-Mitgliedern), wendet sich der Held von seiner Freundin ab: „Wie siehst du überhaupt aus? Sieh dich mal an. Dieser schwarze Fetzen. Eure Haschpfeifchen, eure Schlapphüte. Ihr Schmarotzer." (295)

Sätze wie diese, von intellektuellem Selbsthaß diktiert, sollen wohl auch demonstrieren, daß es unter DKP-Literaten, zumindest offiziell, weder Resignation noch Entpolitisierung gibt. Sie offenbaren zugleich paradigmatisch die ‚Große Verdrängung' eigener Wünsche zugunsten der angeblich nicht dekadenten, gesund fühlenden und klar handelnden Arbeiter, auf die eh alles ankommt, mithilfe eines (teilweise taktisch-reformistisch kaschierten) dogmatischen Kategoriensystems, dessen Anwendbarkeit auf die gegenwärtige Situation in der Bundesrepublik fraglich erscheint.

Der Held von Roland Langs Roman „Ein Hai in der Suppe", Philipp Ronge, durchläuft die gleichen Stationen wie Ullrich Krause im provinziellen Karlsruhe. Auch er rettet sich endlich aus dem „linken Schlendrian" in die idyllisch ausgemalte Ordnung der DKP: „Er betrachtet Tewes' Hände auf dem Tisch. Kommunistenhände."[25] Und schon rasselt er automatisch Brocken aus dem Schulungsheftchen herunter: „Diese Randgruppentheorie ist doch einfach Kacke (. . .) Sozialistisches Bewußtsein wird von der marxistischen Partei, in der sich die klassenbewußtesten Arbeiter organisieren, in die Arbeiterklasse reingetragen, das sagt Lenin." (185)

Langs Roman zeichnet sich durch absoluten Mangel an ästhetischer wie politischer Reflexion aus. Während Timm zumindest akademisch-genau und politisch nicht ungeschickt operiert, hat Lang sich einerseits ein politisches Dogmengerüst übergestülpt, ohne es eigentlich zu verstehen, und ist andererseits unfähig, Umwelt, Wirklichkeit, Menschen überhaupt wahrzunehmen. Über weite Strecken des Buches spielt Politik gar keine Rolle. Da hat man dauernd den Eindruck, es soll einem etwas aufgeschwätzt werden. ‚Locker' und ‚spritzig' reiht Lang, ein ehemaliger Werbegrafiker, Phrase an Phrase. Was dieser schriftstellernde Hochstapler für ‚spontan' und ‚phantasievoll' halten mag, grenzt ans Obszöne: „Die Ober flüstern, die Gäste flüstern, die Tür flüstert, flüsternd schwimmen die Fische im Aquarium neben der Garderobe hin und her. Der Reis ist locker und trokken, Hanne zählt die Beilagen und Zutaten und bewundert die Chinesen, weil sie ohne Löffel und Gabel essen. Überhaupt: Hanne. Mit diesen Schneewittchenaugen, deren Wimpern fast die Brauen berühren, einem Mund so rot wie Blut und weich wie Schnee, aus dem rollende Rs zu hören sind, und Zähne, Palisaden, eine neben der anderen, suwaweiß und pfeilgerade." (20)

Noch die erbärmlichsten Kalauer fügt Lang in den Dauerplausch seiner Micky-Maus-Figuren ein. Liebesszenen in schwülstig verklemmter Metaphorik: ,,Es leuchten Ritas saftigrunde Brüste mit den Brombeerknöpfen (. . .). Schieläugig sehen deine Brüste zu, wie sie beköstigt werden (. . .) die rosig gehauchten Äpfel schwanken (. . .). Er tastet mit seinem Katerbesteck den feinen Einschnitt ihres Pos entlang, öffnet das heiße Maul ihres Bauches, und während die süchtigen Katerpfoten ihre Kugelknospen nippeln, dringt er in sie ein, schiebt er den süßen praktischen Penis ins Gewölbe, zieht er sie zu sich, wühlend und kreisend, ein lärmender Gast." (55—57)

Das politische Äquivalent zum Kaufhauskitsch ist die borniert Orthodoxie, in die Philipp unmotiviert purzelt, um etwa ruckhaft in vorgestanzten Sätzen die CSSR-Intervention zu verteidigen (was Timm so plump nicht tun würde): ,,Das Primat der Politik ist eine der Grundprinzipien des Marxismus und wer, wie der tschechische Ökonomiepapst, die Ökonomie von der Anleitung und Ausrichtung durch die Partei, durch die staatliche Leitung trennen will, handelt letzten Endes gegen die Interessen der Arbeiterklasse." (151)

Aus all dem resultiert ,,ein feiger, sklavischer Literaturersatz im Windschatten einer Scheinsolidarität" (Peter Handke[26]).

Gemeinsam ist beiden Romanen die *gewaltsame* Lösung des Verhältnisses von Poesie und Politik, wobei jene dieser von vornherein als ,,Rädchen und Schräubchen" des Parteiapparats (Lenin) streng subsumiert ist; daraus resultiert die ,,Degeneration der Wirklichkeit zum Signalsystem" (Piwitt[27]). Mit der realistischen Methode, die die Autoren für sich reklamieren, haben ihre Bücher ebenso vordergründig zu tun wie mit der Studentenbewegung. Im Interesse der Frontgenauigkeit ihrer Aussagen lassen sich Timm und Lang auf den real vorhandenen Bedürfnis- und Bewußtseinsapparat der Menschen erst gar nicht ein: Erfahrungen, die nicht in das politische Konzept sich fügen, werden weggeschnitten, Widersprüche eingeebnet, Tag- und Nachtträume erstickt. Idealistisch setzen sie ,,neben die wirkliche Welt eine zweite, angeblich reinere, das Lager der Bewußten" (Alexander Kluge[28]). Die sich realistisch nennende DKP-Literatur ist das (durchsichtige) Kostüm auswendig gelernter Normen und Begriffe, taktisch-affirmative Anpassung an die triviale Tatsache, daß Menschen lieber Geschichten lesen als Parteiprogramme. Diese Literatur weicht den alltäglichen Antagonismen im subdominanten Erfahrungsbereich jedes einzelnen aus und stellt dem etablierten ‚rechten' Wertekanon einen ähnlich klischierten ‚linken' gegenüber, um so wenigstens die eigenen Reihen zu stabilisieren. Auch die relativ niedrige Auflage von 5.000 Exemplaren weist auf die moralische Funktion der Romane hin: es ist Erbauungsliteratur für Sympathisanten des MSB Spartakus und der DKP.

Autoren, die diesen Organisationen nahestehen, schwören auf die objektivistische These, Überbauveränderungen dürften nur aus Basisveränderungen hervorgehen. Daraus folgt die Widerspiegelungstheorie und auf ästhetischem Gebiet der normative Stil des Sozialistischen Realismus.[29] Unterstellt wird, der konkrete Gehalt eines Kunstwerks sei eins mit der bloßen ‚Widerspiegelung der Wirklichkeit'. So beschreiben die Autoren Gesellschaft weithin in groben schwarz-weiß-Antinomien, die sich vom ‚richtigen' Standpunkt aus mithilfe positiver Helden allemal lösen lassen. Wo immer man hinschaut, sind die demokratischen Kräfte mechanisch im Vormarsch, und es kann eigentlich, nach Lektüre dieser Romane, nur eine Frage der Zeit sein, bis die DKP auf legalem Weg, getragen vom Wohlwollen der Bürger, an die Macht gelangt.

Anstelle infantiler Schönfärberei, die sich für revolutionär hält, wäre die Verpflichtung der Literatur zur Subversion gegenüber jeder Form von Unterdrückung zu betonen. Nach Lettau müßte die Literatur radikal genug sein, ,,mit ihren ganz eigenen Mitteln der Revolution jene Fragen vorzulegen, die sie vielleicht nie lösen kann, deren Sticheleien sie hoffentlich unsicher machen, also stärken"[30]. Dabei dürfte die einfühlende Romantechnik aus dem 19. Jahrhundert hinderlich sein. ,,Will der Roman seinem realistischen Erbe treu bleiben und sagen, wie es wirklich ist, so muß er auf einen Realismus verzichten, der, indem er die Fassade reproduziert, nur dieser bei ihrem Täuschungsgeschäft hilft" (Th. W. Adorno[31]).

5. ,,Literatur ist Widerstand mit vielleicht veralteten Mitteln"
(Tintenfisch 8/1975)

In dem Film ,,Falsche Bewegung" von Wim Wenders nach dem Buch von Peter Handke findet an zentraler Stelle ein Kunstgespräch über poetisches und politisches Denken statt. Darin sagt die Hauptperson, der Schriftsteller Wilhelm: „Ich wollte politisch schreiben und merkte dabei, daß mir die Worte dafür fehlten. Das heißt, es gab schon Worte, aber die hatten wieder nichts mit mir zu tun (. . .). Wenn nur beide, das Poetische und das Politische, eins sein könnten!" Darauf erwidert ‚der Alte‘: „Das wäre das Ende der Sehnsucht und das Ende der Welt."[32]

Weil aber das Paradies der Einheit aller Gegensätze verriegelt ist, rettet sich Handke in den Versuch einer Neubegründung des *poetischen* Denkens: „Ich bin überzeugt von der begriffsauflösenden und damit zukunftsmächtigen Kraft des poetischen Denkens (. . .). Sowie beim Schreiben auch nur der Ansatz eines Begriffs auftaucht, weiche ich — wenn ich noch kann — aus in eine andere Richtung, in eine andere Landschaft, in der es noch keine Erleichterungen und Totalitätsansprüche durch Begriffe gibt."[33] Handke will eine reine, autonome Literatur, die Politik und Wissenschaft generell ausgrenzt. Die linken Schriftsteller, die die Utopie der Revolte: daß Kunst und Politik in der Aktion zusammenfallen, erst einmal aufgeben mußten, sind dazu angehalten, das Verhältnis von Poesie, Politik und Wissenschaft differenzierter darzustellen.

In ihrer historischen Bestimmung, die gültig ist, solange die gesellschaftliche Arbeitsteilung fortbesteht, geht Poesie in wissenschaftlichen und politischen Begriffen nicht auf. Als spezialisierte Teilarbeit drückt sie sich vor allem in Bildern und Beschreibungen aus. Diese sinnliche, vorbegriffliche Qualität unterscheidet nach traditioneller Definition Kunst von Wissenschaft. Es gibt eine spezifische Rationalität des Ästhetischen, die gegenüber der abstrakt-diskursiven Rationalität der Wissenschaft ihre Berechtigung hat. In ihrer Erkenntnisleistung zielt Kunst auf Erinnerungen, Wünsche und Hoffnungen, Haß und Ekel (als Extremformen von Sinnlichkeit). Ihre politische Wirkung kann somit nur eine sehr vermittelte, quasi unterirdische sein. Dadurch ist Poesie aber eine Art Widerstand, sie hält im einzelnen Sehnsüchte nach Befreiung wach und spitzt dieses Protestpotential emotional zu, ohne sich explizit auf politische Ideologien zu beziehen. Sie liefert (notwendig abgehobene) Beispiele für konkrete Arbeit und menschliche Produktivität, z. B. durch assoziierendes Einkreisen der Wahrheit. Dagegen läßt sich die Funktionsweise des Kapitalismus exakt nur analytisch bestimmen mithilfe einer historisch-materialistischen Begrifflichkeit.

Wo poetisches und politisches Denken, Sinnlichkeit und Wissenschaftlichkeit, Bilder und Begriffe empirisch auseinanderfallen, bestünde für linke Schriftsteller die Möglichkeit dialektischer Durchdringung beider Ebenen, unter den besonderen Bedingungen des Kunstwerks selber. Sie können sich dabei der Funktionalisierung verweigern und doch die alltäglichen Widersprüche im beobachteten Detail, im gefundenen Bruchstück der Erinnerung, in genauer Einstellung und Montage bewußt machen, indem sie sie unversöhnlich heraustreiben. Auch das politisch Wünschenswerte kann so sichtbar werden.

Die unmittelbare Erfahrung soll sich mit der Theorie verbinden. Aber der Zwiespalt bleibt vorerst bestehen, und es käme darauf an, diese *Spannung* auch in der Poesie *auszuhalten* und den Gefahren der subjektiven Idylle und des politischen Kurzschlusses auszuweichen. Dem deduktiven Interesse an einer rationalen Welterklärung steht die induktive Sehnsucht nach Erinnerung, Geheimnis und neuer Wahrnehmung gegenüber, und zwar in jedem einzelnen Menschen, zusammengehalten durch einen umfassenden Begriff des Politischen. Gerade der Schriftsteller könnte es leisten, von unten aus die Erfahrungen in den Bereich gesellschaftlicher Erkenntnis zu verlängern, statt von oben begriffliche Verknüpfungen aufzuprägen, unabhängig davon, was unten an Erfahrungssubstanz vorhanden ist.

Jürgen Theobaldy: „Gedicht für Ulrich Topp"[34]

„Der Morgen begann um Viertel nach sieben
hungrig und ungewaschen
die Flugblätter unterm Arm
trotte ich zur Schule
wo sie dir gekündigt haben
weil du geschrieben hast
es gebe auch undemokratische Gesetze
gegen die Widerstand gerechtfertigt sei
Mit kalten Fingern verteile ich die Blätter
das Papier ist glatt nicht so griffig
wie Saugpost nicht so griffig
wie das neue Ordnungsrecht werden soll
(nach einer Äußerung des Kultusministers)
und kurz vor acht
droht mir der Direktor mit Hausfriedensbruch
Ich verschwinde bevor die Bullen kommen
um an mir herumzuschnüffeln
Ich gehe beim Bäcker vorbei
immer noch Flugblätter unterm Arm
(aber weniger viel weniger!)
kaufe frische Brötchen
koche Tee zu Hause
und während ich frühstücke

        denke ich an all das Unrecht
        dem ich bisher begegnet bin
        in meinem kurzen erfahrungsarmen Leben
        ich schlage die Zeitung auf
        stoße auf neues Unrecht
        mir geht es gut
        ich habe mein Frühstück verdient
        diese frischen Brötchen
        und die Lektüre der Zeitung
        nach der ich mich wieder hinlegen werde
        um noch einmal zu schlafen
        bis mich der Briefträger weckt
        mit freundlichen Grüßen"

Theobaldys Gedicht verbindet politische Erfahrungen der Studentenbewegung, die hier unzensiert aufbewahrt sind, mit Alltagserfahrungen. Der Autor bleibt nicht dabei stehen, „den Individuen unbeschadet ihrer praktischen Differenzen vertrauliche Einblicke in ihre
Schwierigkeiten zu gewähren"; er versucht vielmehr, das in Literatur
einzubringen (aber nicht: aufzulösen), „was außer ihr als realer gesellschaftlicher Widerspruch unterstellt ist."[35] Die Diskrepanz zwischen unseren individuellen Erlebnissen und unseren ideologiekritischen Reflexionen, die täglich erfahrbar ist, wird lakonisch herausge-
stellt: Hier der politische Akt des Flugblatt-Verteilens, frühmorgens
und hungrig, für einen entlassenen Lehrergenossen, verbunden mit
Hausfriedensbruch; danach die frischen Brötchen, die Zeitung, voll
von diversem Unrecht, die Rückkehr ins Bett, das provozierende Ge-
ständnis: „mir geht es gut"; Reflexion auf eine privilegierte und in
sich widersprüchliche Lebensform, die sich nicht voluntaristisch negieren läßt. Die offene Diskrepanz könnte einen Bewußtseinsprozeß
einleiten, der sich auf die Vermittlung der getrennten Bereiche richtet. Die Vermittlungsschritte selber sind ausgespart; Handlungsanwei-
sungen werden nicht ausgegeben, aus der richtigen Einsicht, daß die
Überwindung der schlechten Realität nicht ins Gedicht verlegt werden kann, wo sie doch in der Wirklichkeit – z. B. vom linken Leser – erst noch zu leisten wäre.
In der neuen Alltagslyrik von Delius, Brinkmann, Theobaldy, Dittberner, Fels, Schenk, Krüger u. a. sind Ideen der antiautoritären Bewegung, zusammengefaßt im Wunsch nach einem anderen Leben,
noch wirksam. Das Schwanken zwischen hoffnungsvollen und zwei-
felnden Gesten hat reale gesellschaftliche Ursachen. Neu ist vor allem
der umgangssprachliche Ton, präzise Wahrnehmungen und Erinnerungen, das Herangehen an die politischen Widersprüche von den

scheinbaren Nebensächlichkeiten her. Gelungene Texte erreichen eine Naivität zweiten Grades, die gezeichnet ist von historischer Erfahrung und politisch-ästhetischer Reflexion. In der neuen politischen Lyrik werden, so Wolfram Schütte[36], „Wünsche nach einem sinnlichen und alltäglichen Gebrauchswert der Literatur" rascher und intensiver erfüllt als in den bisherigen retrospektiven Romangroßformen, vom Drama ganz zu schweigen. Sicher hat das augenblickliche Interesse an Lyrik auch kompensatorische Züge. Aber sofern sie die Spannung zwischen Poesie und Politik aushalten, sind diese Gedichte Zeugnisse von Widerstand.

Anmerkungen

1 H. M. Enzensberger: Verteidigung der Wölfe, Frankfurt/M. 1957, S. 70.
2 M. Reich-Ranicki: Rückkehr zur schönen Literatur, in: FAZ, 8. 10. 1975.
3 E. Lämmert: Die Erde hat sie wieder, in: DIE ZEIT 2/1976. Umgekehrt warnt M. Zeller in einer Rezension von ‚Literaturmagazin 5' (FAZ, 24. 7. 1976) vor „gefährlich resignativen Beiträgen", in denen er die Revolte von 1968 „verraten" wähnt. Um zu solchem Ergebnis zu gelangen, muß er die eigentlichen Intentionen der Autoren übersehen: sie wollen die Zerstörung des Realitätssinns der Menschen sichtbar machen sowie Formen des Standhaltens, z. B. in der Verteidigung von Heimat und Natur. Diesen vermittelt politischen Ansatz will der FAZ-Kritiker durch willkürlich herausgegriffene Zitate diskreditieren, wobei er sich zum Schein auf die Seite der begrifflichen Aufklärung schlägt und die Linke zur „Wachsamkeit" mahnt.
4 W. Schütte: Über das ‚Literaturmagazin 4', in: FR, 11. 10. 1975.
5 H. Marcuse: Konterrevolution und Revolte, Frankfurt/M. 1973, S. 124. Vgl. auch J. Habermas: Legitimationsprobleme im Spätkapitalismus, Frankfurt/M. 1973, S. 110; P. Gorsen: Transformierte Alltäglichkeit oder Transzendenz der Kunst?, in: Das Unvermögen der Realität. Beiträge zu einer anderen materialistischen Ästhetik, Berlin 1974, S. 129 ff.
6 Gorsen, a. a. O., S. 139.
7 Vgl. H. J. Krahl: Konstitution und Klassenkampf, Frankfurt/M. 1971; J. Schmierer: Zur Analyse der Studentenbewegung, in: Rotes Forum 5/1969; O. Negt/A. Kluge: Öffentlichkeit und Erfahrung, Frankfurt/M. 1972; Marxistische Aufbauorganisation: Die Krise der kommunistischen Parteien, München und Erlangen 1973; M. Kukuck: Student und Klassenkampf, Hamburg 1974.
8 R. zur Lippe: Objektiver Faktor Subjektivität, in: Kursbuch 35/1974, S. 1 ff.
9 P. P. Zahl: Von einem, der auszog, Geld zu verdienen, Düsseldorf 1970, S. 119 f.
10 F. Viebahn, in: Sie schreiben zwischen Moers und Hamm, hrsg. von H. E. Käufer und H. Wolff, Wuppertal 1974.
11 W. Schütte: Zeitgenosse Lenz, in: FR, 13. 10. 1973.
12 P. Laemmle: Büchners Schatten, in: Akzente 5/1974, S. 469.
13 Vgl. die in ihrer Tendenz ähnlichen „Lenz"-Rezensionen von W. Schröder,

in: Weimarer Beiträge 12/1974, S. 128 ff., und K. Dautel, in: Sozialistische Zeitschrift für Kunst und Gesellschaft 23—24/1974, S. 106 ff. Grobschlächtig argumentiert auch M. Schneider, in: Die lange Wut zum langen Marsch, Reinbek 1975, S. 317 ff. Unübertroffen in Borniertheit und Dogmatik ist freilich der Artikel über P. Schneider, in: Kommunistische Volkszeitung, 26. 2. 1976 („Die Kunst des Kapitulantentums").

14 P. Schneider: Lenz, Berlin 1973, S. 40.

15 P. Schneider: Ansprachen, Berlin 1970, S. 7 ff.

16 P. Schneider: Die Phantasie im Spätkapitalismus und die Kulturrevolution, in: Kursbuch 16/1969, S. 27.

17 P. Schneider: Können wir aus den italienischen Klassenkämpfen lernen?, in: Kursbuch 26/1971, S. 1.

18 Vgl. dazu: „Wir wollen alles", die wichtigste spontaneistische Zeitung in der BRD, die zwischen März 1973 und Juni 1975 in 27 Nummern erschien.

19 Georg Büchner: Werke und Briefe, Leipzig o. J., S. 108.

20 U. Timm: Heißer Sommer, München 1974, S. 52.

21 U. Timm: Diskussionsbeitrag in: Arbeitstagung der DKP zu Fragen der Literatur, München 1974, S. 136.

22 Wenn H. P. Piwitt (Rückblick auf heiße Tage, in: Literaturmagazin 4/1975, S. 41) das Scheitern der DKP-Romane primär auf das „Handikap der falschen Erzählhaltung" zurückführt, so greift er damit zu kurz. Er drückt sich um die politische Kritik politisch gemeinter Romane. Zumal sich Wirklichkeit aus der Er-Perspektive durchaus differenziert darstellen ließe, wie aktuelle Beispiele zeigen.

23 Wesentlich plumper inszeniert Klaus Konjetzky in einer Kneipenszene seiner lyrischen Autobiographie „Poem vom Grünen Eck" (München 1975, S. 48) Selbsthaß und Arbeiterfetischismus: „Wir (die Studenten) reden/ über die Titten der Bedienung./ Sie (die Arbeiter am Nebentisch) diskutieren/ über die Unruhe in Werkshalle 9." Umgekehrt wäre wenigstens eine Pointe abgefallen. — Zu Konjetzkys Partei-Idylle in der Kneipen-Behaglichkeit vgl. J. Theobaldy/G. Zürcher: Veränderung der Lyrik, München 1976, S. 156 ff.

24 Es ist wohl kaum ein Zufall, daß der Vertreter der traditionalistischen Linie im SDS und spätere DKP-Funktionär im Roman „Lister" heißt. Den Namen trug der stalinistische Kommandant der 11. Division im spanischen Bürgerkrieg, der 1937 für die Liquidierung der Selbstverwaltung der Bauern in Aragon verantwortlich war.

25 R. Lang: Ein Hai in der Suppe oder Das Glück des Philipp Ronge, München 1975, S. 176.

26 P. Handke: Die Tyrannei der Systeme, in: DIE ZEIT 2/1976.

27 Piwitt, a. a. O.

28 A. Kluge: Gelegenheitsarbeit einer Sklavin. Zur realistischen Methode, Frankfurt/M. 1975, S. 232. Vgl. auch die Ausführungen von Negt/Kluge (a. a. O., S. 384 ff.) zur Lagermentalität der KPD vor 1933.

29 Vgl. dazu: Kontext 1. Literatur und Wirklichkeit, hrsg. von U. Timm und G. Fuchs, München 1976. Speziell die Aufsätze von Timm, Mattenklott, Lang, Hitzer, Ritter und Fuchs zeichnen sich durch dogmatische Beschränkung aus. ‚Entlarvt' werden einmal mehr all jene, denen die kapitalistische Klassengesellschaft undurchschaut bleibe und der Staat schlechthin als das dem auf Selbstverwirklichung drängenden Individuum Feindliche erscheine (Brinkmann, Handke, Struck, Born); diese Haltung sei Ausdruck „spätbür-

gerlicher Dekadenz" (S. 254). Für einen naiven Abbild-Realismus und gegen „bourgeoise Ideologieplaner" (worunter er so verschiedene Leute wie Peter Demetz, Reich-Ranicki, Jörg Drews und Peter Brückner subsumiert) plädiert R. Lang; Autoren wie Brückner, die von der Weltanschauung des Marxismus-Leninismus abweichen, „huren in der marxistischen Theorie herum" (Lang, a. a. O., S. 83). Auf welch hohem Niveau stand dagegen selbst Lukács' Dekadenzvorwurf gegen die Moderne (Proust, Kafka, Joyce, Beckett) in seinem Buch „Wider den mißverstandenen Realismus" (1958). Doch läßt sich, was Adorno damals gegen Lukacs einwandte, bruchlos auf die DKP-Literaturtheorie übertragen: „Die gesamte moderne Literatur, soweit auf sie nicht die Formel eines sei's kritischen, sei's sozialistische Realismus paßt, ist verworfen, und es wird ihr ohne Zögern das Odium der Dekadenz angehängt, ein Schimpfwort, das nicht nur in Rußland alle Scheußlichkeiten von Verfolgung und Ausmerzung deckt . . . Die Rede von Dekadenz ist vom positiven Gegenbild kraftstrotzender Natur kaum ablösbar; Naturkategorien werden auf gesellschaftlich Vermitteltes projiziert" (Th. W. Adorno: Erpreßte Versöhnung, in: Noten zur Literatur II, Frankfurt/M. 1961, S. 156 f.).

30 R. Lettau: Eitle Überlegungen zur literarischen Situation, in: Literaturmagazin 4, S. 21.
31 Th. W. Adorno: Form und Gehalt des zeitgenössischen Romans, in: Akzente, 1. Jg. 1954, Heft 5, S. 412.
32 P. Handke: Falsche Bewegung, Frankfurt/M. 1975, S. 51 f.
33 P. Handke: Als das Wünschen noch geholfen hat, Frankfurt/M. 1974, S. 76 f.
34 J. Theobaldy: Blaue Flecken, Reinbek 1974, S. 38. Der Fall des Assessors Topp liegt auch Peter Schneiders „ . . . schon bist du ein Verfassungsfeind" (Berlin 1975) zugrunde.
35 „Über die Schwierigkeiten linker Literatur", in: Marxistische Studenten-Zeitung (München), Nr. 3/1975.
36 W. Schütte: Über das ‚Literaturmagazin 4', a. a. O. Vgl. auch J. Theobaldy: Das Gedicht im Handgemenge, in: Literaturmagazin 4, S. 64 ff.; H. Dittberner: Unterwegs mit den Leuten, in: FR, 20. 9. 1975.

Eberhard Fahlke

„Gute Nacht, New York — Gute Nacht, Berlin"

Anmerkungen zu einer Figur des Protestierens anhand der „Jahrestage" von Uwe Johnson

Der weitläufig konzipierte, chronologisch strukturierte Bericht aus dem Leben Gesine Cresspahls[1] beinhaltet — auf literarische Arbeiten Uwe Johnson bezogen — Kontinuität und Neubeginn zugleich; das ist hinlänglich von Literaturkritik und wissenschaftlich ambitionierter Sekundärliteratur hervorgehoben worden.[2] Kontinuität, weil Themenkreise, Motivkomplexe und Lebensgeschichten von Personen aus früheren Arbeiten, vor allem den „Mutmaßungen über Jakob", mit augenfälliger Detailgenauigkeit in den „Jahrestagen" wieder aufgenommen und weitergesponnen werden. Neubeginn, weil der als „Dichter des gespaltenen Deutschland"[3] apostrophierte Autor — gestützt auf den Einfall, Ereignisse aus dem Leben Gesine Cresspahls vom August 1967 bis zum August 1968 in New York zu protokollieren — umfassendere Perspektiven seiner politischen Topographie gestaltet in der Hoffnung, daß solche Linien im „Brennpunkt" einer epischen Totalität zusammenlaufen und dem Leser ein repräsentatives Bild zeitgeschichtlich bedeutsamer Wirklichkeitsausschnitte vermitteln.

Eine formale Verbindung zwischen Kontinuität und Neubeginn wird mit Hilfe der Biographie der Angestellten Cresspahl hergestellt. Aus Uwe Johnsons erstveröffentlichtem Roman als Person wohl bekannt, qualifiziert sie sich in den „Jahrestagen" während der Zeit nach ihrer Ankunft in Amerika (Frühjahr 1961) bis zum Jahr 1968 durch ihre Arbeit als Fremdsprachensekretärin zur Sonderkorrespondentin einer Bank für den Außenhandel mit der CSSR. Im bisher vorliegenden dritten Band dieser als Tetralogie geplanten Chronologie befindet sie sich auf dem Sprung nach Prag und, soviel hat Johnson schon erkennen lassen, sie wird auch nach Prag fahren bis zum August 1968. Diese Gesine Cresspahl ist Subjekt und Objekt des Berichts in einer Person.

Bedrängt von den insistierenden Fragen ihrer elfjährigen Tochter Marie muß sie in New York immer wieder erzählen, wie es damals war, als „die Großmutter den Großvater nahm."[4] Damals, das sind vor allem die dreißiger Jahre (bis hin zum Kriegsende 1945) im Hitler-Deutschland. So entsteht innerhalb des New Yorker Tagebuchs mit Blick auf die Kleinstadt Jerichow entworfen nach und nach ein

Tableau Mecklenburgs. Es ist wahrhaft mit „homerischem Gedächtnis" geschrieben; ein Gedächtnis, das Max Frisch, von dem dieser Vergleich stammt, zu der Tagebuchnotiz bewegte: „Mecklenburg wird sich darauf verlassen dürfen."[5]

Dieser sorgfältig in das Protokoll der „Jahrestage" montierte Handlungsstrang — die „Erzählebene von Jerichow" — soll jedoch in den folgenden Anmerkungen vernachlässigt werden; hingegen wird — auf die „Erzählebene von New York" beschränkt — der Versuch unternommen, die Darstellung der Studentenbewegung aus der Faktenfülle der bislang dreibändigen Chronik herauszulösen. Begründet ist dieser Versuch primär nicht in der Annahme, die Bedeutung der Darstellung der Studentenrebellion für eine Interpretation der „Jahrestage" erschließe sich einer nur oberflächlichen Lektüre; vielmehr werden die Anmerkungen durchgängig von der These bestimmt, daß in dieser Darstellung eine aus der Distanz von New York gestaltete Figur des Protestierens demonstriert wird. Die darin bekundete moralische Haltung wird im Verlauf der „Jahrestage" für Gesine Cresspahl zum Problem und offenbart eine der wesentlichen Ursachen ihrer in dem „Bericht aus dem Leben Gesine Cresspahls" gestalteten Enttäuschung.

Beabsichtigt ist auf diese Weise auch, die Aussage des kürzlich verstorbenen DDR-Literaturkritikers Kurt Batt in Frage zu stellen, der, vertraut im Umgang mit zeitgenössischer Literatur der Bundesrepublik und kompetent im Urteil, gleichwohl die Auffassung vertrat, daß die Studentenrebellion, obschon deren Höhepunkt in der Zeit der in den „Jahrestagen" protokollierten Ereignisse fällt, von Gesine Cresspahl — der „Heldin" Uwe Johnsons — kaum „registriert oder bedacht" werde.[6]

I. New York

> Marie, die elfjährige Tochter der Angestellten Cresspahl, nimmt es „für gewiß",
> „(...) daß Einer in dieser ihrer Stadt, und sei es am untersten Anfang des Broadway und nicht an der Park Avenue, wo die Westdeutschen heutzutage ihren Staat machen — *sie ist sicher, daß Einer wenn nach New York auch zur Vernunft kommen müsse.*" (Bd. II; S. 563; Hervorhebung E. F.)

Auf Einladung des Goethe-Hauses hielt Jürgen Habermas Ende November 1967 einen Vortrag in New York, um ein amerikanisches Publikum über die Protestbewegung in der Bundesrepublik zu unterrichten; dabei konzentrierte sich Habermas darauf, die Vorgänge in Berlin darzustellen, „denn die Freie Universität ist bekanntlich zum Berkeley der Bundesrepublik geworden."[7] Während seines Vortrags in New York hat Habermas indessen zum ersten Mal den von ihm selbst Anfang 1967 in die Diskussionen der Protestbewegung eingebrachten Topos „linker Faschismus" öffentlich in Zweifel gezogen. Irritiert durch den nicht vorhersehbaren Solidarisierungseffekt – der Student Benno Ohnesorg war von dem Berliner Polizisten Kurras am 2. Juni 1967 erschossen worden – und „in Angst vor den irrationalistischen Implikationen eines Vorgehens, das unter dem Topos ‚die Spielregeln brechen' eingeführt wurde",[8] hat Habermas während der Diskussion am 9. Juni 1967 in Hannover in Auseinandersetzung mit Rudi Dutschke den Terminus „linker Faschismus" vorgeschlagen. Zuvor hatte er, wie auch später in einer Debatte mit dem Berliner SDS nach Hannover, vergeblich versucht, Dutschke und seine Anhänger davon zu überzeugen, daß es sinnlos und für die eigene Position gefährlich sei, in einer nichtrevolutionären Situation die Grenze zwischen demonstrativer und gewaltsamer Provokation zu überschreiten.[9] Noch in dem Brief an Erich Fried, von dem er aufgefordert worden war, die „mißverstandene Hannoveraner Äußerung" förmlich zu widerrufen, verwies Habermas anstelle eines förmlichen Widerrufs beharrlich darauf, daß er vom „linken Faschismus" in einem „klar hypothetischen Zusammenhang"[10] gesprochen hatte.

„Unter der Voraussetzung, daß sich aus Dutschkes Konzept unmittelbar praktische Folgen ergeben sollten, aber auch nur dann, schien mir eine Verwandtschaft einer solchen Praxis mit gewissen an Sorel anknüpfenden linken Tendenzen des frühen italienischen Faschismus auf der Hand zu liegen. Ich bin auch heute noch der Überzeugung, daß das sozialpsychologische Potential, an das Dutschke appelliert, höchst ambivalent ist und fast ebensogut ‚rechts' wie ‚links' kanalisiert werden könnte, weil die Befriedigung, wie ich auf dem Campus von Berkeley studieren konnte, nicht aus der Realisierung eines bestimmten politischen Ziels, sondern aus der Aktion um ihrer selbst willen, aus der Teilnahme am Happening per se, aus der erfolgreichen Dauermobilisierung resultiert."[11]

Polemisiert wird mit dem Topos „linker Faschismus", und das kennzeichnet zugleich seine Fragwürdigkeit, gegen eine eher individual-, als sozialpsychologisch umschriebene, in ihren Ansprüchen schwerlich faßbare Form der Bedürfnisbefriedigung unter Studenten, der es weniger daran liegt, ein definiertes politisches Ziel – freilich auch mit dem Risiko eines aufzeigbaren Scheiterns – zu realisieren, sondern die allein auf erfolgreicher Dauermobilisierung bei beliebig einsetzbarer Zielsetzung gründet. Gegen diese Protesthaltung hegt Habermas seine Befürchtungen. Gleichwohl zieht der ehemals in Frankfurt lehrende Soziologe mit seinem New Yorker Vortrag die angedeutete zeitgeschichtliche Parallele (Sorel) in Zweifel und rückt damit von dem „unglücklichen Topos"[12] wieder ab; er präzisiert aber an gleicher Stelle die Beschreibung dessen, was man seiner Meinung zufolge, das neoanarchistische Weltbild nennen könnte.

„Das Weltbild dieser Studenten — (Habermas spricht von einer relativ kleinen, sehr mobilen Minderheit, deren Einstellung er allerdings als symptomatisch für einen Entwicklungstrend ansieht; E. F.) — ist von dem Eindruck geprägt, daß die gesellschaftlichen Institutionen zu einem relativ geschlossenen, konfliktfreien, dabei gewaltsamen Apparat geronnen sind. Aufklärung und Opposition kann nur noch von nicht korrumpierten einzelnen am Rande des Apparats betrieben werden; wer eine Funktion *in* ihm übernimmt, und sei sie noch so unwichtig, wird integriert und gelähmt. Daher gibt es keinen definierten Gegner innerhalb der Gesellschaft, es gibt keinen Koalitionspartner und keine angebbaren sozialen Gruppen als Träger des Protests. Unter diesen Umständen muß der Protest selbst die Form der Provokation, der Durchbrechung der legitimen Spielregeln annehmen; sein Ziel ist unmittelbar der Mobilisierung vieler einzelner um der Mobilisierung willen. Das erinnert an gewisse politische Lehren, die Sorel aus lebensphilosophischen Grundannahmen Bergsons gewonnen hat. Ich selbst habe diesen Zusammenhang zunächst für plausibel gehalten; heute bin ich nicht mehr sicher, wie weit die Parallele trägt."[13]

Noch an den Reaktionen auf sechs Thesen, die Habermas, seine Einsichten sentenzenhaft zusammenfassend, unter dem Titel „Die Scheinrevolution und ihre Kinder" über Taktik, Ziele und Situationsanalysen der oppositionellen Jugend aufgrund von Erfahrungen der vergangenen zwölf Monate in der Bundesrepublik wie in den USA einem Kongreß des Verbandes Deutscher Studentenschaften am 1. Juni 1968 in Frankfurt vorgetragen hatte,[14], ist abzulesen, wie schwierig es war, die Kontroverse zwischen Habermas und den führenden Vertretern der Protestbewegung nach dem Vorwurf des „linken Faschismus", zumal die New Yorker Distanzierung kaum ins Bewußtsein der Öffentlichkeit gedrungen ist, zu objektivieren: denn die „praktische Analyse" eines als links geltenden Autors, der weder zusätzliche Legitimationshilfe für den Kampf gegen die „Neue Linke" liefern, noch die politischen Anstrengungen der gesamten Außerparlamentarischen Opposition zu treffen beabsichtigte, erhielt „spontanen Beifall von einem Publikum, in dem sich recht heterogene Gruppen zusammenfanden: von Liberalen und Repräsentanten der Gewerkschafts- und Parteiapparate bis hin zu Vertretern der extremen Rechten."[15]

Eine ähnlich differenzierende Argumentationsweise, die zuweilen an der Gedankenführung und den Einsichten von Habermas orientiert erscheint, prägt die Darstellung Berliner Ereignisse in den „Jahrestagen". Indes zielt sie weniger auf Vermittlung analytisch erarbeiteter Erkenntnisse ab; vielmehr liegt ihr daran, Atmosphäre zu vermitteln. Doch auch diese anderen Gestaltungsprinzipien unterworfene Betrachtungsweise ist vor dem Beifall von falscher Seite nicht gefeit.

II. New York — Berlin

In New York, so will es die Fiktion der „Jahrestage", sieht sich die Angestellte Gesine Cresspahl wiederholt mit dem Problem konfrontiert, amerikanischen Arbeitskollegen politische Prozesse in Deutschland zu erklären, weil sie — 1933 in Mecklenburg geboren, nach 1945 in der DDR aufgewachsen, 1953 in die Bundesrepublik gekommen und im Frühjahr 1961 mit ihrer Tochter Marie in Amerika gelandet — „als Deutsche, die ihren Paß noch hat, in einer amerikanischen Bank arbeitet", und weil es „unter diesen 999 Leuten, die in dieser Bank arbeiten, genug Leute gibt, die sagen: Sie sind doch eine Deutsche, erklären Sie uns das."[16]

Der in der Überschrift zitierte nächtliche Gruß beendet ein Telephongespräch zwischen New York und Berlin, das Gesine Cresspahl am Ostersonntag (14. April) 1968 nach dem Attentat auf Rudi Dutschke führt.[17] Sie läßt sich von einer Person ihres Vertrauens, der roten Anita, über die österlichen Anti-Springer-Demonstrationen unterrichten. Die in der Regel von Gesine Cresspahl aus der Lektüre der „New York Times" zusammengefaßten oder sorgfältig unter Angabe des copyrights zitierten Nachrichten, die einzelne Jahrestage in der Erinnerung festhalten sollen, erweisen sich in diesem Falle für die Angestellte Cresspahl als nicht authentisch genug. Sie verlangt, so will es die Fiktion, nach größerer Genauigkeit, die ihr die Meldungen der „New York Times" nicht mehr ausreichend gewährleisten. Diese überaus intensive Anteilnahme an den Berliner Ereignissen wird wieder biographisch motiviert, denn „Herr Rudolf Dutschke hatte etwas zu tun — um das zu erklären — mit der Vorbereitung eines Sozialismus, den Gesine Cresspahl hat mehrfach scheitern sehen."[18]

Telephongespräch zwischen New York und Berlin

„ – Haben Sie Westberlin angemeldet, Mrs. Krissauer?
 – Vor zwei Minuten. Acht-fünf, fünf-drei, fünf-
 – Wir geben Ihnen Westberlin.
 – Platzreservierung.
 – Anita, ist das euer Code für heute?
 – Ja. Gesine. Wo bist du? Auf dem Flughafen? Tempelhof oder Tegel?
 – Ich bin zu Hause.
 – Du ich kenn dich. Du bist im friedenauer Hospiz, und willst mich üzen über zwei Blocks. Komm unverzüglich her!
 – Hier haben wir den Riverside Drive und 70 Grad Fahrenheit.
 – Falsch
 – Du, Anita. Ich wollte bloß fragen. Ob du noch lebst.
 – Frag mich was Einfaches. Gesine, warum sollen wir nicht leben?
 – Im vorigen Sommer als der Aufstand in Newark war, hast du angerufen –
 – Dies ist kein Aufstand, Gesine. Du weißt doch, was man so zu einer Revolution nimmt.
 – In der New York Times steht, daß mehrere Tausend Studenten gestern abend den Kurfürstendamm blockierten, daß die Polizei Pferde und Wasserkanonen einsetzt –
 – Ja. Heute auch. Etwa viertausend. Ich hab es gesehen. Die Polizei reitet wie wild in die Leute rein und schlägt auf alles in Reichweite. Die Studenten hauen mit Stöcken zurück, wehren sich mit Sprühdosen, Feuerwerksdingern, mit Äpfeln!
 – Warst du dabei?
 – So als ältere Dame, weiß du, mit fünfunddreißig –
 – Ich auch, Anita.
 – Ja du ich kann das nicht. Die laufen da gegen die Polizei an und rufen HO! HO! Ho-tshi-minh! Mir bleiben die Füße weg, ich krieg den Mund nicht auf.
 – Verwandt sind wir ja. Und wieso Ho-tshi-minh? Geht es nicht um den Anschlag auf Herrn Dutschke?
 – Um Rudi Dutschke, und um Herrn Professor Dr. Springer. Der soll es mit seinen Zeitungen gemacht haben.
 – Die New York Times sagt: Der Mord an Martin Luther King war das Vorbild des Täters.
 – Ist es doch auch!
 – Anita, dann versteh ich es nicht.
 – Der Präsident der Republik Nord-Viet Nam als Symbol des revolutionären Befreiungskrieges und ein Zeitungsverleger als Symbol der Unterdrückungsmacht. So ungefähr, Gesine.
 – Hier gibt es ein Zitat: Nicht mit Gewalt, sondern durch die Kraft des Arguments –
 – Dutschke?
 – Ja.

- Na vielleicht sollen wir es ja nicht verstehen, Gesine.
- Do not trust anybody over thirty. Es ist also kein Aufstand.
- Nur, über den Kurfürstendamm gehst du lieber nicht, Gesine. Wir hatten eine Schleuse vorgebaut –
- Paß auf, du.
- Das war bloß ein Stück Zucker für die Pferde, die hier reinhören.
- Mit den kleinen Ohren und dem großen Kopf.
- Widerliche Biester, wenn sie Angst haben. (. . .)" (Bd. II; S. 988/89)

„Nicht mit Gewalt sondern mit der Kraft des Arguments"

Das Telephongespräch zwischen New York und Berlin, wenn auch seine Plausibilität von Uwe Johnson im Gespräch mit Manfred Durzak durch die Aussage unterstrichen wurde, es sei schlimmstenfalls für 18 Dollar geführt worden,[19] ist fiktiv. Dennoch: der Zeitpunkt, zu dem es stattfindet, läßt sich exakt bestimmen. Es ist der 14. April 1968 (Ostersonntag), tiefe Nacht für Berlin; zu später Stunde wird das Gespräch für eine Mrs. Krissauer in New York vermittelt. Unter diesem Decknamen – seine Verwendung indiziert eine Form subversiver Kommunikation, die verdeutlichen soll, daß Telephongespräche nach Berlin abgehört werden[20] – beginnt Gesine Cresspahl ihr Telephonat mit der Frage, ob „Platzreservierung", so lautet das erste übermittelte „Hallo", unter dem die rote Anita sich meldet, „euer Code für heute" sei. Damit wird durch Deckname und Code angedeutet, formal knapp gehalten, den zu erwartenden Kosten des Gesprächs angemessen, gemeinsame Vergangenheit vergegenwärtigt; Erinnerung an eine Zeit, in der Gesine zusammen mit der rothaarigen Doktorandin für Orientalische Archäologie (Bd. I; S. 449) nach dem Mauerbau von 1961 in Berlin Fluchthilfe-Unternehmungen organisiert hat.[21] (Bd. I; S. 189) Bekundet wird so die Vertrauenswürdigkeit der roten Anita. Die Gewährsperson, ihre beste Freundin, vermag indessen kaum daran zu glauben, daß Gesine nicht vom friedenauer Hospiz oder von einem der Berliner Flugplätze aus anruft, sondern aus der Ferne von New York; eher ist sie bereit, an eine „Üzerei" Gesines zu glauben. Zwar bildet Besorgnis, auf eine Meldung gegründet, die Gesine über die Berliner Demonstrationen in der „New York Times" gefunden hat, den Anlaß ihres Telephonanrufs, aber dieser Besorgnis begegnet die rote Anita, das wird von der vermeintlichen „Üzerei" eingeleitet, mit der ironisch distanzierten Darstellung Berliner Ereignisse. Unüberhörbar trotz aller Ironie spricht Resignation aus all den Antworten der roten Anita, die auf Gesines Fragen gegeben werden, deren scheinbare Naivität und

Selbstverständlichkeit in der Entfernung New Yorks begründet liegen. Von dort aus will die Angestellte Cressphal Zusammenhänge begreifen lernen, nicht allein um ihrer selbst willen, sondern immer auch in Gedanken an ihre Arbeitskollegen in Amerika, die nach Erklärungen fragen.

Trotz ihrer Intellektualität und obschon sie mit der „Szene" Berlins vertraut ist, gelingt es der Freundin nicht, Zusammenhänge so herzustellen, daß politische Intention und Zielvorstellung hinter den Aktionen auf dem Kurfürstendamm erkennbar werden. Vielmehr ist das Gegenteil der Fall (und dies hat seinen Grund erkennbar nicht in der Unfähigkeit Anitas): Als Antwort auf die Frage, warum, wenn es um den Anschlag auf Herrn Dutschke gehe, bei der Demonstration nach Ho-tshi-minh gerufen werde, konstruiert die rote Anita eine Verbindung auf symbolischer Ebene zwischen dem Präsidenten der Republik Nord Viet-Nam und dem deutschen Zeitungsverleger, die in ihrer von der Doktorandin selbst empfundenen Undeutlichkeit offenbart, daß politische Bezugsgrößen in einem auf solche Weise konstruierten symbolischen Bereich beliebig austauschbar bleiben. Darin dokumentiert sich aber gerade eine Haltung, wie sie Habermas unter Studenten auf dem Campus von Berkeley vorgefunden hat, denen allein noch an einer Form von Befriedigung gelegen ist, die aus „Dauermobilisierung" resultiert und die sich nicht mehr um die Verwirklichung eines definierten politischen Ziels kümmert. Das gilt vice versa entsprechend für die Form der Dauermobilisierung, aus der heraus der Attentäter von Rudi Dutschke, der Anstreicher Josef Bachmann, sich zusätzlich als vorbildhaft durch den Mord an Martin Luther King motiviert erklären kann.[22]

Gesine erfährt von einer „Revolution", die aufgrund nachlässigen und sensationsheischenden Sprachgebrauchs als solche firmiert, obwohl sie nicht einmal Merkmale eines Aufstandes erfüllt. Doch die Auseinandersetzungen, deren zunächst auf hochschulinterne Konflikte gegründete Genese durch den „Professor Doktor" angedeutet wird, wiewohl es um den Verleger Axel Cäsar Springer geht, weisen unübersehbar erste gewaltsame Züge auf. Das angesichts dieser Entwicklung resignative „Na vielleicht sollen wir es ja nicht verstehen, Gesine" als Reaktion der roten Anita nach der Erwähnung des Zitats von Rudi Dutschke, in dem die Kraft des Arguments noch die Gewalt aus den politisch-strategischen Überlegungen verdrängt, bekundet Ratlosigkeit darüber, daß in einer nichtrevolutionären Situation die Grenze zwischen demonstrativer und gewaltsamer Provokation, wie sie von Habermas fixiert worden war, in Berlin zu verschwimmen beginnt. Zugleich beginnt damit die Phantasie abzudanken, der die Studenten- und Schülerbewegung den Großteil ihrer Erfolge verdankt; einer Phantasie, die sich dadurch auszeichnete, daß sie immer neue Techniken der begrenzten Regelverletzung erfunden hat. Sie stammen aus dem Repertoire des gewaltlosen Widerstands, „das während der letzten Jahre in der amerikanischen Bürgerrechtsbewegung erprobt und erweitert worden ist"[23] —

„So ist ein Arsenal von Waffen entstanden, die eines gemeinsam haben — den eigentümlich virtuellen Charakter eines Spiels, das als politisches Instrument ernsthaft nur eingesetzt werden kann, wenn der andere Partner zwar genötigt wird, aber mitspielt. Diese Waffen können nur darum verletzen, weil sie nicht töten können."[24]

Es war auch Jürgen Habermas, der nachdrücklich darauf hingewiesen hat, daß gerade diese erfolgreich praktizierten Demonstrationstechniken keinesfalls „generationsneutral" zu handhaben seien:

„Auch die erwachsene Applikation macht freilich Regelverletzungen, die sich ihrer Erscheinungsform nach oft auf Pennälerniveau halten, für Leute über Dreißig kaum zugänglicher; insofern ist die mit dem Gestus des erfahrenen Kämpfers wiederholte Forderung des Jüngeren an die Älteren, an ihrer Praxis teilzunehmen, naiv. Die neuen Techniken sind nicht generationsneutral."[25]

Die ältere Dame, die „fünfunddreißig-jährige" Anita, hat erhebliche Schwierigkeiten, die hohen physischen Anforderungen, die mit dem Anrennen gegen Polizeiketten und dem gleichzeitigen Ausrufen skandierter Protest-Parolen verbunden sind, zu erfüllen. In diesem Sinne erweist sich die von der rothaarigen Doktorandin mit der Teilnahme an solcher nicht generationsneutralen Protestbekundung praktizierte Solidarisierung als naiv. Das wird ironisch von Gesine zum Ausdruck gebracht:

„ — Und du als Matrone auf dem Bürgersteig.
— Ich bin dir eine Dame der Gesellschaft du! Mein Kleid ist hin, und meinen Rücken muß ich klempnern lassen. Das ist eine Kanone du! wenn die dir mit Überdruck Wasser auf den Leib setzt! du wärst auch hingefallen."[26]

Doch ihr Verhalten ist nicht allein als Ausdruck einer Persönlichkeitsentwicklung zu interpretieren, die eine Affinität zu einer anderen Altersstufe zeigt; denn in der Naivität ihrer Solidarität scheint wieder etwas auf von der sehnsuchtsvollen, noch nicht desillusionierten Begeisterung gemeinsamer „Kinderwünsche" nach einer menschlichen Form des Sozialismus.

„ — Aber es ist doch erst eine Woche her, daß sie Martin Luther King umge-
bracht haben!

— So ein Land ist das.

— Wart ihr bei der Parade?

— Wir nicht.

— Trotzdem, Gesine, komm du nicht zurück. Es wird auch hier nichts.

— Sprich dich rein aus, Anita.

— Gesine. Unsere Kinderwünsche.

— Sozialismus etcetera.

— Ja. Du ich war gestern in einem Teach-in in der Technischen Universität,
und die jungen Leute haben mich wahrhaftig nicht hinausgeworfen. Sie
duskutierten, wieso denn sie immer wieder verprügelt und auseinander-
getrieben werden von der Polizei. Wie es kommt, daß nur zwanzig Wagen
da sind, um die Auslieferung der Springerzeitung zu blockieren, wenn
aber sechshundert bis achthundert erwartet wurden. Da stand ein junger
Mann auf, 23 Jahre, Student der Psychologie, und erkläre den Leuten die
Sache. Er sei zur letzten Demonstration nicht gekommen, weil das Auto
seinem Vater gehöre. Nun kann er doch nicht hingehen und es einer Gefahr aussetzen. Mit der Gesellschaft will er wohl brechen, aber doch mit
dem Vater nicht. Das Eigentum anderer zerschlagen; aber doch nicht das
eigene kaputtmachen lassen. Und dazu das Gerede von der Arbeiterklasse,
die für die Umwälzung der Gesellschaft gewonnen werden soll. Mit einem
Vokabular, für das schon ein studierter Mensch einen Sonderkurs
braucht.

— Sei nicht so wütend.

— Und zusammengeschlagen oder erschossen werden kannst du ja auch.
Stillwell Avenue oder Riverside Drive." (Bd. II; S. 991)

Der Appell der roten Anita, Gesine solle „trotzdem" — die unmensch-
lichen Formen menschlichen Zusammenlebens kann sie hier wie dort
erleben — nicht nach Berlin zurückkehren, ist eindringlich. In seiner
Aufrichtigkeit drückt sich Abschied von den gemeinsamen „Kinder-
wünschen" aus, für deren Verwirklichung in Berlin sie keine Möglichkeit sieht. Zwar werden die Gründe am Beispiel des 23jährigen Psychologiestudenten generationsspezifisch motiviert beschrieben, sie
sind aber, im Sinne der Resignation, allgemeiner gemeint. Sie sind
typisch für die Kritik, die der Studentenbewegung überhaupt ent-
gegengebracht wurde sowohl von der politischen „Rechten" wie auch
von der parteilich organisierten ‚Linken' (die ‚antiautoritären Spin-
ner', die ‚Bürgersöhnchen', die den Konflikt mit dem eigenen Vater
nicht austragen können, aber die ‚Revolution' verkünden.) Die Darstellung nimmt zudem die Kritik am tatsächlichen Voluntarismus der

Aktionen, einem Lieblingsbegriff des SDS, in den Erlebnisbericht der roten Anita auf; eine Kritik, die hier die Resignation mit begründet. Auch wenn zunächst Erstaunen diesen Erlebnisbericht vom teach-in in der Technischen Universität bestimmt, Erstaunen darüber, daß die rote Anita trotz ihrer fünfunddreißig Jahre von den „jungen Leuten" im Hörsaal toleriert wird, vollzieht sich hier eine Trennung. In der Schilderung des Auftritts des Psychologiestudenten, in deren Verlauf sich die Erregung der roten Anita bis zur Wut steigert, wird mittels antithetisch formulierter (von der Konjunktion „aber" eingeleiteter) Sätze die Diskrepanz zwischen verbal verkündetem Anspruch und tatsächlichem Verhalten − der Protest als Phrase − deutlich akzentuiert. Wenn sich die rote Anita angesichts dieser revolutionären Gebärde des aus der konservativen Kritik an der Studentenbewegung vertrauten Klischees von den selbsternannten studentischen Führern der Arbeiterklasse mit ihrem „Soziologen-Chinesisch" bedient, so ist das Ausdruck ihrer eigenen emotionalen Erregung, die erkennen läßt, wie schwer ihr dieser Abschied fällt.

III. Schriftsteller und Studentenprotest

> „Ein Geständnis gerichtet an Freunde und Feinde auf der linken Seite:
> Ein Roman ist keine revolutionäre Waffe. Er bringt nicht unmittelbare politische Wirkung hervor. Die taktischen Aussichten sind ärmlich, strategisch kaum nachweisbar." (Uwe Johnson: Vorschläge zur Prüfung eines Romans)[27]

Folgt man noch einmal den Argumenten von Jürgen Habermas und legt der Darstellung die Phasen-Einteilung der Protestbewegung zugrunde, wie sie von Habermas im Februar 1969 veröffentlicht wurde − einer Bewegung, deren Motor der SDS war und „die einen unvorhergesehenen politischen Spielraum eröffnet und damit Aufklärungschancen für Ziele eines radikalen Reformismus geschaffen hat"[28] − dann hat sich der Protest während der zweiten Phase, d.h. nach dem Tod von Benno Ohnesorg bis zur Verabschiedung der Notstandsgesetze durch die Große Koalition in einem doppelten Sinn nach außen gewendet; zum einen hat die Protestbewegung, „vom Frühjahr 1965 bis Juni 1967 (. . .) fast ganz auf die Freie Universität beschränkt"[29], auf die Hochschulen der Bundesrepublik übergegriffen; zum anderen wurden die bis dahin weitgehend die

Auseinandersetzung bestimmenden Konflikte innerhalb der Universität in den Hintergrund gedrängt durch den Kampf gegen die Springer-Presse, die Demonstrationen gegen die Verabschiedung der Notstandsgesetze, die Aktionen gegen den Vietnam-Krieg und das Schah-Regime in Persien.

In diesem Kampf gab es, wie Karl Heinz Bohrer festgestellt hat, „für die Studenten-Rebellen entgegen der heute geäußerten Meinung konservativer und orthodox marxistischer Kritiker zu keiner Zeit eine politische Solidarität bei den renommierten Schriftstellern (im Gegensatz etwa zu Frankreich), (. . .)"[30] Drei Ausnahmen von dieser Regel macht Bohrer namhaft: der eine ist amerikanischer Staatsbürger (Reinhard Lettau), der andere ist schwedischer Staatsbürger (Peter Weiss) und der dritte hält es „seit Jahren nur sporadisch in Westdeutschland aus" (Hans Magnus Enzensberger).[31] Nicht der hier anhand des Begriffs „renomierter Schriftsteller" eingeführte Maßstab soll mit der Intention hinterfragt werden, an der Elle des Maßstabs herumzudeuteln, den einen oder anderen Namen (Erich Fried, Peter Rühmkorf . . .) in die Solidaritätsliste nachzutragen; allein als Befund bleibt festzuhalten eine bedachtsame Reserviertheit prominenter Autoren.

Umfrage

Was hat sich für mich 1968 verändert?

Mit dieser Fragestellung wandte sich die Feuilleton-Redaktion der Süddeutschen Zeitung zur Jahreswende 1968/69 an „Persönlichkeiten des öffentlichen Lebens". Keinesfalls alle Adressaten haben ihre Antwort auf die Frage eingereicht; vor allem reagierten „Vertreter der engagierten Linken" nicht oder mit einer Absage; dennoch ergeben die Antworten nach Meinung der Redaktion, Aufschluß über die Situation der Intellektuellen in diesem Lande.[32] Ausführlich zitiert werden soll nur die Reaktion von Alfred Andersch auf diese Umfrage, denn „er hat ja einigen von denen, die später die Neue Linke vertraten, den ersten Unterricht in Marxismus gegeben, zum Beispiel Hans Magnus Enzensberger oder Martin Walser."[33]

Alfred Andersch

„Ihre Frage ist ausdrücklich politisch gemeint, zielt nicht auf mein Handwerk, die Literatur, geschweige denn auf mein Privatleben. Ich will versuchen, eine politische Antwort zu geben.

Im Februar habe ich in London, dem deutschen Botschafter gegenüber geäußert, daß die NPD verboten gehört. (. . .) Im Gespräch rechneten wir uns aus, daß die NPD, wenn sie in Ierbst 1969 etwa 7 bis 8 % der Stimmen erhält, mit 30 bis 50 Abgeordneten in den Bundestag einzieht. ‚Wenn dies geschieht‘, sagte Herr Blanckenhorn, ‚können wir in London unsere Koffer packen.‘ Er ist, wie man weiß, ein Mann der Adenauer-Ära. Ein sehr sympathischer, hochintelligenter CDU-Abgeordneter, der über die Konzeptionen der Adenauer-Ära längst hinaus ist, war anderer Ansicht. Er hielt nichts von einem Verbot. Er hatte eine andere Lösung parat. ‚Wir sollten die kommunistische Partei wieder zulassen‘, sagte er. Es gibt kein Zurück zur Adenauer-Epoche. Gibt es ein Vorwärts nur zur Weimarisierung der zweiten deutschen Republik? Das ist die eine Seite. Die andere sieht so aus: Im neuen Heft des Kursbuch, dieser geschliffenen Lanzenspitze der Neuen Linken, lese ich ein Gedicht eines gewissen Friedrich Christian Delius, in dem im Ton großen Vergnügens geschildert wird, wie ein Pulk junger Revolutionäre die Bibliothek und die Schallplattensammlung eines Intellektuellen konfisziert.

> (. . . im Text wird auszugsweise das Gedicht: ‚‚Armes Schwein‘‘ von Delius (Kursbuch 15, Jg. 1968; S. 144) zitiert)

Da ich einmal habe zusehen müssen, wie mir meine Bücher konfisziert wurden, gestehe ich, daß mir der Sinn für den satten Humor dieses Gedichtes fehlt. An anderer Stelle des Heftes lese ich, wie Joachim Schickel zustimmend die Schreibverbote des Mao-Tse-Tung kommentiert und in einer Fußnote den berühmten Petöfi-Club der ungarischen Intellektuellen — weil Mao ihn als schlechtes Beispiel zitiert — als eine ‚libertine Schriftsteller-Vereinigung vor 1956‘ bezeichnet. Angesichts solcher Demaskierung ist es mir ziemlich gleichgültig, was Boehlich, Michel und Enzensberger weiter hinten im Heft über den Tod der Literatur und der Literaturkritik schreiben. Wenn Boehlich ‚endlich die gesellschaftliche Funktion jeglicher Literatur als das Entscheidende versteht und damit die künstlerische Funktion als eine Beiläufige erkennt‘, wenn Enzensberger mir zu einer Literatur der kleinen Schritte rät — denn genau das hast Du getan, Hans Magnus, im letzten Absatz Deiner Gemeinplätze! — dann wende ich mich gequält ab. Wohin? Zum noch nicht wieder konfiszierten Inhalt meiner Bücherregale. Ich lese dann Flechtenkunde oder Lachesis Lapponica. Die Literatur wird das Kursbuch 15 schon überleben.
Was bietet man mir also an?
Auf der einen Seite eine Republik, die zu taktisch, zu vorsichtig, zu feige ist, um ihre absoluten Feinde zu vernichten. Ich möchte gern die zweite deutsche Republik verteidigen helfen. Aber niemandem kann geholfen werden, der nicht Anstalten macht, sich selber zu helfen. Es hat keinen Sinn, Politikern beizustehen, die nur noch in taktischen Kategorien denken, die kein großes Konzept haben, die infolgedessen auch unfähig sind, große Reformen einzuleiten. Was soll man tun mit einer Demokratie, die schon wieder die Koffer packt?
Auf der anderen Seite eine maoistische Revolution.
Ich bedanke mich dafür, vor solche Alternativen gestellt zu werden. Ich bedanke mich überhaupt für Alternativen. (. . .)“[34]

Die Alternative, für die sich Alfred Andersch im Nachruf auf das Jahr 1968 förmlich bedankt, findet, den ästhetischen Gestaltungsprinzipien der „Jahrestage" entsprechend formuliert, ihre Parallele in dem Begründungszusammenhang, der die Angestellte Cresspahl veranlaßt, aus eigenem Willen nicht mehr nach Deutschland zurückzukehren. Der Aufenthalt in Amerika war ursprünglich für zwei Jahre geplant, als Gesine im Frühjahr 1961 mit ihrer Tochter nach New York gekommen war. Die fast vierjährige Marie, von Anfang an „wachsam bis zum Mißtrauen" hatte bereits „nach sechs Tagen auf See den Mut verloren, in dem neuen Land auf den Rhein, auf den Kindergarten in Düsseldorf, auf die Großmutter zu hoffen" (Bd. I, 19) und sperrt sich störrisch gegen die dadurch nicht weniger aufreibende Wohnungssuche der Mutter. Am zwölften Tag gibt Gesine, der Tochter zuliebe, das Suchen in Manhattan auf und verlegt ihre Bemühungen auf die Villenviertel in Queens. Dort, konfrontiert mit der sich stolz empfehlenden Rassendiskriminierung eines Maklers („Haben Sie keine Sorge, wir halten die shwartzes schon draußen") (Bd. I, 21) versucht Gesine ihrer Tochter, die trotz ihrer Kindlichkeit von Beginn an als Gesprächspartnerin ernst wie ein Erwachsener[35] genommen wird, zu erklären,

„(. . .) daß der Makler sie für eine Jüdin gehalten hatte, für einen besseren Menschen als eine Negerin. Das Kind wollte wissen was das heißt: You bastard of a Jew, und verstand, daß Wunder möglich sind, sah den Koffer mit dem Spielzeug aus dem Hotel angefahren kommen, wußte sich schon im Flugzeug, morgens zu Hause. Gesine war bereit, aufzugeben. Unter solchen Leuten ist nicht zu leben." (Bd. I, 21)

An diesem Punkt wird in den Bericht „Aus dem Leben von Gesine Cresspahl" eine von ihr selbst aufgrund der Lektüre der „New York Times" zusammengefaßte Meldung über die Bundesrepublik einmontiert:

„Die westdeutsche Regierung will die Verjährung für Morde und Massenausrottung in der Nazizeit ganz und gar aufheben, vielleicht." (Bd. I; 21)

Die Montage und das leicht zu überlesende Modaladverb „vielleicht" liefern — „Die Rezensentin Boveri (sie spricht hier in der dritten Person über sich selbst als Rezensentin; E. F.) war nicht begriffsschnell genug zu erfassen, daß in der zweifachen Reaktion Gesines schon die

Fasern eines Johnsonschen Wurzelgeflechts zu verspüren waren, die den Charakter des Buches bestimmen"[36] – eine in den „Jahrestagen" immer wieder problematisierte Begründung dafür, warum Gesine dennoch in New York bleibt. Ist hier der Zusammenhang zwischen Gesines weiterem Verbleiben in New York und der Nachricht über die mögliche politisch-juristische Einschätzung von Naziverbrechen seitens der Bundesregierung allererst aufgrund einer Ausdeutung der Montage und des „vielleicht" zu erschließen, so bleibt die aus der Kontrafaktur von Fiktion und Tatsachenresümee bereits von der Rezensentin Boveri rekonstruierte Lesart keinesfalls, wie Leslie L. Miller meint,[37] als Begründungszusammenhang mehrdeutig und verborgen; denn dieser Zusammenhang wird in dem Johnsonschen „Wurzelgeflecht", das ist offenbar von Leslie Miller übersehen worden, in einer Tonbandmitteilung Gesines an Marie explizit hergestellt:

„Aber in Deutschland möchte ich nicht noch ein Mal leben. Im Westen haben sie eine Nazipartei, und die Nazipartei hat eine Schlägertruppe gegründet und gibt der Presse darüber eine Konferenz. Und die Presse kommt. Die Abkürzung für die Saalschützer ist S. G., von Schutzgemeinschaft, und der Obernazi kann und kann da keine Anspielung auf die S. A. Hitlers verstehen, die auch als Ordner angefangen haben. Und von ‚Blutsverbundenheit' reden die auch schon wieder, wenn ich common blood nicht falsch verstehe." (Bd. I, S. 421/22)

Möglicherweise wäre solch ein Begründungszusammenhang als privat, weil psychologisierend für die Person Gesine Cresspahl entwickelt, und weniger bedeutsam einzuschätzen, wiewohl er bereits als Reaktion auf Nachrichten zu politischen Prozessen in der Bundesrepublik mit Blick auf öffentliche Bedeutsamkeit gestaltet worden ist; wenn nicht der Schriftsteller Uwe Johnson mit einer Beharrlichkeit, die zuweilen durch ihre starrköpfige Wiederholung (erinnert sei nur an an das Fernsehgespräch über Tagebücher im Rahmen der Sendereihe „Literarisches Colloquium" unter Leitung von Walter Höllerer) stereotyp erscheinen mag, darauf hinwiese, daß der „Verfasser von seiner Person die Lizenz und den Auftrag hat, die Vorgänge in ihrem Bewußtsein darzustellen"[38]; eine Formulierung, die sich nicht gänzlich erzähltheoretischen Überlegungen erschließt, wie sie etwa von Manfred Durzak angestellt werden[39]; denn allein mit solchen Erwägungen ist die partielle Eigenständigkeit und die enge Vertrautheit, die im respektvollen Einvernehmen zwischen Person und Erzähler aufscheint, nicht zu erfassen. Diese Vertrautheit findet auch in den „Jahrestagen" sorgsam bedachte Gestaltung: der Schriftsteller Uwe

Johnson nimmt seinen Auftrag ironischerweise so ernst, daß er selbst in die Geschichte „rein geht"[40], wobei er mit abwägenden Blicken von seiner Person beobachtet und in seinem Verhalten vor amerikanischem Publikum kritisiert wird. Auch er hat seine Erfahrungen gesammelt:

„Der Kanzler Westdeutschlands, ehemals Angehöriger und Beamter der Nazis, hat als neuen Sprecher seiner Regierung einen ehemaligen Angehörigen und Beamten der Nazis benannt. Sie lernen es nicht. Sie betrachten die Hand, mit der sie ihre überlebenden Opfer ohrfeigen, und begreifen es nicht: sagt der Schriftsteller Uwe Johnson. Darauf bekam er eine Ohrfeige." (Bd. I; S. 253)

Auch er hat versucht, einem amerikanischen Publikum, den Juden von New York, „etwas zu erklären über die Wahlerfolge der westdeutschen Nazipartei". (Bd. I; S. 253). Dieser Vortrag vor dem Jewish American Congress hat tatsächlich stattgefunden; die Darstellung dieses Ereignisses führt in den „Jahrestagen" zur Kontroverse zwischen Gesine Cresspahl und dem „Genossen Schriftsteller" (Bd. I; S. 253) darüber, wer denn hier eigentlich erzähle. Ob sich aus der Antwort Gesines

„Wir beide. Das hörst du doch, Johnson." (Bd. I; S. 256)

nur folgern läßt, wie Marcel Reich-Ranicki meint,[41] daß die bequemste Lösung des Problems der Perspektive im modernen Roman, die Identität von Autor und Person, gewählt worden sei, ist sicherlich anzuzweifeln. Erinnert sei nur an die komplexen Bezüge der Perspektivgestaltung in den „Mutmaßungen über Jakob" und im „Dritten Buch über Achim" und an Johnsons starrköpfiges Bemühen, immer wieder zu betonen, daß der Bericht aus dem Leben Gesine Cresspahls nicht als *sein* Tagebuch aus Amerika zu lesen sei. Allenfalls ließe sich behaupten, daß eine gewisse Solidarität zwischen den beiden Personen, dem Erzähler, also dem Uwe Johnson, der einen „Auftrag" erhalten hat (das ist nicht der Autor), und Gesine Cresspahl besteht, die aber keinesfalls die Identität zwischen Schriftsteller und Person stiftet. Der (angedeutete) Dialog zwischen Erzähler und Person ist kein sonderlich originäres, erzähltechnisches Mittel; es veranlaßt in der Regel den Romanleser, über die formale Konstruktion des ausgebreiteten Illusionsnetzes nachzudenken und sich von einer allzu bedenkenlosen Identifizierung zu befreien. An dieser Stelle aber enthält es in den „Jahrestagen" den Hinweis auf Gestaltungsprinzipien einer inszenierten Montage, nach deren Bauplan diese Chronik zusammengestellt worden ist. Durchgängig werden in den „Jahrestagen" fingierte Erlebnisse mit tatsächlichen Geschehnissen konfrontiert mit der Konsequenz, daß durch solch ein Verfahren, die beliebige Verfügbarkeit von „Wirklichkeit" in der Fiktion reduziert wird. Mit der Wahl dieses Verfahrens verbindet sich für den Autor Uwe Johnson offenbar die Hoffnung, im Dienste einer intendierten Glaubwürdigkeit – trotz aller Fiktion – eine größere Wahrscheinlichkeit zu erreichen.

Die neonazistischen Tendenzen und Aktivitäten bilden die eine Seite; die andere Seite wird unter dem Datum des *einen* zusätzlich im Kalendarium der „Jahrestage" eines Schaltjahres (29. Februar 1968) ausgewiesenen Tages in die Begründungen, warum Gesine nicht nach Deutschland zurückkehren will, aufgenommen; darüber hinaus unterstreicht eine dreimalige Wiederholung der Zeitbestimmung „es ist der Tag", die formal mit dem dreifachen Appell „Erklären Sie uns das, (Mrs. Cresspahl)" korrespondiert, die Besonderheit dieses Jahrestages. Die beiden ersten zwischen „Zeitbestimmung" und „Appell" protokollierten Ereignisse vergegenwärtigen noch einmal die „eine Seite" des Begründungszusammenhangs, wobei die Mitteilung über das Auftreten eines westdeutschen Publizisten in New York die Erinnerung an Johnsons eigenen Vortrag vor dem Jewish Congress heraufbeschwört; denn „*es ist der Tag nach dem Abend*" (Bd. II, S. 794), an dem sich Klaus Harpprecht bei einer Diskussion im Hilton-Hotel über neuere Chancen des westdeutschen Nationalsozialismus mit der Bemerkung einführt, „er sei unter Hitler ein junger Soldat gewesen, nun aber verheiratet mit einer jüdischen Frau." (Bd. II; S. 794)

Auch ist dies der Tag, an dem – so das zweite protokollierte Ereignis – die Illustrierte „Stern" in Westdeutschland verboten wird, die nach der Unterschrift des Bundespräsidenten unter Baupläne für ein Konzentrationslager gefragt hat. Die amtliche Begründung aber „will sich gestoßen haben" an einer anthropologischen Serie und der Serie von Photographien, die zeigen, wie der Polizeichef von Saigon auf offener Straße einen jungen Mann hinrichtet:

„Die Regierung befürchtet, die Fotografien könnten die Jugend ‚brutalisieren'. Über die Auswirkung eines Aufenthalts in Konzentrationslagern auf Jugendliche hat die Regierung sich bei dieser Gelegenheit nicht geäußert.
Erklären Sie uns das. Es sind doch Ihre Landsleute, Mrs. Cresspahl. Versuchen Sie, uns dies zu erklären. *Es ist der Tag*, an dem der deutsche Schriftsteller Hans Magnus Enzensberger in der New York Review of Books einen Offenen Brief veröffentlicht, ‚Über das Verlassen Amerikas'.

Erklären Sie uns das, Mrs. Cresspahl. Sie sind doch eine von den Deutschen. Versuchen Sie, uns dies zu erklären." (Bd. II; S. 794/95) (Hervorhebung; E. F.)

In dem Brief an den Präsidenten der Wesleyan University, der zum Anlaß des Gesprächs zwischen Gesine Cresspahl und ihrer amerikanischen Arbeitskollegin, Mrs. Naomi Shuldiner, wird, räsoniert Enzensberger öffentlich darüber, warum er nach dreimonatigem Aufenthalt in Middletown, Connecticut, das ihm verliehene Stipendium Anfang 1968 zurückgibt. Demonstrativ kündigt er mit gleichem Schriftzug für den Herbst einen längeren Aufenthalt in Cuba an[42], allerdings bereits in der Gewißheit, dank eines weiteren Stipendiums in der Zwischenzeit Australien besuchen zu können. Damit schafft Enzensberger, gekonnt sich selbst inszenierend,[43] willkommene Gelegenheit, den Amerikanern, den ,,rücksichtslosen, manichäischen Blick" (eine Mischung aus Mißtrauen und Widerwillen, Furcht und Neid, Verachtung und offenem Haß, so wird er von Enzensberger analysiert)[44] als unbequeme Wahrheit vorzuhalten, denn

,,es wissen die meisten Amerikaner nicht, wie sie aussehen. Sie wissen nicht, wie ihr Land sich ausnimmt aus einer Perspektive, die nicht amerikanisch ist."[45]

Besondere Legitimation für sein Amt als Praeceptor, den Amerikanern unliebsame Wahrheiten entgegenzuhalten, schöpft Enzensberger aus der Tatsache, daß er Deutscher ist; so verschweigt er denn auch nicht, woher er den von ihm analysierten Blick kennt:

,,Ich kenne ihn, weil ich ein Deutscher bin, weil er sich Ende der vierziger Jahre auch auf mich gerichtet hat."[46]

Es ist dieser Auftritt Enzensbergers als praeceptor teutonicus, der mit seinem arrogant belehrenden Gestus im Protokoll des ,,Schalt-Jahrestages" mit deutlichen Akzenten der Übertreibung von Anfang an ironisiert wird. Das Adverb ,,auch" in dem ersten Appell an Gesine Cressphal:
,,Erklären Sie uns das. Sie sind doch *auch* eine Deutsche"
nach dem Bericht über den Auftritt Harpprechts in New York ist zweifellos auf diesen westdeutschen Publizisten beziehbar (ein Bezug allerdings, der — ohne das Adverb ,,auch" einzufügen — ebenso auszudrücken wäre); offenbart aber die durch Iteration intendierte ironische Wende erst in Anspielung auf die ,,spezifisch deutsche" Begründung im Umgang mit dem manichäischen Blick, wie sie Enzensberger in seinem Offenen Brief formuliert hat.

Uwe Johnson hat selbst darauf hingewiesen, daß die Auseinandersetzung mit Enzensberger im Rahmen der „Jahrestage" Übertreibungen enthält.[47]

„Er (scil. Enzensberger) bekennt öffentlich, daß die herrschende Klasse in den Vereinigten Staaten von Amerika (die Regierung eingeschlossen) in seinen Augen die gefährlichste Gruppe von Menschen auf Erden ist. The most dangerous body of men on earth. So hat es auch Paul Goodman im vorigen Oktober in einer Rede vor Rüstungsindustriellen gesagt: Sie sind gegenwärtig die gefährlichste Gruppe von Menschen in der Welt. Body of men. Wer wird denn pingelig sein wegen eines Zitats. In der Welt; es klingt so alltäglich. Nein: auf Erden. Feierlich, nachhallend. Biblisch allemal. Auf Erden.
Weil Herrn Enzensberger dies vor drei Monaten noch nicht bekannt war, will er das Land nach drei Monaten öffentlich verlassen. (. . .)
Sein Ergebnis entspricht im übrigen dem Gallup-Bericht von gestern. Viel Kenntnis setzt er nicht voraus bei denen, an die er schreibt." (Bd. II; S. 795)

Dennoch, und das wäre der Einleitung Reinhold Grimms zu seinem „Bildnis Hans Magnus Enzensberger" entgegenzuhalten[48], in der ungerechtfertigterweise der Zusammenhang der „Jahrestage" ausgeblendet wird, geht es nicht, auch wenn sein Name wiederholt erscheint, um die Person Enzensbergers und erst in zweiter Linie um die Gestaltung eines für deutsche Intellektuelle typischen Verhaltens gegenüber Amerika[49], sondern um die moralische Haltung eines „exponierten Vertreter der deutschen Linken"[50], auf der diese Form des Protestierens basiert. Die Gründe, die Enzensberger anführt, das Stipendium zurückzugeben, waren ihm bereits bekannt, als er sich des Stipendiums bediente. Mit seinem öffentlich bekundeten Schritt hat er auch kein neues, bisher verschworen unterdrücktes Argument in die Debatte eingeführt, die die amerikanische Öffentlichkeit längst beschäftigt; nur sich selbst hat er ohne jedes Risiko spektakulär in die Debatte eingebracht. Das wird in den „Jahrestagen" polemisch glossiert:

„Offensichtlich nimmt das Offensichtliche zu an Offensichtlichkeit, wenn ein Enzensberger es sagt." (Bd. II; S. 795)

Es geht um das Problem der Glaubwürdigkeit einer moralischen Haltung, die ihre Reinheit — gestützt auf Sartres Urteil beim Vietnam-Tribunal[51] — durch Rigorismus selbst inszeniert, um in der Vorhaltung allein des eigenen Selbstwertgefühls zu gedenken, und sich davon suspendiert, machbare Veränderungen in überschaubarem Rahmen anzustreben. Eine Moralität, deren fragwürdige Reinlichkeit in den

„Jahrestagen" (einhundert Seiten weiter) am Beispiel des Schauspielers Wolfgang Kieling auf den Begriff gebracht wird; — freilich erscheint sein Name nicht im Text —:

„Ein westdeutscher Schauspieler, der einmal ein ostdeutscher Schauspieler war, ist zurückgegangen nach Ostdeutschland, weil er weiß, daß die dortige Herrschaft nicht beteiligt ist an der Unterdrückung der Neger in den U. S. A. und auch nicht am amerikanischen Krieg in Vietnam. Er wußte das vorher. *Wenn Einem eines Landes Verbrechen im Gewissen liegen, geht man schlicht in ein Anderes.*" (Bd. II; S. 894/95) (Hervorhebung E. F.)

Die Grenzüberschreitung wird von solchen Leuten zum moralischen Akt mit politischem Anspruch deklariert und gründet sich doch in ihrer synthetischen Reinheit auf nachträglich mit gespielter Naivität zur Schau gestellte Unwissenheit, der freilich die nüchterne Kalkulation eines Risikos nicht fremd ist. Wenn auch Kielings Grenzübertritt in die DDR letztlich mit allen möglichen Konsequenzen im voraus weniger genau rational kalkulierbar war als Enzensbergers Abenteuer einer Studienreise nach Cuba, der graduelle Unterschied wird in den „Jahrestagen", das ist eine durchaus zulässige Form der Übertreibung, eingeebnet, um die mit diesen Handlungen beanspruchte Moralität in ihrer Fadenscheinigkeit um so deutlicher zu kennzeichnen. Darüber hinaus liegt ein weiterer Grund für die Einebnung des graduellen Unterschieds im Risiko der Unternehmungen von Enzensberger und Kieling möglicherweise in der Berichterstattung der „New York Times" selbst, der seinerseits der Erzähler oder besser der Berichterstatter der „Jahrestage" ausgeliefert war, als er das Quellenmaterial ausschöpfte:

„Johnson's version of the ,New York Times' report thus suggests either that Kieling's return to the GDR was irrational or was motivated by factors of a different kind, possibly non-political in nature. Such implications are explicit in Johnson's source. The newspaper report suggests that, although political factors may have motivated Kieling's departure from the FRG, his return to the GDR was possibly a matter of economic necessity if he wished to continue his career as an actor. The ,New York Times' states: Some of his friends said that he did not really want to live in East Germany but had no real choice once he had decided to leave the West. East Germany, they explained, is the only country where he could act using his native language." (The „New York Times", 21 March 1968, p. 2)[52]

Solch ein ökonomisches Kalkül, diesem moralischen Akt mit politischem Anspruch unterstellt, ließe die demonstrative Grenzüberschreitung zur leeren Geste erstarren.

Die Personen der „Jahrestage" aber (und das ist ein wiederholt aufgegriffenes zentrales Thema dieser Chronik) befinden sich, aller moralischen Rigorosität zuwider, fortgesetzt auf der Suche nach der „moralischen Schweiz" (Bd. I, S. 382; S. 80; und S. 365 – für den „alten Cresspahl") ohne Möglichkeit, sich durch schlichte Deklarationen von der Widersprüchlichkeit der von ihnen in Erfahrung gebrachten Wirklichkeit zu befreien.

„ – War dieser Ihr Landsmann vorher nie in dem Land, das wir hier so haben?
– Er war mehrmals im Lande, und länger.
– Mrs. Cresspahl, warum macht dieser Deutsche Klippschule mit uns?
– Er freut sich, daß er so schnell gelernt hat; er will uns lediglich von seinen Fortschritten unterrichten, Mrs. Shuldiner.
– Sollten wir nun auch nach Cuba gehen? Hat er in Deutschland nichts zu tun?
– Man soll anderer Leute Post nicht lesen, und böten sie einem die an.
– Aber Ihnen, da Sie eine Deutsche sind, hat er gewiß ein Beispiel setzen wollen.
– Naomi, *deswegen mag ich in Westdeutschland nicht leben.*
– Weil solche Leute dort Wind machen?
– Ja. Solche guten Leute." (Bd. II; S. 803) (Hervorhebung E. F.)

So endet das Gespräch zwischen Gesine Cresspahl und ihrer amerikanischen Arbeitskollegin, Mrs. Naomi Shuldiner, am 29. Februar 1968 bei „solchen guten Leuten". Das ist die andere Seite des Begründungszusammenhangs, warum Gesine Cresspahl nicht in Westdeutschland leben will. Sie ruft die Erinnerung an die Alternative wieder hervor, für die sich Alfred Andersch im Rückblick auf das Jahr 1968 bedankt hat. Zugleich verweisen die „guten Leute" als Stichwort auf die leitmotivartig verwendete Anapher eines formal streng gegliederten Textes politischer Rhetorik, den Uwe Johnson bereits 1967 im – von Hans Magnus Enzensberger herausgegebenen – Kursbuch 9 publiziert hat.

„(. . .) Die guten Leute wollen eine gute Welt; die guten Leute tun nichts dazu. Die guten Leute hindern nicht die Arbeiter, mit der Herstellung des Kriegswerkzeugs ihr Leben zu verdienen, sie halten nicht die Wehrpflichtigen auf, die in diesem Krieg (scil. Vietnam) ihr Leben riskieren, die guten Leute stehen auf dem Markt und weisen auf *sich* hin *als die besseren.* (. . .) Die guten Leute sollen das Maul halten. Sollen sie gut sein zu ihren Kindern, auch fremden, zu ihren Katzen, auch fremden; sollen sie aufhören zu reden von einem Gutsein, zu dessen Unmöglichkeit sie beitragen." [53] (Hervorhebung E. F.)

Der Text ist formal am Muster „klassischer Reden" orientiert und

versucht, in der Argumentation antithetisch formulierter Parallel-
sätze den Widerspruch zwischen den Prämissen und den Konsequenzen der „guten Leute" aufzuweisen. Verbunden ist damit die Absicht, die Fragwürdigkeit und die Heuchelei ihrer öffentlichen Erklärungen erkennbar werden zu lassen. Ein Versuch, über eine Figur des
Protestierens aufzuklären und sie in ihrer Zweideutigkeit zu enthüllen; denn mit dieser Haltung, wie sie von „solchen guten Leuten" an
den Tag gelegt wird, tragen sie dazu bei, so Johnsons These, ohne es
zu bemerken, daß Veränderungen unmöglich werden.

IV. Berlin – Hamburg – New York

Zweifellos: Uwe Johnson gehört nicht zu den Autoren, die dem Fra-
genden spontan genannt werden, wenn er sich nach Namen von
Schriftstellern erkundigt, die sich in ihren Arbeiten mit Themen und
Problemen der Studentenbewegung auseinandergesetzt haben. Seine
Darstellung, das wurde in den ersten Abschnitten zu zeigen versucht,
wird nicht von emphatischer Begeisterung eines sich erinnernden Ak-
teurs getragen; sondern sie ist leidenschaftslos, das heißt nicht ohne
Anteilnahme, von einem nachdenklichen Beobachter geschrieben.
Bei aller Ironie korrespondieren wesentliche Teile mit Thesen aus
den Analysen der Protestbewegung, wie sie von Jürgen Habermas
ausgearbeitet worden sind. Mit seiner Person Gesine Cresspahl bringt
Uwe Johnson politischen Prozessen in der Bundesrepublik gegenüber
eine ähnlich distanzierte, skeptische Haltung zum Ausdruck, wie sie
angesichts der zunehmend als Problem empfundenen Polarisierung
des politischen Lebens Ende 1968, durchaus repräsentativ für eine
Gruppe engagierter Intellektueller[53a], mit Anzeichen der Resignation
von Alfred Andersch formuliert worden ist. Wo liegt da eine Funktion des Romans?

„Wozu also taugt der Roman?
Er ist ein Angebot. Sie bekommen eine Version der Wirklichkeit. Es ist nicht
eine Gesellschaft in der Miniatur, und es ist kein maß-stäbliches Modell. Es ist
auch nicht ein Spiegel der Welt und weiterhin nicht ihre Widerspiegelung: es ist
eine Welt, gegen die Welt zu halten.
Sie sind eingeladen, diese Version der Wirklichkeit zu vergleichen mit jener, die
Sie unterhalten und pflegen. Vielleicht paßt der andere, der unterschiedliche
Blick in die Ihre hinein." (Uwe Johnson: Vorschläge zur Prüfung eines Romans)[54]

Insofern wäre auch das bereits erwähnte Urteil des DDR-Literaturkritikers Kurt Batt zu hinterfragen, der die Auffassung vertreten hat, daß die Studentenrebellion, obwohl deren Höhepunkt in die Zeit der von seiner „Heldin" erlebten Monate fällt, von Gesine Cresspahl kaum „registriert und bedacht" werde, denn Johnsons Individualismus verbiete seinen Figuren den Gedanken an eine kollektive Organisation.[55] Der Hinweis auf die kollektive Organisation rückt dogmatisch eine Lösungsmöglichkeit in den Blickpunkt, mit der die Komplexität der in den „Jahrestagen" gestalteten Wirklichkeit unter Vernachlässigung der für diesen Roman geltenden Formprinzipien reduziert würde. Abgesehen davon, daß der SDS mit seinen stark antiautoritären Tendenzen nicht zuletzt an Debatten über Organisationsprobleme zerbrochen ist, verlöre die Haltung der Person Gesine Cresspahl, ein Aufgehen in der Geborgenheit einer Organisation vorausgesetzt, an Glaubwürdigkeit und Repräsentanz.

„Warnung vor dem Hunde:
Wenn ein Roman als ein Ziel die Abschaffung eines bestimmten Gesetzes oder die Förderung einer politischen Gruppe ankündigt, bekommt ihr nicht einen Roman, sondern mit Glück, ein Behältnis mit Agitationsmaterial. Wenn eine politische Gruppe im Besitz der Macht bei den Romanschreibern des Landes eine Version der Vergangenheit in Auftrag gibt, wie sie nicht verlief, oder ebenso, einer Gegenwart, wie sie sein sollte nach den Wünschen der Regierung, wird die Erinnerung an die tatsächlichen Vorgänge, desgleichen die Kenntnis davon, bei den Lesern die Oberhand behalten, und solche Romane werden schon als Information auf Gegenwehr stoßen." (Uwe Johnson: Vorschläge zur Prüfung eines Romans)[56]

Der Höhepunkt der Studentenbewegung ist längst überschritten; die Zeit der Nachrufe ist angebrochen, die sich offenbar nicht schlecht verkaufen lassen. Die Aktion unter der rhetorischen, aber eigentlich von revolutionärer Ungeduld bestimmten Frage „Springer Enteignen?", die im Herbst 1967 vom Republikanischen Club in Westberlin, zu dessen Mitbegründern auch Hans Magnus Enzensberger gehörte, als Aufklärungskampagne gestartet wurde, wird mit ihrer Broschüre[57] bestenfalls noch archiviert; doch die einst zentralen Themenkreise der Studentenbewegung beschäftigen den Schriftsteller Uwe Johnson auf seine Weise: zumindest bis Mitte 1980.

Gespräch mit einem Hamburger

Auch dieses Gespräch hat wie das Telephongespräch in den „Jahrestagen" zwischen Gesine Cresspahl und der roten Anita niemals stattgefunden, aber es hätte stattfinden können. Fingiert sind nicht allein die Antworten, die Uwe Johnson „Im Gespräch mit einem Hamburger"[58] am 23. August 1970 gegeben hat; erfunden ist auch die gesprächeinleitende Frage. Sie wird in dem kurzen „Prosagedicht" zwei Mal, ohne neuerliche Erwähnung Berlins, wieder aufgenommen:

„warum ich in Berlin bleibe
Westberlin meine ich
Ihre Frage ist eine Offerte:
was bietet Hamburg?
bei Ihnen gewinnen Wenige an der Arbeit Vieler
hier auch
bei Ihnen leben welche vom Häuserbau ihrer Großväter
hier auch
bei Ihnen lügt Axel Springer die Betroffenen an
hier auch
in Ihren Gefängnissen kann man totgeschlagen werden
hier auch
(. . .)"[59]

Im weiteren Fortgang des fiktiven Gesprächs werden — neben den bereits zitierten, von denen in diesem Zusammenhang besonders auf das dritte lakonische „hier auch" hinzuweisen wäre, weil darin die Allgegenwart Axel Springers in Berlin und Hamburg prägnant zum Ausdruck kommt — zusätzliche Gründe aneinandergereiht, in Berlin zu bleiben. Der Gesprächspartner des Hamburgers achtet dabei sorgsam darauf, daß die Gründe weder amtlichen Verlautbarungen von Vertretern der Bundesregierung („anders als Brandt und von Guttenberg sagen") entsprechen, noch mit offiziellen Erklärungen der Regierung der DDR („anders als Stoph und Honecker sagen") übereinstimmen. Das Andere, der besondere Vier-Mächte-Status der Stadt, „anders", „weil Westberlin ein Gebiet für sich ist"[60], wird im Rahmen dieses Gesprächs in der pedantisch zitierten Aktenzeichen-Genauigkeit eines Schreibens der Alliierten Kommandantur vom 29. August 1950 zur Verfassung von Westberlin als wirklich heraufbeschworen; politische Realität wird mit dieser Form der Genauigkeit nicht getroffen, vielleicht assoziieren sich Erinnerungen.

„Die mobilsten Gruppen in der Studentenschaft verfolgen nicht mehr das Ziel einer Hochschulreform, sie wollen unmittelbar die Umwälzung gesellschaftlicher Strukturen. Radikale Studenten sind zum Kern einer außerparlamentarischen Opposition geworden, die in Klubs und losen Zentren neue Organisationsformen und eine breitere, über die Hochschule hinausreichende Basis sucht. *Ihr nächstes Ziel ist die Veränderung des prekären Viermächtestatus*

Westberlins und die Etablierung einer Offenen Stadt. Kampagnen gegen den Springerkonzern, die heute nicht nur unter Studenten und Schülern populär sind, dienen als Mittel der Mobilisierung."[61] (Hervorhebung E. F.)

Mit dem Zitat der Abmachung, diesem durch Genauigkeit bekundeten Einbruch einer bürokratisierten Wirklichkeit in das fiktive Gespräch, erweist sich aber allenfalls die Wirklichkeit eines Aktenzeichens als mitteilbar; die durch Zukunftsprojektion zusätzlich als Fiktion markierten Antworten beschreiben hingegen gerade mit der Ironie des Einerseits — Andererseits Gegenwärtiges weitaus präziser und lassen machtpolitische Ansprüche erkennbar werden, die den prekären „Viermächte"-Status begründen.

„(. . .)
weil ich die hiesige Zukunft sehen möchte:
Westberlin als Istanbul, Brüssel oder Hongkong
Westberlin als Schleuse zwischen Dollar und Rubel
Westberlin größerer Teil der Hauptstadt der DDR
weil notfalls hier bestätigt wird wie anderswo
die bekannt humane Kriegsführung der USA
die bekannt humane Okkupationstechnik der UdSSR
(. . .)"[62]

Der knappe Gesprächstext endet trotz des beharrlichen Erinnerns an ein Westberlin, das ein Gebiet „für sich" sei, eines Erinnerns auch an die Forderung der „mobilsten" Studenten, Westberlin als Offene Stadt zu etablieren, mit der Feststellung, daß Westberlin, wiewohl von Politikern aus Ost und West fortgesetzt beschworen, eben nicht ein Gebiet „für sich" ist. Im Gespräch mit einem Hamburger ist dieses Resümee von Anfang an formal durch das vierfach wiederholte „hier auch" vorbereitet worden und wird mit der Zeile „weil notfalls hier bestätigt wird wie anderswo" zur abschließend bekundeten Einsicht, die die von den Studenten propagierte Forderung auf Etablierung einer Offenen Stadt auf ihre Weise problematisiert, indem sie einer Argumentation, die diese Forderung aus der Besonderheit Westberlins begründet, die Grundlage entzieht. Der Gesprächspartner des Hamburgers bleibt schließlich zum einen aus „Angst vor der Langeweile" zum anderen aus „Genuß an der Langeweile" dennoch in Westberlin wohnen.
Wer aber verbirgt sich hinter dem Hamburger?
Erst aufgrund der Schlußformel „Danke für das Gespräch"[63] ist dies zu identifizieren. Wenn auch in ihr die abschließende Bemerkung aller Gespräche, die das Nachrichtenmagazin „Der Spiegel" mit

bedeutenden oder politisch einflußreichen Personen des sogenannten öffentlichen Lebens führt, gleichsam spielerisch wieder aufgenommen wird, sollte diese Formel bei all ihrer Ironie nicht allein als Koketterie des Autors Uwe Johnson mit seiner eigenen Prominenz und seiner Rolle als Schriftsteller abgetan werden.[64] Indem sich im letzten Satz das fiktive Gespräch mit einem Hamburger als erdachtes Spiegel-Gespräch darstellt, wird die „Person" kenntlich; vom Ende her wird damit der Wirklichkeitsbezug der in diesem Gespräch gegebenen Antworten neu problematisiert. Durch den so suggerierten höheren Grad an Authentizität soll das Gespräch der Unverbindlichkeit „reiner" Fiktion entzogen werden. Zugleich wird durch diese Schlußformel im Zusammenhang mit der Überschrift eine Institution, als die das von Rudolf Augstein herausgegebene Nachrichtenmagazin spätestens seit der „Spiegel-Affäre" (1962)[65] in der Bundesrepublik anzusehen ist, personalisiert und als „Hamburger" identifizierbar: ein für Uwe Johnsons Denk- und Arbeitsweise charakteristisches Verfahren, das mit der den „Jahrestagen" zugrundeliegenden Konstruktion vergleichbar ist, die Institution „New York Times" als gute alte Tante zu personalisieren:

„Nicht: um für eine verlorene Autorität eine neue zu berufen. Denn dann müßt ich sie halten als einen Vater; ich halt sie für eine Tante. (. . .)
Tantenhaft fiel mir auf (sobald ich sie lesen konnte), daß sie nicht imstande war, Gutes zu tun, außer sie redete darüber. (. . .)" (Bd. II; S. 515)
„Die altmodische, ja, die unersetzliche Fairness auf Karikaturen zu verzichten, weil eine Karikatur nur sagen kann: Einerseits. Aber nicht: Andererseits." (Bd. II; S. 518)

In unserem Zusammenhang mögen diese wenigen Hinweise zur Skizzierung der „Tantenhaftigkeit" der „New York Times" genügen; indessen soll die Personalisierung einer Institution, „und zwar einer geschäftlichen Institution"[66], die begründet wird im Falle Gesine Cresspahls, der Person, von der Uwe Johnson im Sinne eines rechtsgültig gewordenen Vertrags den Auftrag erhalten hat, ihr Leben zu beschreiben, mit „schwerer Sucht und Gewöhnung"[67] an die „New York Times", nicht als ein vom „Erzähler" erfundenes „Transportmittel" in den „Jahrestagen" begriffen werden, sondern sie soll allein eine tägliche Funktion verdeutlichen, die diese Zeitung im Leben Gesine Cresspahls erfüllt. Bereits in den „Mutmaßungen über Jakob" wird Gesine als eine Person dargestellt[68], die sich daran gewöhnt hat, jeden Tag drei Pfund Zeitungen zu kaufen.

„Das hängt mit ihrer Biographie zusammen. Sie hat einmal in einem Staat gelebt, in dem Zeitungen sich so und so verhielten, also offenbar in einer Weise, die als Reaktion provoziert, daß diese Gesine Cresspahl, sobald sie konnte, immer sehr viele Zeitungen gekauft hat."[69]

Gerade weil der Umgang mit den Nachrichten der „New York Times" für den Autor Uwe Johnson nicht „irgendetwas Objektives" ist, sondern eine auf das Subjekt Gesine Cresspahl ausgerichtete Auswahl und trotz des durch die Personalisierung vertraulichen Umgangs mit der „New York Times" sind die beiden, die dieses epische Werk erzählen, Gesine Cresspahl und Uwe Johnson, empfindsam den Prinzipien gegenüber, die die Gestaltung einer Zeitung bestimmen.

„All the news verspricht die Schrift an der Fabrik der New York Times auf der Westseite, auf die man auf der Schnellstraße am Fluß in nördlicher Richtung zufährt. Sämtliche Nachrichten verspricht sie, und erst allmählich rückt die Einschränkung ins Sichtfeld der Windschutzscheibe: That's Fit to Print. Es ist kaum zu übersetzen, nicht einmal ins Amerikanische, wie denn Nachrichten beschaffen sein müssen, damit die New York Times sie druckt: geeignet, schicklich, tauglich oder was sonst. Lange hat die Zeitung sich gedrückt um die Aufschlüsselung ihres Rezepts, und heute gibt sie einen Hinweis mit der Überschrift eines Berichts über eine andere Zeitung, den kommunistischen Worker, mit nur zwei Ausgaben in der Woche und nicht mehr als 14 218 zahlenden Beziehern. All the News That Fits the Line: sagt die New York Times der anderen nach, nur die mit der Parteilinie verträglichen Meldungen, und in unversehrtem Selbstbewußtsein tritt sie selber auf mit ihrem weniger genauen Versprechen am Kopf." (Bd. I; S. 176/77)

Im Anschluß an die Gegenüberstellung der beiden Leitsätze für den redaktionellen Umgang mit Nachrichten − „All the News That' Fit to Print − All the News That Fits the Line" − erscheinen im Protokollbericht aus dem Leben Gesine Cresspahls am Sonntag, den 15. Oktober 1967, vier von ihr selbst aufgrund der Lektüre der New York Times zusammengefaßte Meldungen; die dritte, zugleich die kürzeste, lautet:

„Westdeutsche Studenten haben öffentlich Zeitungen verbrannt, um ihre politische Meinung auszudrücken." (Bd. I; S. 177)

Nicht beantwortet wird, aus welcher Motivation heraus und im Zusammenhang welcher Begründungen die öffentliche Zeitungsverbrennung erfolgte. So bleibt das Verhalten zum einen interpretierbar als öffentlicher Hinweis auf Prinzipien einer Berichterstattung, die keiner öffentlichen Kontrolle und Verantwortlichkeit mehr unterliegen;

zum anderen wäre es auch als ein Verhalten zu interpretieren, das Zeitungen verbrennt, weil sie einer Parteilinie unverträglich erscheinen.

Autorenbefragung

Zweiundvierzig Autoren haben zur Jahreswende 1973/74 auf eine Umfrage „Woran arbeiten Sie gerade?" der damals im Hamburger Springer-Konzern erscheinenden Tageszeitung „Die Welt" in deren wöchentlicher Literaturbeilage „Welt des Buches" geantwortet. Dem rechtslastigen Blatt war es damit erstmals gelungen, den faktischen Boykott zu durchbrechen, den die politisch bewußten deutschsprachigen Autoren gegen dies Springer-Blatt unausgesprochen verhängt hatten. Auch wenn die Redaktion immer wieder versucht hatte, dies zu verändern, wurden Mitarbeit und Beantwortung von Anfragen stets verweigert. Unter den Autoren, die mehr oder weniger genau über ihre literarischen Arbeiten Auskunft geben, finden sich die Namen von Karin Struck, Gabriele Wohmann, Barbara König, Heike Doutiné, Alfred Andersch, Martin Gregor-Dellin, Peter Härtling, Wolfgang Hildesheimer, Walter Höllerer, Wolfgang Koeppen, Robert Neumann.

Uwe Johnson hat auch geantwortet, mit einer Frage; es ist die einzige Antwort, die der Redaktion der „Welt" zum Anlaß für eine Replik wurde:

„Die Frage nach meiner gegenwärtigen Beschäftigung hätte ich noch am 8. Dezember mit einer anderen Auskunft bedienen können als mit der folgenden. Am nächsten Morgen wurden meine Pläne geändert, und mein neues Vorhaben ist:

Die Antwort auf eine Frage.

Die Frage lautet:

Warum kann

der Verleger Ihrer Zeitung, Herr Axel

Cäsar Springer,

ein Mann von gelehrter wie moralischer Bildung, ein Freund der Künste, erfahren in Problemen des Taktes, sicher im Geschmack, geliebt für seine Diskretion, von vielen verehrt als politisches Vorbild, wie kann ein so gewandter Mann ertragen, daß eine seiner eigenen Zeitungen, Abbild für einen Teil seines Charakters, ‚Die Welt' in der Ausgabe vom Freitag, dem 7. Dezember 1973, Nummer 288, Seite 3, einen ausländischen Staatsmann, dessen Handlungen er nicht billigt, zeigt auf einem Foto zweifelhafter Herkunft als „Salvatore Allende mit Privatsekretärin und Schlafanzug",

mit Namensnennung der betroffenen Frau,

statt den Toten zu widerlegen auf dem Felde, wo die Gegnerschaft besteht — kurz,

warum kann Axel Springer ein solches Verhalten ertragen?
Das ist die Frage. Die Arbeit gilt der Antwort.
Die Arbeit soll bis ungefähr Mitte 1980 fertiggestellt sein." [70]

In ihrer Antwort vermag die Redaktion nichts Konkreteres vorzubringen als einen Hinweis auf die eigene Bildunterschrift, der genau das besagt, was Johnson kritisierte: die zweifelhafte Herkunft des Photos, „das Foto soll ein Leibwächter . . . gemacht haben."
All the News That Fits the Line.
Uwe Johnsons Arbeit aber gilt dem Versuch, der Ware „Aufklärung" wieder einen Platz auf dem Markt zu verschaffen.

Anmerkungen

1 Uwe Johnson: Jahrestage. Aus dem Leben von Gesine Cresspahl; Frankfurt; Band I, 1970; Band II, 1971; Band III, 1973. Der vierte Band ist angekündigt, aber noch nicht erschienen.

2 Vgl. bspw.: Joachim Kaiser: Faktenfülle, Ironie und Starrheit; in: Süddeutsche Zeitung vom 3. Dezember 1970. Roland H. Wiegenstein: Uwe Johnson/Jahrestage I und II; in: Neue Rundschau; 83. Jg. 1972; H. 1; S. 125 bis 133: „Schließlich kann man dieses Buch auch lesen als Abschluß und Ergebnis von allem, was der Autor bisher geschrieben hat. Nicht nur kehren dieselben Figuren wieder: Cresspahl und Gesine aus den ‚Mutmaßungen'; Karsch aus dem ‚Dritten Buch über Achim', die Babendererde aus dem ersten, unveröffentlichten Roman und überhaupt die ganze Jerichower Sippschaft — der Roman nimmt ständig Fäden auf, die darin nicht fortgesponnen wurden, was damals ausgespart wurde, wird nun ausgefüllt." (S. 133) Manfred Durzak: Der deutsche Roman der Gegenwart; Stuttgart 1971; S. 228 ff. Erich Wünderich: Uwe Johnson; Berlin 1973; S. 61 ff.

3 Herbert Ahl: Literarische Portraits; München 1962; S. 7.

4 Vgl. Anmerkung 35.

5 Max Frisch: Tagebuch 1966—1971; Frankfurt, 1972; S. 24.

6 Kurt Batt: Die Exekution des Erzählers. Westdeutsche Romane zwischen 1968 und 1972, Frankfurt 1974; S. 43.

7 Jürgen Habermas: Studentenprotest in der Bundesrepublik; in: J. Habermas: Protestbewegung und Hochschulreform; Frankfurt 1969; S. 153 bis 176; Zitat: S. 155.

8 Jürgen Habermas: Brief an C. Grossner vom 13. Mai 1968; in: J. Habermas: Protestbewegung . . .; a.a.O.: S. 151.

9 Zur terminologischen Abgrenzung der beiden Begriffe vgl. Jürgen Habermas: Protestbewegung und Hochschulreform; a. a. O.: S. 146.

10 Jürgen Habermas: Brief an Erich Fried (vom 26. 7. 1967); abgedruckt in: J. H.: Protestbewegung . . .; S. 149.

11 Jürgen Habermas: Brief an Erich Fried; a. a. O.: S. 149/50.

12 Jürgen Habermas: Brief an C. Grossner (v. 13. 5. 1968); abgedruckt in: J. H.: Protestbewegung . . .; a.a.O.: S. 151.

13 Jürgen Habermas: Studentenprotest in der Bundesrepublik, a.a.O.: S. 171.

14 Jürgen Habermas: Die Scheinrevolution und ihre Kinder; a.a.O.: S. 188 bis 200.

15 Vgl. Oskar Negt: „Einleitung" zu dem Band: Die Linke antwortet Jürgen Habermas. Frankfurt 1968; S. 19.

16 Manfred Durzak: Dieser langsame Weg zu einer größeren Genauigkeit. Gespräch mit Uwe Johnson. (S. 428—460); in: M. Durzak: Gespräche über den Roman; Frankfurt 1976; S. 457.

17 Uwe Johnson: Jahrestage. Aus dem Leben von Gesine Cresspahl. Frankfurt 1971; Bd. II; S. 988—992.

18 Manfred Durzak: (. . .) Gespräch mit Uwe Johnson; a.a.O.: S. 439.

19 Vgl. Manfred Durzak: Gespräch mit Uwe Johnson; a.a.O.: S. 439.

20 Diese Interpretation findet sich im Verlauf des Telefongesprächs bestätigt, wenn Gesine nach einer Bemerkung Anitas, aus der ihre Teilnahme an einer Aktion zu folgern wäre, ihrer Freundin mit der Bemerkung ins Wort fällt: „Paß auf, du" und Anita daraufhin erwidert: „Das war bloß ein Stück Zukker für die Pferde, die hier reinhören." Vgl. weiterhin bspw. Bd. I; S. 167 und (besonders) S. 278.

21 Vgl. auch: Uwe Johnson: Eine Kneipe geht verloren; in: Kursbuch I; 1965; S. 47—72.

22 Vgl. Yaak Karsunke: Josef Bachmann/Sonny Liston: Versuche aus der Unterklasse auszusteigen, Berlin 1973.; auch: Friedrich Mager/Ulrich Spinnarke: Was wollen die Studenten; Frankfurt (Neue Ausgabe) 1968; S. 7. „Das Attentat auf Rudi Dutschke ist kein Zufall. Zwar ist der Täter, der 23jährige Anstreicher Josef Bachmann, ein sonderlicher Einzelgänger, kein Mörder aus bewußter politischer Überzeugung. Jedoch — ist er allein verantwortlich für seine Tat? Einige Wochen vorher hetzten etwa zwanzig Berliner einen Doppelgänger Dutschkes durch die Straßen Berlins, um ihn zu verprügeln. Dutschke mußte in den letzten Monaten des öfteren umziehen, weil ihm Brandbomben vor die Wohnungstür gelegt und die Fenster eingeworfen wurden."

23 Jürgen Habermas: Protestbewegung . . .; a.a.O.: S. 191.

24 Jürgen Habermas: Protestbewegung . . .; a.a.O.: S. 191.

25 Jürgen Habermas: Protestbewegung . . .; a.a.O.: S. 192.

26 Uwe Johnson: Jahrestage . . .; a.a.O.: Bd. II; S. 989.

27 Uwe Johnson: Vorschläge zur Prüfung eines Romans; in: Eberhard Lämmert/Harmut Eggert/Karl-Heinz Hartmann/Gerhard Hinzmann/Dietrich Scheunemann/Fritz Wahrenburg (Hrgb.): Romantheorie. Dokumentation ihrer Geschichte in Deutschland seit 1880; S. 402.

28 Jürgen Habermas: Protestbewegung und Hochschulreform; a.a.O.: S. 9.

29 Jürgen Habermas: Protestbewegung und Hochschulreform; a.a.O.: S. 10.

30 Karl Heinz Bohrer: Revolution als Metapher; in: K. H. Bohrer: Die gefährdete Phantasie, oder Surrealismus und Terror; München 1970; S. 91.

31 Karl Heinz Bohrer: Revolution als Metapher; a.a.O.: S. 91.

32 „Was hat sich für mich 1968 verändert?" Umfrage der Süddeutschen Zeitung zum Jahreswechsel 1968/69; abgedruckt in der Sylvester-Ausgabe vom 31. Dezember 1968; Nr. 314.

33 Helmut Heißenbüttel: Die Neue literarische Linke; in: W. Hochkeppel (Hrgb.): Die Rolle der Neuen Linken in der Kulturindustrie; München

1972; S. 126. Hans Magnus Enzensberger arbeitete von 1955 bis 1957 als Rundfunkredakteur in der Abteilung „Radio Essay" bei Alfred Andersch; Martin Walser arbeitete von 1949 bis 1957 ebenfalls beim Süddeutschen Rundfunk mit, allerdings in der Abteilung Politik und Zeitgeschehen und beim Fernsehen. Sein Name wird beim Wiederabdruck des Radioessays aus dieser Passage gestrichen. (Vgl. H. Heißenbüttel: Zur Tradition der Moderne; Neuwied 1972; S. 154).

34 Alfred Andersch: „Was hat sich für mich 1968 verändert?"; in: Süddeutsche Zeitung; a.a.O.: Abgedruckt sind noch die Antworten von Ralf Dahrendorf, August Everding, Günter Gaus, Hans Giese, Klaus Harpprecht, Peter Härtling, Friedrich Heer, Gustav Heinemann, Toni Stadler.

35 Eine prägnante Beschreibung der „Rolle" von Marie findet sich in dem Stück „Phonopost", das Gesine für D. E., ihren Freund Professor Erichson, der als „Mecklenburger" nicht nur zum Berater des Verteidigungsministeriums in Fragen der Funkmeßtechnik, sondern auch Amerikaner geworden ist, bespricht. „Zweitens Marie: Marie besteht darauf, daß ich ihr weiter erzähle wie es gewesen sein mag, als Großmutter den Großvater nahm. Ihre Fragen machen meine Vorstellungen genauer, und ihr Zuhören sieht aufmerksam aus. Sie sitzt am Tisch mit den Händen an den Schläfen, so daß sie das mecklenburger Wappen macht, deinen Ossenkopp. Aber was sie sehen will ist nicht Vergangenheit, nicht einmal ihre. Für sie ist es eine Vorführung von Möglichkeiten, gegen die sie sich gefeit glaubt, und in einem andern Sinn Geschichten." (Bd. I; S. 143/44)

36 Margret Boveri: Dollpunkt Gewissen; in: Frankfurter Allgemeine Zeitung; Nr. 219; vom 22. 9. 1970; S. 21.

37 Vgl. Leslie L. Miller: Uwe Johnson's „Jahrestage": The Choice of Alternatives; in: Seminar; Vol. X; 1974; No. 1; S. 67.

38 Uwe Johnson: Eine Bewußtseinsinventur. Gespräch mit Dieter E. Zimmer; in: „Die Zeit"; Jg. 1971; Nr. 48; vom Freitag, den 26. November 1971; S. LIT 3.

39 Vgl. Manfred Durzak: Gespräch mit Uwe Johnson; a.a.O.: S. 436 ff.

40 Manfred Durzak: Gespräch mit Uwe Johnson; a.a.O.: S. 440.

41 Marcel Reich-Ranicki: Uwe Johnsons neuer Roman. Der erste Band des Prosawerks „Jahrestage"; in: Die Zeit; Nr. 40 vom 2. Oktober 1970; S. 20.

41a Wenn hier statt des herkömmlichen Begriffs Figur der Begriff Person erscheint, so soll damit ein Hinweis Uwe Johnsons ernst genommen werden, mit dem er die Eigenständigkeit seiner Personen im Rahmen seiner literarischen Texte zu dokumentieren versucht. Vgl. Manfred Durzak: Gespräch mit Uwe Johnson; a.a.O.: S. 437.

   D.: „Darf ich weiterfragen, wie das nun im einzelnen konkret aussieht? Das sind also bestimmte Figuren —

   J.: „Personen — Entschuldigung".

42 Hans Magnus Enzensberger: Offener Brief; in: Joachim Schickel (Hrgb.), Über Hans Magnus Enzensberger; Frankfurt 1970; S. 233—238.

43 Vgl. dazu: Christian Linder: Der lange Sommer der Romantik. Über Hans Magnus Enzensberger; in: Hans Christoph Buch (Hrgb.): Literaturmagazin 4; Reinbek 1975; S. 85—107.

44 Hans Magnus Enzensberger: Offener Brief; a.a.O.: S. 236.

45 Hans Magnus Enzensberger: Offener Brief; a.a.O.: S. 235.

46 Hans Magnus Enzensberger: Offener Brief; a.a.O.: S. 236.

47 Vgl. Manfred Durzak: Gespräch mit Uwe Johnson; a.a.O.: S. 457.

48 Reinhold Grimm: Bildnis Hans Magnus Enzensberger. Struktur, Ideologie und Vorgeschichte eines Gesellschaftskritikers; in: Basis IV; Jahrbuch für deutsche Gegenwartsliteratur; Frankfurt 1974; S. 131: „Man kann es sich natürlich leicht machen mit seiner Kritik am Kritiker. Etwa wie der Romanschreiber und Chronist Uwe Johnson, der 1968, den verschmutzten Hudson vor Augen, Hans Magnus Enzensbergers Entschluß, auf die Pfründe der Wesleyan University zu verzichten und stattdessen nach Kuba zu gehen, mit der Bemerkung glossierte, dort werde ‚an Personen über 13 Jahre keine Milch mehr ausgegeben; hoffentlich ist dies nicht ein Leibgetränk des Dichters Enzensberger.' (Bd. II; S. 769)"

49 Vgl. Manfred Durzak: Abrechnung mit einer Utopie? Zum Amerika-Bild im jüngsten deutschen Roman; in: Basis IV; a.a.O.: S. 107.

50 Manfred Durzak: Gespräch mit Uwe Johnson; a.a.O.: S. 459.

51 Vgl. Uwe Johnson: Jahrestage (. . .); a.a.O.: Bd. I; S. 397: „Jean-Paul Sartre, ein Mitglied des Internationalen Gerichtshofes zu Roskilde, hat die U. S. A. schon einmal gestraft, als er vor zweieinhalb Jahren eine Einladung in dies Land ablehnte, weil seine Regierung einen Krieg in Viet Nam führe. Sartres Begründung machte jeden Ausländer, der in die U. S. A. reist oder dort lebt, zu einem Mitschuldigen."

52 Leslie L. Miller: Uwe Johnson's „Jahrestage"; The Choice of Alternatives; a.a.O.: S. 52.

53 Uwe Johnson: Über eine Haltung des Protestierens; in: H. M. Enzensberger (Hrgb.): Kursbuch 9; Frankfurt 1967; S. 177/8.

53a Vgl. bspw. die Antwort von Ralf Dahrendorf auf die bereits zitierte Umfrage der Süddeutschen Zeitung vom 31. Dez. 1968.

54 Uwe Johnson: Vorschläge zur Prüfung eines Romans; in: Eberhard Lämmert u. a. (Hrgb.): Romantheorie; a.a.O.: S. 402/403.

55 Kurt Batt: Die Exekution des Erzählers. Westdeutsche Romane zwischen 1968 und 1972; Frankfurt 1974; S. 43.

56 Uwe Johnson: Vorschläge zur Prüfung eines Romans; a.a.O.: S. 402.

57 Republikanischer Club, Westberlin (Hrgb.): Springer enteignen? Materialien zur Diskussion (vom Presse-Arbeitskreis); Berlin im Oktober 1967.

58 Uwe Johnson: Im Gespräch mit einem Hamburger; in: Deutsches Sonntagsblatt; Jg. 1970; Nr. 34 vom 23. 8. 1970; hier zitiert nach: Uwe Johnson: Berliner Sachen. Aufsätze; Frankfurt 1975; S. 108—110.

59 Uwe Johnson: Im Gespräch . . .; a.a.O.: S. 108.

60 Uwe Johnson: Im Gespräch . . .; a.a.O.: S. 109.

61 Jürgen Habermas: Protestbewegung und Hochschulreform; a.a.O.: S. 161. (Hervorhebungen E. F.)

62 Uwe Johnson: Im Gespräch . . .; a.a.O.: S. 109.

63 Uwe Johnson: Im Gespräch . . .; a.a.O.: S. 110.

64 Parodiert hat Uwe Johnson seine Rollenzuweisung als Schriftsteller in einem Nachruf zu Lebzeiten unter dem Titel: „Dead Author's Identity in Doubt; Publishers Defiant"; in: K. H. Kramberg (Hrgb.); Vorletzte Worte. Schrifsteller schreiben ihren eigenen Nachruf; Frankfurt 1970; S. 116 bis 124.

65 Vgl. Jürgen Seifert (Hrgb.): Die Spiegel-Affäre. Alfred Grosser/Jürgen Seifert (Bd. I); Die Staatsmacht und ihre Kontrolle; Olten 1966. Thomas Ellwein/Manfred Liebel/Inge Negt: Die Reaktion der Öffentlichkeit (Bd. II); Olten 1966.

66 Vgl. Manfred Durzak: Gespräch mit Uwe Johnson; a.a.O.: S. 443.

67 Manfred Durzak: Gespräch mit Uwe Johnson; a.a.O.: S. 443.
68 Uwe Johanson: Mutmaßungen über Jakob; Frankfurt 1959; S. 124.
69 Manfred Durzak: Gespräch mit Uwe Johnson . . .; a. a. O.: S. 441/42.
70 Umfrage „Woran arbeiten Sie gerade?"; in: „Die Welt" (Welt des Buches);
   Jg. 1973; Nr. 301 vom 27. Dezember 1973; S. 2. 2. Teil der Umfrage in der
   Ausgabe vom 3. Januar 1974.

Raoul Hübner

„Klau mich" oder die Veränderung von Verkehrsformen

Anstöße der Studentenbewegung

> „Das Alltagsverhalten des Menschen ist zugleich Anfangs- und
> Endpunkt einer jeden menschlichen Tätigkeit."
> *(Georg Lukács)*
> „Gerade die soziale Revolution braucht im alten Alltag vorbe-
> reitete Strukturen eines neuen, um nicht steckenzubleiben im
> alten." *(Karl Markus Michel)*
>
> „Jetzt ist die Zeit da, wo wir uns selbst helfen müssen."
> *(Rosa von Praunheim u. a.)*

Aufgefordert, etwas über die „linke Szene/Subkultur" im Gefolge
der studentischen Protestbewegung festzuhalten, etwas von den Phänomenen und Strukturen, von den Veränderungen, die eingetreten
sind und möglicherweise nachwirken, sieht sich der dazu Aufgefor-
derte in Verlegenheit, ja Unsicherheit gesetzt. Unsicher machen ihn
vor allem die aktuellen Rückentwicklungen auf scheinbar allen Gebieten, auf dem Hintergrund von ökonomischer Rezession und ideo-
logisch-kultureller Neorestauration. Sie lassen fragen, ob denn überhaupt noch etwas — und was denn — übriggeblieben sei von den Neu-
anfängen vor zehn Jahren, von Versprechen und Aufbruch. Ist nicht
das meiste, in schmalen Ansätzen Erkämpfte, zum Beispiel die Demokratisierung der Hochschule, längst wieder weitgehend rückgängig
gemacht und von totalerer Restriktion als je zuvor bedroht? Stellt
nicht längst, in Überreaktion, die „präventive Konterrevolution" die
Weichen für einen neuen Totalitarismus? Ist somit dem Protest, statt
daß er breiteren gesellschaftlichen Rückhalt gewann, der Wind aus
den Segeln genommen, sind — reale, materielle — Verunsicherung
und Angst wirklich schon wieder allgemein, unterdrücken wir nicht
bereits kritische Impulse? Fangen wir bei uns selber, bei unserm Tun
und Lassen an: wirken wir noch mit an einer verändernden Praxis
oder haben wir uns halbwegs resigniert daraus zurückgezogen? Bin
ich schon wieder überwiegend am „Privatisieren" (was vorher eine
Schande war) und mache ich weniger bei einer — politischen usw. —
Gruppenarbeit mit, als ich könnte? Bin ich weniger motiviert oder
traue ich mich nicht?

Kann ich meine relative Isolation nicht wenigstens für ein bißchen Rememorierung und Reflexion nutzen? (Falls das für sich allein überhaupt geht.) Wenn das auch wieder in der Form des alten, autoritären Monologs geschieht (ich will gegensteuern durch die Zitierung von Zusatzstimmen), ich sollte es nicht unversucht lassen. Um das Wenige, was ich tun kann, was ich nur stichwortartig nennen und unterstreichen kann, wieder zurückzuspielen in den praktischen Zusammenhang, aus dem es kommt und in den es gehört. Das scheint mir nötig, gerade heute. Denn gerade heute bedarf es eines geradezu strategischen Optimismus, damit die in der Politisierungsphase behaupteten Autonomieansprüche nicht geschmälert oder unter den Teppich neuer Repression gekehrt werden, damit sie vielmehr ihre Akutheit behalten. („In Deutschland ist dafür gesorgt, daß Kritik sich nicht verspätet.")

Ich möchte versuchen, die Ichform als Leitlinie zu benutzen — möglichst nicht als Ausdruck von Selbstverliebtheit, sondern um nicht ganz hinter den Stand von Prozessen zurückzufallen, die nach langer abstrakter Revolte und Von-Sich-Absehen zu der Einsicht / dem Bedürfnis (zurück-)geführt haben, die individuelle Perspektive deutlicher werden zu lassen, sich persönlich „miteinzubringen" — wie unvollständig das immer gelingen mag. Die neuen Ansprüche sollen eben auch nicht in Sätzen über sie an Herrschaftssprache und damit an Herrschaft verraten sein. Der Rückgriff auf die eigenen Erfahrungs- und Denkansätze, das Hereinziehen der „privaten" Dimension der Geschichte ist in diesen Jahren ein nahezu selbstverständliches Erfordernis geworden: nicht nur, daß der gewachsene äußere Druck dies nahelegen würde, sicher nicht minder tut es eine innere Notwendigkeit, eine gewachsene Entschlossenheit zu sich selbst, unter Umständen größere Radikalität — deshalb nicht unbedingt Zeichen von Entpolitisierung, sondern eine bessere, eine totalere Fundierung von Politisierung.

Ich habe also überlegt, wie ich über ein Thema wie das vorgegebene, über Impulse aus der Studentenbewegung, die soziokulturell relevant geworden sind, über psychosoziale Wirkungen, möglicherweise Verhaltensänderungen, wie ich darüber anfangen könnte zu sprechen. Habe i c h , mit meiner speziellen Vorgeschichte, dazu überhaupt etwas zu sagen? Habe ich zu der Bewegung gehört oder bin ich bloß „dabeigewesen"? Bin ich denn repräsentativ? Wer ist es schon? Repräsentativ zu sein, das scheint mir auch gar nicht so wichtig. Ein einzelner kriegt immer nur gewisse Partien der Geschichte mit; man kann nicht an allem gleichmäßig teilnehmen, bzw.: man wird nicht an allem teilgenommen. Ich bin sicher nicht ausschließlich durch die

Protestbewegung bestimmt; meine kleinbürgerliche Sozialisation brachte ich, in bestimmtem Zuschnitt, schon mit und schleppe an ihr fort; ich war nicht bei jeder Demo, jedem Teach-in dabei und habe doch, wie viele, herumgehockt, herumgemacht, herumgehofft.

Wenn ich nicht zum Hochstapler von Begriffen werden will, was bloß eine Herrschaftsrolle fortspielen hieße, muß ich von meiner engen Erfahrung ausgehen. Ich kann annehmen, daß sie Momente enthält, die sich an der Erfahrung der andern anschließen lassen. Ich versuche also noch einen persönlicheren Anlauf. (Von dem einen zum andern „Ich" ist ein Sprung.) Mag sein, daß ein einzelnes Bewußtsein wenig einheitlich und in sich brüchig ist — zumindest hat es eine partielle Konsistenz, eine durchgehende Unterlinie; Identität ist, wenn, gewiß „nur noch im Verhältnis von Anstrengung und Scheitern bestimmbar" (W. Pohrt). Ich habe mich gefragt, was ich in meiner Erinnerung an vorgreifenden Elementen finde, die mich für die Studentenbewegung präparierten und darin hielten. Mir geht es um spezifische Facts, innere Eckdaten. Ich fange jetzt nicht mit der katholisch-autoritären Vaterwelt und der kompensatorischen Aufstiegsprogrammierung des Flüchtlingskinds an, das würde hier zu weit führen. Setze ich später ein, so klammert sich mein Gedächtnis merkwürdigerweise an Verbalismen, an Sprüche, die ich in gewissen Situationen rezipiert oder produziert habe, an Moralisches. Der Bedingungsrahmen war immer die Hochschule, die Vereinzelung, das Konkurrieren in Massenveranstaltungen. So hielt ich Ende '61 in Freiburg, im romanistischen Proseminar, ein pathetisches Referat über Voltaire, speziell über die Propagandatechniken des Aufklärungsphilosophen; die Praxis des unter Zensurdruck anonymen oder mit einer Vielzahl von Pseudonymen arbeitenden Publizierens kommentierend muß ich u. a. gesagt haben: „ . . . Der Feind gab sich massenhaft." Dieser auf die Bewegungskraft von bürgerlichen Intellektuellen eine Hoffnung setzende Spruch ist mir nachher angehängt worden, insofern ihn mir ein Mitstudent (sein Gesicht habe ich vergessen) auf einer Kellerfete ironisch wiederzitierte, wie einen Namensersatz, ein Erkennungszeichen. Sicher habe ich mit ihm darüber ein bißchen kommuniziert; wir werden uns gesiezt haben, wie das damals unter Studenten üblich war. Weiter bekamen wir nicht miteinander zu tun; jeder wird fürs Examen seine isolierten Sätze weiterproduziert haben; ich war gerade in einer Theater-, noch nicht in einer politischen Gruppe . . . Was soll dieses Beispiel? Es möchte auf die leider skizzenhaft gebliebene Möglichkeit von Kommunikation anhand von historischen, doch mit Widerstand befaßten Inhalten verweisen. Die Selbstidentifizierung mittels geschichtlich vorwärtsweisenden Materials sollte später generell bedeutsam werden. – Ich machte seinerzeit, nicht ganz freiwillig, eine Philosophieprüfung über Nietzsche, – Kollegen an andern Orten bereits über den frühen Marx –; mich beschäftigte seitdem die Rechtmäßigkeit des Anspruches auf Subjektivität; an den Prüfer schrieb ich einen Brief, in dem ich davor warnte, die NS-Folgen aus der Übermensch-Philosophie dieser, als steckten sie nicht mit drin, wieder abzuziehen; der Prüfer, ein Heidegger-Schüler, lud mich zum Wein ein. – '62/'63, zu lange vor dem 68er Mai, studierte ich in Paris – mich beeindruckten der offenere Umgang, das gesellschafts-politische Bewußtsein, der Politisierungsgrad, die bessere Organisiert-heit der französischen Studenten, ich schrieb darüber (vgl. die Arti-kelfolge „Über studentisches Gestelltsein", Sommer '64 im Frank-furter „Diskus"); privat, im Umgang mit Frauen, hatte ich Probleme. – Wieder zurück wollte ich über die Stellung der Frau im französi-schen Roman des 17. Jahrhunderts arbeiten, ich wollte die Verzicht-variante der Mme de Lafayette relativieren, in der Form einer Feld-untersuchung andere, frühfeministisch selbstbewußtere Lösungen dagegenstellen – die Arbeit blieb stecken; im Zeitschriftenraum der Bibliothek las ich begeistert einen aufgrund teilnehmender Beobach-tung verfaßten Aufsatz, ich glaube von Kentler in den „Frankfurter Heften", über das Urlaubsverhalten von proletarischen Jugendlichen; deren Aussagen erschienen mir so wesentlich, daß ich seitdem propa-gierte, jedermann habe das gleiche Aussagerecht wie Goethe und Schiller (die genaue Niederschrift liegt zu tief unter alten Papieren, um sie herauszusuchen). – '64 versuchte ich in Bonn eine Wiederan-näherung von Wissenschaft und Alltag, indem ich eine philologische Arbeit in Umgangsprache abfaßte – das professorale Echo war nicht positiv, die Kommilitonen grinsten; aus dem „Privatissime"-Seminar eines Professors flog ich wegen nicht zur Sache gehörenden Äuße-rungen heraus. – Nachdem ich mich gegenüber der Stipendieninsti-tution unpassenderweise, nämlich literarisch, über meine – metaphy-sisch daherkommende – Existenzangst ausgelassen hatte, las ich '65, nach andern Arbeiten Kritischer Theorie, Herbert Marcuses „Trieb-struktur und Gesellschaft", das war wie eine Offenbarung, ich voller Zustimmung, angetörnt, ohne aber, außer in Monokultur, das Gele-sene praktisch umsetzen zu können. – Die Praxis dann, '66/'68, an der „neuen" Ruhr-Universität Bochum, die als alte Ordinarienuniver-sität hochgezogen wurde – das zu bemerken, bewirkte Politisierung; weniger isoliert im Quasi-Kollektiv des Studentenwohnheims; ich war inzwischen in einer politischen Gruppe; wir fanden, daß ein zu geringer Prozentsatz aktiv sei; viele Nächte in der AStA-Baracke auf dem Campus; die Redigierung der Studentenzeitschrift („Ruhr-Reflexe") mit u. a. Vorlesungskritiken; ich schwadroniere über „die Studentenschaft als ausgebeutete Klasse", vertrete eine noch ziemlich elitäre Ideologie, weiß aber, daß man im Alleingang nichts machen kann; vom Fernsehreporter um eine Ein-Satz-Aussage gebeten, sage ich etwa, daß wir mit dem Blatt nicht nur auf eine Veränderung der Hochschule, sondern auch auf eine Veränderung der Gesellschaft hinarbeiteten; mit Charterbussen zu Demonstrationen gegen Vietnamkrieg, Springer, Notstandsgesetze nach Frankfurt und Berlin; ich mag die alte Philologie nicht mehr, verfasse die Examensarbeit über Subjektivismus bei Musset, die mit der Praxis nichts zu tun hat, unter großen Schwierigkeiten, der Betreuer untersagt mir literatursoziologisches Vorgehen; mehr als der kanonisierte Studieninhalt interessiert mich — seit Teilnahme an einer Lesung Max von der Grüns '64 — die damals in der Literaturwissenschaft noch völlig ignorierte Arbeiterliteratur, Mitwirkung an der Dortmunder Gruppe 61, dann, Anfang '68, in der Vorphase der Werkkreise, Leitung der Bochumer Diskussion über die „Politische Dimension einer Arbeiterliteratur heute" . . . ; große Ansprüche: ich fand die Genossen zum Teil zu zahm, zu reformistisch; gestaute Erwartungen, sexuelle Frustrationen; doch der entstehenden studentischen Subkultur gegenüber blieb ich eher distanziert: ich zog in keine Wohngemeinschaft, an der Drogenszene nahm ich nicht teil; ich stellte mich auf den „langen Marsch" ein, bekam einen ersten Job in der Erwachsenenbildung, hier erst recht: Praxisschock; '69 heiratete ich.

Ich will diese Umstände nicht in eine künstliche Entwicklungslogik zwingen oder eine besondere Legitimation herausschinden; und nachträgliche Verklärung wäre ganz schlecht. Ich will nur, ohne groß verallgemeinernde Abhandlung der Hochschulsozialisation in jener Periode, andeuten, welche Orientierungen mich in etwa bestimmt haben, welche noch recht traditionell einzelgängerischen Verhaltensweisen dabei eine Rolle spielten, trotz der unternommenen Ausweitungs- und Verständigungsversuche (auch hin zu Arbeitern: Barrieren blieben). Mir kommt es generell, auch unabhängig von meiner Geschichte, auf die Motivationen an, auf die Quellen, Ursprünge von Veränderungsbewußtsein und -bereitschaft, auf die nur äußerlich „persönlichen" Erfahrungskerne. Wir wissen über die subjektive Seite der Geschichte der Politisierung in größerer Breite, über wenige literarische Resümees (vgl. hier dazu Beitrag Buselmeier) hinaus, noch nicht allzu viel, trotz der Neigung der Bewegung zur Selbstprotokollierung; da gibt es eher politisch gerichtete Zusammenfassungen, direktere Selbstberichte sind oft in Gruppenprotokollen versteckt, es gibt das Dossier aus Stimmen und Gesichtspunkten von Karl Markus

Michel im Politisierungs-„Kursbuch" (Nr. 25) von 1971, es gibt die gerichtserforderlich gewesenen „Angaben zur Person" von linken Führergestalten oder sonst deklarativ zur Selbstlegitimation Notwendig-Gewordenes — der multibiographische Rest ist längst in multilokaler praktischer Vermittlung aufgegangen. (Aufschluß über erfolgende Verwendung bringt hoffentlich auch der von Peter Mosler vorbereitete Dokumenten-Band „Das Erbe der Revolte".) Viele Zeugnisse verlieren sich schon — so muß man den verbleibenden um so mehr Auskunft abverlangen; denn darum soll es gehen: Spuren zu sichern, Spuren von eingetretenen Bewußtseins- und Verhaltensänderungen, soweit die sich greifen lassen.

Soll das darauf hinauslaufen, die subjektive Seite der antiautoritären Bewegung überzubewerten? Nun, ich glaube, diese Bewegung war im wesentlichen subjektiv — welche objektiven Gründe dafür immer vorgelegen haben mögen; sie war subjektiv — welche objektivistischen Ansprüche sie auch erhoben haben mag. Subjektiv demnach in welchem Sinn? Wohl nicht in einem nur das Individuum meinenden Sinn, auch nicht unter Ignorierung desselben, am ehesten noch: unter seiner Hereinnahme in eine schon angefangene kollektive Subjektivität. Wobei Hereinnahme nicht zu verstehen ist als sekundäres Geschehen, ebensowenig als passives Verwertetwerden, sondern primärer und aktiver als „Sich-Einbringen", ja auch als gewisses Sich-Ausleben von Individuen, als persönliche Quasi-Emanzipation in dem sich entwickelnden Kontext des politischen Kampfes.

Bevor gefragt werden kann, was die protestatäre Subjektivität ihrerseits in Bewegung setzte, scheint mir ein, wenn auch hastiger Exkurs auf die *Psychoanalyse-Rezeption* durch die Studentenbewegung am Platz. Die Psychoanalyse, in ihrer gegenwärtigen Praxisform, war der Studentenbewegung besonders der mittleren, parteidogmatischen Phase aus folgenden Gründen suspekt: ihre Theorie läßt den gesellschaftlichen Zusammenhang unreflektiert; die Therapie ist nur für privilegierte Individuen erschwinglich, die Kur hat, vom Kontraktverhältnis mit dem Arzt-Kaufmann an, Klassencharakter; die Behandlung zielt auf die sozialkonformistische Anpassung des Therapierten, der aus seiner Isolierung und Zurückwerfung auf sich selbst nicht befreit wird. Mithin ist die Psychoanalyse von vorne bis hinten eine bürgerliche Angelegenheit. Selbst der Freudschen Phantasietheorie fehlt es, wie Peter Schneider damals monierte, an Perspektive: der Weg vorwärts in die Umgestaltung der Praxis müßte ihr erst eröffnet werden. Höchstens der Rückbeziehung der Psychoanalyse auf die Arbeiterbewegung bei Wilhelm Reich vermag die Studentenbewegung direkte Anregungen abzugewinnen; dessen, wenn auch vereinfachende „sexualpolitische" Theorie und Praxis, die die unterdrückten Bedürfnisse der Massen für die revolutionäre Politik nutzen möchte, wird neu rezipiert und weitergedacht.

So entscheidet die Möglichkeit einer Einbeziehung in die eigene Praxis bzw. deren bessere Fundierung über die Weiterverwendbarkeit der Psychoanalyse; doch vorab wird vor allen Dingen deren Stellenwert reflektiert, wird in mehreren Schüben das Verhältnis von Psychonalayse und Marxismus, von Subjektwissenschaft und Politökonomie erörtert, wird eine materialistische Neubegründung in emanzipatorischer Absicht versucht (am fortgeschrittensten bei Michael Schneider in „Neurose und Klassenkampf", 1973). Die marxistisch erneuerte Psychoanalyse hat ideologiekritisch nicht nur in das Bewußtsein des Subjekts hinein-, sondern sie hat hinter es zurückzufragen in die gesellschaftlichen Gewaltverhältnisse; über deren Bewußtmachung hat sie weiter das Spontaneitäts-, das revolutionäre Potential des Subjekts zu lockern, möglichst gar schon zu organisieren („Einübung in klassenkämpferisches Verhalten"). Ist dabei immer noch an Einzeltherapie gedacht, so unternimmt es ein weitergehender Ansatz, eine emanzipatorische Gruppentherapie unter Einschluß von kritischer Reflexion und Veränderung der institutionellen Bedingungen der Therapiepraxis zu entwickeln; eine solche Therapie überschreitet systematisch die aufgezwungenen Trennwände zwischen den Subjekten, um innerhalb, mittels der Gruppe, in „kollektiver Praxis", zu einem schließlich offen-politischen, systemverändernden Verhalten zu gelangen (Spazier/Bopp 1975). Es kann positiv hingenommen werden, wenn hierbei eine, auch objektiv bedingte Schwächung des Einzelichs, das als Bürger immer auf seiner individuellen Stärkung beharrte, eintritt — ist doch gegenläufig dazu auf das neue Resultat einer „kollektiven Ich-Stärke", einer „kooperativen Triebstruktur" (M. Schneider) zu hoffen.

Der Prozeß subjektiver Bewußtwerdung und Selbstbemächtigung läßt erkennen, „wie (zweifellos im Idealfall) lebensgeschichtliche Aufklärung und politisierende Praxis ineinandergreifen können, zum Vorteil beider Sphären" (K. Horn).

Die Erfahrung, daß man „nicht allein" ist mit seinem Problemdruck, seinem Über-Ich-Druck, von dem man losmöchte, daß man zu anderen, die in der gleichen Lage stecken, finden und mit ihnen dagegen angehen kann, die Erfahrung der „Nähe der Genossen untereinander", der „Tendenzen einer solidarischen Kultur" (P. Brückner), das ist eine zentrale, wiederholt und euphorisch ausgedrückte Wiederentdeckung der Studentenbewegung. Das eigene Unbehagen war nicht privat, es existierte bei den andern ähnlich, und, darüber wurde man sich klarer: es war nichts als ein Abbild des die Gesellschaft durchziehenden Grundwiderspruchs. Die „subversive Geschichte von Klassenbewußtsein" (H. Reinicke) kam, spätbürgerlich, noch einmal über Selbstbewußtwerdung, über Subjektivität zustande. Viele Einzelne sahen sich aus ihrer Geschichte, aus ihrer Situation zum Aufbegehren gedrängt. Vielfältige subjektive Verletzungen und Unterdrückungen, – die strukturell ein Gleiches kennzeichnete –, schlugen um in eine Revolte gegen die verletzenden, unterdrückenden Instanzen. Den „subjektiven Faktor" hat Reich 1934 konkret, an Bedürfnisstrukturen orientiert, politisch-praktisch als „Leben der Masse" bestimmt, und er dachte dabei an die Politisierbarkeit des „kleinen, banalen, primitiven, einfachen Alltagslebens und -Wünschens der breitesten Masse in allen ihren Verschiedenheiten nach Land und Schichten", an die multiple subjektive Basis bei der Konstituierung von Klassenbewußtsein. So erscheint vorstellbar, wie sich aus vielen subjektiven Aufbrüchen, bei gleicher Lage, unterschiedlichen Motiven, im Konnex aber stets von eigenem Befinden *und* Gesamtzuständen, ein kollektiver, ein objektiver Faktor ergibt, der eine soziale und politische Macht darstellt, Gegenmacht gegen die jeweils herrschende. Soziale, politische Bewegung wird selbst erfahren – oder sie ist nicht. Auch erneute Unterdrückung kann die gewesene Politisierung nicht um ihr unverlierbares Erfahrungsmoment schmälern.

Der subjektiv-objektive Aufbruch der Studenten in den Protest hat modellartig gewirkt; in strukturell ähnlicher Weise sind aufgebrochen: die Schülerbewegung, die Lehrlingsbewegung, die Frauenbewegung, die Schwulenbewegung, die Männerbewegung und andere Bewegungen mehr, die der Mieter und die für den Umweltschutz und nicht zuletzt die neue Arbeiterbewegung, für die Lip und Erwitte symbolisch-symptomatisch sind. Ähnlich der Bewegung der Studenten scheint mir ihr Weg: vom Sich-Finden zum Finden des Zusammenhangs. Für diesen Weg ließen sich aus jeder Bewegung zahlreiche Zeugnisse beibringen. Noch bevor sich die neue Frauenbewegung konstituierte, etwa 1971/72 mit dem Kampf gegen das Abtreibungsverbot, gab es Ansätze, datierbar ab der verbalen Attacke und dem Tomatenbewurf der SDS-Männer im Herbst '68 durch den Berliner „Aktionsrat zur Befreiung der Frauen", in ihren ersten Gehversuchen als sozialistischer „Weiberrat" noch in unmittelbarer Liaison mit der Studentenbewegung: „. . . Wir sehen es nur nicht mehr länger ein, daß wir ihre (der Genossen) Unterdrückung, mit der sie uns unterdrücken, weiter wehrlos hinnehmen sollen"; vgl.: „Vom SDS zum Frauenzentrum", in: „Frauenjahrbuch" 1975). Jede der erwähnten mehr oder weniger partikularen, mehr oder weniger umfassenden sozialen Bewegungen hat, das wäre darzustellen, mit ihrer Konstituierung ihre eigene „Kultur" hervorgebracht, deren Formen und Funktionen retrospektiv gesichtet werden sollten. Was die Literatur der Studentenbewegung angeht: sie wurde weiß Gott nicht nur von Männern produziert; gerade in den letzten Jahren sind einzelne Frauen mit Berichten hervorgetreten, die überwiegend eigene Selbstbewußtwerdungs- und Befreiungsprozesse zum Gegenstand haben: tagebuchartig Karin Struck mit „Klassenliebe" oder Heidi Schmidt mit „Die Art zu leben" und „Anfälle" oder, verbreiteter, Verena Stefan mit „Häutungen", romanesk Ursula Erler mit „Die neue Sophie" oder, näher an der Autorinnenperson, Elisabeth Plessen mit „Mitteilung an den Adel", protokollarisch Erika Runge schon 1969/70 mit „Frauen", ihr folgend Alice Schwarzer mit „Frauen gegen den § 218" und „Der ‚kleine Unterschied' und seine großen Folgen"; man beachte auch, unter den vielen weiteren Namen und Titeln, die unnachgiebigen Notate von Frauen, die durch die Studentenbewegung gegangen sind und nun ihre Erfahrungen und Illusionen aufarbeiten, in den verschiedenen „Kursbüchern", besonders zu „Verkehrsformen", dort die Berichte von Anja Jović, Karin Reschke, Lissi Steffen u. a.

Ich habe etwas über die subjektive Genese des Verlangens nach nichtautoritären, „herrschaftsfreien" Beziehungen sagen wollen, und mich stört jetzt, daß ich nicht direkter auf die Sache selbst zu sprechen gekommen bin — denn die reizt mich ja selber weiterhin aufgrund meines eigenen Defizits. Ich möchte die Minimal-Utopie aufgreifen, auf die ich in einem Gruppenprotokoll stoße; eine Frau ist stutzig geworden darüber, daß der Einzelne die Kette des Konditioniertwerdens durch Leistungserwartungen zwischen Elternhaus und Hochschulexamen nicht unterbricht: „Das ist das Komische, daß man es einfach nicht fertigbringt, auf das Geld zu verzichten und barfuß herumzulaufen..." (Elke NN). Geht es, gegenbildlich, um das bloße „Barfuß-Laufen"? Drückt sich in der minimalen Vision nicht der totalere Wunsch aus? Ein anderer mag es anspruchsvoller, umfassender ausdrücken: „... wir haben gedacht, daß wir ein neues Verhaltensmodell finden wollen, eine neue Offenheit untereinander, eine neue Spontaneität..." (Thomas L.). Das neue Verhalten ist aus der alten Ordnung herauszuarbeiten, worauf Peter Schneider mit *wir*lichem Pathos im „Brief an die herrschende Klasse" insistiert: „Hinter jedem Zitat, das wir hervorholen, steht ein Bedürfnis, und noch unsere Anmerkungen bersten vor Wünschen: nach einer Gesellschaft, in der die Menschen hauptsächlich freundlich sind und die Dinge nichts weiter als nützlich, was aber nicht sein kann, solange die ein-

zige Art des Umgangs mit den Menschen die Ausbeutung und die einzige Art des Umgangs mit den Dingen das Besitzen ist . . ."
Auf einer höheren Stufe geschichtsphilosophischer Abstraktion formuliert der antiautoritäre Theoretiker Hans-Jürgen Krahl, den frühen Marx weiterdenkend und Marcuses Emanzipationslehre politisch präzisierend, den – von den sozialistischen Bewegungen reformistisch verratenen und von der Studentenbewegung wirksam zu haltenden – „revolutionär selbstverständlichen Sachverhalt": „ . . . Der verkürzte Emanzipationsbegriff zielt nur auf ein verändertes Eigentumsverhältnis der Menschen zu den dinglichen Produktionsmitteln, nicht aber auf ein verändertes Verkehrsverhältnis der geschichtlichen Individuen untereinander. Emanzipation ist nicht primär eine veränderte Eigentumsorganisation der Industrie, sondern *eine veränderte Verkehrsorganisation der Gesellschaft*." Sieht man hier nicht ganz, wie die gegebene Zielsetzung sich denn schon realisieren lassen sollte, so belehrt Krahl, – '69 in einer Einlassung vor Gericht –, nachdem er seine „Odyssee durch die Organisationsformen der herrschenden Klasse", und gegen sie in den SDS, skizziert hat, über den in der Kampforganisation schon konkret erfahrenen Sinn von Solidarität: „ – nämlich Verkehrsformen herauszubilden, die sich aus den Unterdrückungen und Knechtungen der herrschenden Klasse lösen", mittels deren „die Menschen sich nicht gegenseitig wie Dinge behandeln, sondern die einzelnen Subjekte sich in ihrer Objektivität als besondere Subjekte anerkennen", – selbst um den Preis einer, wie Krahl weiter meint, individuellen Disziplinierung –, damit so „die ersten Keimformen anderer menschlicher Beziehungen, herrschaftsfreien menschlichen Verkehrs", ja „der künftigen Gesellschaft schon in der Organisation des politischen Kampfes selbst" entfaltet werden. Dieser „immanente", organisationsinterne Ansatz eines idealen Kommunismus auf dem Wege, der sich als nachgeschobene Einlösung der „Emanzipationsversprechen des bürgerlichen Tauschverkehrs" begreift, wird fünf Jahre später, nachdem der hilflos-rigide Organisationsfetischismus der Zwischenphase eingeschränkt ist, im Rahmen der akuter gewordenen Verkehrsformen-Diskussion von Rudolf zur Lippe als selbstbewußt materiale „Produktion von Beziehungen" neu bestimmt: „In der reflektierten verändernden Praxis werden durch jede Tätigkeit neue Beziehungen und Beziehungsmöglichkeiten produziert – als Bedürfnisse, als Interaktionen, als Kommunikationen, überhaupt als Subjektivität in der Abarbeitung an äußerer und innerer Natur." Das ist für eine Praxis gesagt, die inzwischen, als Stadtteilarbeit etwa, mit der Lebenswelt des Volks tatsächlich umgeht, statt an die „lohnabhängigen Massen" nur von außen zu appellieren.

Was Krahl – innerhalb des antiautoritären SDS – als „permanenten Kommunikationsprozeß, in dem die Kategorien der Emanzipation, die erst im abstrakten Prinzip existieren . . ., zum praktischen Dasein werden", als quasi naturwüchsigen Prozeß herausstreicht, mag nachträglich als pure Idealisierung erscheinen. Wo doch ausgemacht ist, daß die Massenaktionen der „antiautoritären" Phase selbst noch von autoritären Binnenstrukturen, dem Theorie-, Diskussions- und Organisationsmonopol weniger Anführer, die die Mehrzahl der Teilnehmenden stumm bleiben ließen, bestimmt war (L. Binger). Erst die spätere (Basis-)Gruppenarbeit vergrößert die Egalität und machte die Beteiligung gleichmäßiger und intensiver.

Kein Wunder, daß die hauptsächlichen Kommunikations- und Aktionsformen der antiautoritären Phase, wie Vollversammlungen, Teach-ins, Debattierclubs, Demonstrationen, Kampagnen (ergänzt durch politisch-ästhetische Vermittlungsformen wie Flugblatt, Wandzeitung, Straßentheater, notwendige „Primitiv-Medien" laut Buselmeier, solange die technischen Medien unzugänglich bleiben), daß diese Formen kollektiven Auftretens und tendenziell Kampfs, daß solche erst grob aufgegriffenen und nicht schon fein durchgearbeiteten neuen „Verkehrsformen" noch weit hinter dem eigentlichen, weiter- und tiefergehenden Emanzipationsanspruch zurückblieben, der sie als vorläufig-spontane erste Abreaktionsweisen hervorbrachte. Der Impetus, die bürgerlichen Verkehrsverhältnisse zu transzendieren, artikulierte sich in der Veranstaltung von „Gemeinschaftsexperimenten", zentral dem der „revolutionären Kommunen", die die Beteiligten totaler zu engagieren hatten, als das die schematisch, abstrakt engagierenden politischen Formationen vermochten. Fritz Teufel vor Gericht: „ . . . nachdem ich zwei Jahre brav studiert hatte . . ., geriet ich mal zufällig in einen SDS-Arbeitskreis. Ich bin dann auch bei Demonstrationen mitgetrottet. Wir waren dann unzufrieden. Der SDS genügte uns nicht mehr. (Dort) kann man entweder wissenschaftliche Analysen anfertigen oder frustriert rumsitzen. Das war mir zu wenig. Dazu hatte ich keine Lust. . . . Wir haben sehr lange diskutiert, in Kreisen innerhalb und außerhalb des SDS, und zwar über die Möglichkeiten politischer Praxis in dieser Gesellschaft. Und da hat sich mit der Zeit die Kommune entwickelt. (Deren Ziele?) Die wesentlichen Punkte vielleicht: Daß wir zusammen wohnen, daß wir zusammen Ökonomie machen, daß wir diskutieren. (Innere Ziele?) Besuchen Sie uns doch mal. So ist es schwer zu erklären." Die Kommune ist ihrerseits Revolte gegen die seminariell-abstrakte Revolte.

Rainer Langhans am selben Ort: „ . . . Ich hatte keine Ahnung, wie man studiert. Ich war sehr allein. Ich habe verzweifelt Leute gesucht, die intelligent waren ... Ich landete beim Argument-Club, der damals über Faschismus arbeitete. Das war ein hochintellektueller Debattierklub ... Da habe ich nur gesessen und zugehört, erst am Schluß habe ich was gesagt ... kam dann zum SDS, da der Club unfähig war, aus seiner kontemplativen Haltung herauszukommen ... Ich wurde aktiv und habe Stellung bezogen. ... wurde ich dann dort ausgeschlossen wegen der Kommunegeschichte, die sich für mich aus dem Unbehagen an meiner SDS-Funktionärsarbeit ergab. ... wir wollten auch die persönlichen Dinge einbeziehen ... Wir wollten keine Trennung zwischen unserem politischen Engagement und dem persönlichen. Ich kann nicht zu Hause mein Kind prügeln und sonst Kindergärten führen. (Anwalt Mahler: Ist es das, was Sie als Revolutionierung des Alltags bezeichnen?) Ja! (Anwalt: Also die Konsequenz, die sich von den politischen Dingen auch auf die privaten erstreckt.)" Hier ist etwas von dem Anspruch geäußert, der die ganze Person umfaßt, durchdringt, der sich in mehreren Handlungsdimensionen realisieren möchte, in intellektuellen, in persönlichen wie in politischen, der dennnoch dabei mit sich eins und einheitlich vorgehen will: verändern, indem man sich verändert − mag solches Vorgehen auch als „blinder Aktionismus" beschimpft werden.

Wie die Veränderungspraxis, hier insbesondere die der Wohngemeinschaften, begann und wie sie sich entwickelte ... Ich kann mir nicht herausnehmen, diesen ganzen Prozeß aufzurollen und „darüberstehend" zu bewerten. Dazu bin ich zu wenig mit hineinverwickelt. Ich habe auch längst nicht alle Dokumente, die hinterblieben sind, gelesen, um nun, wie ein Historiker, durch sorgsames Nebeneinanderhalten und Transparentmachen das geschichtliche Bewegungsmoment hervortreten zu lassen. Nach den Anfängen möchte ich wohl sehen, um zu erfahren, was sie schon alles enthielten an Anspruch und was nicht, gegen was sie sich sträubten. Liest man das kollektiv-programmatisch, über die individuellen Befindenslagen hinaus Geäußerte nach, etwa das aus der Vorphase der „Subversiven Aktion" hervorgegangene, in intensiver Diskussionsklausur verdichtete, im November 1966 von Dieter Kunzelmann formulierte Kommune-Programm, so muß einem der totale, umfassend politische Anspruch auffallen; die Politik, die „Praxis" rangiert als erstes, obenan, sie ist überhaupt das alles antreibende Moment − aber sie soll nun nicht mehr für sich, bürokratisch verselbständigt, laufen, sondern sie soll angereichert, zusätzlich abgestützt werden durch „das subjektive Moment der Vermittlung − Veränderung − der Individuen innerhalb der Kommune". Dies ist die schon zu beginnende „experimentelle Vorwegnahme dessen, was Menschsein in emanzipierter Gesellschaft beinhalten könnte". An ein integriertes Ganzes beider Bewegungsmomente, des Objektiven und des Subjektiven ist damit gedacht: das subjektive Moment − „unsere Ausgangsbasis: die Leidenschaft der an sich selbst Interessierten" − erfährt die Aufwertung, die ihm vorher versagt war. Die „eigene Komplexität" geht in die „gemeinsam zu beginnende Geschichte", in der die „verschiedenen individuellen Geschichten" aufzuheben sind, ein, sie hat so „nicht nur am Realprozeß teil", sondern muß „diesen zu ihrem eigenen machen".

Intendiert ist die subjektive − das meint: kollektiv-subjektive − Konjugierung geschichtlichen Handelns, das sich von selbst als gegen bestehende Herrschaft gerichtetes versteht − selbst noch im Falle der damals erregenden Bewegung gegen den imperialistischen Krieg in Vietnam, der so weit entfernt, nur mit moralischer Argumentation heranholbar scheinen mochte: auch gegen ihn sind „unsere Vorstellungen durch Aktion (zu) konkretisieren", unter Einbeziehung bei uns „Herausgefallener", „die allein durch ihre Existenz . . . unser vollkommen anderes tendenzielles ‚Vietnam' BRD dokumentieren würden".

Die Geschichte − Entwicklung und Anspruch − der ersten Westberliner Wohnkollektive ist in dem Selbstbericht „Kommune 2 − Versuch der Revolutionierung des bürgerlichen Individuums" (Bookhagen u. a. 1969) festgehalten. Zeugnis eines Übergangs − im Anschnitt des Übergangs von der antiautoritären Phase zur vorgeblich massenrevolutionären Organisationsphase − ist dieses Buch vielleicht d a s bedeutendste Dokument der westdeutschen Studentenbewegung. Die Entstehungsgeschichte ist mit aufgerollt: aus ihr geht hervor, daß die beschriebene Keimzelle neuer Lebensform nicht über Nacht hingesetzt wurde, vielmehr: daß sie in einem zähen, komplizierten, etappenreichen Diskussionsprozeß, in stetem Gerangel mit der Mutter-Institution SDS ausdifferenziert wurde. Anstoßmoment war die plötzlich bewußt gewordene „Problematik des Verhältnisses zwischen politischem Anspruch und bürgerlicher Existenz", die Extendierung, die Totalisierung des Politischen auf diese Existenz. „Kommune", das war erst ein verbal-spekulatives, politisch-revolutionäres Konzept, „ohne schon eindeutig mit Wohnkollektiven identifiziert" zu sein. Es war vorstellungsmäßig noch ganz in die Arbeit des politischen Verbands eingebunden, sollte dessen vorwärtstreibende Kraft sein, sollte kampfdienlich, kampffunktional sein. Aus dem dafür eingerichteten Colloquium, einem der Arbeitskreise im Berliner SDS, wurde die bald provozierend wirkende Kommune-

Gruppe. Als es dann um die wirklich-dingliche Umsetzung des Konzepts ging, zogen nicht mehr alle Mitglieder mit (wollten ihren Privatraum nicht aufgeben). Die Fraktion um die SDS-Theoretiker Dutschke/Rabehl hielt nicht viel von der Binnenbewältigung individueller Widersprüche und wollte sich allenfalls auf eine „Wissenschaftskommune" oder „Institutsakademie" zwecks Revolutionärsschulung verstehen. Die Gegenfraktion konzentrierte sich um so kompromißloser auf die interne Bearbeitung der psychischen, auch der sexuellen Probleme der Beteiligten und schloß sich zur sog. „Kommune I" zusammen (im Februar 1967). Im Zusammenleben plakativ promisk gab sich diese in politischen Aktionen nach außen bewußt anti-autoritär/anti-bürokratisch und bediente sich dabei der „Technik des Ridikülisierens" (Bock) von Obrigkeiten − à la Fritz Teufels Lächerlichmachung der Justiz, die politische Bezugsgruppe des eigenen Verbands mit eingeschlossen. Der SDS reagierte mit dem Ausschluß der Häretiker.

Einen dritten, einen Kompromiß-Weg versuchte der zeitweilige kollektive Landesvorstand des SDS zu gehen: wie er, in der vorrangig politisch bestimmten „SDS-Kommune" organisiert, sollte der gesamte Verband in arbeitsteilig-bereichsspezifische Wohnkollektive umgeformt werden (eine Vorstellung, die nach dem Ende des K II-Experiments in dem Vorhaben weiterlebt, die Betriebsbasisgruppenarbeit durch Wohnkollektive stützen zu lassen). „Wir wollten zusammenziehen, um zusammen zu arbeiten" − das hieß: gemeinsame politische Arbeit. Die damit gegebene Beiseitedrängung des „Persönlichen" brach jedoch bald wieder auf, so in dem Einwurf einer Genossen-Frau: „Was wollt ihr eigentlich verändern in dieser Gruppe, wenn ich jeden Tag für alle abwaschen muß und die Küche mache und keiner sich mal mit Michaela beschäftigt! Das ist doch genauso wie bei Berufspolitikern in den Parteien." (Lisbeth S.) Soweit nun die bisher unabgedeckten Motive und Interessen der Einzelnen mit thematisiert wurden („ . . . In nächtelangen rauschähnlichen Gesprächen versuchten wir, uns unsere gegenwärtigen Schwierigkeiten aus unseren Lebensgeschichten zu erklären"), bewirkte das die zunehmende Isolierung der so entstehenden Kommune II innerhalb des politisch präokkupierten Studentenverbands, es kam zu ihrer bewußten räumlichen Absonderung (Auszug aus dem SDS-Zentrum), zur selbständigen Konstituierung.

Das ganze Spektrum der von der K II prototypisch beackerten Felder − von der (erst später begonnenen) wechselseitigen psychoanalytischen Durcharbeitung der individuellen Lebensgeschichten über die kollektive, rollenverändernde Reorganisation von Hausarbeit und

Konsum bis zur gemeinsamen, intendiert sozialistischen Kindererziehung – kann ich hier nicht resümieren. Stattdessen möchte ich mir die Versuche der K II zu gemeinsamer polititischer Arbeit (und nachher noch: zur wirtschaftlichen Arbeit) und deren Scheiternsgründe vornehmen. Die K II, überwiegend bestehend aus Männnern, überwiegend Studenten oder abgebrochene Studenten, startete mit dem „Wunsch, gemeinsam etwas zu produzieren. Wir richteten ein gemeinsames Arbeitszimmer ein und stellten unsere Bücher zur allgemeinen Benutzung in ein Regal." Doch: „War das Leistungs-Kollektiv wirklich der Wunsch von allen – oder nur eine oberflächlich akzeptierte Norm, die von einigen aufgestellt worden war und der die anderen zunächst nicht widersprochen hatten?" Das ist schon vom Scheitern des Anspruchs her gefragt. Nachdem der politisch-intellektuelle Arbeitsanspruch der – dahin verformten – Männer nicht von allen, besonders den Frauen, mitgetragen worden war. Dabei glaubten die Männer, vom Leistungsanspruch des ausschließlichen Politisierens bereits Abstriche gemacht zu haben: es ging ihnen primär, meinten sie, um den Eros nicht-konkurrentistischer, gemeinsamer Arbeit, aus dem bestimmte Inhalte des gemeinsam Interessierenden erst hervorzugehen hätten. Doch der ständig weiterwirkende Außendruck – sich i n einer politischen Bewegung zu befinden, für deren Fortgang man etwas beitragen müßte – war nicht wegzuleugnen. Die wenigen zustandegekommenen Aktionen der Kommune – vor deren Rückzug in die Psychoanalyse – waren: Flugblattherstellung für die Freilassung von Teufel; Go-ins in Oberschulen zugunsten ebendieser Kampagne; Erarbeitung einer Broschüre über die Methoden der politischen Justiz. Bei diesen Aktionen bröckelte die gleichmäßige Beteiligung; die Männer rissen Anleitung und schließliche Ausführung an sich, die Frauen fühlten sich benachteiligt, in bloße Hilfsfunktionen gedrängt. Der resignierte Lernerfolg war: „daß wir unser Kollektiv nicht über gemeinsame Aktionen definieren konnten."

Immerhin hatte die Kommune, was gerade ihren Vorzug ausmachte, eine so offene Verfassung, daß über die aufgetretenen Schwierigkeiten gesprochen werden konnte, ja daß diese Reflexion gegenüber den Aktionen, zum eigentlicheren Gegenstand avancierte. Man lernte, daß man sich selbst näher war als irgendein Draußen. Einer, der sich zunächst mit einem Studienabschluß absichern wollte, hatte schon früher gemeint: „Ich kann mir die Aktionen immer nur als entfremdete vorstellen, in denen nicht ein Problem von mir eingehen kann ... Erst müssen wir relative Stabilität erreicht haben, ehe wir nach außen praktisch werden können." (Klaus NN) Eine Frau, die mit dem Bedürfnis nach besserer Realitätsbewältigung und neuer Selbstentfaltung in die Kommune gekommen war, fühlte sich frustriert: „Der SDS ist für mich bedeutungslos. Ich kann mich nicht mit ihm identifizieren. Wenn die Flugblätter schon nicht mit K II unterzeichnet werden sollen, dann lieber mit einer Phantasieunterschrift als mit SDS" (Antje NN). Dieselbe Frau ist die erste, die aus der Kommune wieder auszieht, nachdem sie zu dem Ergebnis gekommen ist: „Ich kann mich hier nicht bewegen. Meine Entfaltungsmöglichkeiten und meine Phantasie sind eingequetscht . . . Ich könnte bei euern Sachen immer nur mitmachen (Bildchen für die Zeitung zusammenkleben etwa). Ich hinke euch in meinen Fähigkeiten immer hinterher. Zu eurer Diskussion ist mir nichts eingefallen . . ." Die zurückbleibende Gruppe hat nun gut Reflektieren über die eigene Überbewertung von intellektuellen (männlichen) Fähigkeiten zuungunsten sinnlicher (weiblicher) Fähigkeiten. Für die ganze Dauer ihrer Existenz nimmt die K II einen durchgehenden „Widerspruch zwischen politischem Anspruch und individuellen Bedürfnissen" wahr, der blieb, wo er doch gerade aufgehoben werden sollte. Der fortwirkende Außendruck konnte nur noch eingestanden werden: „Es gab während der ganzen Kommunezeit keine Gruppenaktivität, die sich aus den individuellen Bedürfnissen spontan entwickelt hätte, mit Ausnahme der Phase, in der wir versuchten, eine Gruppenanalyse — allerdings nach innen — zu praktizieren."

„Die Zusammenarbeit aus den individuellen Bedürfnissen zu entwikkeln", das war zwar Projekt, blieb aber uneingelöstes Manko der K II. Die immer noch autoritären, auf intellektuelle Verarbeitung und politische (wie auch genitale) Profilierung fixierten Leistungsvorstellungen der Kommune-Männer hatten sich einseitig durchgesetzt, die demgegenüber vermehrt auf Zärtlichkeit gerichteten Bedürfnisse der Frauen blieben auf der Strecke. Es ist ein Anleiter-Mann, der sein Bedauern ausspricht, wenn er schlußfolgern muß, „daß eine derartige Lebensform nicht in der Lage ist, verschiedene Interessen der verschiedenen Individuen auf ein gemeinsames Ziel hin zu richten" (Eike H.). Es ist eine Frau, die demgegenüber ihr Unbehagen artikuliert: „. . . Ich schaffe die Abstraktion von mir zur Bewegung nicht. Die Veränderung der Umstände erscheint als rationaler Anspruch, der mit dem, was ich tue, nicht vermittelt wird" (Marion S.). (Es wird schon an diesen Zitaten spürbar, daß innerhalb der Kommune, wie der Bericht ausführlich belegt, infantile Beziehungs- und Autoritätsstrukturen ihr Comeback erleben.) Die Frau, der die Vermittlung zwischen sich und der Bewegung abgeht, gibt schließlich den Anlaß zum Auseinandergehen der Kommunarden: mit ihrem Insistieren auf

Weiterführung der Psychoanalyse, d. h. auf sich, der eigenen Konfliktbearbeitung, findet sie bei den andern, die großteils bei den Frühjahrsaktionen '68 engagiert oder auf sich fixiert sind, kein Gehör.

Die Kommuarden lösen sich wieder in Kleinfamilien bzw. Einzelwohnende auf, später schließen sie sich anderen Kommunen an (über deren Verlaufsformen nicht annähernd so dichtes Material vorliegt). Marion schlägt sich auf die Seite der Hasch-Raucher, die die Wohnung bezogen haben: „ . . . bildete sich wohl so eine Art Lust an der Opposition gegenüber den anderen, die so mechanisch und uninteressiert an allem Spielerischen, Lustvollen ihren politischen Aktivitäten nachgingen und die Raucher wie amüsante, exotische, aber unnütze Wesen behandelten . . . Das war eine der wichtigsten Erfahrungen der letzten Jahre, daß ich gegenüber meinen Ansprüchen meine unmittelbaren Bedürfnisse leben konnte . . . Ich versenkte mich in Musik und Bewegung . . . Die Bedingungslosigkeit, mit der wir das Lustprinzip lebten, war extrem, und gerade das halte ich für wichtig. Man sollte ruhig einmal alles, was man tut, mit dieser Bedingungslosigkeit machen . . . Der Inhalt (eines) Zusammenlebens sollte nicht ein vorausbestimmtes politisches Programm sein, weil der Anspruch, theoretisch und praktisch Avantgarde der linken Bewegung zu sein, einfach die meisten überforderte." Diese Sätze sind seit der Emanzipationsdebatte nachvollziehbarer geworden; neuen Organisationsfetischisten entgegengehalten, sind sie aktuell. Allerdings begann Marion in ihrer Scene-Gruppe etwas zu vermissen, das sie gewohnt war: die intellektuelle Aufarbeitung tieferliegender Konflikte.

Das „Scheitern" der K II ist nur ein so genanntes, wenn man die in ihr vertretenen unterschiedlichen Positionen dramatisiert. Das „Hochhalten der Kommune-Ideale", der bald durch die Presse-Zerrspiegel entstandene Mythos braucht nicht nur Fassade für Nicht-Vorhandenes zu bedeuten: die dokumentierte Veränderungserfahrung spricht für ein positiveres Mehr. Individuell gewiß, so in der Retrospektive eines Mitglieds, das zu Anfang seinen „Nachholbedarf an subjektiven Erfahrungen" beklagt hatte und hernach sagen konnte: „ . . . Subjektiv erfuhr ich den Prozeß als Bereicherung und Erweiterung meiner Person. ‚Ich selbst': das war mehr als früher: nicht nur die Bereiche, in denen ich etwas konnte und wo ich aktiv war, sondern auch die, in denen ich Schwierigkeiten hatte und die ich vorher immer abwehren mußte . . . Das Bewußtsein, meine Isolation mal durchbrochen zu haben, es mal geschafft zu haben, *mir meine eigene Geschichte anzueignen*, gab mir eine neue Sicherheit: ich werde es auch wieder schaffen . . ." (Jan R.). Was hier als Ich-Gewinn benannt ist, wurde auch intersubjektiv, zumindest phasenweise, als Wir-Gewinn erfahrbar, besonders aufgrund der die Einzelnen zueinander aufschließenden gegenseitigen Analyse. Erfahrbar als: − Möglichkeit freier, unbestrafter, ja belohnter Affektäußerung; − „wechselseitige Identifikationen der Individuen untereinander", die eine Autoritätsschmälerung sowohl des individuellen Über-Ichs als auch des entstehenden, damit insgesamt weniger rigiden Gruppen-Über-Ichs herbeiführten; − „Sensibilisierung der Alltagsbeziehungen", im Sinne von Lockerung, Erotisierung, Bereicherung der Verhaltensformen, Neuentdeckung non-verbaler Kommunikationsmöglichkeiten. „ . . . Diese Sensibilisierung wurde von uns allen als ungeheure Alternativerfahrung gewertet. Wir lebten in dem Bewußtsein, etwas von der Utopie einer menschlichen sozialen Kommunikation zu erfahren und wollten diese Erfahrung möglichst schnell . . . an andere weitergeben. Denn die Starrheit und Bewegungslosigkeit der ‚Umgangsformen' fiel uns jetzt bei allen Menschen, mit denen wir zu tun hatten, als besonders störend auf, und wir sahen eine unmittelbare Beziehung zur Verkrampfung in ihrer politischen Arbeit."

Man mag die Kontrasterfahrung für positiv überzeichnet halten − ganz negieren wird sie nur, wer in kollektive Erfahrung keine Hoffnung setzt, wer sich, in weiterbetriebener Verdoppelung der Isolationsgewöhnung, gegen sie sperrt. Außerdem waren die K II-Mitglieder realistisch genug, sich auch über ihre Mißerfahrungen mit der Gruppe Rechenschaft zu geben. Einseitige „Psychologisierung" des Alltags heißt das dann etwa in skeptischerer Sicht oder, gleichbedeutend, „Einschränkung der Realitätsbezogenheit" aufgrund des gegenseitigen, passiv machenden Therapeutenverhaltens. Auch: überständiges Blockiertbleiben in regressiven Individualsituationen, hypochondrische Übersensibilität. Selbst wo oder soweit die alte individuelle Panzerung durchbrochen werden konnte, war das noch nicht gleich ein Weg in die volle, freie Kollektivität: „ . . . Wir haben keinen Weg gefunden", muß es ehrlicherweise heißen, „die zusammengebrochenen affektgesperrten, autoritätshörigen und isolierten Verhaltensweisen durch neue kollektive und erotische Strukturen zu ersetzen."

Das Kollektiv-Ich erwies sich als nicht so leicht zu konstruieren, wie sollte das auch gehen, mit einem Schlage, gegen alle Regelungen und Gewöhnungen ringsum? Die Selbsterforschungsarbeit der K II ist verdienstvoll, bei allen Imperfektionen: schon darin, nachgewiesen zu haben, wo es besonders hakt, wenn, in Überschreitung des Lebenszusammenhangs der konventionellen Kleinfamilien-Zwangsstruktur, Individuen sich zu einer mehrköpfigen Gemeinschaft zusammentun: nämlich „da, wo jeder, der das Wort Kommune in den Mund nimmt, wegen seiner eigenen Schwierigkeiten am ehesten Abhilfe erhofft: auf dem Gebiet der Sexualität, oder dem der gemeinsamen schöpferischen Arbeit" (und nicht etwa so sehr im Bereich gemeinsamer Konsumorganisation). Im Bereich Liebe und im Bereich Arbeit, da eben klafft es unter Umständen: da kommt nicht ohne weiteres ein problemloses Zusammengehen zustande, wie man es von außen unterstellen könnte, da bleibt es eher beim Eingefahrenen (etwa den kaum durchbrochenen Zweierbeziehungen), da ist noch zu viel Verletzlichkeit, um schon wesentlich freier/forscher zu sein, da bestehen Tabus. Ein Strategen-Mann der K II kommt rückblickend für sich zu der Einsicht: „Die Motivation für die langfristige Arbeit muß an den eigenen vitalen Interessen anknüpfen und kann daher nur befestigt werden, wenn die politische Arbeit mit Alternativerfahrungen auf den Gebieten Liebe und Arbeit kollektiv verbunden wird" (Eberhard S.). Die Art der gewünschten Verbindung zwischen Leben und Leistung ist freilich immer noch nicht ganz klar. D. h.: Organisationsvorstellungen sind wohl vorhanden, aber die decken sich nicht unbedingt mit den Bedürfnissen der Beteiligten. Jedenfalls: eine Verbindung zwischen beiden Bereichen soll sein, wenn man sich auch noch verheddert beim Zusammenbringen von Anspruch und Bedürfnis. Im Hinblick auf die Schlußperspektive der K II ist festzustellen, daß sie die Bedürfnis-Recherchierung vorzeitig abgebrochen und eingestellt hat (welche Gruppe ging inzwischen weiter?), daß sie – wiewohl nicht alle Beteiligten in gleicher Weise – dahin ausgeflohen ist, sich (wieder) einem abstrakt-moralisch-politischen Anspruch zu unterstellen. Der bestand in der „Basis-Arbeit", in einer „verbindlichen Organisation", einer „langfristig organisierten politischen Gruppe", als Teil einer „kämpfenden Bewegung", der „wahren", der der Arbeiter nämlich, mit dem Ziel, punktum, der „Rekonstruktion einer revolutionären Arbeiterklasse", an deren Seite sich die intellektuellen Basis-Hilfsarbeiter – 1968/69 ff. – ohne viel Aufhebens stellen, als deren „Avantgarde" womöglich.

Der Effekt auf die – großteils zuhausegelassene – Psyche der also Kämpfenden wird als wundersam beschrieben: „So gehen meine individuellen Schwierigkeiten wenigstens teilweise in die gemeinsame Existenz und die gemeinsame politische Arbeit auf" (Eberhard S.). Man hat jetzt „einen Zusammenhalt, der leichter über individuelle Arbeitshemmungen, Konflikte in der Beziehung oder im Gruppenleben hinweghilft" (Christel B. & Eike H.). Die nunmehrige politische Arbeit erlange eine „neue Qualität", indem nämlich, in Entsprechung zum kollektivistisch-egalitär-nichthierarchischen Sozialcharakter des Proletariats und damit im Unterschied zum personalistisch-autoritärherrschaftsreproduzierenden Sozialcharakter (bzw.: der Identifikationsform) des Bürgertums und noch der antiautoritären Rebellen mit ihren („informellen") Führerfiguren, indem innerhalb des neuen proletarischen Rahmens eine psychische Umstrukturierung Richtung Abbau von eigenem Personalismus und Autoritarismus sich abzeichne ... Das alles ginge ja noch an, und es hat auch sein Wahrscheinlichkeitsquantum, aber zum Hammer wird es, wenn insistierend gesagt wird, daß die psychischen Konflikte im Zusammenleben „durch die gemeinsame politische Arbeit versachlicht" bzw., durch Identifikation mit der kämpfenden Bewegung, „objektiviert" oder gar „aufgehoben" würden! Vollmar (1976) hat gegen diese Art Seelenversachlichung im Dienste „linker" Politik, gegen eine solche „Fetischisierung der ,Politik' als ,Arbeit'" zurecht polemisiert und auf deren Verwechslungsfähigkeit mit der unternehmerischen Arbeitsleistungsforderung hingewiesen. Nachträglich, nachdem die späten ApO-Illusionen von den Erfolgsaussichten einer direkten Agitierung und von der Revolutionsbereitschaft der Arbeiterschaft zerstoben sind, schaut die selbstverleugnende Unterordnung unter schon formierte politische Strukturen, die man nicht von Grund aus mit bestimmt, wie eine ziemlich voluntaristische Sache aus. Die sich trennenden K II-Mitglieder haben, sobald sie sich bestehenden politischen Organisationen überantworten, ihren ursprünglichen Radikalitätsanspruch gestoppt. Daß das eigene Fühlen im Statut fertiger Organisation nicht einfach aufgehen konnte, daß es, vor allem im Verhältnis zur konkreten Arbeiterperson, zwiespältig blieb, hat u. a. Peter Schneider schon '70 mit „Frauen bei Bosch", dann '72/'73 im „Lenz" notiert. Da war die phasenweise heruntergespielte oder verleugnete individuelle Psyche wieder hochgekommen. Und sie bleibt seitdem, trotz neuer Herunterspielungstendenzen unter dem „Zwang" der Verhältnisse, auf dem Tisch. Ihre Präsenz ist immer noch ernster zu nehmen: als die Spannung, die die Verhältnisse ändern kann.

Die ersten Kommune-Forscher der Studentenbewegung haben ihr Modell in einem Atemzug mit seiner Degradierung hinterlassen. Das, wozu sie sich mit radikalem Selbst- und Gesellschaftsveränderungsanspruch zusammentaten, mochten sie nachher nur „als Ergänzung der politischen Organisation . . . , keinesfalls als deren Ersatz" gelten lassen, nach folgendem Konzept: „Das Bewußtsein von der Notwendigkeit der Umwälzung dieser Verhältnisse kann nicht automatisch durch die Ausbreitung neuer Lebensformen entstehen, sondern nur, wenn die Wohnkollektive mit politischen Kollektiven in der Produktionssphäre und in den Institutionen organisatorisch bewußt verbunden werden." Schöne klassische Strategie! Solcher Gewußt-wo-Gestimmtheit ist es versagt, weitergehend auch nur darüber zu reflektieren, ob eine Revolutionierungs*mög*lichkeit nicht doch aus dem — von Bürger- und Stadtteilinitiativen zögernd angegangenen — Reproduktionsbereich kommen kann. Sogar die antiautoritärste, spontihafteste K II-Frau stellt sich ein idealeres Wohnkollektiv als kompensatorische Anstalt vor: „ . . . Die Gemeinschaft würde vor allem die Aufgabe haben", sagt sie in schierem Politjargon, „die Frustrationen, die man draußen erfährt, aufzufangen (?), ob sie bei der Arbeit in einer politischen Gruppe oder durch die gesellschaftliche Repression direkt entstehen. Der Ausgleich wäre das, was man in dieser Gemeinschaft erlebt an Kommunikation und Freude daran, zusammen zu sein . . ." Auf die eigene Rückfrage, ob das nicht ein besserer Ersatz für die Familie wäre, antwortet sie: „Vielleicht — aber eine, die den einzelnen als das nimmt, was er ist, und ihn und seine Bedürfnisse respektiert und ihn stärkt, nach außen, wenn nötig, aggressiv und aktiv zu sein!" (Marion S.). Dies ist schon die größte, sei es reformistische, Utopie, die sich dem K II-Bericht entnehmen läßt! In ihr ist alles bereits zur Defensive heruntergekommen, da ist kaum etwas von einer „offensiven Wendung des eigenen Lebenszusammenhangs" (Herb. Röttgen), von einer offensiven Entwicklung und Profilierung der eigenen Bedürfnisse.

Was ist inzwischen aus den Zielvorstellungen der K II-Strategen geworden? Ich kann das nicht umfassend beantworten. Ich sehe nur, daß es mit der großgeplanten Revolutionierung aller Lebensbereiche von der Produktion an nicht geklappt hat; zum einen waren die Gegenkräfte zu stark, sie haben massiv zurückgeschlagen, zum andern war selbst noch die Revolutionierungspolitik wohl zu verwaltend-bürokratenhaft und machte sich mit den wirklichen Bedürfnissen der Leute nicht genügend intim. Doch es ist wiederum auch nicht so, daß die studentischen Experimente von damals ohne Wirkung geblieben wären. Um hier nur das Beispiel der Wohnkollektive zu nehmen: heute gibt es in jeder größeren Stadt Dutzende von Wohngemeinschaften (WGs), meist allerdings weiter jugendlicher Hochschüler, doch auch anderer. „Gemeinsame Wohnung bei Studenten beliebt", kann die FAZ melden und einen Prozentsatz von über 10 % zusammenwohnender Studenten nennen. Was vor zehn Jahren die große Ausnahme und ansonsten undenkbar war, ist gewohnter Bestandteil des Alltags geworden, mit dem eine kaum überblickbare Fülle von Erfahrungen gemacht worden sind, die ihrerseits wieder abgestrahlt haben in größere soziale Bereiche, so daß inzwischen jeder Bürger mindestens schon einmal davon gehört hat oder eine andere Form des Zusammenlebens sogar schon aus der Nähe wahrnehmen konnte. Nein, mit der direkten Anleitung und Organisation, wie sich das die Strategen vorstellten, hat es nicht hingehauen, aber die Idee hat Wurzeln gesetzt.

Die vielen neuen Gebilde, die die nachgewachsenen Menschen mit sich und für sich zustandegebracht haben, entfalten eine Eigendynamik von wohltuender Unberechenbarkeit für die Zukunft. Natürlich ist, was zustandekam, viel bescheidener, als die großen Visionen der Studentenbewegung verhießen. Die großartige Idee vom ineinander aufgehenden und solidarisch agierenden Wohnkollektiv ist kaum Realität. Dafür „nur" ein einfaches Zusammenwohnen in einer Wohnung, einem Haus, jeder in „seinem" Zimmer als Schutzraum, unter Umständen auch gemeinsame Hausarbeit und zusammengelegter Konsum, eine mindestens teilweise gemeinsame Freizeit und viel Reden, Austausch. Im Durchschnittsfall oft tatsächlich nichts weiter als „eine Art Pension" (Vollmar), ein bequemeres Leben. Ist das schlimm, ist es der Verrat aller weitergehenden Ideale? Muß man über deren Heruntergekommensein ausschließlich schimpfen und sich über die zig Verwässerungsformen eines totaler gemeinten lebensreformerischen Ansatzes aufhalten? Aber wie soll denn Verbreitung stattfinden, wenn Verwässerung nicht riskiert wird— beispielsweise die, daß sich fest in ihr Kleinfamilienverhalten eingefleischte durchschnittlich-liberale Überbauarbeiter zu einer biederen Großfamilie als rein „additive, teilsozialisierte" WG ohne weitere Schrankendurchbrechung zusammenschließen (Petersen 1972). Oder daß, natürlich, die mehr oder weniger korrumpierten Ideenverwerter des Kapitals auftreten und Rationalisierungsprojekte vom effektiveren Zusammenwohnen aushecken, die profitträchtig ausgeschlachtet werden können. Daß sich Städteplaner z. B. zu einer „Arbeitsgemeinschaft Urbanes und Kommunikatives Wohnen" zusammenschließen, von der man nicht recht weiß, wem sie nun eigentlich dient. Man muß eben auch die Integrationsformen riskieren, wenn man etwas Neues will. Die K II-Leute haben schon selbst vor der Gefahr der „manipulativen Integration" ins System gewarnt; wenn nicht organisatorisch-bewußt gegengesteuert würde, dienten „neue Lebensformen wie die Großfamilie nur der Entschärfung eines gesellschaftlichen Teilwiderspruchs" und führten „letztes Endes nicht zu einer Demokratisierung, sondern nur zu einem etwas besseren Funktionieren des kapitalistischen Herrschaftssystems."

Für Lebensreform, freiere Sexualität usw. mochte sich in der Zeit der Studentenbewegung auch ein junger RCDS-Technokrat einsetzen: „ . . . Es gibt in diesem Staat Verhaltensformen, die unadäquat, unangepaßt dem technischen Fortschritt gegenüberstehen, die um ihrer selbst willen erhalten werden, z. B. unsere puritanische Moral, die psychologische Forschung usw. Viele Leute wissen nicht, was sie mit ihrem Körper anfangen sollen, bedingt durch eine solche Moral. Ich bin für Sexualforschung und -erziehung, z. B. in der Ehe, warum soll man nach 20 Jahren mit einem anderen gehen, ohne den negativen Beigeschmack, wie ihn die Scheidung heute noch hat, zu erzeugen?" (NN, stud. med.) Klar, das läuft auf pursten Reformismus oder höchstens repressive Entsublimierung hinaus. Anders klang es, wenn radikalere Gemüter zusammen mit kritischerer Systemanalyse ihre Befreiungswünsche vorbrachten: ,, . . . Das Verhältnis — ich, Männchen, du Weibchen — ist eine Tauschbeziehung ohne Mythos, Lustempfinden. Das ist eine Reduktion der Bedürfnisse auf die bürgerliche Sexualmoral. Ich bin für den freien Zugang zu allen Waren, auch im Sex . . . Auch zu nicht-normenkonformen Bedürfnissen . . . Den Liebesakt assoziiere ich mit der Farbe rot. Ich bin der Aktive, der Angreifende in bezug auf die bürgerliche Gesellschaft." (NN, Soziologiestudent) Ein anderer: ,,Kommunismus bedeutet für mich die Abschaffung von Klassen, Ersetzung von Warenbeziehung durch menschliche Beziehung, die Möglichkeit, daß der Mensch seine Sexualität so akzeptiert, wie sie wirklich ist. Er soll seine Sexualität im Widerspruch zu der entfremdeten Form der menschlichen Beziehung sehen. Dieser Prozeß kann durchaus politisch vermittelt werden . . ." (NN, stud. med.) Ein Dritter differenziert: ,, . . . In einem sexuellen Versagen, in dem wir aufgewachsen sind, haben wir eine sexuell-ideologische Verklemmung. Der Versuch, praktisch Politik machen zu wollen, verbindet sich direkt mit dem Wunsch nach sexueller Befreiung. Aber die bestehende Praxis kann nie zur Befriedigung, nur zur Frustration führen. Die politische Aktivität erfährt eine Verdinglichung, insofern sie einlinig funktional zu unserer verkrüppelten Sexualität ist, insofern kein dialektisches Verhältnis zwischen politischer Praxis und sexueller Befreiung besteht . . . ich habe gesehen, daß unsere Politik nichts anderes ist, als eine Aktivität, uns zu befreien, aber der Ansatz der Befreiung ist bei denen zu suchen, die keinen Grund haben, Kirche und Staat positivistisch hinzunehmen (wie wir), und das ist die Arbeiterklasse . . ." (NN, stud. theol.) Und ein K II-Mann hat gelernt: ,,Inzwischen weiß ich, daß unsere Revolution auch eine erotische sein muß, die sowohl die Arbeit wie die Beziehungen der Menschen untereinander mit größerer Lust besetzt — oder sie wird nicht stattfinden." (Eike H.) Ich will diese Stimmen nicht über einen Kamm scheren; ich sehe in ihnen eine im Ansatz ähnliche Tendenz, aber recht unterschiedliche Hallräume, Dimensionalitäten, und unterschiedliche Vorstellungen von den Mitteln und Wegen, diese zu füllen.

Voraussehbar war von solchen Absichtserklärungen her und angesichts einer gesellschaftlichen Wirklichkeit voller Beschränkungen, daß es mit dem Prozeß der – sexuellen wie der politischen – Befreiung nicht so rasch vorwärtsgehen würde. 1975, neun Jahre nachdem die antiautoritäre Kommune-Initiatoren an einem bayrischen See zusammengekommen waren, um darüber zu beraten, „unter welchen Bedingungen in Westeuropa eine revolutionäre Bewegung entstehen könnte", treffen sich, fast im gleichen süddeutschen Raum und in Westberlin, neue Männergruppen zu ersten überregionalen Begegnungen, treffen sich, auf Burg Rothenfels, die WG-Kooperativen aus verschiedenen Städten zum „1. Bundesweiten Wohngemeinschaftstreffen". Neun/zehn Jahre und was für ein Unterschied! Die Geschichte eines Harmloswerdens?

Auch die Wohngemeinschaften, die lange gebraucht haben, um sich in den Städten zu wenigen, kleinen, bedeutungslosen Arbeitskreisen (Begegnungs-, Austauschforen usw.) zusammenzufinden, haben mit ihren Zielen zurückgesteckt. Im Protokoll-Papier über die Arbeitsgruppen heißt es: „AG Öffentlichkeitsarbeit – starb schon nach einem Tag . . . ; AG Politik – beschäftigte sich alle Tage mit verschiedenen Themen; AG Soziales Engagement – arbeitete die ersten Tage mit Ergebnissen und löste sich dann auf; AG Gruppendynamik – ging spazieren, und Leute, die gern mitmachen wollten, fanden sie nicht; AG Sexualität – arbeitete die ganze Woche, löste sich aber immer mehr in eine AG ‚Kennenlernen' auf; AG WG-KOOP – arbeitete permanent und kam zu einigen konkreten Vorstellungen zur Weiterarbeit" in dem Sinne, „daß eine weitere Zusammenarbeit der verschiedenen WG-KOOPs in eigener Regie sinnvoller und der Idee der WGen angemessener ist." Klar ist ihnen jedoch auch: „Natürlich können Wohnkollektive zentrale politische Organisationsformen der sozialistischen Opposition nicht ersetzen." Aber sie behandeln ausführlicher Probleme, die ihnen näher liegen: unter „sozialem Engagement" sorgen sie sich um die Stellung der sog. „therapeutischen Mitglieder" (Randgruppenzugehörige wie: Drogenabhängige, ehemalige Strafgefangene und psychisch Kranke) in WGen, deren Normal-Mitglieder mit ihren anders gearteten Verhaltensansprüchen zu denen der therapeutischen Mitglieder in Widerspruch stehen. In der AG Sexualität kommt man zu der Feststellung, „daß die Beziehungen in den WGs meist nur rational und intellektuell ausgefüllt werden". Ein Bewußtsein für weitergehende Beziehungen „ist entweder nicht da oder aber nur ungeheuer schwer zu vermitteln". Um individuelle Gefühlsstrukturen nicht gefährdet zu sehen und nicht in Identitätskrisen zu geraten, behilft man sich mit Vermeidung und Schonung: „man einigt sich innerhalb der WGs auf eine Verdrängung der notwendig zu verändernden Verhaltensweisen". Man ist nicht weitergediehen wie bis zu dem schon von der K II her bekannten Fazit: „Erst durch die bewußte Einbeziehung der gesellschaftlich-wirtschaftlichen Bedingungen unserer Existenz, die zu ganz bestimmten Ausprägungen von Charaktermasken usw. geführt haben, können wir in den Wohngruppen zum Versuch einer selbstbestimmten Sexualität kommen." Offenbar muß alle Erfahrung jeweils für sich/erneut gemacht werden, hineinfiltern läßt sie sich nicht.

Man tut also gut daran, die WGen wie überhaupt die Versuche mit „neuen" Verkehrsformen von außen nicht zu überschätzen, sie nicht mit falschen, überzogenen Erwartungen zu überhäufen, die mit ihrer bescheideneren Realität — aber darum nicht Nicht-Existenz — nicht in Deckung zu bringen sind. Die Ansprüche an diese Lebensform haben sich seit der Studentenbewegung gewandelt, sie sind realistischer geworden, mehr auf das schon Erreichbare hin orientiert, weniger auf das totale Ziel. War man in der K II, was man wohl registrierte, mehr eine „zufällige Besetzung", die einseitig unter einem abstrakten Kommunikationsanspruch zusammengekommen war (was letztlich, dies wäre die „einfachste" Erklärung, wieder auseinanderführte), so achtete man fortan mehr auf die Homogenität der zusammenwohnenden Gruppe. Schon den einzelnen K II-Mitgliedern war das am Ende klar, wenn sie feststellten: „Ich merkte nochmal, daß neben der Sympathie, die man für jemanden empfinden muß, wenn man mit ihm zusammenleben will, vor allem die gemeinsamen Interessen von Bedeutung sind. Aber diese gemeinsamen Interessen müssen schon praktisch sein, abstrakt kann man sich leicht darauf festlegen." (Jan R.) Die Ansprüche haben sich „vereinfacht", sie sind menschlicher geworden, sie sind von den übermenschlichen Dimensionen herunter. (Aber sie sind deswegen nicht gleich harmlos, bloß ehrlicher.)

„Die Sympathie hat sich als das Kriterium durchgesetzt, nach dem man Leute aussucht. Daß sich diese Sympathie auch nach bestimmten Erfahrungen (mit eigenen Konfliktstrukturen, mit WGs) bemißt, ist klar . . ."; Gleichartigkeit der Berufe, ein gemeinsamer Produktionszusammenhang wird nicht als erstrebenswert angesehen, zugunsten der in der WG kommunizierenden Erfahrungsvielfalt. Die Erklärende möchte es nicht einfach als einen „Rückfall in kleinbürgerliche Verhaltensweisen" hingestellt wissen, vielmehr: „da ist auch eine Illusion abgebaut worden und die Realität des Subjekts wieder anerkannt worden, denn die Vorstellung von früher, korrigierend in Lebesgeschichten eingreifen zu können, dieser quasi therapeutische Anspruch . . ., das war sicher falsch." (F. Graf)

Aus der Dominantenverschiebung in der WG-Praxis, die sich simpel als „Entpolitisierung" abtun ließe, ist eine mehr geschichtliche Folgerung zu ziehen. *Die* Erfahrung dieser Jahre scheint mir nämlich ein zunehmender Realitäts- und Realismusgewinn zu sein. Exemplarisch ausgelegt an der Geschichte der Studentenbewegung: das Wegkommen von der abstrakten Subjektivität hin zur konkreten Subjektivität. Allgemeiner: die Konkretisierung von geschichtlicher Erfahrung, ein neues Vermögen zur Wahrnehmung des Konkreten. Eine weitere Entmythologisierung, nun nicht mehr nur von Religion, sondern auch vom sonstigen Ideologienapparat.

Im April '73 tagt in Frankfurt ein Seminar über „Politische Arbeit und Empanzipation"; in der Arbeitsgruppe 7 beschäftigen sich 50 Leute mit dem Thema „Zweierbeziehungen und Wohngemeinschaften". Sie suchen einen Weg, aus selbst erlebten entfremdeten Beziehungen herauszukommen, sie streben ein bedürfnisgemäßeres, freieres Beziehungsverhalten an. Die Diskutierenden berichten über negative Erfahrungen mit fixierten Zweierbeziehungen, über „Abhängigkeiten, Verhaltensweisen wie Besitzanspruch auf den anderen, Dominierungsbestrebungen, Konkurrenz, Oberflächlichkeit, Fassadenaufbau usw., Empfindungen wie Angst vor Liebesentzug, Unsicherheit, Eifersucht, Einsamkeit usw." Sie sehen den gesellschaftlich-ideologischen Zusammenhang, der notwendig zu einer gegenseitigen Überforderung der isolierten Partner führt und aus dem Beziehungsideal eine „kleine Privathölle" macht. Wer davon genügend frustriert ist, kommt unter Umständen darauf, seine unbefriedigten Erwartungen auf eine WG umzulenken. Die Diskutierenden entwerfen, was sie sich von einer WG erwarten, es sind ganze Kataloge. Hauptstichworte sind „Kontinuität" („emotionales Grundbedürfnis/Geborgenheit in Zweierbeziehung ist möglich") und „Flexibilität" („man kann aber auch leichter heraus aus der festen Bindung"). Man versucht sich über die verschiedenen notwendigen „subjektiven Bedingungen" der WG-Mitglieder klarzuwerden. Sowohl über die jeweiligen materiellen, statusmäßigen Voraussetzungen als über die psychischen Bedingungen (emotionaler Bezug untereinander, Vermögen zur Rollenreflexion, Artikulationsfähigkeit, Ansprüche an die eigene Umerziehung und die anderer) und über den eventuell divergierenden Bewußtseinsstand, nicht zuletzt im Hinblick auf politische Arbeit. Man hält die WG für fähig, eine tendenziell angstfreie Binnen-Öffentlichkeit herzustellen und darin zu ermöglichen: allgemein freiere Kommunikation, soziale, ja sozialistische Bewußtseins- und Verhaltensentwicklung, Besprechbarkeit von Sexualität und Verdrängungen in der Haltung solidarischer Kritik, Aufbrechung von Fixierungen aufgrund alter Sozialisationsstruktur usw.

Man ahnt oder weiß auch die Schattenseiten: freiheitshinderliche Kommunikationskontrollen; Verlängerung des alten oder neues Rollenverhalten; Verdinglichung durch Rücksichtnahme („sich gegenseitig nur Teddybär"-Sein); Verlustangst („man ist ziemlich verletzt, wenn der Freund oder die Freundin im Nebenzimmer vögeln"). Die Erwartungen an die WG sind also nicht mehr so aufgedonnert, wie sie früher waren, sie sind realistischer geworden. Eine Kommunikationserweiterung wird erhofft, doch die realen Situationen, z. B. für den, der nicht doppelt aufgehoben in einer Paarbeziehung, sondern allein, in „erotischer Isolation" (Peinemann) in der WG lebt, werden nicht mehr übersehen. Allerdings übersteht immer noch ein Anspruch auf politische Aktivität, der aufgesetzt-überfordernd scheinen muß. Ihr Zusammenhang mit der Lebensform ist immerhin einsichtig geworden: „Wir gehen von der Annahme aus, daß nur wirklich emanzipierte Genossen langfristige und effektive politische Arbeit leisten können, ohne sich wieder in Rituale, Dogmatismus, Hierarchien, Revisionismus etc. pp. zu flüchten." (Harrer u. a. 1974)

Ich stehe jetzt nicht an, weitergehende Perspektiven aufzuzeigen, die rein spekulativ bleiben müßten, z. B. zu den neueren Aktions-Analyse-Kommunen mit ihrem plakativen Anspruch auf „freie Sexualität" usw. – abwarten, was sich daraus entwickelt. Die singulären Versuche sind ja auch gegenwärtig nicht so ausschlaggebend, dafür um so mehr die Gesamtwirkungen, die die früheren Ansätze auslösen konnten. Dieter Duhm: „Dort, wo sich die antiautoritäre Bewegung bewußt psychopolitischer Ansätze (Sexpol u. a.) bediente und teilweise scheiterte, zeigt sich doch eines ganz deutlich: die große mobilisierende Kraft dieser Ansätze, die mobilisierende Hoffnung Tausender, auf die eigenen ungelösten Probleme eine Antwort zu finden und in Form der politischen Praxis eine sinnvollere Lebensalternative entwickeln zu können. Hier liegt eine politische Chance, die nicht deshalb preisgegeben werden darf, weil die bisherigen Versuche, sie zu ergreifen, großenteils in Sackgassen führten." Ein anderer Zeuge, Adolf Muschg: „ . . . Der Konfliktstoff, der auf der Straße und im Betrieb nicht zünden wollte, explodiert in Küchen und Schlafzimmern. So nah und so weit ich zu sehen vermag, wird heute in Beziehungen und Bindungen, in Ehen, und was von ihnen übrig ist, die schwerste gesellschaftliche Arbeit geleistet. Die Bildung von Bewußtsein verkleidet sich hier in das persönliche Problem und seinen Lösungsversuch: eine Massierung punktueller Systemveränderungen, die man sich wohl abgewöhnen muß für ein privates Phänomen zu halten. Was sich da zusammenläppert an empfindlicher Praxis in Lebensgemeinschaften aller Art, an täglich revidierten ‚Verkehrsformen' zwischen den Geschlechtern, an Solidarisierung aufgrund geteilter und eingestandener Diskrimination, an neuen Verhaltensmustern im Unterricht, geht der Gesellschaft anders an die Wurzel als systemverändernde Strategien, die auf der Höhe ihrer Theorie hängenblieben. (...) Im sogenannten Privat- und Intimbereich wird die ‚Basis' getroffen und reagiert auf ihre Lage. Es werden täglich neue Formen von Unterdrückung entdeckt, zu denen sich neue Formen der Befreiung finden müssen. Die Alltäglichkeit der Erfahrungen, die hier gemacht werden, verbietet Machtworte über Ziel und Reichweite des Prozesses." Treffender läßt es sich nicht sagen. Möge ein nicht-bürgerlicher Wunsch der Vater des Gedankens (der Wahrnehmung) dieser Sätze sein.

Was ich noch alles an- und aufführen wollte — ich muß das jetzt abkürzen. Ich habe zwischendurch unterbrochen. (Wir haben ja gelernt, über Brüche und Lücken hinwegzubluffen.) Ich hatte einfach keine Lust (keinen Trieb, keinen Bock) mehr auf diese Arbeit. Ihren Gegenstand wirklich zu leben, hieße, sie nicht mehr zu schreiben. Indem ich sie doch schreibe, beweise ich nur, wie sehr ich der alten Lebesform noch verhaftet bin. Vielleicht auch: daß ich eine Sehnsucht habe, davon loszukommen. Schlimm, dieses ewige Monologisieren, und schlimm, daß demgegenüber fast nur Nachvollzug, quasi Unterordnung möglich ist. Man wird da in ein Privatgärtchen gezwängt. Statt gemeinsam ein großes Feld zu bestellen, sich in einem offenen Garten zu ergehen. Dann die philologische Manier. Diese Zitiersucht. Was wollte ich noch alles verwerten. Die Sucht, sich am Material zu befressen, das grenzt an Völlerei. Die alte Krankheit. Das ständige Sich-Abhängig-Machen von Autoritäten. Da ich nicht nur die Wissenschaftler, die Prominenzen als Autoritäten anerkenne, sondern anspruchsmäßig gerade auch die Nicht-Prominenzen, die Stimmen aus dem Volk, die Erfahrungen aus dem Alltag, mache ich es mir doppelt schwer. Ich fühle mich immer überschwemmt von Stimmen. Zitieren — das immer nur indirekte Sich-Finden, das Absehen von sich, die fortgesetzte Entfremdung. Mein An-mir-vorbei-Leben, ich mag das nicht mehr. Mag nicht mehr diesen Leistungsdruck, den Termindruck, das Verdinglichtsein als Teil einer Produktionsmaschinerie. Der Ablieferungstermin ist sowieso wieder überschritten. Nachdem ich vorher schon nicht viel anderes getan habe, könnte ich jetzt nur die Fetzen dessen, was ich weiter abhandeln wollte, noch aufzählen.

Ich lasse es. Das war's also. (M)eine (erste) Annäherung an ein Thema, das man, das ich sowieso nicht in den (alten) Griff kriegen kann. Ich breche ab. Ich habe zu lange alleine in der Stube gehockt, möchte mal wieder unter Menschen, unter „Genossen" (?). Ich möchte wieder mit andern etwas machen.

Literatur-Auswahl

AG SPAK (Hg.): Materialien zur alternativen Ökonomie I, München 1975.

Bookhagen, Chr. u. a.: Kommune 2. Versuch einer Revolutionierung des bürgerlichen Individuums, Berlin 1969.

Frankfurter Frauen (Hg.): Frauenjahrbuch 1, Frankfurt/M. 1975.

Goeschel, Albrecht (Hg.): Richtlinien und Anschläge. Materialien zur Kritik der repressiven Gesellschaft, München 1968.

Grossarth-Maticek, Ronald: Revolution der Gestörten?, Heidelberg 1975 (vgl. Rezension von H. Berndt, in: Psyche, 30, 1976).

Harrer, Harald u. a. (Hg.): Politische Arbeit & Emanzipation, Köln 1974.

Horn, Klaus (Beitrag in:) Greiffenhagen, M. (Hg.): Emanzipation, Hamburg 1973.

Krahl, Hans-Jürgen: Konstitution und Klassenkampf, Frankfurt/M. 1971.

Kursbuch 25/1971: Politisierung — Kritik und Selbstkritik.

Kursbuch 35/1974: Verkehrsformen — I: Männer Frauen Liebe. Über die Schwierigkeiten ihrer Emanzipation.

Kursbuch 37/1974: Verkehrsformen — II: Emanzipation in der Gruppe und die ‚Kosten' der Solidarität.

Kursbuch 41/1975: Alltag (urspr.: Verkehrsformen III).

Langhans, Rainer/Teufel, Fritz: Klau mich, Frankfurt/M. 1968.

Leineweber, B./Schibel, K.-L.: Die Revolution ist vorbei — wir haben gesiegt. Die community-Bewegung, Berlin 1975.

Leithäuser, Thomas: Formen des Alltagsbewußtseins [1972/73], Frankfurt/M. 1976.

Mahler, Eugen: Psychische Konflikte und Hochschulstruktur [1969], Frankfurt/M. 1971.

Schneider, Michael: Neurose und Klassenkampf, Reinbek 1973.

SHG/SZ Duisburg (Hg.): Der subjektive Faktor — Materialien zur Emanzipationsdebatte, Gießen 1974.

Spazier, Dieter/Bopp, Jörg: Grenzübergänge. Psychotherapie als kollektive Praxis, Frankfurt/M. 1975.

Vollmar, Klaus-B.: Alternative Selbstorganisation auf dem Lande, Berlin 1976.

Anschriften

Herausgeber und Redaktion *Lesen 6:*
Dr. W. Martin Lüdke, Neuhaußstraße 9, 6000 Frankfurt/M. 1

Michael Buselmeier, M. A., Turnerstraße 153, 6900 Heidelberg

Eberhard Fahlke, Juliusstraße 10, 6000 Frankfurt/M. 90

Dr. Ansgar Hillach, Hauptstraße 55, 6301 Staufenberg 4

Raoul Hübner, M. A., Rütscher Straße 104, 5100 Aachen

Prof. Dr. Burkhardt Lindner, Unterlindau 46, 6000 Frankfurt/M. 1

Volker U. Müller, M. A., Fichtestraße 14, 6000 Frankfurt/M. 1

Hans Burkhard Schlichting, Marktstraße 26, 6000 Bergen-Enkheim